Stadtmarketing in Europa

Glasgow und Stuttgart im Vergleich

von

Johann-Georg Greiner

Tectum Verlag
Marburg 2004

Die vorliegende Veröffentlichung wurde durch die
Wissenschaftliche Gesellschaft in Freiburg im Breisgau
gefördert.

Greiner, Johann-Georg:
Stadtmarketing in Europa.
Glasgow und Stuttgart im Vergleich.
/ von Johann-Georg Greiner
- Marburg : Tectum Verlag, 2004
Zugl.: Freiburg, Univ. Diss. 2004
ISBN 978-3-8288-8744-2

Tectum Verlag
Marburg 2004

Inhaltskurzübersicht

Einleitung

Kapitel 1: Raumsoziologie, Wettbewerb und Stadtmarketing

Kapitel 2: Stadtmarketing: Vordefinition und Begriffskritik

Kapitel 3: Methodologische Vorgehensweisen

Kapitel 4: Stadtentwicklung und Stadtmarketing in Glasgow

Kapitel 5: Stuttgarts Stadtmarketing im regionalen Kontext

Kapitel 6: Glasgow und Stuttgart – Stadtmarketingakteure und -prozesse
im Vergleich

Kapitel 7: Ergebnisse, Schlüsse und theoretische Anschlüsse

Danksagung

Natürlich entstand auch diese Arbeit in einem Netzwerk. Herzlichen Dank möchte ich zuerst meinem Doktorvater Prof. Dr. Hermann Schwengel aussprechen, der immer ein offenes Ohr für meine Fragen hatte. Des Weiteren gehörten zu diesem Netzwerk das Promovierendenkolloquium am Institut für Soziologie der Albert-Ludwigs-Universität Freiburg, die Kooperationspartner am Department of Urban Studies an der University of Glasgow und nicht zuletzt die TeilnehmerInnen in meinen Seminarveranstaltungen zum Thema „Die Großstadt, der Markt, die Region und der Raum". Vor allem aber haben meine InterviewpartnerInnen in Glasgow, Edinburgh, Aberdeen, Stuttgart und Esslingen den empirischen Teil dieser Dissertation erst ermöglicht.

Sehr herzlich bedanken möchte ich mich ebenso bei Annette, Luciana und Leonore Heinrich, Klaudia Lehmann, Kerstin Borgmann, Joachim Bessell, Taj Kanga, Wolfram Lutterer und Marc Giacomelli sowie ganz besonders bei Sandra Monika Leder!

Inhaltsverzeichnis

V

Einführung in Thematik, Ziele und Aufbau der Arbeit

„Städte sind Spiegelbilder und Brennpunkte gesellschaftlicher Entwicklung. In den großen Städten und Agglomerationen des beginnenden 21. Jahrhunderts manifestieren sich die entscheidenden politischen, wirtschaftlichen und kulturellen Entwicklungen, durch die die gesamte Gesellschaft in Zukunft massiv geprägt werden wird" (List 2000:133).

Der Wettbewerb zwischen den Städten und Regionen in Europa um Investoren, Kunden, Besucher und öffentliche Förderung nimmt zu. Auch die Anstrengungen der europäischen Großstädte, das Interesse und Engagement ihrer Bewohner für die Stadt, in der sie leben, zu fördern, verstärken sich. Verschiedene Konzeptionen des „Stadtmarketing" begegnen diesen Aufgaben mit unterschiedlichem Erfolg. Die vorliegende Fallstudie zu den Städten Glasgow und Stuttgart untersucht das dort realisierte Stadtmarketing. Der kritische Blick auf die dabei involvierten Akteure und Prozesse führt zu einem normativ orientierten Modell des „Stadtmarketings als kommunikativer Strategie", das eine verbesserte Vernetzung der beteiligten Akteure und intensivierte raumintegrative Kommunikationsformen postuliert.

Im Folgenden werden die organisationssoziologischen Bedingungen stadtmarketingorientierter Projekte innerhalb der beiden genannten Stadtkontexte erörtert. Die empirische Untersuchung, welche sich an den Methoden qualitativer Sozialforschung orientiert, führt zu einer Doppeltypologie von Stadtmarketing-Akteuren und -Prozessen. Dazu werden die theoretischen Implikationen und Entwicklungsperspektiven einer Soziologie des Raums hinzugezogen. Ein besonderer Fokus liegt dabei auf der spannungsreichen Dialektik der verschiedenen „Raumsorten" in Europa, wie z.B. der Kernstadt, dem Umland oder der Region. Diese haben sich einerseits in ihrer Struktur noch nie zuvor so wenig voneinander abgegrenzt, andererseits bestand auch noch nie zuvor eine so starke Konkurrenz zwischen diesen Fragmenten eines (zunächst relativ homogen erscheinenden) „Raumamalgams". Im Anschluss daran werden die Entwicklungschancen eines Stadtmarketings als „kommunikativer Strategie" aufgezeigt.

Stadtmarketing als kommunikative Strategie im polyzentrischen Stadtraum

Die Bedingung der Möglichkeit von Interessenvertretern aus Politik, Verwaltung und Öffentlichkeit sowie der Raum-StrategInnen[1] aus Wirtschaft und Kultur als Protagonisten der jeweils miteinander in Konkurrenz befindlichen Raum-Entitäten (z.B. Kernstadt, Umland und Region), mittels Aushandlungsverfahren aufeinander abgestimmte Zielkonstellationen zu erreichen, basiert vor allem auf deren Chancen und Fähigkeiten, kommunikative Strategien zu entwickeln und erfolgreich anzuwenden. Stadtmarketing stellt sich innerhalb dieser Forschungsarbeit als Mosaik jeweils verschiedener kommunikativer Strategien dar.

Eine zentrale Herausforderung für die jeweiligen lokalen Eliten[2] ist es hierbei, im Kontext von Stadtmarketingprozessen und insbesondere innerhalb der in Europa typisch „polyzentrischen" Stadt- bzw. Raumpolitik, gemeinsame akteursvernetzende und raumintegrierende Politik- und Raum-Konzepte zu entwickeln und diese auch bedarfsorientiert anwenden zu können (vgl. Esser 2002:247ff.).

Aufbauend auf gemeinsam erarbeiteten Problemdiagnosen sollten in raumintegrierenden und vernetzenden Akteursverhandlungen – so zumindest die „reine" Stadtmarketing-Theorie – maßgeschneiderte Strategeme und daraus abgeleitete passgenaue Konzepte und Handlungsanweisungen für das eigene stadtpolitische Tun und Lassen umgesetzt werden (vgl. Bertram 1997:15f.). Wo die empirischen „Stolpersteine" sind, die sich auf dem Weg zwischen der hier skizzierten Stadtmarketing-Theorie und der -Praxis befinden, stellt somit eine weitere Forschungsaufgabe dar.

---

[1] Im gesamten Text werde ich wahlweise die männliche oder die weibliche Geschlechtsform mit dem Großbuchstaben „I" (wie bei SoziologInnen), selten beide Formen, schreiben. Insgesamt überwiegen die männlichen Formen, da so der Text nach meiner Meinung leichter zu lesen ist. Auch wenn nur eine Geschlechtsform für Bezeichnungen wie Manager, Akteur, Politiker etc. steht, sind immer beide Geschlechter gemeint.

[2] Als lokale Eliten sind Entscheidungsträger aus Politik, Verwaltung, Wirtschaft und Kultur zu betrachten, die über die notwendigen Kompetenzen verfügen und die Positionen einnehmen, um maßgeblich an den lokalen politischen und/oder wirtschaftlichen Entwicklungsprozessen beteiligt sein zu können (vgl. dazu insb. Kurp 1994:33ff., Hoffmann-Lange 1992:19, Field/Higley 1983, Arzberger 1980).

Als ein zentraler Faktor – so ist anzunehmen – entscheidet über Gelingen oder Scheitern von einzelnen Stadtmarketingprojekten wie von ganzen Stadtmarketingkonzepten, ob es durch eine akteursvernetzende und raumintegrierende „Kommunikationsarbeit" der kommunalen Eliten möglich wird, Teilinteressen mit Gesamtinteressen auszusöhnen und kurzfristige Interessen langfristigen Interessen unterzuordnen. Diese Kommunikationsarbeit steht im Mittelpunkt des empirischen Teiles des hier beschriebenen „Glasgow-Stuttgart-Forschungsprojektes".

Nicht nur, aber auch die finanzpolitische Lage der meisten Kommunen in Europa zu Beginn des 21. Jahrhunderts – und insbesondere die kritische Haushaltslage der Großstädte in Deutschland – zeigt, dass der in den letzten zwanzig Jahren gegangene Weg der Raumordnung und Stadtpolitik im Postfordismus und im Kontext einer sich zunehmend globalisierenden Ökonomie für die Mehrzahl der europäischen Kommunen zukünftig keinen Pfad aus dem Dilemma mehr darstellen wird.[3] Auch aufgrund dieser fiskalpolitisch erzwungenen Innovationsanforderung, der sich die Großstädte im gegenwärtigen Europäisierungsprozess stellen müssen, steigerte sich im letzten Jahrzehnt das Interesse an Forschungsarbeiten zum Thema „Stadtmarketing".

In diesem Zusammenhang nimmt die vorliegende Dissertation zum Ausgangspunkt, dass die zentralen Akteure lokaler Politik, die Eliten der kommunalen und regionalen Verwaltungen sowie die jeweilige Bürgerschaft zunehmend intensiver aufeinander angewiesen sind, wenn für die aktuellen Problemlagen der Kommunal- und Regionalentwicklung im Europäisierungskontext in Zukunft Lösungen gefunden werden sollen.

Beratungsorientierte Entwürfe zum Thema Stadtmarketing sollten – so die wissenschaftliche Logik – zuerst einen ersten Schritt hin zur empirischen Diagnose weisen und danach Ansätze für die Entwicklung von Lösungsoptionen vorschlagen.

---

[3] Vgl. u.a. www.staedtetag.de/php (29.1.2003) [„Finanzkrise der Staedte wird 2003 noch dramatischer: ‚Hiobsbotschaften müssen endlich zu Soforthilfe führen.'"].

Zu den Zielen dieser Forschungsarbeit

Vier Ziele bestimmen diese Arbeit. Ein *erstes Ziel* ist es, sowohl die gesellschaftswissenschaftlichen Beschreibungsentwürfe und die empirischen Rahmenbedingungen darzustellen, welche die Stadtmarketingprojekte und -konzepte der Gegenwart bzw. die verschiedenen kommunikativen Strategien europäischer Städte prägen. Hierbei wird von einem Sechs-Ebenen-Modell ausgegangen, das die europäische Stadt mit dem jeweiligen Raum-Kontext ins Verhältnis setzt. Die ausgewählten Ebenen sind: Stadt-Stadtteil, Stadt-Umland, Stadt-Region, Stadt-Nation, Stadt-Europa, Stadt-Welt.

Ein *zweites Ziel* ist es, die wissenschaftliche Beschreibung und organisationssoziologische Analyse der jeweiligen Untersuchungen darzustellen, die im Rahmen der empirischen Fallbeispiele dieser Forschungsarbeit – also der Stadtmarketingprozesse in Glasgow und Stuttgart – gemacht wurden.

Das *dritte Ziel* ist eine theoriebildende Analyse, die auf den vorangegangenen Darstellungen aufbaut. Es handelt sich hierbei um die Anfertigung eines analysebezogenen Entwurfes einer Akteurstypologie und einer Prozesstypologie. Innerhalb der Akteurstypologie wird versucht, die jeweils am Stadtmarketingprozess in Glasgow und Stuttgart beteiligten Akteurseliten vergleichend zu beschreiben und in einem Akteurs-Mosaik zu verorten. Innerhalb der Prozesstypologie werden die Stadtmarketingprojekte und -verläufe in ihrer Entwicklungsdynamik untersucht und es wird ein Modell mit verschiedenen Entwicklungsphasen des Stadtmarketings entworfen, das für die beiden untersuchten Metropolen einen entwicklungsorientierten Zwei-Städte-Vergleich darstellt.

Das *vierte Ziel* stellt schließlich eine Neudefinition des Stadtmarketing-Begriffes als „kommunikativer Strategie" vor. Die Grundlage der Begriffsbeschreibung bildet ein normatives Modell, das mittels einer Zusammenschau der zuvor erarbeiteten Akteurs- und der Prozesstypologie entwickelt wurde. Das Modell dient insbesondere zur Fokussierung der Kommunikationschancen und -hürden innerhalb von Stadtmarketing-Arrangements. Stadtmarketing als kommunikative Strategie zeichnet sich entsprechend diesem Modell durch eine effektive Vernetzung der verschiedenen am Stadtmarketingprozess beteiligten Akteure aus.

Zum Aufbau des Gesamttextes

Der Einleitung folgt im *ersten Kapitel* ein theorieorientierter Überblick über den Forschungsstand zur Thematik, zum anderen werden eigene Theorieanschlüsse an den Stand der Forschung dargestellt und bezogen auf die empirischen Fragestellungen zugespitzt. Im *zweiten Kapitel* steht eine Vor-Definition des Begriffes Stadtmarketing, die im fortschreitenden Verlauf des Forschungstextes ergänzt und vervollständigt wird, um dann im Schlusskapitel in eine Neu-Definition überführt zu werden. Im *dritten Kapitel* werden der Stand der methodologischen Forschung und die eigene Vorgehensweise vorgestellt. Im *vierten und fünften Kapitel* werden die Voraussetzungen und Entwicklungen der Stadtmarketingprozesse in Glasgow und Stuttgart beschrieben. Im *sechsten Kapitel* folgt die Darstellung einer Akteurs- sowie einer Prozesstypologie für die beiden Untersuchungsräume. Hierbei geht es insbesondere um einen Überblick über die verschiedenartigen Eigenschaften und Ziele der „Kern-Akteure" der Stadtmarketingprozesse aufgrund der analytischen Darstellung der Ergebnisse der Experteninterviews dieser Glasgow-Stuttgart-Untersuchung. Anschließend folgt ein Einblick in die Entwicklung der Rahmenbedingungen des jeweiligen Stadtmarketings als kommunikativer Strategie. Schließlich folgt im *siebten Kapitel* ein Resümee, das die Ergebnisse der empirischen Forschungsarbeit mit dem theoretischen Forschungsstand vereint. In diesem Rahmen wird eine Neudefinition des Stadtmarketing-Begriffes entwickelt.

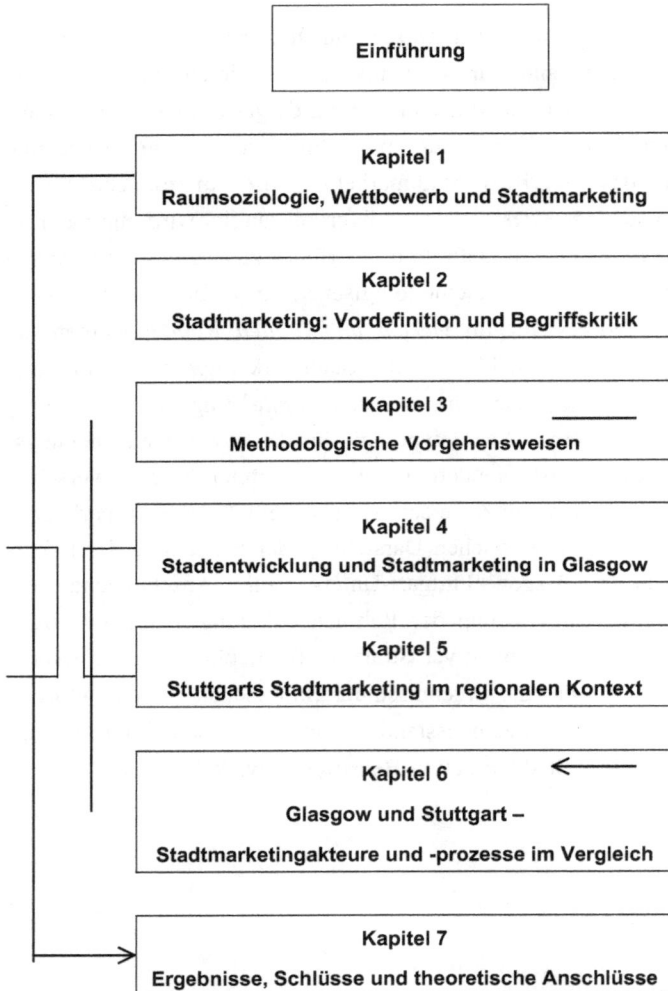

```
                    ┌─────────────────────────────┐
                    │        Einführung           │
                    └─────────────────────────────┘

        ┌──────────────────────────────────────────────┐
        │                  Kapitel 1                     │
        │   Raumsoziologie, Wettbewerb und Stadtmarketing │
        └──────────────────────────────────────────────┘

        ┌──────────────────────────────────────────────┐
        │                  Kapitel 2                     │
        │  Stadtmarketing: Vordefinition und Begriffskritik │
        └──────────────────────────────────────────────┘

        ┌──────────────────────────────────────────────┐
        │                  Kapitel 3                     │
        │         Methodologische Vorgehensweisen        │
        └──────────────────────────────────────────────┘

        ┌──────────────────────────────────────────────┐
        │                  Kapitel 4                     │
        │   Stadtentwicklung und Stadtmarketing in Glasgow │
        └──────────────────────────────────────────────┘

        ┌──────────────────────────────────────────────┐
        │                  Kapitel 5                     │
        │   Stuttgarts Stadtmarketing im regionalen Kontext │
        └──────────────────────────────────────────────┘

        ┌──────────────────────────────────────────────┐
        │                  Kapitel 6                     │
        │            Glasgow und Stuttgart –             │
        │  Stadtmarketingakteure und -prozesse im Vergleich │
        └──────────────────────────────────────────────┘

        ┌──────────────────────────────────────────────┐
        │                  Kapitel 7                     │
        │  Ergebnisse, Schlüsse und theoretische Anschlüsse │
        └──────────────────────────────────────────────┘
```

Abbildung: Gliederungsübersicht

Kapitel 1: Raumsoziologie, Wettbewerb und Stadtmarketing

1.1. Raummarketing in Europa

Die europäische Großstadt und ihr Umland sind einerseits fundamentale historische Bestandteile der europäischen Ökonomien, europäischer Politik und europäischer Kultur – andererseits stellen die „Kernstadt" und „deren Stadtregion" in der Gegenwart die wichtigsten wirtschaftlichen und kulturellen Beschleunigungsmotoren des europäischen Einigungsprozesses und der Ausbildung einer europäischen Zivilisation dar. Hierbei werden die Gestalt der Metropole und die Struktur des suburbanen Raumes und insbesondere das Verhältnis zwischen der Stadt und „ihrer Stadtregion" kontinuierlich verändert. Der Prozess dieser Veränderung wird von zahlreichen internationalen und lokalen strategischen Akteuren im Wettbewerb der Ökonomie des Postfordismus ebenso gestaltet wie durch die Teilnehmerinnen und Teilnehmer an den politischen Diskursen im europäischen Raumkontext von Stadt und Region. Wie sich Städte und ihre Stadtregionen im gegenwärtigen Europäisierungsprozess konzeptionell entwickeln und was eine Soziologie der Raumwahrnehmung, der Raumbeschreibung und des Raummarketings dazu sagen kann, wird im folgenden Kapitel dargestellt.

1.2. Zum Aufbau des Kapitels

Im ersten Abschnitt, der mit dem Titel „Raumsoziologie: Raumkonstruktion als dialektischer Vorgang" überschrieben ist, werden die klassischen soziologischen Zugänge zur anthropologischen Raumangewiesenheit bzw. zum soziologischen Aspekt des Raumes als „durch seelische *Inhalte* erzeugte Tatsache" (Simmel 1968b:688)[4] vorgestellt. Im Anschluss daran werden einige Resultate der zeitgenössischen „Raumsoziologie" (vgl. Löw 2001) mit der gegenwärtig immer mehr die europäischen Stadträume attribuieren-

---

[4] Zuerst erschienen 1908.

den, sich zunehmend entstofflichenden, globalisierten, automatisierten und gleichzeitig „Face-to-Face-fokussierten" Wirtschaft ins Verhältnis gesetzt.

Im zweiten Abschnitt „Raumkonstruktion, Stadtwahrnehmung, Eventmarketing" werden anhand eines „prozessualen Raumbegriffes" (Löw 2001:264) die Grundlagen der soziologischen Konstitution von Stadtmarketingprozessen anvisiert.

Im dritten Abschnitt, überschrieben mit dem Titel: „Stadtmarketing in Europa: Der Standortwettbewerb der Städte und die Entwicklung der Wissens- und Informationsgesellschaft", werden die wirtschaftlichen und sozialstrukturellen Bedingungen für die Genese des Trends hin zum europäischen Stadtmarketing beschrieben.

In einem umfangreichen vierten Abschnitt, der den Titel trägt: „Die Folgen der fordistischen Krise für die Städte – der Stadtraum im kompetitiven Mehrebenensystem" folgt eine differenzierte Betrachtung der Lage europäischer Stadträume im postfordistischen Raumkontext. Ausgehend von den drei „Dimensionen" (A–C): dem Wettbewerb innerhalb von Arrangements von verschiedenen Raumniveaus (A), dem komplexen Verhältnis zwischen Kernstadt und Umland (B) und dem Wandel der Stadtverwaltung von der bürokratischen Behörde zur effizienzorientierten Dienstleistungszentrale (C) wird zunächst der europäische Stadtraum innerhalb des bereits eingangs erwähnten Sechs-Ebenen-Modells (Stadt-Stadtteil, Stadt-Umland, Stadt-Region, Stadt-Nation, Stadt-Europa, Stadt-Welt) analysiert. *Anschließend* wird die Thematik „Koordination und Kooperation im Stadt-Umland-Diskurs" fokussiert. Unter anderem gestützt auf Experteninterviews, wird auf die aktuellen Eliten-Positionierungen im Raummarketingdiskurs hingewiesen. *Abschließend* wird der gegenwärtig beobachtbare administrative Wandel der Stadtverwaltungen im Zusammenhang mit Stadtmarketingzielen beschrieben. Bestimmt von neuen Aufgaben der Standort- und Tourismusförderung ebenso wie von Leitbildern „neuer Steuerung", „administrativer Effektivität", „nachhaltiger Bürgernähe" und eingespannt in Programme des „Citizen Relationship Management", wird vielerorts in Europa versucht, aus bürokratisch geprägten Gemeindeverwaltungen „effiziente" Dienstleistungszentralen für die Kommunen zu machen. Im Rahmen dieser Thematik werden schließlich einige entscheidende Hintergründe und zentrale Ent-

8

wicklungsbedingungen der angestrebten Modernisierung der lokalen Politik-
und Verwaltungsstile beleuchtet.

1.3. Raumsoziologie: Raumkonstruktion als dialektischer Vorgang

„Menschen sind in die Konstitution von Raum in zweifacher Hinsicht
einbezogen. Zum einen können sie ein Bestandteil der zu Räumen ver-
knüpften Elemente sein, zum zweiten ist die Verknüpfung selbst an
menschliche Aktivität gebunden" (Löw 2001:224).

1.3.1. Raumangewiesenheit

Unser menschliches Gesellschaftsleben spielt sich innerhalb von Räumen
ab, und es wird erst möglich durch Räume. Jedenfalls lässt es sich bisher nur
räumlich denken. Physisch wahrgenommene, sozial konstituierte, sozial
konstruierte, vollkommen „utopische" und andere „realistischer" vorgestellte Räume bestimmen unsere Lage, unsere Bewegung, unser Handeln,
unsere Pläne und Träume sowie unsere aktuelle Stimmung.

Physische Räume, soziale Räume und politische Räume gehören scheinbar einerseits essenziell zum Subjekt, andererseits treten sie ihm förmlich
und fremd gegenüber. In dieser dialektischen „doppelten Bestimmung"
(Bollnow 1997:20)[5] stellen Räume den Garant für die Bedingung von
Entfaltungsmöglichkeiten sowie gleichzeitig Begrenzung, Enge und Behinde-
rung dar.

Als soziale, „rein durch seelische Inhalte erzeugte Tatsachen", wie auch
als physische Bedingungen sind Räume eine Wesensbedingung des
menschlichen Daseins. Martin Heideggers Satz „Das Dasein ist räumlich"
(Heidegger 1927:111) bedeutet aber nicht nur, dass der Mensch durch
seinen Leib nicht anders als jeder andere Körper einen bestimmten Raum
ausfüllt, also ein bestimmtes Volumen einnimmt, sondern er besagt ebenso,
dass der Mensch sein Leben durch sein Verhalten zu einem ihn umgebenden
Raum bestimmt (vgl. dazu Bollnow 1997:22ff.). Dieses „Verhalten" ist im

---

[5] Zuerst erschienen 1963.

eigentlichen Sinne konstitutiv. Es wurde in den letzten Jahren vor allem von Soziologinnen und Soziologen, die auch der Stadtforschung sehr nahe stehen, recht genau und im internationalen Kontext erforscht.[6]

Das sozialwissenschaftliche Interesse an den Globalisierungs- und Europäisierungsprozessen der 1980er- und 1990er-Jahre beendete eine enorm lange Phase, in welcher der Raum – insbesondere in der deutschsprachigen Soziologie nach 1945 – als „vernachlässigte Dimension soziologischer Theoriebildung" (Konau 1977) kaum Beachtung fand. Vor allem die ungewollte Nähe raumsoziologischer Entwürfe zu den geopolitischen Ideologien und Phantasien im Nationalsozialismus stellte für lange Zeit ein Hindernis für die deutsche sozialwissenschaftliche Forschung dar.[7]

Entsprechend den aktuellen Forschungsergebnissen einer neueren Raumsoziologie im Globalisierungs- und Europäisierungskontext sind gesellschaftliche Individuen in gewisser Weise dialektisch in ihren spezifischen „Raumtext" eingebunden. Sie werden bestimmt durch ihr Verhalten und ihr Verhältnis zu Räumen. Oder zusammengefasst kann gesagt werden: Habitus prägt Habitat. Jedoch gilt auch: Habitat prägt Habitus! (Vgl. dazu Noller 2000.)

Es wäre folglich ungenau, nur zu sagen, dass sich das Leben innerhalb von Räumen abspielt. Genau genommen besteht das Leben aus dem *Verhältnis* zu physischen, sozialen, politischen und utopischen Räumen. Räume sind nicht unabhängig von Menschen einfach da. Es gibt Räume nur, insofern der Mensch ein Raum-angewiesenes, räumliches, raumbildendes Wesen ist. Der Mensch bildet gleichsam Räume um sich und die anderen. Selbst die Etymologie des Wortes Raum verweist auf den Zusammenhang zur Aktivität des „räumenden" und somit „Raum schaffenden" Subjekts (vgl. Bollnow 1997:33ff.; Läpple 1993:31). Räume stellen somit elementare Bedingungen für die Formen der Vergesellschaftung dar. Sie sind aber auch Produkte menschlicher Gesellschaft. Die individuelle und gesellschaftliche Konstruktion von Raum ist somit ein dialektischer Prozess.

---

[6] Vgl. u.a. Giddens (1988), Läpple (1993), Meurer (1994), Noller (1999), Sturm (2000), Löw (2001).

[7] Vgl. dazu insb. Köster (2002:119ff.) sowie zum Überblick: Noller (2000), Ipsen (2000) und Konau (1977).

1.3.2. Raum, Distanz und Ökonomie

Eine erste Ableitung aus dem oben beschriebenen dialektischen Verhältnis von Habitat und Habitus fällt leicht: Da Räume immer auch Produkte menschlichen Handelns sind und der Begriff Wirtschaft nichts anderes beschreiben kann als ein bestimmtes Repertoire an Tätigkeiten des Menschen, hängen auch Ökonomie und Raum eng zusammen.

Zwar ergeben sich – durch technische Neuerungen bedingt – ständig neue Möglichkeiten, den Zeit- und Arbeitsaufwand zur Überbrückung der jeweiligen Entfernung zwischen den ausgewählten Orten wirtschaftlicher Aktivität bzw. den „Distanz-Raum" als „zu überwindenden Kostenfaktor" zu minimieren. Doch allen Utopien des „Verschwindens des Raumes" zum Trotz entwickeln sich gerade in den gegenwärtig sich etablierenden Dienstleistungs- und Wissensgesellschaften die „Face-to-Face-Kontakte" zwischen Verhandlungspartnern zu elementar-kontrapunktischen Inseln im Meer einer zergliederten Viel-Raum-Kommunikation (vgl. Löw 2001:270ff.).

Raum muss zumindest als „Distanz-Raum" nach wie vor überwunden werden, auch wenn der Zeit- und zum Teil auch der Energieaufwand für jede einzelne überwundene Distanzeinheit durch die Entwicklung neuer Transporttechniken immer kleiner wird. Gerade der Absatzboom im spätmodernen „Nomaden-Equipment" wie z.B. Walkman, Mobiltelefon, tragbare Personalcomputer usw. zeigt, wie wichtig und üblich es nach wie vor ist, Raumdistanzen „in Fleisch und Blut" zu überwinden (vgl. dazu insb. Mitchell 1996).

Unbestreitbar kam es in den letzten zwei Jahrzehnten zu einer noch nie da gewesenen „Entstofflichung" der Warenwirtschaft. Niemand wird ernsthaft in Frage stellen, dass die Globalisierung der Weltwirtschaft der 1990er-Jahre und die Entwicklung hin zur Wissensgesellschaft mit einem Boom des Softwarehandels und einer enormen Nachfrage nach produkt- und personenbezogenen Informations-Dienstleistungen einhergeht, die vor allem durch die verschiedenen Formen der Telekommunikation geprägt wird.

Wie sich nun diese Globalisierungsprozesse der Wirtschaft auf die Ökonomie der Großstädte und Regionen auswirkte und auswirkt, hängt zum einen eng zusammen mit der beschriebenen Dialektik von „Face-to-Face-Fokussierung" und Entstofflichung des Handels. Zum anderen entstehen durch die postfordistischen und durch Automation geprägten Produktionsbedingungen der Gegenwart sowie durch die Entwicklungen hin zur Wissensgesellschaft neuartige Arbeitsweisen und Konsumorientierungen. Neue standort-, lebensstil-, milieu- und habitusgeprägte „Raum-Bedürfnisse" wirken sich auf die gebauten Stadt-Bilder und verbreiteten Raum-Images der einzelnen europäischen Städte spezifisch aus. (vgl. Ronneberger 2001:32ff.; Läpple 1991:171ff.).

Die Bestrebungen, diesen Standortanforderungen und Konsumorientierungen entgegenzukommen und das Ringen um die Macht, sich der Stadt-Bilder und Raum-Images zu bedienen, stehen in einem engen Zusammenhang mit den gegenwärtig beobachtbaren Stadtmarketing-Aktivitäten in zahlreichen europäischen Großstädten. Eine Analyse der Stadtmarketing-prozesse sowie der Stadtmarketing-Akteure stellt sich somit in gewisser Weise als „Anwendung" raumsoziologischen Wissens dar.

1.4. Raumkonstruktion, Stadtwahrnehmung, Eventmarketing

> „In dem Erfordernis spezifisch seelischer Funktionen für die einzelnen geschichtlichen Raumgestaltungen spiegelt es sich, dass der Raum überhaupt nur eine Tätigkeit der Seele ist, nur die menschliche Art, an sich unverbundene Sinnesaffektionen zu einheitlichen Anschauungen zu verbinden" (Simmel 1983:222)[8].

Folgt man den aktuellen raumsoziologischen Forschungsergebnissen, die bereits von Georg Simmel maßgeblich vorgeprägt wurden, so stellt der Raumbegriff einen formalen Aspekt und „Raum" eine synthetische Konstruktion dar. Erst das Nebeneinander von verschiedenartigen Räumen zur gleichen Zeit lässt Raum begreifbar werden. Der Vergleich mit der Dimension Zeit, die ebenso nur als Nebeneinander und als Vergleich zwischen Vergangenheit, Gegenwart und Zukunft begriffen werden kann, bietet sich an. Gabriele Sturm schreibt dazu:

> „Raum und Zeit werden derzeit im allgemein geteilten Verständnis als grundlegend konstituierende Komponenten für die Erscheinungsformen einer menschlichem Erkennen zugänglichen Welt akzeptiert. Raum ist an sich nur Verschiedenräumlichkeit: Raum wird beschrieben durch

---

[8] Zuerst erschienen 1903.

Nebeneinander, Gleichzeitigkeit, bzw. Anordnung, Ausdehnung"
(Sturm 2000:187).

Erst durch kontinuierliche kognitive Handlungen, die man als „additives Räume-Vergleichen" bezeichnen könnte, entsteht für das denkende Subjekt der wahrgenommene Raum. Dabei wird diese Wahrnehmung und Syntheseleistung kontinuierlich durch „Platzierungsprozesse" geprägt. Dieses „Spacing" ordnet die Synthesearbeit. Erst durch dieses Positionieren von Rauminhalten wird Raum als abstraktes Konstrukt möglich. Hierbei sind die Spacing-Prozesse als Aushandlungsprozesse zu betrachten. Raum ist somit als eine „relationale (An-)Ordnung sozialer Güter und Menschen" zu begreifen (Löw 2001:224f.). Dieser Raumbegriff ist als „prozessualer Begriff" zu verstehen (ebd. S. 264). Raum stellt somit eine Matrix bzw. einen „Matrix-Raum" dar, der als ein System aus zahlreichen zusammengehörenden Einzelfunktionen und Einzelfaktoren zu verstehen ist (Läpple 1991:194ff.).

Diese theoriegeleiteten Entwürfe des Raumes lassen sich nun zum Verständnis des Phänomens Stadtraum ebenso heranziehen wie zum Zugang zur Analyse von Stadtmarketingprozessen. Die verschiedenen Stadträume werden kontinuierlich durch neue Präsentationsvarianten innerhalb einer Art „Stadt als Event" (Bittner 2002a) als Wahrnehmungsneuheit immer wieder neu kommuniziert und rekonstruiert.

Die eventgeprägte Wahrnehmung des großstädtischen Raumes wird dabei durch die vorgegebenen Infrastruktur- und Standortbedingungen, durch die stadtgesellschaftlichen Ergebnisse bzw. Folgen politischer Handlungen und durch kulturpolitische Raumstrukturierungen geformt bzw. fortwährend umgeformt.

Stadtmarketing – als Raum-Strategie – macht sich unter anderem zur Aufgabe, diese Strukturen, welche die Wahrnehmungen der kontinuierlich Raum (re-)konstruierenden bzw. die Handlungen „räumelnder" Individuen beeinflussen, zu erkennen und gegebenenfalls zu verändern.[9]

---

[9] Zum Begriff des „Räumelns" siehe auch Weichhart (1993).

1.5. Stadtmarketing in Europa: Der Standortwettbewerb der Städte und die Entwicklung der Wissens- und Informationsgesellschaft

1.5.1. Das dichotomische Modell: Fordismus versus Postfordismus

Im Folgenden wird die postfordistische Ausgangslage für die aktuellen Stadtmarketingprozesse in Europa erläutert. Dabei wird insbesondere auf das dichotomische Modell „Fordismus versus Postfordismus" eingegangen.

Die aktuelle sozioökonomische, „postfordistische" Konstellation als Grundlage der Entwicklung der Wissens- und Informationsgesellschaft lässt sich vor allem im Kontrast zum Fordismus und insbesondere im Kontrast zum Fordismus keynesianischer Prägung beschreiben. Ziel dieser kurzen Beschreibung des Übergangs vom Fordismus zum Postfordismus ist es, die offensichtlichen Folgen dieses Wandels für die Städte – insbesondere für die europäischen Städte – zu fokussieren und die Konstruktion des fordistischen Raumes der Raum-Matrix des postfordistischen Raumes gegenüberzustellen.

1.5.2. Der Fordismus

Der Fordismus als Gesellschaftsformation entwickelte sich zunächst in Nordamerika und Europa am Anfang des zwanzigsten Jahrhunderts und basiert auf dem Prinzip der tayloristischen Arbeitsproduktion

1903 hatte Henry Ford in Detroit die Ford Motor Company gegründet und perfektionierte hier exemplarisch die Produktion für eine „Economy of Scale". Durch die Massenproduktion sollten – so die Kernidee – die Stückkosten kontinuierlich reduziert, zumindest aber auf niedrigem Niveau gehalten werden. Durch eine effiziente – an das Modell von Taylor angelehnte – Organisation der Arbeitsabläufe und durch die Substitution menschlicher Arbeit durch Maschinen sollte die Produktivität erhöht und sollten so die Gewinne maximiert werden. Dies stellte die Grundlage für Forderungen nach höheren Löhnen und besseren Arbeitsbedingungen dar.

Massenproduktion und massenhafte Nachfrage waren im Fordismus direkt voneinander abhängig. Henry Fords Devise war, dass „seine Beschäftigten auch seine Hauptkunden" sein sollten (vgl. insb. Leborgne/Lipietz 1994:96ff. und Schmitz 2001:85f.).

Die „Große Depression" der 30er-Jahre wurde zur ersten Krise des Fordismus. Während der Weltwirtschaftskrise wurde deutlich, dass die Rationalisierung der Arbeit, niedrige Stückkosten und die Marktkräfte alleine keine konstitutive Massenkonsumption bewerkstelligen konnten. Entsprechend der Lehre von Keynes wurde der Staat von den 30er-Jahren an intensiv in das Wirtschaftsgeschehen fordistischer Gesellschaften miteinbezogen.

Der Staat schuf in Westeuropa und in den USA der Nachkriegszeit in den „trentes glorieuses", den dreißig Jahren während des „goldenen Zeitalters des Kapitalismus" (Lipietz 1986) zwischen 1945 und 1975 nicht nur den verfassten Rahmen für eine „Sozialpartnerschaft" zwischen Kapital und Arbeit. Der Staat trat ebenso als regelnder Investor und Arbeitgeber auf. Staatlich geförderter Massenkonsum und eine Massenproduktion, die sich häufig auf einen annähernd staatlich abgesicherten Absatzmarkt verlassen konnte, sowie zielgerichtete Aushandlungsprozesse zwischen Kapital- bzw. Produktionsmitteleignern und Lohnempfängern prägten Wirtschaft und Gesellschaft. Innerhalb des Staatsgebiets fühlte sich die jeweilige politische Elite in vielen Staaten der Angleichung der „Lebensverhältnisse" verpflichtet.

1.5.3. Städte im Fordismus: Die Dienstleistungsstadt wird zum Symbol der postindustriellen Gesellschaft

Die Städte im Fordismus – insbesondere die Großstädte, die ursprünglich die wichtigsten ökonomischen Impulsgeber für die Modernisierungsprozesse der industriellen Revolutionen in Europa und Nordamerika waren – werden spätestens von der Mitte des 20. Jahrhunderts an von der sich rasch entwickelnden postindustriellen Dienstleistungsgesellschaft und somit durch den Prozess der „Tertiärisierung" des Stadtraums rasant umgeformt[10].

---

[10] Der Begriff der Tertiärisierung leitet sich von der „Drei-Sektoren-Hypothese" ab, die bereits in den 1950er-Jahren eine Dominanz des tertiären Sektors und somit die Genese der Dienstleistungsgesellschaft prognostizierte [vgl. Fourastié (1954 [zuerst erschienen 1949] und insb. Häußermann/Siebel (1995)].

Die Städte insgesamt bleiben zwar nach wie vor die Zentren gesellschaftlicher Entwicklung, sie werden aber in gewisser Weise „von den Rändern her umgebaut". Suburbanisierungsprozesse, die „intraregionale Dekonzentration" von Bevölkerung, Arbeitsplätzen und Infrastrukturen bestimmen die Stadtentwicklung von den 1950er-Jahren an (vgl. Krätke 1995:162ff.; Friedrichs 1995:99–114).

Insbesondere in den während der industriellen Revolution rasch expandierten Randzonen der Innenstädte werden aus Wohn- und Produktionsstätten Orte der Dienstleistung. Der fordistische Stadtumbau im Kontext der sich entwickelnden „nachindustriellen Gesellschaft" (Bell 1979[11] sowie Fourastié 1954) prägt die Großstädte Europas vor allem durch die schnelle Expansion von Bildungs-, Bank- und Verwaltungszentren sowie von „Konsumtempeln" in den Innenstädten und an deren Peripherie. Der Stadtrand wird dabei mehr und mehr zur „Wohn- und Schlafstadt".[12] Gleichzeitig wächst kontinuierlich die Distanz zwischen der Innenstadt und den Industriestandorten der neu gebauten Fabriken.

Und schließlich entstehen ebenso vom Zentrum immer weiter sich entfernend und gleichzeitig voneinander getrennt die „grünen Wiesen" des autogerechten Einkaufs. Vom Ende der 1920er-Jahre bis in die 1970er-Jahre hinein setzt sich dieses Raum-Modell der fordistisch „aufgeteilten" Stadt fort und prägt in verschiedenen Variationen die große Mehrheit der europäischen Großstadträume.

1.5.4. Die Krise des Fordismus

Am Anfang der 1970er-Jahre beginnt die große und letzte Krise des Fordismus. Die Hintergründe für diese Krise werden unter anderem benannt mit einer erhöhten Weltmarktkonkurrenz im Globalisierungskontext, mit der steigenden Kostenintensität fordistischer Massenproduktion (auch bedingt durch die erhöhten Energiepreise der frühen 1970er-Jahre) sowie durch den Angebotsbedarf der Konsumenten nach diversifizierten Produkten – über-

---

[11] Zuerst erschienen 1973.
[12] Vgl. zur stadträumlichen „Zeitteilung" siehe Friedrichs (1981:72ff.).

zeichnet beschrieben: „im Kontrast zum immer schwarzen Modell T von Henry Ford". Der Terminus „das Ende der Vermassung" wird geprägt.[13]

> „Zwischen 1907 und 1927 liefen bei Ford 15,4 Millionen T-Modelle vom Fließband – in einheitlicher Farbe und Ausstattung. Ende der 80er Jahre konnte der Kunde beim Kauf eines BMW zwischen 200 Varianten und etwa 3000 Sonderausstattungen wählen" (Schmitz 2001:96 und vgl. Bertram/Schamp 1989).

Die starren Einzwecktechnologien des Fordismus werden dabei abgelöst durch flexible Mehrzwecktechnologien, mit welchen sich eine Umstellung auf neue Produkte schnell und kostengünstig realisieren lässt. Insbesondere die Arbeitsorganisation im Postfordismus unterscheidet sich vom fordistischen Produktionssystem. Die neuen „economies of scope" mit ihrer zunehmenden Produktdifferenzierung und ihren komplexen Koordinationsaufgaben im logistischen wie im betrieblich-administrativen Bereich stellen – im Gegensatz zum Fließband Henry Fords – sehr hohe Anforderungen an die Qualifikation der Mehrzahl der Mitarbeiter. Gleichzeitig nimmt der Automatisierungsgrad innerhalb der Produktion stark zu.

Die Konsequenz dieser Transformation des Fordismus in nachfordistische Arrangements sowie des Beginns einer neuen *post*fordistischen Phase ist unter anderem eine hohe strukturelle Arbeitslosigkeit. Mit dieser verbunden sind hohe Kosten für die wohlfahrtsstaatlichen Sicherungssysteme. Die Folge ist eine radikale Verminderung der für die öffentlichen Haushalte zur Verfügung stehenden Ressourcen. Verminderte wirtschaftliche Wachstumsraten prägen das Bild. Insbesondere im Vergleich zu den dreißig Jahren der Nachkriegszeit reduzieren sich im Postfordismus durch die hier genannten wirtschaftlichen Entwicklungen die fiskalpolitischen Investitionsmöglichkeiten enorm. Diese Problematik zeitigt wiederum zahlreiche Konsequenzen für die Stadt- und Regionalpolitik.

---

[13] Vgl. beispielgebend: Piore/Sabel (1989 [zuerst erschienen 1984]) sowie Harvey (1989), Bertram/Schamp (1989) und Schmitz (2001:96).

1.6. Die Folgen der fordistischen Krise für die Städte – Der Stadtraum im kompetitiven Mehrebenensystem

„Die sozialräumliche Struktur der Städte unterliegt ebenso wie die ihr zugrundeliegenden gesellschaftlichen Strukturbedingungen historischen Veränderungen; es kommt darauf an, sozialräumliche Differenzierungen und Gegensätze in ihren historisch-spezifischen Formen zu erfassen" (Krätke 1995:158).

Der Fordismus der 1950er-, 1960er- und am Anfang der 1970er-Jahre führte vor allem in der Phase des europäischen Wiederaufbaus nach dem Zweiten Weltkrieg (und hierbei insbesondere in Deutschland) zu einer verstärkten Angleichung der Lebensverhältnisse. Von der Mitte der 1970er-Jahre an vollziehen sich mit dem Ende des Fordismus in Westeuropa und Nordamerika sozialökonomische Entwicklungen, die sich in einer wieder zunehmenden Heterogenität der Lebensverhältnisse manifestieren. Gleichzeitig wird eine neue postfordistische Diversität der Stadt- und Regionalräume offensichtlich.

Im Rahmen dieser Forschungsarbeit sind von den postfordistischen Auswirkungen auf den Raum die folgenden *drei Dimensionen* explizit zu beschreiben. Sie werden im Folgenden mit „A", „B" und „C" benannt:

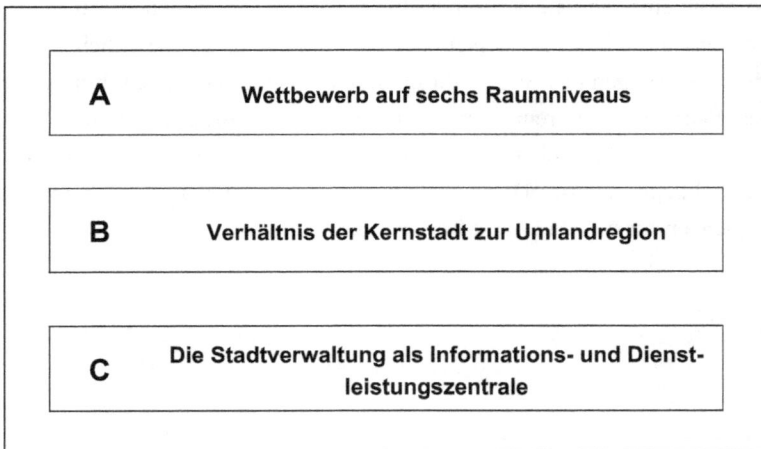

A	**Wettbewerb auf sechs Raumniveaus**
B	**Verhältnis der Kernstadt zur Umlandregion**
C	**Die Stadtverwaltung als Informations- und Dienstleistungszentrale**

Abbildung: Dimensionen postfordistischer Auswirkungen auf den (Stadt-)Raum

18

Verschiedene Stadträume, aber auch die Stadt als Ganzes befinden/bzw. befindet sich in einer neuen Dimension von diversen *Wettbewerben auf sehr verschiedenen Raumniveaus* (Dimension A). Hierbei existiert eine Spannweite der Bezugsebenen, die im lokalen Stadtteilkontext ihren Ursprung nimmt und bis zur globalen Ebene führt. Im Abschnitt 1.7.1 wird ein Modell vorgestellt, das sechs Konkurrenzniveaus antizipiert.

Das *Verhältnis der Kernstadt zur Umlandregion* (Dimension B) wird zum zentralen Thema einer kooperativen Stadtentwicklung bzw. kommunikativer Aushandlungsbeziehungen und nicht zuletzt des Stadtmarketings. Hierauf wird in Abschnitt 1.7.2 genauer eingegangen.

Die *Stadtverwaltung wird zur Informations- und Dienstleistungszentrale* (Dimension C). Sie bietet Leistungen für die Standortförderung von Wirtschaftsunternehmen. Sie engagiert sich für die Entwicklung des Tourismus als prägender neuer Industrie. Und schließlich bietet sie sich mehr und mehr den Stadtbürgern als Informations- und Dienstleistungspool an. Diese Thematik wird unter Abschnitt 1.7.3 präziser behandelt.

1.7. Wettbewerb auf sechs Raumniveaus

Im Folgenden soll ausführlich auf sechs Raumniveaus (1–6) eingegangen werden, die als schematische Konkurrenzebenen im postfordistischen Raum zu erkennen sind (siehe Abbildung). Auf der untersten Ebene (Ebene 1 dieses Schemas) stehen stadtinterne Konkurrenzen und Fragmentierungen im Mittelpunkt. Auf der schematischen Ebene 2 wird die Stadt im Stadt-Umland-Kontext fokussiert. Ebene 3 stellt die Konkurrenzebene Stadt versus Region dar. Ebene 4 fokussiert Rahmenbedingungen der Stadt im nationalen Kontext. Ebene 5 stellt die Stadt im Kontext des europäischen Raumes vor. Und schließlich wird mit der schematischen Ebene 5 die Problematik des globalen Konkurrenzraums diskutiert.

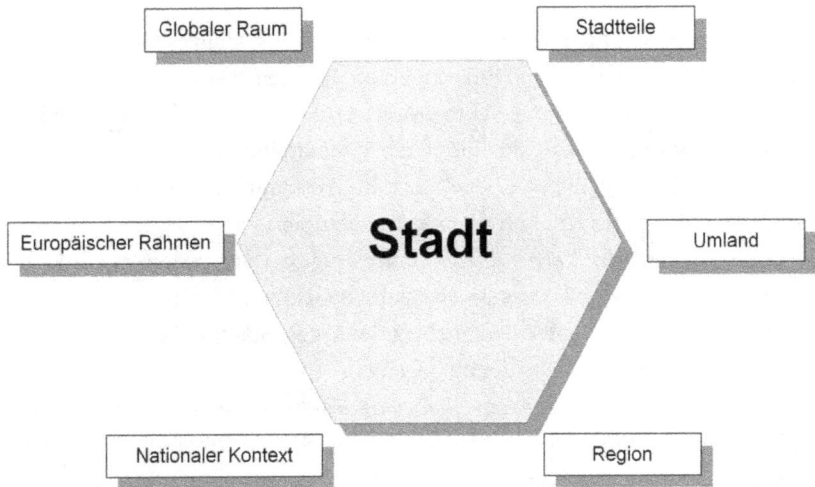

Globaler Raum		Stadtteile

Stadt

| Europäischer Rahmen | | Umland |

| Nationaler Kontext | | Region |

Abbildung: Sechs Modell-Ebenen des Raumes

1.7.1. Zu A: Wettbewerb auf verschiedenen Raumniveaus

Zu A (I): Die „vielfach geteilte Stadt" und die Konkurrenz der Stadträume

> „In der Gegenwart zeichnet sich in den Städten Europas eine Verviel-
> fältigung sozialräumlicher Spaltungen und eine zunehmend kleinräu-
> mige Segregation von Bevölkerungsgruppen ab" (Krätke 1995:158).

Die Folgen der Entwicklung hin zu einer Stadt in der Wissens- und Informationsgesellschaft, die auf den postfordistischen Bedingungen basiert,
lassen sich am deutlichsten mit Begriffen wie Polarisierung, Fragmentierung, „Stadt der Inseln" und dem Terminus „die vielfach geteilte Stadt"
beschreiben (Krätke 1995:158ff.).

Die vieldimensionale Heterogenität des städtischen Raumes ist somit
eines der prägendsten Merkmale der Städte der Gegenwart. Segregation und
räumliche Teilung sind zwar keine typisch spätmodernen Phänomene, und
räumliche Ungleichheiten stellen seit jeher klassische Forschungsthemen der
Stadtsoziologie dar. Allerdings nimmt die Anzahl der sozialökonomisch sich
drastisch unterscheidenden Puzzleteile im postfordistischen Raum enorm zu.

Hierzu kommt die Überzeugung hinzu, dass man sich einer postfordistischen Stadt quasi nur noch mit einem inneren „Kaleidoskop" nähern kann, welches nur spezifische einzelne Fragmente des gesamten Stadtraums annähernd realitätsgetreu „abbilden" bzw. zugänglich machen kann. Eine Stadt als Ganzheit wahrnehmen zu wollen, gilt nahezu als utopisches Unterfangen.

Als weiteres neu hinzugekommenes Merkmal gilt auch, dass diese „Hyperfragmentierung" des Städtischen als wichtige Marketingeigenschaft entdeckt wird. Von den „Trouble Tours" durch Belfast bis hin zur „Guided Bus Tour: West-East-West" in Glasgow wird die Stadt der Gegensätze als ethnopolitische oder „sozialstrukturelle Attraktion" vermarktet. Das Vokabular der Chicagoer Schule – Begriffe wie Dispersion, Konzentration, Invasion und Segregation sowie Prozesse der Sukzession und das Prinzip Dominanz – ist auch noch im Postfordismus gültig. Allerdings hat sich in den letzten drei Jahrzehnten die durchschnittliche Fläche der sich wandelnden Einzelsegmente des Stadtraums deutlich verkleinert. Die Verlaufsgeschwindigkeit der Veränderungsprozesse innerhalb des Stadtraums hat sich aber erhöht (vgl. Krätke 1995:158).

Zu A (II): Stadt und Umland im Wettbewerb

Das stadtnahe Umland der europäischen Großstädte wird von den späten 1950er-Jahren an im Kontext einer „Tertiärisierung" der fordistischen Gesellschaft zum suburbanen Raum umgebaut. Diese „tertiäre Verstädterung" (Mackensen 1974) als siedlungsstrukturelle Ausprägung der Dienstleistungsgesellschaft entwickelt sich zum einen durch die Verdrängung des innerstädtischen Wohnens unter dem Einfluss der Ausweitung der City-Dienstleistungs-Funktionen (vgl. Schäfers 1996:26f.). Zum anderen werden durch die rasante individuelle Motorisierung vom Ende der 1950er-Jahre an die neuen Wohnquartiere am Stadtrand bzw. die „Trabantensiedlungen", „Parkwohnanlagen", „Großwohnanlagen", „Satellitenstädte" bzw. *„Peripheral Housing Estates"* oder „Entlastungsstädte" als suburbane Wohnformen erst möglich und populär: Während 1949 ca. 500.000 Autos in Westdeutschland angemeldet waren, stieg diese Zahl bis 1960 auf 4,5 Millionen, bis 1970 auf 13, 7 Millionen und im Jahr 1988 auf über 30 Millionen an (vgl. Schäfers 1996:27).

Die raumwissenschaftliche Erforschung des Umlandes

„In Deutschland erweist sich nun als Mangel, daß sich Stadt- und Regionalsoziologie fast ausschließlich als Großstadtsoziologie begriffen hat
[...] nicht nur, daß es regionalsoziologische Forschungen so gut wie gar
nicht gibt. [...] Raum jenseits von Stadt und Land, Zentrum und Peripherie, Privatheit und Öffentlichkeit zu denken, wird und muß neue
Zugänge eröffnen" (Ipsen 2000:289).

Zwischen den Raum-Begriffen Stadt und Region, die mittlerweile beide als
Untersuchungsobjekte der Stadt- und Regionalsoziologie und vor allem in
der Politikwissenschaft sowohl empirisch untersucht wurden[14] als auch in
der sozialwissenschaftlichen Theorie reflektiert wurden,[15] tut sich nach wie
vor als Forschungslücke die schwer definierbare Forschungseinheit „Umland" auf.

Es gestaltet sich bereits schwierig, den Begriff „Stadt" genau zu fassen.
Verweise auf die Entstehungsgeschichte des Urbanen und eine genauere
Darstellung gemeinter Perspektiven des Phänomens ebnen jedoch einen
ersten Weg hierzu (vgl. u.a. Wentz 2000; Mönninger 1999a). Noch ein
wenig schwerer fällt es bereits, den Begriff der Region als subnationaler
Einheit darzustellen. Aber auch hier ist erkennbar, dass bereits zu diesem
Thema umfangreiche Definitionsarbeit geleistet wurde (u.a. Nitschke 1999b;
Brunn 1999). Äußerst komplex gestaltet es sich jedoch, will man sich dem
noch recht unscharfen Begriff „Umland" definitorisch nähern.

Als raumorientierende Vordefinition kann das Umland als „Großstadtregion" ohne die zugehörige „Kernstadt" beschrieben werden. Das Umland
wird in den meisten Fällen durch seine Ausrichtung auf eine einzelne
Kernstadt geprägt. Die Ausnahmen „zwischenstädtischer Räume", einge-
bettet zwischen mehreren Kernstädten, bestätigen zumindest in Europa eher
die monozentrische Regel (vgl. zum Begriff Zwischenstadt Sieverts 1997
und 2000). Kooperationen und Koordinationen auf der einen sowie Konkurrenzverhältnisse auf der anderen Seite prägen die Umland-Kernstadt-
Beziehungen – genauso wie das Ringen mit der Kernstadt um die kommu-

---

[14] Vgl. insb. Esser (1988), Friedrichs (1981), Schmals (1983), Kohler-Koch (1998b)
   sowie Nitschke (1999a).
[15] Vgl. insb. Krätke (1995), Noller (1999), Bleier (1999) und Hettlage et al. (1997).

nalpolitische Autonomie der Umlandgemeinden (vgl. Heinz 2000a). Das Umland definiert sich somit kraft seiner Beziehungen zur Stadt.

Die Kernstadt dagegen – als Zentrum einer großstädtischen Agglomeration – definiert sich vor allem und zuerst aus sich selbst heraus. Sie hat „Geschichte", „Verfassung", „Glanz" – so jedenfalls beschreibt sich das europäische städtische Selbstverständnis. Die Kerneigenschaft des Umlandes dagegen ist der empirische Sachverhalt der Kooperation mit der Großstadt. Dieses nüchterne, technische Attribut wirkt – wird es dem „republikanischen Flair" der europäischen „alten Stadt" gegenübergestellt – nachgerade trostlos.

Die Angewiesenheit der beiden Raumeinheiten von Stadt und Umland aufeinander ist aber nichtsdestotrotz offensichtlich wechselseitig. Und im Kontext der urbanen und exurbanen Prozesse des Postfordismus kann definitiv festgestellt werden: Keine Stadt kann ohne Umland existieren – und vice versa. Von großer Bedeutung ist für die Sozialwissenschaften der Gegenwart allerdings, wie diese Kooperationen, Koordinationen, Konkurrenzverhältnisse und Autonomiestreitigkeiten zwischen Stadt und Umland strukturiert sind und wie sie moderiert werden. Hierzu sind zunächst drei Aussagen zu treffen:

a) In der Folge der deutschen Gebietsreform der späten 1960er-Jahre und ebenso nach den Kommunalverwaltungsreformen in Großbritannien kam es von der Mitte der 1970er-Jahre an nicht nur in der deutschen, sondern auch mehrheitlich in der gesamten Kommunalpolitik in Westeuropa zu einer Latenzphase im Diskurs über das Verhältnis von Stadt und Umland. Erst zu Beginn der 1990er-Jahre kehrte das Thema sowohl in die Planungsabteilungen der Ämter als auch in den wissenschaftlichen Streit zurück (vgl. Heinz 2000a:7).

b) Bedingt durch die Heterogenität der Akteure im „Stadt-Umland-Arrangement" kommt es zu zahlreichen und sehr verschiedenartigen Wechselbeziehungen zwischen Partnern in Stadt und Umland. Diese Wechselbeziehungen können jedoch bisher aufgrund ihrer Verschiedenheit nur unter sehr großen Schwierigkeiten empirisch geordnet, wirtschaftlich effektiv gefördert oder politisch zur Wahl gestellt bzw. sinnvoll verwaltet werden. Ziel einer soziologischen Stadt-Umland-Analyse ist es deshalb, die Stadt-Umland-Wechselbeziehungen empirisch zu untersuchen, möglichst genau zu beschreiben, ihre Strukturen zu erklären, diese wenn möglich zu kategorisieren und – im Sinne von Politikberatung – Vorschläge zu deren besserer Effizienz, Effektivität und Verwaltung zu machen.

c) Der Wettbewerb zwischen Stadt und Umland um Steuereinnahmen, Arbeitsplätze und Standort-Attraktivität ist eines der konfliktträchtigsten und beschwerlichsten, aber auch eines der wichtigsten „Kommunikationsrituale" zwischen den beiden ungleichen Partnern Kernstadt und Umland. Der sich in den letzten Jahren zunehmend verschärfende Wettstreit ist – trotz aller Gefahren des Misslingens im Ringen um Kompromisse – vor allem unter der Kommunikationsperspektive und ihrer Erweiterungspotenziale als zentrale Chance zu bewerten. Jede Anschlusskommunikation an einen Kompromiss bedeutet die Eröffnung neuer Chancen gelingender Interaktion zwischen den Akteuren der beiden Raumkonstellationen.

Unter welchen politischen Rahmenbedingungen tragfähige Kompromisse zwischen Stadt und Umland entstehen können bzw. welche Akteure und Eliten zum Erfolg oder Scheitern dieser Aushandlungsverfahren beitragen, stellt einen wichtigen Aspekt des Empirie-Teils dieser Forschungsarbeit dar. In einer Typologie, welche die empirischen Fallbeispiele des Stadtmarketings in Stuttgart und Glasgow zur Basis hat, wird schließlich in Kapitel sechs dieser Arbeit dargestellt, wie Rahmenbedingungen und Akteure im Stadtmarketing miteinander verflochten sind.

Zu A (III): Stadt, Stadtregion, Region – Verschiedene Tiefen der Begriffsschärfe

Betrachtet man den Regionsbegriff als einen „Systembegriff" (Nitschke 1999b:9), mit dessen Verwendung gleichzeitig eine territoriale Abgrenzung und eine „besondere sozio-ökonomische Bedürfnis- oder Interessenlage" vermittelt wird (vgl. Roemheld et al. 1987:74) so ließen sich z.B. das Glasgower und das Stuttgarter Umland zusammen mit den jeweiligen Großstädten natürlich ohne Not unter den Begriff der Region unterordnen. In Stuttgart beispielsweise wird im allgemeinen Diskurs durch die Verwendung des Terminus „Region Stuttgart" und in Glasgow durch den Terminus „Strathclyde Region" die jeweilige Stadt zusammen mit ihrem Umland mit diesem für unser wissenschaftliches Vorhaben allerdings zu wenig präzisen Begriff „Region" bezeichnet.

Mit dem Ziel einer größtmöglichen begrifflichen Schärfe soll daher jedoch in diesem Text das Umland der Großstädte – insbesondere der Metropolen, deren Stadtmarketingprozess hier genau untersucht wird – als „Großstadtregion" oder „Stadtregion" und nicht mit dem nicht eindeutigen Terminus „Region" bezeichnet werden. Darüber hinaus wird im internationalen Kontext das gesamte Gebiet Schottlands häufig als „europäische Region" bezeichnet – genauso wie auch das ganze Bundesland Baden-Württemberg häufig als EU-Region eingeordnet wird. Insbesondere um Verwechslungen auf diesem Begriffsfeld vorzubeugen, soll – wo innerhalb dieses Konvolutes nötig – der Terminus „Großstadtregion" verwendet werden.

Die Eliten der Großstadtregion Glasgow und die schottischen Regions- bzw. Nationseliten[16] stehen außerdem in einem sehr angespannten Konkurrenzverhältnis zueinander, das nicht zuletzt auf der Rivalität der beiden Metropolen Glasgow und Edinburgh beruht. Auch dies ist ein wichtiger Grund für eine begriffliche Trennung der Begriffe „Region und Großstadtregion".

Zu A (IV): Stadt und Nation – Zentrale Entwicklungen im Rückblick

Die begrifflichen und empirischen Querverbindungen zwischen den wissenschaftlichen Termini sowie auch die Beziehungen zwischen den empirisch vorfindbaren Raumphänomenen „Stadt" und „Nation" und deren vormodernen Vorläufern sind recht vielgestaltig und komplex.

Georg Simmels Beschreibung des Phänomens „Stadt" hebt zum Beispiel an zentraler Stelle hervor, dass die Beziehungen und Verflechtungen einer Stadt nie mit der Gemarkungsgrenze einer Stadt aufhören. Er schreibt:

> „Das Bedeutungs- und Wirksamkeitsgebiet einer Stadt – innerhalb eines Staates – endet doch nicht an ihrer geographischen Grenze. Sondern mehr oder weniger bemerkbar erstreckt es sich mit geistigen, ökonomischen, politischen Wellenzügen über das ganze Land, indem

---

[16] Im Kontext des schottischen Nationalismus wird Schottland häufig als „nation without state" (Interview mit Kenneth Gibson/Member of the Scottish Parliament) beschrieben. Der Begriff „Regionalismus" wird seitens der schottisch-nationalistischen Eliten verworfen.

die allgemeine Staatsverwaltung die Kräfte und Interessen jedes Teiles mit denen des Ganzen verwachsen lässt" (Simmel 1983:224).

In der von Simmel vorgestellten Raum-Beziehung wirkt aber auch die Nation – und damit ist hier insbesondere das Raummuster des modernen Nationalstaats gemeint – mit all ihren Eigenschaften auf eine Stadt zurück (vgl. ebd.). Diese dialektische Wechselwirkungsbeziehung zwischen Stadt und Nationalstaat (bzw. dessen historischen Vorläufern) wurde in den letzten drei Jahrhunderten zunächst in der Phase des Übergangs vom späten Mittelalter in die Neuzeit – einer „Boomphase" der europäischen Stadtstaaten – sowie in der Folge durch den Prozess der Modernisierung und Nationalstaatsbildung und schließlich durch den Fordismus und die an diesen anschließenden postfordistischen Raumbildungsprozesse innerhalb von Stadtregionen in der Spät- bzw. „Postmoderne" geprägt.[17]

Die Beziehungen im Raumsystem am Beginn der Neuzeit

Bereits am Ende des Spätmittelalters handelte es sich bei dem Verhältnis zwischen der Stadt (bzw. dem Stadtstaat) und den Vorläufern des Nationalstaates um eine Wechselwirkung zwischen zwei Niveaus in einem europäischen Mehrebenen-System von „Raummächten". Die mittelalterliche Hierarchie dieser Ebenen, die von Papst und Kaiser angeführt wurde, setzte sich nach unten mit den „mittelgroßen" Königreichen (wie z.B. Portugal, England oder Frankreich) fort. Die Ebenen am Fuße dieses hierarchischen Raum-Systems wurden von verschiedenen Grafschaften, Bischofsbistümern und auch zahlreichen Stadtstaaten gebildet (vgl. Taylor 2000:49f.).

Den Ursprungsraum der sich am Ende der Neuzeit bildenden ersten europäischen Nationen stellen die „mittelgroßen" europäischen Königreiche des Spätmittelalters dar. In einem Prozess der politischen Souveränitätsgewinnung, in dem das Militär als Garant für den Schutz nach außen ebenso eine Komponente des „Nation-Building" darstellte, hatte sich die Nation als zukunftsweisende Form des entstehenden modernen Staates gebildet. Mit der Entwicklung hin zu nationalen Arrangements wird im militärischen wie im politischen Sektor innerhalb eines nationalen Territoriums wenn nicht ein

---

[17] Vgl. dazu u.a. Krätke (1995), Krätke (1991:22ff.), Harvey (1989).

Konsens, so doch eine gewaltfreie Lösung von Konflikten zwischen den konkurrierenden Eliten wahrscheinlicher. Diese erhöhte Wahrscheinlichkeit befriedeter Konkurrenz kommt einer Zunahme der inneren Sicherheit gleich, was sich wiederum positiv auf das Wirtschaftssystem auswirkt. Natürlich spielten nationale (Entstehungs-)Mythen (vgl. Smith 1988), die Verbreitung einer gemeinsamen nationalen Sprache, die Ausbildung einer gemeinsamen Schriftkultur und eines gemeinsamen Bildungssystems (vgl. Anderson 1993 und Gellner 1995) eine wichtige Rolle. Die „Nation als Form" (Richter 1996) konnte sich aber vor allem unter dem Druck der Modernisierung und Industrialisierung der europäischen Staaten auf verschiedene Weise und in zahlreichen Bereichen der Politik deutlich gegenüber dem Stadtstaat, als einem ihrer Mitkonkurrenten aus dem mittelalterlichen Mehrebenen-System, durchsetzen.

Die europäischen Stadtstaaten verlieren im Modernisierungsprozess des „Nation-Building" (Deutsch 1962) zwar einerseits klar an *politischer* Macht. Sie bilden jedoch andererseits im Verlauf einer sich immer deutlicher ihren Weg bahnenden technischen Industrialisierung – spätestens von der Mitte des 18. Jahrhunderts an – ein weit gespanntes und meist durch die Eisenbahn verbundenes Netz von Wirtschaftszentren der nationalen Territorien. Des Weiteren werden im Übrigen während der Industrialisierung zum ersten Mal die Städte zu elementaren Versorgerinnen des (Um-)Landes. In umgekehrter Richtung ist das Umland der großen Städte auf die Arbeitsplätze, Industrieprodukte und Verwaltungs- und Dienstleistungen aus der Stadt in noch nie dagewesenem Maße angewiesen.

Dies bedeutete eine Umkehrung der mittelalterlichen Stadt-Land-Verhältnisse von Produktion und Konsumption (zumindest in der Wahrnehmung breiter Schichten der Bevölkerung), die auch für den gesamten Modernisierungsprozess und die spätmodernen Stadt-Umland-Diskurse nicht ohne Folgewirkungen und Reflexe bleiben wird. Für lange Zeit spielt nämlich auch die Negierung dieser Umkehrung einer wichtige Rolle. Inwieweit die Städte als zentrale Beteiligte an der Schaffung eines nationalen Wohlstands angesehen wurden oder als Orte der Verschwendung, hing vom jeweiligen politisch opportunen Diskurs ab. Dieser Diskurs pendelte in gewisser Weise zwischen den biblischen Bildern „Hure Babylon" und „heiligem Jerusalem" hin und her. Diese Pendelbewegung scheint sich im

Raumdiskurs und vor allem im Bezug auf Stadt-Umland-Verhältnisse in zahlreichen und verschiedenen Variationen bis in die Gegenwart fortzusetzen (vgl. dazu insb. Berking 2002).

Stadt und Nation in der Moderne – Posturbanisierung und Nationalstaatsentwicklung

Die ökonomische Elite der durch die Industrialisierungsprozesse entstandenen Großstädte lässt sich um 1900 in drei hierarchisch gegliederte Sektoren unterteilen: Bereits seit dem Ende des 19. Jahrhunderts wird der „monopolistische" Sektor zur entscheidenden Finanzkraft in den großen Industriestädten. Dieser ist geprägt von weltweit tätigen Industrie- und Dienstleistungsunternehmen (Schöber 2000:219f.).[18] An die zweite Stelle der ökonomischen Macht treten die im regionalen Wettbewerb konkurrierenden Anbieter von Produktionsmitteln und Dienstleistungen der Stadt: der „kapitalistische Sektor". Schließlich folgen in dieser Hierarchie die Unternehmer des traditionellen „bürgerlich-mittelständischen" Sektors (ebd. S. 220).

Diese drei Sektoren prägen auch die Urbanisierungsformen der modernen Großstädte. An das Ende der Ära der Stadt im Hochkapitalismus – gegründet auf den Erfolgen des industriellen Fortschritts – fügt sich der Beginn von Posturbanisierungsprozessen. Letztere sind in Deutschland spätestens vom Ende des Ersten Weltkrieges an zu beobachten (Reulecke 1978:147). In den Industriezentren Großbritanniens hingegen werden sie bereits am Ende des 19. Jahrhunderts offenkundig.[19] Bevölkerungswachstum, Binnenwanderung und auch Industrialisierung prägten zwar auch die Städte dieser ersten posturbanen Phase, aber die Geschwindigkeit der Veränderungen, die den Charakter der europäischen Großstadt noch vor dem Ersten Weltkrieg entscheidend formte, ließ deutlich nach. Der Posturbanismus ließ vor allem von den 20er-Jahren an in vielen europäischen Großstädten einen „ständig sich erweiternden ‚Bevölkerungskrater'" (Reulecke 1985) entstehen. Die „City" wurde mehr und mehr zum Ort der Banken, der Versicherungen, der großen Warenhäuser und der Geschäfte mit Luxuswaren (Schöber

---

[18] Sowie O'Connor (1974), Abu-Lughod (1968).
[19] Vgl. zu Glasgow: Keating (1988), Pacione (1995).

2000:222). Der bürgerliche Einzelhandel des alltäglichen Bedarfs, die Handwerksbetriebe, die Gaststätten und die Wohnhäuser werden zunächst in die „Außenstadt" und mit der Ausweitung der Verkehrsnetze und des individuellen motorisierten Stadtverkehrs nach und nach in die Umlandregion verdrängt.

Posturbanisierung, Gentrification, Tertiärisierung und Städtenetze

Die hier beschriebenen Prozesse der Posturbanisierung der postkapitalistischen Stadt sind in gewisser Weise typische Stadtentwicklungen der sich tertiärisierenden Stadt. Im Zentrum der tertiärisierten Metropolen befinden sich die Orte der Dienstleistung. Dieser Prozess der vom Tertiärsektor geprägten Posturbanisierung setzt sich in Europa bis in die Gegenwart in vielen Variationen fort. Nach einer Phase der Stadtentwicklung, die von Gottdiener als „metropolitane Periode" bezeichnet wurde (Gottdiener 1994) und die in den meisten Städten Westeuropas bis in die 1970er-Jahre hineinreicht, folgt die Phase der Restrukturierung des Siedlungsraumes. Deindustrialisierung, Tertiärisierung und die Dekonzentration der Bevölkerung durch Sub-, De- und Exurbanisierungsprozesse prägen die europäische Stadt und die Regionalräume Europas spätestens von der Mitte der 1970er-Jahre an. Es entstehen vor allem entlang der Nord-Süd-Achse – von London über das Ruhrgebiet bis nach Norditalien, und somit entlang der so genannten „Blauen Banane"[20] – immer mehr Verdichtungsräume bzw. „Zwischenstädte" (Sieverts 1997). Zudem wird auch jede einzelne europäische Metropole selbst mehr denn je zur polyzentrischen Konfiguration. Die Zersiedelung des stadtnahen Umlandes wird hierbei durch eine „Kombination von Push- und Pull-Faktoren" verstärkt (vgl. Schöber 2000:225; Friedrichs 1995:99–114).

Als Push-Faktor gilt in erster Linie, dass die europäischen Innenstädte zu immer mehr mit negativen Attributen belasteten Orten werden. Vor allem der chronisch zunehmende Straßenverkehr durch das Stadtzentrum und im Stadtzentrum bringt eine gravierende Verschmutzung der Luft, extreme Lärmbelastungen und z.B. durch den Raumverbrauch durch Parkplätze unzählige Einschränkungen für nicht automobilisierte NutzerInnen des

---

[20] Zum Begriff „Blaue Banane" siehe die entsprechende Abbildung in Abschnitt 1.7.1.

Stadtraums mit sich. Als Pull-Faktor, der die KernstädterInnen zum Umzug in die Umlandgemeinden motiviert, wirkt insbesondere der Umstand, dass von den 50er-Jahren an ununterbrochen an einem Straßenverkehrsnetz gebaut wird, das den Weg vom Umland in die Stadt vereinfachen soll (vgl. Schöber 2000:225). Zudem wird z.B. durch die deutschen Steuergesetze (Eigenheimförderung), die insbesondere auf Angehörige der Mittelschicht zugeschnitten sind, der Bau von Wohnarealen außerhalb der Stadtgrenzen begünstigt.

Gleichzeitig erfährt der Prozess der Posturbanisierung in den europäischen Metropolregionen aber auch vom Ende der 70er-Jahre an entscheidende „Brüche". So stellt zum Beispiel der Prozess der „Gentrification" eine Umkehrung der Tendenz der Tabuisierung der Innenstädte als Wohnareal und somit den Anfang des Endes der „innenstädtischen Bevölkerungskrater" in annähernd allen europäischen Großstädten dar. Die „Gentrifizierer" der 1980er- und 1990er-Jahre kehren damit ebenso den Trend hin zur „verarmenden Innenstadt" in vielen Fällen um und eröffnen ein neues Ensemble der sozialen Schichtung in den Innenstädten Europas (Schöber 2000:232–235).[21] Zu sanierender bzw. bereits sanierter Innenstadtwohnraum wird vor allem nach New Yorker Vorbild von den 1970er-Jahren an mehr und mehr auch zum beliebten Wohn- bzw. Mietobjekt für die meist jungen europäischen Gentrifizierer der „ersten Generation" (zum „Modell New York" vgl. insb. Smith 1993:186ff.).

Diese Anfänge einer sozialen „Durchmischung" im Innenstadtbereich führten in den meisten Fällen zu einer Aufwertung des Innenstadtraums der europäischen Großstädte. Entsprechend den Regeln des Immobilienmarktes wirkte sich schließlich die durch den Prozess der Gentrifizierung eingeleitete Aufwertung auf die Mieten und Immobilienpreise im Zentrum aus. Innerhalb relativ kurzer Zeiträume wurden ganze Areale der europäischen Innenstädte zu begehrten Altbausanierungsobjekten, die im Anschluss an so genannte „Luxussanierungen" an MieterInnen weitervermietet bzw. an Käufer veräußert wurden, die bereit waren, relativ hohe Mieten bzw. Immobilienpreise zu zahlen.

---

[21] Sowie u.a. Häußermann/Siebel (1987), Blasius (1990).

Dieser Verdrängungsprozess kann als typisches Beispiel postfordistischer Sukzession in der Dienstleistungsstadt angesehen werden. Typische Konsequenzen dieser Stadtentwicklung hin zur postfordistischen Stadt sind eine erhöhte Fragmentierung und Segregation des gesamten Stadtraums hin zur tertiärisierten Stadt mit dem Zentrum als „großem Schaufenster".

Auch das Verhältnis zwischen posturbaner Stadtentwicklung und dem Nationalstaat wird im gesamten 20. Jahrhundert durch die Entstehung der Dienstleistungsstädte in der Dienstleistungsgesellschaft geformt. Nicht nur die europäischen Hauptstädte, von London über Berlin bis Paris, sondern auch Grenzstädte oder grenznahe Städte wie Straßburg, Genf, Mailand, München, Graz oder – im regionalistischen Kontext – auch Barcelona werden zu nationalen bzw. regionalistischen „Schaufenstern" im internationalen Kontext hochstilisiert. Nationale Dienstleistungseliten, nationalstaatliche Politik und insbesondere die Kultur- und Bildungseliten kooperieren dafür sehr eng miteinander.

Bedingt durch sich vereinheitlichende volkswirtschaftliche Bedingungen und gefördert von der nationalen Infrastrukturförderung verstärkten sich die Verbindungen zwischen den Großstädten innerhalb der in Europa entstehenden modernen Nationalstaaten. Zudem bilden sich vor allem durch den internationalen Warenaustausch wichtige Städteachsen und Städtenetze zwischen den europäischen Dienstleistungsmetropolen aus. Bereits das Europa des frühen 20. Jahrhunderts, aber vor allem und insbesondere nach dem Jahr 1989 das Europa der Gegenwart, konstituiert sich hierbei mehr und mehr aus seinen Städtenetzwerken (vgl. u.a. Scibbe 2000 sowie Krätke 1998).

Stadt versus Nation

Diametral entgegengesetzt zu der oben dargestellten, sich kontinuierlich stärker verflechtenden wirtschaftlichen Kooperation zwischen Nation und Stadt haben die beiden Weltkriege, und insbesondere in Deutschland der Re-Demokratisierungsprozess nach 1945, einen starken Einfluss auf die Autonomie im Sinne einer politischen Selbstbestimmung der Stadt in der Nation. Die kommunale Selbstverwaltung – als „Freiheit der Gemeinden *vom* und jene *im* Staat" – wird im bundesrepublikanischen Grundgesetz noch tiefer verankert als zuvor in der Verfassung der Weimarer Republik (Schöber 2000:212; Hervorh. im Orig.).

Finanzpolitisch jedoch ist die Kommune zunehmend auf den national-staatlichen Fiskus angewiesen. So ergibt sich „der Widerspruch, dass die Stadtgemeinden einerseits als Selbstverwaltungsorganismen anerkannt und demokratisch verfasst sind, aber andererseits mehr denn je als Anstalten des Staates fungieren" (Schöber 2000:235). Wohlfahrtsstaatliche Politik wird mehr und mehr mittels der lokalen öffentlichen Akteure realisiert. Peter Schöber fasst das daraus resultierende Dilemma wie folgt zusammen:

> „Der Staat hat sich [...] zu einem Wohlfahrtsstaat gewandelt, was zu widersprüchlichen Anforderungen an die Gemeinde führt. Sie muß für soziale Wohlfahrt, für Wachstum, Beschäftigung und die Aufrechter-haltung der öffentlichen Ordnung sorgen, als intermediäre Ebene für Bildung einer kollektiven Identität wirken und zugleich der permanen-ten Finanzkrise des ‚Steuerstaates' [Schumpeter] Rechnung tragen" (Schöber 2000:235).

Zu A (V): Die Stadt im europäischen Raum

> „Die europäischen Städte entstehen zusammen mit Europa, und in ge-wissem Sinne sind sie es, die Europa erst hervorbringen. Sie sind eine – vielleicht die hauptsächliche – Ursache dafür, dass Europa sich als eine historische Einheit zu erkennen gibt" (Benevolo 1999:13).

Zu Beginn des 21. Jahrhunderts leben ca. 80 Prozent – und somit annähernd 280 Millionen Bürger – in den 15 Mitgliedstaaten der Europäischen Union (Stand 2003) in städtischen Agglomerationen. Betrachtet man die bloße Größe der europäischen Stadtagglomerationen, so bilden die beiden Metro-polen London (ca. 10 Mio.) und Paris (ca. 8,5 Mio.) die sehr kleine elitäre Zweier-Gruppe der Megastädte Europas, weitere zwanzig Städte mit mehr als einer Million Einwohner folgen in dieser Reihe. Europa ist heute aber vor allem ein Netzwerk von über 300 Städten, die mehr als 100.000 Ein-wohner haben, aber keine Millionenstädte sind (vgl. Petzold 2000:25).

Der in Bezug auf seine Verlaufsgeschwindigkeiten sehr kontrastreiche Europäisierungsprozess der letzten vier Jahrzehnte des 20. Jahrhunderts kulminierte schließlich am Anfang der 1990er-Jahre in der Entstehung eines zollfreien Wirtschaftsraumes in der EU und am Ende dieser Dekade in der

Entstehung der Einheitswährung. Mit der Entstehung des gemeinsamen Marktes werden auch die Fragen nach den Gewinner- und Verlierer-Räumen dieser Entwicklung laut. Für Stadtplaner, Stadtmanager und viele andere lokale Akteure bedeutet diese Frage: Welcher Typus von Stadt wird vom vereinten Europa profitieren? Welcher Typus ist, bleibt oder wird gefährdet?

Allgemein gültige Antworten können auf diese Fragen nicht gegeben werden. Es muss aber darauf hingewiesen werden, dass jeder Standort innerhalb des sich ständig verändernden europäischen Wirtschafts- und Sozialsystems im Übergang zum Postfordismus sowie auch im Kontext der Genese einer Wissens- und Informationsgesellschaft kontinuierlich sich in veränderten Bedingungen wiederfindet und sich somit permanent neu orientieren und positionieren muss. Hierbei hängen die sich verändernden Bedingungen und deren Wahrnehmung eng mit dem Begriff des Standort-faktors zusammen. Peter Hall schreibt dazu:

> „Wenn wir noch nicht einmal wissen, wie wir denn die neu entstehen-den Aktivitäten einteilen sollen, so begreifen wir noch weniger die Re-geln ihrer Standortwahl. Unsere Standorttheorien, seien sie nun neo-klassischer oder marxistischer Orientierung, sind immer noch auf die Fertigung und andere Formen der Güterbearbeitung fixiert" (Hall 1991:21).

Im plastischen Gegensatz zu den klassischen „Standortgewichten", die von der Masse und den Transportkosten der Rohstoffe und des Fertigproduktes abhingen und die in Alfred Webers „Reiner Theorie des Standorts" aus dem Jahr 1909 in seinem berühmten „Standort-Dreieck" dargestellt wurden (Weber 1922)[22], spielen in der Informationsgesellschaft verstärkt Faktoren eine Rolle, die neben den gegenwärtig „harten" Faktoren – wie z.B. der Verkehrsinfrastruktur oder der Bodenpreise – die entstehenden „innovativen Milieus" (Heidenreich 1997; Aydalot/Keeble 1988) in Europa prägen.

In ersten Entwürfen einer „postfordistischen Standortlehre" spielen „wei-che Standortfaktoren" wie das Image einer Stadt, das kulturelle Angebot sowie der Wohn- und Freizeitwert eine zunehmend wichtigere Rolle (vgl.

---

[22] Zuerst erschienen 1909.

Grabow 1994:148).[23] Natürlich wurden auch in früheren Zeiten die Standortentscheidungen von „persönlichen Präferenzen" beeinflusst. Allerdings lassen die Ausweitung des Dienstleistungssektors sowie die starken Angleichungstendenzen der Infrastrukturstandards der europäischen Städte im Rahmen einer mehr und mehr entstofflichten Ökonomie die weichen Standortfaktoren zu einer Art „Zünglein an der Waage" der Standortgewichte werden. Stadtkonkurrenzen in Europa sind somit fortlaufend von verschiedenen Entwicklungs- und Anpassungsprozessen ehemals „außerökonomischer" Faktoren abhängig.

Hierbei sind enorme Akkommodationsprozesse bei den Stadtgestaltern genauso beobachtbar wie die Entstehung einer „nach oben offenen Anspruchsspirale" bei Investoren und Unternehmern (Interview mit James Coleman/Glasgow City Council).

Somit wird Europa derzeit durch zwei „Megatrends" (Kotler et al. 1999:1) geprägt: Einerseits existiert eine eurokratisch-administrative Bewegung hin zur Harmonisierung der Standards und Regeln innerhalb der EU. Andererseits „boomen" die Neuentdeckungen lokaler Besonderheiten durch die stadtregionalen Elitezirkel und, damit verbunden, die divergierenden Selbstbeschreibungen der europäischen Räume (vgl. ebd.). Es ist dabei offensichtlich, dass gerade die fortschreitenden europäischen Vereinheitlichungspolitiken zu komplexen Diversifikationsreaktionen führen.

Des Weiteren lässt sich beobachten: Je wirkungsloser (weil angeglichener) die nationalen Standortpolitiken im europäischen Kontext wurden, umso mehr Energie floss in die Marketingbestrebungen der fragmentierten Städte und Regionen. Philip Kotler et al. schreiben hierzu:

> „Places are increasingly responsible for their own marketing. Local plans will be empowered to find strategies that stand out in a marketplace crammed with competitors. This challenge is the natural outcome of Europe that is highly competitive and locally based" (Kotler et al. 1999:2).

---

[23] Die Diskussion über „weiche" Standortfaktoren vernachlässigt sehr häufig den relativen Charakter ihres Gegenstandes. Für einen Theaterschauspieler z.B. ist die Anzahl der städtischen Theater durchaus ein harter Standortfakto, genauso wie für einen Instrumentenbauer die Anzahl der Opernhäuser.

Zu A (VI): Die europäischen Städte im Globalisierungskontext

„Die Situation ist paradox. Während die verschiedenen Diskurse in einer Art experimentellen Wahnsinns eine ‚ortlose' Welt entwerfen, muss der interessierte Beobachter überraschend zur Kenntnis nehmen, dass nie zuvor so exzessiv über Ort und Raum, über ‚disembedding' und ‚reembedding' gestritten wurde wie heute. Und in der Tat spricht alles dafür, dass es die beschleunigte Zirkulation von Waren, Menschen, Kapital und Images ist, die den spezifischen Ort des ‚Ortes' zuallererst sichtbar und wahrnehmbar werden lässt" (Berking 2002:50).

Die gegenwärtigen Globalisierungsprozesse zeichnen sich besonders dadurch aus, dass eine neuartige Quantität und Gestalt von „Handlungen und Formen des (Zusammen-)Lebens über Entfernungen hinweg" (Giddens 1995:23ff.) weltweite ökonomische, soziale und kulturelle Austauschprozesse generiert. Die aus diesen Austauschvorgängen resultierenden weltweiten Netzwerke werden von Akteuren mitbeeinflusst oder gesteuert, die sowohl das einzelne Netzwerk selbst wie auch zahlreiche Kontextbedingungen ihres Netzwerkes kontinuierlich reflektieren können (vgl. Robertson 1992; Beck/Giddens/Lash 1996). Diese Bedingung der Möglichkeit zur Reflexion über global orientiertes Handeln sowie die Vorwegnahme von annehmbaren Folgen der eigenen Handlungen im Globalisierungskontext ist eine entscheidende Charaktereigenschaft der Globalisierung – insbesondere auch der Globalisierung von Raumeinheiten.

Globalisierung als raumgestaltende Prozesskonstellation wirkt auf die Städte in sehr verschiedenen Ausprägungen. Zunächst kommt es durch die allgemeine Hierarchisierung der Räume auch zur Bildung eines hierarchischen Städtesystems auf globaler Ebene (vgl. Krätke 1995). Dieses System wird von der ständigen Dynamik interner Positionierungswettbewerbe bestimmt (Krätke 1995:126ff.). Es ist hierbei von besonderem Interesse, dass nicht nur die Spitze dieser Hierarchie klar als eigene Kategorie – nämlich als die Ebene der „Global Cities" – definiert ist, sondern dass auch die unteren Stufen dieser Rangordnungs-Treppe – und natürlich insbesondere der erfolgreiche Aufstieg von diesen – von verantwortlichen Akteuren und verschiedensten „Raummanagern" kontinuierlich mitreflektiert werden bzw. wird.

Städtehierarchien in Europa – Raum-Positionierungen und Bindungspotenziale

„Die Logik des ‚space of flows' [...] wird vorzugsweise an den Rekonfigurationsprozessen des städtischen Raumes ausbuchstabiert" (Berking 2002:49).

Die Konzentrationsprozesse in der globalen Ökonomie spiegeln sich wie oben erwähnt in der Entstehung einer weltweiten Städtehierarchie wider. Hierbei wird deutlich, dass sich innerhalb dieser Hierarchie die Unterschiede in den Entwicklungsgeschwindigkeiten der Städte ständig vergrößern. Es kommt dadurch zur Polarisierung und zur Bildung der Gruppen von „Gewinner- und Verliererstädten". Eine wichtige Frage drängt sich in diesem Kontext auf: Welche Attribute machen Städte zu Gewinnern? Und welche Eigenschaften sind zu vermeiden, soll die Stadt nicht zu den Verlierern gehören?

Diese Typisierungsbestrebungen, insbesondere den europäischen Städten einen bestimmten Hierarchie-Rang zuzuweisen, prägten in den letzten Jahren – vor allem nach dem Ende der Ost-West-Trennung die Publikationen der europäischen Wirtschaftsgeographie.[24] Zwei Grundlagen zur Typisierung der Städte lassen sich hierbei herausarbeiten: Zum einen wird die Zuordnung zu einer übergeordneten Raumeinheit – wie z.B. der europäischen „Blauen Banane" (zwischen London und Mailand), dem europäischen „Sunbelt" (zwischen Mailand und Valencia) oder der „Europäischen Traube" zwischen Rotterdam und Basel und somit die Positionierung in einem bestimmten Städtenetz und innerhalb eines bestimmten Raumstrukturmodells betont (vgl. Krätke 1995:130–134; Kunzmann 1993).

---

[24] Vgl. dazu insb. Matthiesen (1998), Scibbe (2000), Kunzmann (1993) sowie Krätke (1990).

Abbildung: „Blaue Banane" (nach Brunet 1990:57 und 1989)

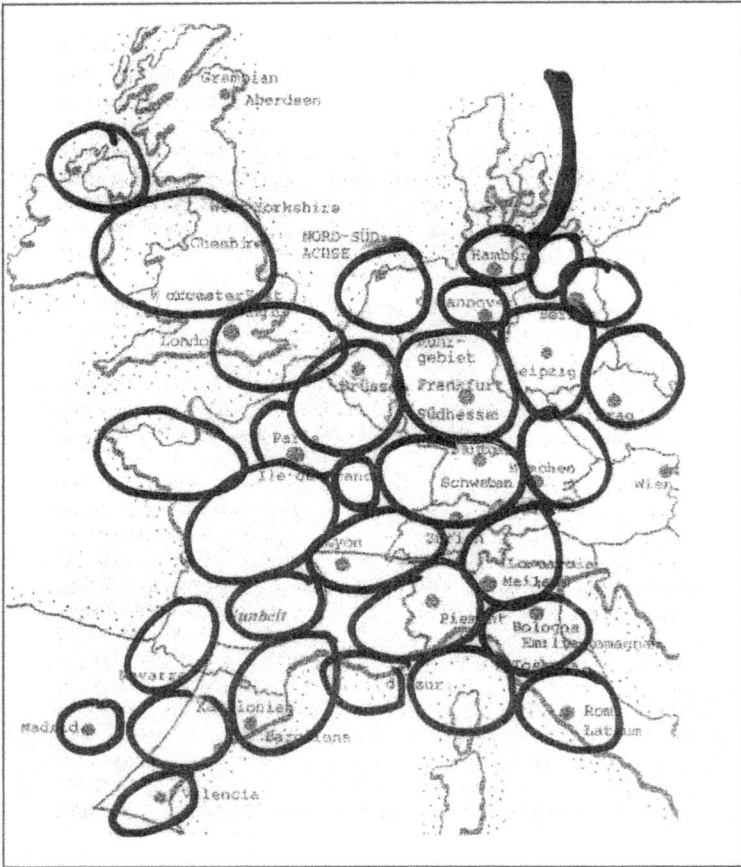

Abbildung: „Europäische Traube" nach Kunzmann/Wegener (1991:64)

Zum anderen spielen neben diesen Positionierungstendenzen der Verortung von Raum-Entitäten innerhalb von Raumstrukturmodellen – wie der Blauen Banane oder der Europäischen Traube – in der diese Modelle in gewisser Weise als „Werbeträger" fungieren die Anziehungseigenschaften und Bindungspotenziale der jeweiligen Stadt für bestimmte Betriebe und Institutionen eine zentrale Rolle.

In einer Stufenhierarchie folgen entsprechend dem Modell von Krätke (siehe Abbildung) auf die Global Cities mit ihrer weltweiten Bedeutung als

„Kommando- und Finanzzentralen" die „metropolitanen" Stadtregionen Europas (Krätke 1995:137ff.).

Dem Niveau der europäischen „metropolitanen" Stadtregionen wie Amsterdam, Brüssel, München werden hochrangige Kontroll- und Finanzkapazitäten sowie europaweit bedeutsame Einzugsbereiche zugeordnet (vgl. Krätke 1995:139–142). Zusätzlich sind die Standortwerbenden dieser Städte an der Ansiedlung von hochrangigen unternehmensorientierten Dienstleistungsbetrieben sowie „innovativen" Forschungs-, Hochtechnologie- und Kommunikationsunternehmen interessiert. Um im weltweiten Wettbewerb bestehen zu können, müssen Städte wie Glasgow, Lyon, Prag als „national bedeutsame" Stadtregionen (Krätke 1995:141) zumindest intranationale und regional bedeutsame Unternehmen binden. Ebenso müssen die lokalen Verantwortlichen dieser Stadtregionen versuchen, Standorte für „innovative" Produktionsstrukturen anzubieten (vgl. Heidenreich 1997). Das heißt: Neue diversifizierte Netzwerkstrukturen müssen genauso in ihrer Ausbreitung unterstützt werden, wie bereits bestehende Produktions- und Innovationsnetzwerke u.a. durch die Bereitstellung „kollektiver Ressourcen" gebunden werden sollen (Heidenreich 1997:522).

Hierarchie und Dynamik von Stadtregionen in zwei Dimensionen

Produktions-struktur / Kontroll-kapazität	Konzentration *innovativer* Produktions-strukturen	Konzentration *traditioneller* Produktions-strukturen	Defizit an traditionellen und innovativen Produktions-kapazitäten
Konzentration *internationaler* Kontroll- und Finanz-kapazitäten sowie hochrangiger Dienstleistungen	Global Cities [1]		
Konzentration *europaweiter* Kontroll- und Finanz-kapazitäten sowie hochrangiger Dienstleistungen	Europäische metropolitane Stadtregionen [2]		
Konzentration *regionaler* Kontroll- und Finanz-kapazitäten sowie produktionsnaher Dienstleistungen	National bedeutsame Stadtregionen [3]		
Defizit an Kontroll- und Finanz-kapazitäten	Städte mit Spezialisierung auf innovative Produktions-strukturen [4]	Städte mit Spezialisierung auf standardisierte Produktions-funktionen [5]	Marginalisierte Stadtregionen [6]

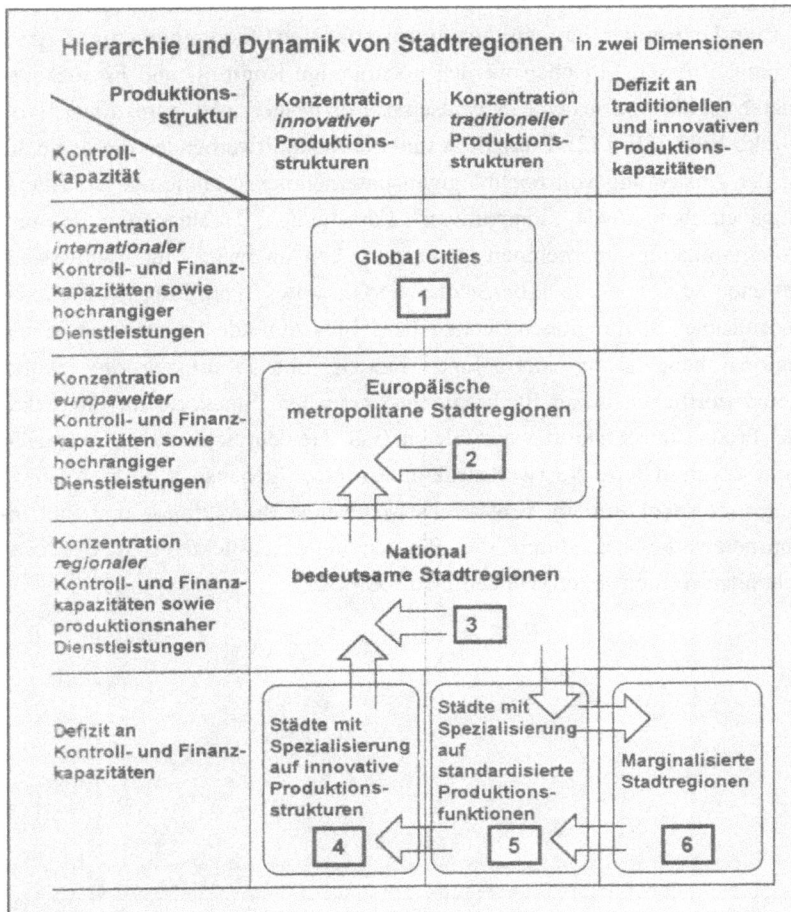

Abbildung: Hierarchie und Dynamik von Stadtregionen (nach Krätke 1995:141)

Städte mit einer „Spezialisierung auf innovative Produktionsstrukturen" (Krätke 1995:141) – wie u.a. Stuttgart, Grenoble, Toulouse und Valencia – werden durch eine starke Konzentration von Betrieben mit „flexibler" Produktion geprägt. Vor allem die zahlreichen Stuttgarter Zulieferer für die Automobilbauer DaimlerChrysler und Porsche, die ein spezifisches „Produktionscluster" und „Innovationsmilieu" bilden (Heidenreich 1997), gelten hier als markante Beispiele. Mit der flexiblen Produktionsweise entstehen weitere Märkte und Standortnischen für mittelbar und unmittelbar produktionsorientierte Dienstleistungen (vgl. Gaebe 1997b). Kontroll- und Finanzkapazitäten nehmen in diesen Stadtregionen auf Niveau vier nur eine marginale Stellung ein. Kontrollkapazität und Produktionsstruktur nehmen entsprechend diesen Beispielen zwei wichtige Dimensionen einer Hierarchisierung ein, die für die Selbst- und Fremdbeschreibung der lokalen Eliten der jeweiligen Städte als Orientierungspunkte dienen. Aussagen wie: „We were rated on level six and now we have reached level three" (Stuart Gulliver im Interview/Scottish Enterprise Glasgow) illustrieren dies.

Konvergenz und Divergenz der Städte – Zwischen Vereinheitlichung und Vielfalt

> „Während auf der einen Seite aufwändige Inszenierungen von Geschichte und Kultur die Einzigartigkeit des jeweiligen Ortes hervorheben, um Investoren, Touristen und zahlungskräftige Bewohner anzulocken, zieren andererseits die immer gleichen Shoppingmalls und Einkaufspassagen die Innenstädte dieser Welt" (Bittner 2002a:6).

Zwei weitere scheinbar widersprüchliche Tendenzen bezüglich der Entwicklung der Städte im globalen und insbesondere im europäischen Kontext sind zu konstatieren: Konvergenz und Divergenz.

Globale Unternehmen stehen unter dem Diktat des Kostendruckes oder sind aus Gründen wie z.B. des „Wiedererkennungeffektes" – im Sinne eines unternehmensorientierten „Brandings"[25] – dazu geneigt, ihre Produkte weltweit zu vereinheitlichen. Dies gilt auch für weltweit agierende Firmen, die das Stadtbild von Großstädten mitgestalten. Global agierende Bauunternehmen und Architekturbüros, aber auch deren Unternehmensberatungen sind hier zu nennen. Eine zunehmende und global wahrnehmbare Konvergenz der „Stadtbilder" ist die Folge. Aber auch die Funktionen der Innenstadträume werden sich weltweit immer ähnlicher. Städte werden immer

---

[25] Unter Branding wird das Erzeugen einer Marke (englisch *brand*) verstanden. Ein „Brand" muss sich an der emotionalen und versinnbildlichten Darstellung dessen orientieren, was der Betrachter bzw. die Betrachterin mit einem bestimmten Produkt verbinden soll. Dieser Konnex zwischen Produkt und Darstellung wird vor allem erst durch zahlreiche Wiederholungen geschaffen.

weniger als Raum der Produktion, als Räume des Verkehrs oder der Verwaltung wahrgenommen, sondern es stehen Praktiken des „Erlebnis-Konsums" im Mittelpunkt (vgl. Bittner 2002b:15). Die „Assoziationskette von Geographie, Kultur und Identität" läuft Gefahr, durch die Gestaltung des Stadtraums als „Event- und Entertainment City" zerrissen zu werden (Bittner 2002a:6).

Andererseits lässt sich trotz aller Konvergenztendenzen auch eine Divergenz der europäischen Städte nicht leugnen. Und dies bezieht sich nicht nur auf die inszenierten Unterschiede. Raumdiskurse machen sich in Europa vor allem an den Städten fest. Namen von Städten wie Bitterfeld, Lille, Leeds und auch Glasgow wecken mit Sicherheit andere Assoziationen als Florenz, Venedig und Baden-Baden. Aber auch Städte wie etwa Bielefeld, Clermont-Ferrand und Stuttgart, deren Reputation sich fast genau zwischen den „Extrem-Images" befindet, entwickeln im dichten Konkurrenzfeld ihren jeweils individuellen städtischen „Raumtext". Zumindest ist es ihr erklärtes Ziel, wie auch das ihrer Konkurrentinnen, eine „Unique Selling Proposition" (bzw. ein Alleinstellungsmerkmal), wie dies in der Produktmarketingsprache heißt, anzubieten. Insbesondere durch die ständige und meist marktorientierte Neu-Inszenierung der Stadt entwickelt sich im Globalisierungskontext eine Chance zur Konstruktion der Divergenz des Stadtraumes als individuellem Ort. Helmut Berking schreibt dazu:

> „Globalisierung ist kein Phänomen ‚out there', sondern ein Phänomen ‚in here', das auf vielfältigste, ebenso radikale wie höchst intime Weise – durch Produktion und Konsum, durch die Neuerfindung von Tradition und Identitäten, durch Migration und Medien et cetera – in der lokalen Lebenswelt selbst stattfindet" (Berking 2002:53).

Hierbei werden neue, individuelle „Formen der Lokalität" geschaffen, und es wird eben nicht – wie Berking zu Recht betont – „das Lokale vernichtet" (ebd. S. 54). Der Ort verankert den „space of flows" lokal, die Stadt wird zum „meeting place" und Ereignisraum.

Fazit

Die verstärkte Konkurrenz der zunehmend fragmentierten Raum-Entitäten gilt als prägende Eigenschaft der postfordistischen Raumentwicklung. In den im Rahmen dieses Abschnittes geschilderten Grundzügen der Beziehungen zwischen der Stadt und ihren Teilräumen, sowie zwischen der Stadt und ihrem Umland und zwischen der Stadt (bzw. der Stadtregion) und der regionalen Ebene steht vor allem die Dialektik zwischen Konkurrenz und Kooperation (bzw. Koordination) im Vordergrund. Diese Beziehungsgeflechte, die auf den Initiativen von RaummanagerInnen verschiedenster Couleur basieren, und vor allem das „Making of" der Strategien dieser AkteurInnen wird im Mittelpunkt des empirischen Teils dieser Forschungsarbeit stehen.

Für das Verständnis der Hintergründe von Stadtmarketingprozessen spielt aber auch die historische Entwicklung der ökonomischen und politischen Rahmenbedingungen für die Beziehungen zwischen Stadt und Nation, zwischen Stadt und Europa, sowie die Verortung der Entität „europäische Stadt" im Globalisierungsprozess eine wichtige Rolle.

Zusammengefasst kann gesagt werden: Im aktuellen Globalisierungskontext wird besonders deutlich wahrnehmbar, dass sich spätestens seit dem Mittelalter eine räumlich fragmentierende und gleichzeitig eine funktional verflechtende Entwicklungsdynamik der Beziehungen der Raum-Entitäten zueinander erkennen lässt. Es ist hierbei beobachtbar, dass Städte im Kontext innerstädtischer Konkurrenzräume, ebenso wie im Beziehungsgeflecht mit ihrem Umland, mit der regionalen Ebene, der sie angehören, sowie mit nationalen, europäischen, aber auch mit globalen Städtesystemen interagieren. Hierbei stehen die Kernstädte in vielen Fällen zusammen mit ihrem Umland – häufig aber auch ohne dieses – in einem weltweiten Wettbewerb um Investoren, Kunden, Fördergelder und Besucher. Dabei beeinflussen nicht nur die Konditionen der globalen Ökonomie sowie europäische und nationale Politiken die Raum-Entscheidungen von Unternehmen, TouristInnen und den BewohnerInnen, sondern auch lokale Aushandlungsergebnisse, die wiederum Resultate äußerst heterogener Beziehungsgeflechte zwischen den verschiedenen Raum-Akteuren aus Politik, Verwaltung, Wirtschaft und Kultur darstellen.

1.7.2. Zu B: Das Verhältnis der Kernstadt zur Umlandregion als zentrales Thema der Stadtentwicklung

„Zu den wesentlichen politischen Veränderungen, mit denen auch die Weichen für Stadtentwicklung neu gestellt werden, gehört die Integration Europas, die den Prozeß der Internationalisierung von Märkten verstärkt und in verschiedenen Branchen für zusätzliche Konkurrenz sorgt. Darüber hinaus verschärft sich der Wettbewerb zwischen den Städten. Zugleich wird Europa zunehmend in Stadtregionen gedacht. Viele Aufgaben und Probleme können nicht mehr von einer Stadt allein, sondern nur noch in der Zusammenarbeit in Regionen oder von Städten bewältigt werden" (Grabow/Hollbach-Grömig 1998:15).

Wie bereits in Abschnitt 1.5.3 beschrieben, kommt es in Europa von den späten 1950er-Jahren an zur beschleunigten Suburbanisierung des städtischen Raumes (vgl. u.a. Friedrichs 1995). Die Folgen dieser Sub-, Ex- und Deurbanisierungsprozesse spielen für Stadtentwicklung und Raum- bzw. Stadtmarketingstrategien spätestens seit dem Ende der 1980er-Jahre eine wichtige Rolle.

Fokussiert man insbesondere den Stadt-Umland-Dialog, so stellen sich spätestens seit dem Beginn der 1990er-Jahre zwei Strömungen als zentral im Stadt- und Regionalmarketing-Diskurs dar: Die eine Strömung, die von den lokalen Eliten der Großstadt geprägt wird, versucht mit verschiedenen Praktiken und Taktiken das Umland an die Großstadt zu binden. Vor allem durch die Entwicklung der Verkehrsinfrastrukturen der Metropolregionen in Europa, die in den allermeisten Fällen auf die Initiativen der Zentren hin vorangetrieben wurde, entstand ein enger Konnex zwischen Zentrum und Umland. Hierbei fungiert die Kernstadt „zentripetal" als Motor von Stadt-Umland-Regionalisierungen. In vielen Fällen stellt das Ziel der Kernstadt-Eliten die Bildung einer „Regionalstadt" dar, deren gesamter Stadtraum von einer zentralen Regionalstadt-Regierung und einem zentralen Regionalstadt-Parlament verwaltet werden kann (vgl. u.a. Strubelt/Kuhn 1999:133ff.).

Als Antwort auf diese Zentripetalkräfte der Kernstadt-Eliten der europäischen Zentren, die einen stark integrativen Stadt-Umland-Diskurs initiierten, entstand ein auf ein polyzentrisches Regionalgebilde ausgerichteter Gegendiskurs, der von einer einflussreichen Teilgruppierung der Umlandeliten gefördert wurde. Deren Argumentationslinie ist in Deutschland insbesondere auf das verfassungsrechtlich garantierte Recht zur Selbstverwaltung der Kommunen (GG Art. 28 Abs. 2) gestützt. Aber auch in den meisten anderen EU-Staaten wird den kommunalpolitisch relevanten kleineren Einheiten im Umland von Großstädten der Erhalt ihrer selbstständigen Verwaltung durch rechtliche Rahmenbedingungen garantiert (vgl. Heinz 2000a:9 und S. 176ff.).[26] In jedem Fall soll durch das Engagement der „Umland-Gegenelite" eine die Peripherie bevormundende Koordinationsplanung des Zentrums verhindert werden. Im Bezug auf Raummarketingaspekte gilt in diesem Kontext ebenso die Zielvorgabe für die Umlandkommunen, eine größtmögliche Autonomie zu sichern.

Eine zweite Teilgruppierung der Gegeneliten des Umlandes sieht sich in diesem Diskursgeflecht als eine dritte, verhandlungs- und kompromissbereite Kraft, die einerseits ebenso entmündigende Koordinationsbestrebungen des Zentrums ablehnt, aber andererseits in der Kooperation mit den lokalen Macht-Eliten der Kernstadt eine notwendige Bedingung des Erfolges einer sinnvollen Raummarketing- und Raumentwicklungsstrategie erkennt.

Hierbei bietet sich insbesondere die kooperative Tourismuswerbung als erster Schritt hin zu einer Raummarketingkonzeption für Stadt und Region als „prototypisches Experimentierfeld" für weitere Aushandlungsprozesse zwischen Stadt und Umland an, da kooperative Ansätze auf dem Niveau der „Soft Skills" und „Soft Practices" der Werbung zunächst „eingeübt" werden können. Während bei der Festlegung der Raumplanung und bei der Entwicklung von stadtregionalen Bebauungsprojekten kaum mehr mit vorläufigen Kompromissen sinnvoll Politik gemacht werden kann, sind befristete „Joint Ventures" für die Tourismus-Marketingaktivitäten von Stadt und Umland durchaus praktikabel und üblich. Solche ersten Schritte führen häufig hin zu einem umfasenderen Stadt- und Regionalmarketing und können sich zugleich auch als ein wichtiger Initiator für weiterführende kooperative Strategien erweisen. In vielen Fällen stellen solche Kooperationen sich insbesondere als „Katalysator der Kommunikation" zwischen Zentrumseliten und den Gegeneliten des Umlandes dar (Interview mit Eddie Friel/Chamber of Commerce Glasgow).

---

[26] Für Frankreich siehe Lefèvre (2000:310ff.), für Großbritannien siehe Dabinett

1.7.3. Zu C: Die Stadtverwaltung als kommunale Dienstleistungszentrale

Zu C (I): Standortförderung von Wirtschaftsunternehmen: Die Verwaltung als „Standortförderungsfirma"

> „Die internationale Arbeitsteilung verschärft nicht nur den Wettbewerb zwischen den Unternehmen, sondern auch den Wettbewerb zwischen den Standortanbietern. Diese können Regionen, Staaten oder Gemeinden sein" (Asper 1997:27).

Exkurs: Standort und Standortfaktoren – Definition eines Begriffes

Einer der Termini, die immer wieder, zumeist von Ökonomen, Stadtplanern und Raum-Politikern, im gleichen Atemzug mit dem Wort „Globalisierung" ausgesprochen werden, ist der Begriff des „Standortes".

Der Terminus „Standort", der auf Alfred Webers im Jahr 1909 erschienenes Werk mit dem Titel „Über den Standort der Industrien" zurückgeht, ist nur als bewertetes Phänomen sinnvoll. Ein Standort wird als „suboptimal" oder als „optimal", als „schlecht" oder „gut" bezeichnet. In diese Bewertung fließen verschiedene (relative) Werte – die „Standortfaktoren" – ein. Alfred Webers grundlegende Annahme war, dass Transportkosten, Arbeitskosten und „Agglomerationswirkungen" (z.B. die Nähe zu Betrieben der gleichen Branche) in dieser absteigenden hierarchischen Reihenfolge über den Industriestandort bestimmen. Seit Beginn des 20. Jahrhunderts vollzog sich verständlicherweise einhergehend mit Veränderungen in der Produktionsweise ein enormer Bedeutungswandel im Hinblick auf Webers „klassische" Standortfaktoren. Nach wie vor jedoch geht es in den zahlreichen Nachfolgemodellen der klassischen Standorttheorie um die Ermittlung „theoretisch optimaler Raumstellen" für die Ansiedlung eines zusätzlichen Einzelbetriebes. Es entstanden in der Folgezeit von Alfred Weber verschiedene Theorieschulen, wie z.B. das „Produktlebenszyklus-Konzept" oder die „verhaltenswissenschaftlichen Ansätze", die jeweils die Komplexität der Bedingungen betonen, unter denen Standortfaktoren erst ihren Wert erhalten. Entspre-

---

(2000:363ff.).

chend dem Produktlebenszyklus-Konzept hängt die Bewertung der verschiedenen Standortfaktoren, wie zum Beispiel der „Wert" bzw. die Relevanz des Faktors, hochqualifizierte Arbeitskräfte und deren Ausbildungsstätten in der Nähe des Betriebes vorzufinden, von dem „Alter" eines aktuell produzierten Produktes ab. Das bedeutet: In der Phase, in der ein Produkt entwickelt wird, ist die Nähe zur „Know-how-Infrastruktur" entschieden wichtiger als z.B. in der so genannten „Reifephase", der zweiten Phase, in der nicht mehr der Produktionsvorgang kreiert oder verbessert wird, sondern wo für die automatisierte Herstellung preisgünstige Standortkosten, billige Arbeitskräfte und die Nähe zum Absatzmarkt wichtige Standortvorteile darstellen (vgl. Schätzl 1992:198f.).

Die verhaltenswissenschaftlichen Ansätze fokussieren die individuellen und meist subjektiv-rationalen Motive der Entscheidungsträger für ihre Standortwahl.[27] Es geht hierbei um die Erforschung der Wege der Informationsgewinnung und -verarbeitung der Akteure, die schließlich Positionierungsentscheidungen treffen.

Einer der wichtigsten und allgemein kaum bestrittenen dieser Entscheidungsfaktoren für einen Standort ist die Erreichbarkeit eines bestimmten Ortes. Waren es in der frühen Wirtschaftsgeschichte Europas insbesondere die Flüsse und deren Überquerungsmöglichkeiten, die zu einem „guten" Standort führten, so verändern sich mit der Technikgeschichte und der Entwicklung der Transporttechniken die Qualitäten und Bewertungen der Standortfaktoren. Das, was im Mittelalter eine Furt für eine Stadt bedeutete, stellen im Zeitalter der „Just-in-Time-Produktion" der Anschluss an das nationale Autobahnnetz oder die Nähe zum europäischen Hochgeschwindigkeitsnetz der Bahn dar. Im Kommunikationskontext des Informationszeitalters kann auch der Zugang zu effektiver elektronischer Infrastruktur, wie u.a. der Anschluss an ein Glasfaserkabelnetz, zu einer wichtigen Standortbedingung werden. Und mit der Genese der „Erlebnisgesellschaft" (vgl. Schulze 1992 und 1999) spielen insbesondere für die Arbeitskräfte der Informationsgesellschaft auch die „weichen" Standortfaktoren eine immer zentralere Rolle.

---

[27] Vgl. hierzu Pieper (1994:26), Schamp (1983:77f.), Bade (1983:279f.).

Eine Analyse der empirischen Untersuchungen der letzten drei Jahrzehnte zeigt allerdings, dass die wichtigsten Standortfaktoren ungeachtet branchenspezifischer Prioritäten nach wie vor von den allermeisten Unternehmern mit den Schlagworten „Flächenverfügbarkeit", „Verkehrsanbindung", „Arbeitsmarktfaktoren", „Lage zum Absatzmarkt" und „Grundstückspreise" bezeichnet werden (vgl. Braun 2001; Pieper 1994; Grabow et al. 1995).

Die „weichen" Standortfaktoren spielen laut den Untersuchungen von Braun (2001), Grabow et al. (1995) und Pieper (1994) eine nur nachrangige Rolle. Dies sollte jedoch nicht dazu verleiten, die Relevanz dieser Faktoren zu vernachlässigen. Gerade die Informationsbreite und Informationsgüte über die wichtigen „harten" Standortfaktoren eines hochwertigen Standortes wird in den meisten Fällen durch die Qualität der Information der lokalen kommunalen und/oder regionalen Wirtschaftsförderung geprägt, und dies ist eigentlich ein weicher Standortfaktor. Zwar rangiert in den Untersuchungen von Grabow et al. über den Stellenwert der Standortfaktoren die „Unternehmensfreundlichkeit der kommunalen Verwaltung" erst auf Rang 7 (vgl. Grabow et al. 1995:225), aber das Engagement der Verwaltung und der lokalen Wirtschaftsförderung hängt doch sehr eng mit dem Informationsstand der Neuinvestoren oder der bereits ansässigen wirtschaftlichen Elite über die wichtigsten „harten" Standortfaktoren und -optionen zusammen. Dieser Informationsservice lässt den Einfluss so genannter weicher und häufig als „weniger wichtig" eingeschätzter Standortfaktoren in einem anderen Licht erscheinen. Die Effizienz des kommunalen Standortmarketings kann sich schließlich doch als einflussreicher und gegebenenfalls auch als ein häufig unterschätzter Standortfaktor erweisen, da sie auf das Wissen um die „harten" Standortfaktoren einwirkt. Nicht zu vernachlässigen ist die Tatsache, dass aus „weichen" Standortfaktoren durchaus auch „harte" werden können. Sobald nämlich „Dienstleistungen und Informationen" nicht nur den Produktionsvorgang oder Verkauf einer bestimmten Ware begleiten oder erleichtern, „sondern zum Mittelpunkt des wirtschaftlichen Austausches" (und somit zur Ware selbst) werden, gelten die Publikationen und Beratungen selbst als „zentrales Gut des Informationskapitalismus" (John Brown/Glasgow City Council im Interview).

„Kommunale und regionale Wirtschaftsförderung ist gegenwärtig ‚in'. Auf dieser dezentralen Ebene hofft man – nach dem Scheitern zentral-staatlicher Ansätze – die krisenhaften Entwicklungen überwinden zu können" (Bellers 2000b:255f.).

Jenseits der Diskussion über die „relative Härte" von Standortfaktoren besteht eine zentrale Aufgabe der kommunalen Verwaltung darin, die wirtschaftliche Lage in ihrem Einflussbereich sowie im Rahmen ihrer Einflussmöglichkeiten so zu gestalten, dass die lokale bzw. regionale Arbeitslosenquote möglichst niedrig ist und die kommunalen Gewerbe-steuereinnahmen möglichst hoch sind. Diese Bedingungen sollen durch eine effektive Standortförderungspolitik erreicht werden. Die Ziele einer solchen kommunalen Wirtschaftspolitik im Sinne einer regionalen und kommunalen Standortförderung sind hierbei in erster Linie die Bindung bereits angesie-delter Unternehmen und deren Unterstützung in ihrer wirtschaftlichen Entwicklung sowie die Ansiedlung neuer Betriebe. Um diese Ziele zu erreichen, rückte in den letzten beiden Jahrzehnten, und zwar insbesondere im Kontext interventionistischer Enthaltsamkeit auf den übergeordneten politischen Ebenen, eine kommunale bzw. regionale „Gewerbepolitik" verstärkt in den Mittelpunkt der öffentlichen Aufmerksamkeit.[28] Die Reali-sierung der kommunalen Gewerbepolitik setzt sich aus zahlreichen Projek-ten und Aufgabenbereichen zusammen, die zum einen die bereits ansässigen Betriebe in ihrem Wettbewerb unterstützen sollen und die zum anderen die Neuansiedlung von Firmen anvisieren. Dazu ist nicht nur beispielsweise die Optimierung und Erweiterung der Straßen- und Schienenverkehrsanbindun-gen zu rechnen, sondern auch die technologische An- und Einbindung. Diese reicht von der Verlegung der Glasfaserkabel bis hin zur Wissens-vernetzung mit den lokalen Universitäten und Forschungseinrichtungen. Des Weiteren spielen klassischerweise ein möglichst breites Angebot an er-schlossenen Grundstücken und Immobilien sowie nicht zuletzt (auch wenn unter den aktuellen steuerpolitischen Bedingungen[29] nicht elementar) der

---

[28] Vgl. Bellers (2000b:255f.), Naßmacher/Naßmacher (1999:370f.) und Mayntz (1981).
[29] Vgl. Eickmeyer/Bissinger (2002).

Hebesatz der Gewerbesteuer eine wichtige Rolle (vgl. Braun 2001, Bogumil 2001).

Zu C (II): Der Tourismus als neue Industrie der Metropolen im Wettbewerb

Der Tourismus als Wirtschaftsfaktor

„Reisen ist so alt wie die Menschheit" (Fainstain/Judd 1999:1). Der Massentourismus und die Genese der Großstadt als Attraktion für die reisenden Massen sind jedoch ein Produkt des 19. Jahrhunderts. Vor allem die von Thomas Cook gegründete Agentur leistete Pionierarbeit in einem Wirtschaftssektor, der mittlerweile als der größte der Weltwirtschaft gilt: Gegenwärtig sind weltweit mehr als 100 Millionen Menschen im „Dienstleistungssektor Tourismus" beschäftigt. Die International Labour Organization (ILO) rechnet mit über 300 Millionen Beschäftigten, deren Einkommen bis zum Jahr 2005 direkt oder indirekt mit der Tourismusindustrie verknüpft sein wird (vgl. Dettmer et al. 1999:2f.). Der Tourismus war in den gesamten 1990er-Jahren die am schnellsten expandierende Dienstleistungsbranche. Die Branche wuchs seit den 1950er-Jahren kontinuierlich mit jährlichen Wachstumsraten von ca. sieben Prozent an.[30] Erst die dramatischen Umsatzrückgänge infolge der Anschläge des 11. September 2001 führten zu einer ersten großen Krise, die wiederum einen verschärften Wettbewerb auch zwischen den lokalen Akteuren an den jeweiligen potenziellen Großstadt-Tourismuszielen zur Folge hatte.

Rückblick auf die Entwicklung der Großstadt zum Reiseziel – Der Stadtraum als Ware

Abgesehen von der ständigen Expansion des Ziel-Angebotes in der Geschichte des Tourismus kommt es volkswirtschaftlich gesprochen auf der „Nachfrageseite" spätestens seit dem Ende der 1950er-Jahre – nach den USA und Kanada – auch in Westeuropa zu neuartigen Trends im Freizeit- und Urlaubsverhalten der Mittelschichten. Diese Trends beeinflussen nach

---

[30] Vgl. Hechtel (2003:21), www.world-tourism.org (14.8.2003), World Tourism Organization (1995:2), Dettmer et al. (2000:66) sowie insb. Fainstain/Judd (1999:2).

und nach die Entwicklung und das Marketing der Großstädte deutlich. Die in der Nachkriegszeit in vielen Fällen vollständig neu aufgebauten bzw. restaurierten europäischen Dienstleistungsstädte werden hierbei zu Magneten für einen internationalen Städtetourismus. Dieser umfasst, vor allem bedingt durch die Nachkriegsexpansion der Weltwirtschaft, eine sich ständig erhöhende Zahl der Dienstreisen (Fainstain/Judd 1999:4f.). Zudem wird – bedingt durch die kontinuierliche Steigerung der Konsumstandards in den 1950er- und 1960er-Jahren und die Reduktion der Wochenarbeitszeit – das „Freizeitareal und Naherholungsgebiet Großstadtregion" von den jeweiligen Einwohnern der Stadtregionen verstärkt entdeckt und von immer größeren Besuchergruppen genutzt (vgl. Hall/Page 2002:160).

Insbesondere der Charakter der postfordistischen „Innenstadt-Urbanität", geprägt von Kultur- und Festdarbietungen, entwickelt sich zur anziehenden Attraktion für die Bewohner von „Suburbia". Auch deshalb, weil überall in Westeuropa die Umlandregionen einander mehr und mehr zu gleichen beginnen, entsteht hier ein neuer „Käufermarkt" für urbane Freizeitattraktionen. Das urbane Leben in den Kernen der Großstädte zu betrachten und für eine begrenzte Zeit daran teilzuhaben wird geradezu zum „touristischen Ritual" (Urry 1990) für die Kleinstädter oder Landbewohner, die von weit her anreisen, aber auch für die Tagesbesucher aus der regionalen Nachbarschaft. Dieser Konnex zwischen Urbanität und Stadttourismus führt gleichzeitig zu einer veränderten und in Teilen zu einer vollkommen neuartigen Wahrnehmung und Einschätzung der Innenstadt. Im Wettbewerb um Touristen kreieren die lokalen Stadttourismusmanager als „Tourist Bubbles" (Dennis R. Judd) bezeichnete Stadträume, die getrennt sind von allzu grauen Alltagsarrangements, aber auch geschützt von den möglichen realen Gefahren der Großstadt, wie zum Beispiel kriminellen Szenerien (vgl. Judd 1999:36).

„Tourist Bubbles" werden vor allem in den sich durch ihre hohe Dichte auszeichnenden zentrumsnahen Altstadtvierteln entwickelt, die meist am Ende des 19. Jahrhunderts erbaut und in der Nachkriegszeit restauriert wurden, oder aber in den soziokulturell enorm kontrast- und widerspruchsreichen Innenstädten der „Converted Cities" entindustrialisierter Stadtregionen. Damit werden sie in gewisser Weise genau auf der Grenzlinie zwischen

„gentrifizierten Räumen" und Abbrucharealen inszeniert – Motto: „Polarity Sells".

Empirische Befunde: Stadtraum als öffentlich-privater Besuchermarkt der Gegenwart

Betrachtet man die aktuellen Statistiken der Fremdenverkehrsämter, so wird offensichtlich, dass der Tourismus (und insbesondere der Städtetourismus) eine der zentralen Quellen für den Erhalt und den Ausbau sowohl der autochthonen als auch der neu angesiedelten Dienstleistungsbetriebe in den europäischen Großstädten darstellt. Über zwei Millionen Übernachtungen wurden z.b. jeweils in den Jahren 2000, 2001 und 2002 alleine in Stuttgart gezählt (vgl. Stadtkämmerei Stuttgart 2002:99; Hechtel 2003). Eine enorme Steigerung von über 30 Prozent seit den frühen 1990er-Jahren verdeutlicht zusätzlich einen Wachstumstrend im Tourismusgeschäft in neuester Zeit (vgl. Stadtkämmerei Stuttgart 2002:93). Beobachtet man das Konsumverhalten und somit die Ausgaben der Ferienreisenden in der Stadt einschließlich der Kongressbesucher und der Dienst- und Geschäftsreisenden, so wird deutlich, dass der Tourismus für die lokale Dienstleistungswirtschaft ein Markt mit enormem Wachstumspotenzial ist. Konferenzreisen auf dem europäischen Kontinent sorgen bereits seit 1990 jährlich für beinahe dreistellige Milliardengeschäfte (vgl. Dettmer et al. 1999).

In diesem Kontext wurden beispielsweise im letzten Jahrzehnt in Glasgow wie in Stuttgart die jeweiligen Kongresszentren erweitert bzw. neue geplant und gebaut. Zu Zwecken der Standortverbesserung – die Wissens- und Informationsgesellschaft im Blick – und mit dem „Service-Ziel", für die umworbenen Kongressveranstalter und -besucher den Zugang zu notwendigen Organisations- und „Zerstreuungs"-Ressourcen zu erleichtern, werden auch Mediatheken geplant und gebaut. Neue oder mit neuem Design versehene, prominente Bibliotheken gehören ebenfalls zu dieser Strategie. Hinzu kommen „Knowledge Malls", „Science Centres", und natürlich die Museen. Der Städte- und Kulturtourismus wird des Weiteren auch durch die Popularität der jeweiligen lokalen Theater und Opernhäuser gefördert. Und so manche besonders offen ausgetragenen Streitigkeiten über die klamme Finanzlage der lokalen Kulturetablissements, die derzeit in sehr vielen europäischen Großstädten zu beobachten sind – von Hamburg und Berlin über Köln bis Sevilla – stehen gerade durch die öffentlichkeitserheischende Darstellung des Konfliktes unter dem Verdacht, nicht zuletzt auch neues Publikum auf sich aufmerksam machen zu wollen.

Ein weiteres europäisches Beispiel, stadtpolitische Problemlagen bzw. städtische „Brennpunkte" als touristische Attraktionen zur Schau zu stellen, sind u.a. die nordirischen „Trouble Tours" durch Belfast. Hierbei handelt es sich um Stadtführungen durch die Krisengebiete des Stadtraums. In Belfast (wie auch in Detroit) stellen gerade nicht nur die bereits „normierten" bzw. traditionellen „Denkmale der jüngsten Zeitgeschichte", sondern insbesondere die gegenwärtigen Schauplätze von Gefahr und Gewalt neuartige erfolgreiche touristische Attraktionen dar (Interview mit Ronan Paddison/University of Glasgow und vgl. Neill 2001).

Zu C (III): Verwaltung und Stadtbürger

Verwaltungsmodernisierung auf dem Weg zum Stadtmanagement

Eine ebenso meist öffentlich zur Schau gestellte „Verschlankung" des Verwaltungsapparates gilt im Kontext knapper kommunaler Haushaltsbudgets als beliebter und öffentlichkeitswirksamer Akt, der „Behörde Rathaus" quasi das gleiche Los zuzumuten wie manchen Betrieben der Wirtschaft. Aber nicht nur der drastische kommunale Finanzressourcenengpass, sondern auch der Trend zur bürger- und somit kundenorientierten Verwaltung und zu effektiveren, transparenteren und somit für die Bürger anhand von betriebswirtschaftlichen Parametern nachvollziehbaren Entscheidungen begünstigt den Boom der Verwaltungsmodernisierung (vgl. insb. Bogumil 2001:19ff.). In vielen europäischen Kommunen wird vor allem die Verwaltungsmodernisierung als erster Schritt hin zu einem „strategischen Stadtmanagement" angesehen (vgl. Interview mit John Brown). Grabow und Hollbach-Grömig schreiben dazu:

> „Die seit dem Ende der 80er Jahre festzustellende Verstärkung ökonomischer Akzente in der Sichtweise von Stadt führt dazu, daß in vielen Bereichen kommunalen Handelns betriebswirtschaftliche Konzepte auf Aktivitäten und Aufgabenfelder der Kommunen angewendet werden" (Grabow/Hollbach-Grömig 1998:13).

Die Bindung der Bürger an ihre Stadt soll hierbei durch Vertrauen und Sympathie auch gegenüber der Stadtverwaltung verstärkt werden. Die Eliten der Stadtverwaltung versuchen deshalb durch freiwillige Informations- und Kontrollangebote gegenüber den Bürgerinnen und Bürgern, Vertrauen und Sympathie zur Grundlage der Beziehung zwischen Bürger und Bürokratie zu machen. Ein wichtiges Element der modernen Stadtverwaltung und des Stadtmarketings stellt hierbei das „Presse- und Informationsamt" dar. Dieses ist in vielen Fällen zugleich die „Public-Relations-Abteilung" des Rathauses.

Kundenorientierung im „Neuen Steuerungsmodell" im Disput

Im Kontext von Stadtmarketingprozessen wirkt insbesondere die „Kundenorientierung" als „neues modernisierungspolitisches Leitbild" (Kißler 1997:95; vgl. insb. Naschold 1993:18f.). Inwieweit Kundenorientierung zugleich eine Demokratisierung der lokalen Bürokratie begünstigt – oder gar vorantreibt – soll im Folgenden erörtert werden.

Im Rahmen von so genannten „Neuen Steuerungsmodellen" (NSM) werden die Kommunalverwaltungen mit Maßnahmenkatalogen konfrontiert, die „kundenorientiertes Verwalten" beschreiben und in den meisten Fällen auch aus demokratietheoretischen Gründen heraus verordnen. Zeitgleich mit dem enormen Applaus für die betriebswirtschaftliche Orientierung des „Lean Public Local Management" ist die allgemein verbreitete Hybris der Akteure der kommunalen Verwaltungsmodernisierung aber auch in die Kritik der „scientific community" geraten (vgl. Kißler 1997:95ff. und vgl. Naschold et al. 1998:28ff.). Insgesamt ergibt sich nämlich ein noch ungenaues Bild der Kosten und Nutzen dieses administrativen Restrukturierungsprozesses für die Gesamtheit der Beteiligten.

Es handelt sich bei der Entwicklung und Implementierung von NSM um einen „strategisch angelegten Prozess der Organisationsentwicklung", der dem „Kunden", das heißt dem Bürger, am Beginn des Prozesses der Verwaltungsmodernisierung noch keinerlei Definitionsmacht in der Gestaltung der Sphären der Verwaltungsöffentlichkeit zuweist; wohl aber den lokalpolitisch Verantwortlichen, die gegenüber der Verwaltung zu einer verbesserten Positionierung gelangen. Denn das neue Motto lautet: *„Im Konzern*

Stadt soll zukünftig die Politik steuern, die Verwaltung rudern" (Kißler 1997:95).

Erst nach dem Prozess der Einführung der NSM, der in der Regel mit dem Umbau der „hoch arbeitsteilige, bürokratisch-zentralistischen und input-gesteuerten Verwaltungsorganisation in eine aufgabenintegrierende, dezentrale und vom Ergebnis her output-gesteuerte" (Kißler 1997:95) einhergeht, kommt es zu einer Neubesetzung der Rolle des Verwaltungs-*adressaten.*

Die ersten neuen Quellen der Macht des Kunden der Verwaltung seien hierbei – entsprechend der Lesart der politischen Elite der Stadt – „die Transparenz und der Wettbewerb in der Sphäre einer Verwaltungsöffent-lichkeit" (Kißler 1997:97 und vgl. Bogumil/Kißler 1995:80f.). Zu den Konstituenten des Wettbewerbs zählen interkommunale Leistungsvergleiche genauso wie eine Aufwertung der Arbeit der Rechnungshöfe (z.B. durch Wirkungsanalysen) oder die von Politikern und Wissenschaftlern vorge-schlagene Gründung einer „Stiftung Warentest" für den Öffentlichen Dienst (vgl. Kißler 1997:97; Bogumil/Kißler 1995:80ff.).

Kritisiert wird von Verwaltungsexperten insbesondere, dass häufig von-seiten der lokalen Verwaltungselite die Position vertreten wird, die Kunden-orientierung führe zugleich zur zusätzlichen Demokratisierung im Rathaus. Kundenorientierung und Demokratisierung bedingen sich aber aus mehreren Gründen nicht ohne Weiteres: Zwar gibt es einerseits „ohne effektive und effiziente Verwaltung keinen demokratischen Staat" und somit „begründet Verwaltungsqualität Legitimität" (Interview mit Pat Lally/Glasgow City Council). Andererseits fördert jedoch „Kundenmacht alleine noch nicht die Stabilisierung und Verbesserung demokratischer Strukturen in der Kommu-ne" (vgl. Kißler 1997:109). Allerdings bietet die Sphäre der Verwaltungsöf-fentlichkeit – über den Konnex der politischen Repräsentation – eine Chance, Kundenorientierung und lokale repräsentative Demokratie eng miteinander zu verknüpfen. Kißler schreibt dazu:

> „Verwaltungsöffentlichkeit schafft jenes Maß an Information, das es den Repräsentanten erlaubt, die Ebene symbolischer Politik zu verlas-sen und informiert zu entscheiden. Sie stärkt deshalb die lokale reprä-sentative Demokratie [...] Darüber hinaus birgt Kundenorientierung die Chance, auf der Grundlage von Hierarchieabbau und Partizipationser-

weiterung, verwaltungsintern demokratischere Organisationsstrukturen einzurichten" (Kißler 1997:109f.).

Stadtverwaltung und Kultur: Stadtpolitik als Kulturförderung

Schließlich ist auf die Kulturpolitik der Städte in Europa einzugehen, die sich mehr und mehr zu einem wichtigen Bestandteil des Stadtmarketings entwickelt. Insbesondere die deutschen Stadtverwaltungen und Kommunalparlamente sind engagierte Unterstützer der „nationale(n) Fußnote Kultur" (Rosenthal 2000:169). Aber auch in den meisten anderen Staaten innerhalb der Europäischen Union wuchs der Kulturetat der kommunalen Finanzhaushalte seit den 1980er-Jahren bedeutend an.[31] Noch 1983 gaben die Kommunen in der Bundesrepublik im Durchschnitt beispielsweise ca. 120 Deutsche Mark pro Einwohner und Jahr für die Kulturförderung aus. 1995 waren es bereits über 200 DM, und gegenwärtig sind es mehr als 120 Euro (bzw. 240 DM) pro Person und Jahr. Während der 1990er-Jahre stieg der Anteil der „freiwilligen" Kulturausgaben, also ausschließlich der Ausgaben für die kommunale Schul- und Sportfinanzierung, von 3,8 auf 4,5 Prozent an (vgl. Bellers 2000a:133; Rosenthal, 2000:170).

Diese Ausgaben für Projekte der kommunalen Kulturpolitik werden weiterhin, „allen gängigen Vorurteilen zum Trotz", weiterhin erhöht (Rosenthal 2000:169). Eine Erklärung hierfür ist, dass „Kultur" als ein zentraler Faktor ökonomischer Prosperität und als Anreiz für weitere Investitionen immer wichtiger zu werden scheint (vgl. Bellers 2000a:132f.). Aber auch jenseits der relativ kleinen Kulturhaushalte wachsen vor allem in den Großstädten Europas Museumszeilen, Kulturzentren und vieles andere mehr kontinuierlich weiter. In der Regel wird diese Form der „Kultur in der Stadt" (Flagge/Pesch 2001) aus „benachbarten" Etats der Kommunen gefördert, wie u.a. der Wirtschaftsförderung, oder im Rahmen von „Mischfinanzierungen" bestehend aus Bundes-, Landes- bzw. regionalen, privaten und kommunalen Beteiligungen. Kultur gilt auch in diesem Kontext bereits nicht mehr als „weicher" Standortfaktor. Sie ist vielmehr Wirtschaftssektor, Tourismus-

---

[31] Vgl. insb. zu Großbritannien Glasgow City Council (2001b:7 sowie 2002a:11, 2002b:9) sowie Zimmer (1997: S. 25–34).

faktor und Mittel zur Bildung eines spezifischen Stadt-Images (vgl. Klein 1993:5).

Zusammenfassung

Die europäischen Großstädte sind als Konstituierende des internationalen Städtesystems, das sich insbesondere durch seine grenzüberschreitenden Kooperations- und Konkurrenzbeziehungen auszeichnet, aus mehreren Gründen auf Positionierungsstrategien und Raummarketingaktivitäten angewiesen.

Zum einen entwickelt sich im Postfordismus ein enormer Wettbewerb zwischen den europäischen urbanen Raum-Milieus um Unternehmen und um Konsumenten. Die Großstädte und ihr Umland konkurrieren hierbei in vielen Fällen gegeneinander – im Sinne einer Konkurrenz von *Kern*stadt versus Umland*region*. In weiteren zahlreichen Beispielen stehen Stadtregionen als kooperativ-koordinative Stadt-Umland-Konstellationen mit weit entfernten Konkurrenzräumen um wirtschaftliche Kommandozentralen und kulturelle Innovationseliten im Wettbewerb.[32] Stadtmarketing – im Sinne von Stadt*werbung* – soll in dieser Konkurrenzsituation zunächst über die Positionierung und die Qualitäten der jeweiligen Agglomeration *informieren*.

Des Weiteren werden immer größere Anteile der Fördermittel, die seitens der öffentlichen Haushalte innerhalb des europäischen Mehrebenensystems von der EU-Ebene (oder von den nationalstaatlichen Verwaltungen) der lokalen Ebene zugesagt bzw. „von oben nach unten" überwiesen werden, mit deutlich steigender Tendenz innerhalb kompetitiver Arrangements vergeben. Auch im Hinblick auf diesen Wettbewerb um EU-Fördergelder (bzw. um nationale Zuwendungen) werden die kommunalen Spielarten der Eigenwerbung immer wichtiger (vgl. Stratmann 1999:174).

Darüber hinaus werden im postfordistischen Kontext die „klassischen" Raum-Leitbilder des Fordismus wie z.B. die im deutschen Grundgesetz anvisierte „Gleichwertigkeit der Lebensverhältnisse" (vgl. dazu GG Art. 91 und Art. 107 Abs. 2) auch aus fiskalpolitischen Gründen neu zur Disposition gestellt. Es kommt dadurch gemäß dem Subsidiaritätsprinzip, das im Europa

---

[32] Vgl. Krätke (1990: 32–33), Scibbe (2000:7).

in der Ära des Postfordismus verstärkt an Zuspruch seitens der politischen Klasse erfährt, zur Zuweisung immer neuer Verantwortungen auf die lokale Ebene.

Der *lokale* Staat[33] wird hierbei zunehmend zum neuen Bürdenträger von Lasten, die ursprünglich von übergeordneten Ebenen, und zwar vor allem von den jeweiligen nationalen Staatshaushalten, getragen wurden. Die Akteure kommunaler Politik und stadtregionaler Verwaltungen sind dadurch gezwungen, durch stadtstrategische Maßnahmen diese neue Problematik zu bearbeiten. Um dieser neuen Verantwortung gerecht zu werden, wird es zu einem wichtigen Ziel, das lokale Staatswesen zu modernisieren.

Motive für Stadtmarketing sind somit: (a) Potenzielle Investoren sollen effektiv und erfolgreich umworben und gewonnen werden. (b) Die Stadt soll als Einkaufs- und Touristenziel den spezifischen Kundengruppen und Gästen vorgestellt und für sie zugänglich werden. (c) Die Bürger sollen als „Klientel" wahrgenommen und weniger „verwaltet", dafür aber mehr bedient werden. Gleichzeitig sollen vor allem durch die Kommunikationsarbeit der modernisierten Stadtverwaltung „kritische Sympathien mit dem lokalen Staat" (Interview mit Pat Lally/Glasgow City Council) und dadurch Loyalitätsbindungen entstehen. Die auf diese Weise generierte lokale Bindung der Bürger soll wiederum als wichtiges Motiv für ein Engagement für die Stadt bzw. Stadtregion fungieren.

Stadtmarketing „nach außen" im Sinne eines Werbe- und Positionierungsauftrages sowie „nach innen" im Sinne eines binnenorientierten „Citizen Relationship"-Marketings stellt sich innerhalb des europäischen Raummarketingkontextes als *modernes Managementinstrument* dar.

Den empirischen Kern der Stadtmarketingbemühungen stellt die Moderation der Kommunikationsprozesse zwischen den beteiligten Akteuren dar. Diese Akteure sind insbesondere die Wirtschaftselite von Kernstadt und Umland, des Weiteren die politischen Eliten von Stadt, Stadtregion und Region, wie u.a. ParlamentarierInnen der regionalen Kammern, die BürgermeisterInnen, die Stadtverwaltung und die RatsvertreterInnen sowie schließlich die Kultur- und Bildungselite aus Stadt und Stadtregion.

---

[33] Zum Begriff „lokaler Staat" vgl. Mayer (1990:197) sowie Helbrecht (1994a:22–29).

Idealiter soll Stadtmarketing als zentrales Element einer „ganzheitlichen" Stadtentwicklung zur „nachhaltigen" und koordinierten Entwicklung der verschiedenen Stadt- und Regionalräume beitragen, für die es konzipiert wurde und praktiziert wird. Im nächsten Kapitel soll diese erste vorläufige Beschreibung des Stadtmarketingbegriffes vertieft werden.

Kapitel 2: Stadtmarketing – Vordefinition und Begriffskritik

„Die Besonderheit des Marketing gegenüber anderen Führungskonzepten ist die konsequente Ausrichtung des Unternehmens auf die Erfordernisse des Marktes" (Helbrecht 1994a:82).

Im folgenden Kapitel wird eine Vordefinition des Stadtmarketing-Begriffes vorgestellt, die kontinuierlich in der Weiterentwicklung dieses Forschungstextes ergänzt und dabei vervollständigt werden wird. Im Schlusskapitel wird in einer Zusammenschau dieser Begriffsentwicklung eine Neudefinition des Stadtmarketings als „kommunikativer Strategie" dargestellt. „Stadtmarketing" lautet eine häufige Antwort auf die Frage nach dem Ausweg aus der kommunalen Haushaltsknappheit. 80 Prozent aller größeren deutschen Kommunen planen oder realisieren gegenwärtig bereits Stadtmarketingprojekte im weiteren Sinn. Insbesondere seit Anfang der 1990er-Jahre steigt der Anteil der Städte in der Bundesrepublik, die für sich Stadtmarketing entdeckt haben, sehr stark an (vgl. Grabow/Hollbach-Grömig 1998:10). Im Folgenden soll der Begriff „Stadtmarketing" analysiert, beschrieben und kritisiert werden.

2.1. Marketing

Das Wort Marketing hat seinen Ursprung in der amerikanischen Betriebswirtschaftslehre. Von 1900 an wurden in den USA – im Kontext der Entwicklung der Käufermärkte – verschiedene Strategien einer absatzorientierten Unternehmensführung wissenschaftlich erarbeitet und daraus Konzepte abgeleitet. Da in vielen Branchen das Angebot der konkurrierenden Produkte die Nachfrage überstieg, sollte eine verbesserte Anpassung der Produktion an die Marktchancen erforscht und betrieben werden.

Marketingstrategien führen zur verstärkt koordinierten Ausrichtung aller Aktivitäten eines Unternehmens auf die Absatz- und Abnehmererfordernisse (vgl. Töpfer/Müller 1988:741). Neben der Moderation dieses ersten zielgerichteten Koordinationsprozesses stellen der Erwerb von Kenntnissen über die Konkurrenz, die Entwicklung von Unternehmensleitbildern und schließlich der Entwurf einer Marketingphilosophie, die Produkt und Markt strate-

gisch miteinander verbinden will, die elementaren Komponenten des klassischen Marketingbegriffes dar.[34]

2.2. Stadtmarketing

Für den Begriff *Stadt*marketing selbst existiert bisher keine einheitliche
Definition. Dies resultiert aus der kommunal- und regionalpolitischen
Praxis, in welcher der Terminus Stadtmarketing zur Beschreibung sehr
verschiedenartiger Unternehmungen herangezogen wird.

Feingliedrige Typologisierungen, wie sie von Busso Grabow und Beate
Hollbach-Grömig (1998 [und siehe Abb. unten]) am Deutschen Institut für
Urbanistik erarbeitet wurden, erleichtern zwar entscheidend den Überblick
über das Spektrum der vielgestaltigen Projekte und Konzepte, aber sie
zeigen gleichzeitig, dass der Begriff „Stadtmarketing" nur als kleinster
gemeinsamer Nenner – bzw. als „Chiffre" für sehr verschiedene und vor
allem sehr verschiedenartige Strategien der Städte im Globalisierungs- und
Europäisierungsprozess – verwendet wird (vgl. u.a. Grabow/Hollbach-Grö-
mig 1998:38–46).

2.2.1. Versuch einer Typologisierung des Stadtmarketingbegriffs

Bei der 1995 vom Deutschen Institut für Urbanistik (DIfU) durchgeführten
schriftlichen Befragung von 323 deutschen Städten und Gemeinden (vgl.
Grabow/Hollbach-Grömig 1998:183f.) berichteten über 80 Prozent der
befragten Akteure, eigene Stadtmarketingprojekte zu unterstützen (vgl. ebd.
S. 10).

---

[34] Vgl. Helbrecht (1994a:83) sowie Ahrens-Salzsieder (1991:206).

Typ/Kurzbezeichnung	Erläuterung	Häufigkeit	
		Abs.	In %
Umfassendes Stadtmarketing	Umfassendes Stadtmarketing ohne Einschränkungen	15	7,5
Stadtmarketing ohne signifikante Verwaltungsorientierung	Umfassendes Stadtmarketing ohne oder nur mit eingeschränkter Verwaltungsorientierung	18	9,0
City-Marketing	Umfassendes Stadtmarketing oder Stadtmarketing ohne signifikante Verwaltungsorientierung; beschränkt auf die Innenstadt	5	2,5
Einzelhandelsmarketing	Eingeschränktes Stadtmarketing mit besonderem Schwerpunkt Innenstadtaufwertung und Einzelhandelsförderung	13	6,5
Stadtwerbung	Eingeschränktes Stadtmarketing mit besonderem Schwerpunkt Öffentlichkeitsarbeit und PR	29	14,6
Standortmarketing	Eingeschränktes Stadtmarketing mit besonderem Schwerpunkt Wirtschaftsförderung und/oder Standortwerbung	8	4,0
Stadtentwicklungsmarketing	Eingeschränktes Stadtmarketing mit Schwerpunkt auf einzelnen Stadtentwicklungsmaßnahmen	9	4,5
Individuelles Stadtmarketing	Eingeschränktes Stadtmarketing mit einer Reihe von Stadtmarketingelementen, ohne eindeutige Schwerpunkte	54	27,1
Rudimentäres Stadtmarketing	Sehr unvollständiges Stadtmarketing ohne eindeutige Schwerpunkte	48	24,1
		199	100,0
Quelle: Deutsches Institut für Urbanistik (DIfU)			

Tabelle: Häufigkeit der Stadtmarketingtypen (nach Grabow/Hollbach-Grömig 1998:39)

In dieser Umfrage gaben jedoch über die Hälfte der Befragten zu, lediglich „individuelles Stadtmarketing" oder „rudimentäres Stadtmarketing" zu betreiben. Diese beiden Stadtmarketingtypen wurden von Grabow/Hollbach-Grömig als „ohne eindeutige Schwerpunkte" identifiziert (ebd. S. 44). Nur 7,5 Prozent (insgesamt 15 Städte von 199 antwortenden) gaben an, kohärente Stadtmarketingkonzeptionen und somit „umfassendes Stadtmarketing" zu planen – oder bereits ein solches Konzept ausgearbeitet zu haben.

Stadtmarketingtypen und Vollständigkeit der Konzepte

Häufigkeit in %

Individuelles Stadtmarketing

Rudimentäres Stadtmarketing

Stadtwerbung

Stadtmarketing ohne signifikante Verwaltungsorientierung

Einzelhandelsmarketing

Stadtentwicklungsmarketing

Umfassendes Stadtmarketing

Standortmarketing

City-Marketing

Durchschnittliche Zahl der realisierten (Puzzle-)Elemente

Unvollständiges Stadtmarketing ← → Umfassendes Stadtmarketing

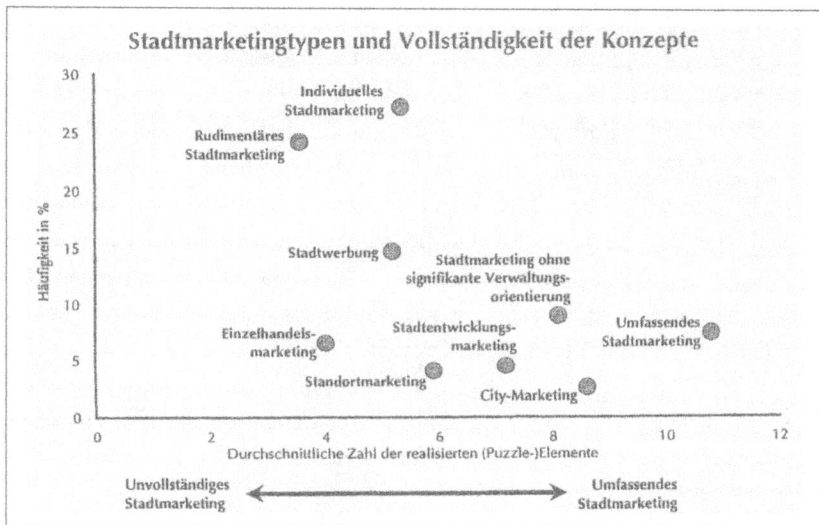

Abbildung: Ergebnisse der Befragung im Überblick (aus Grabow/Hollbach-Grömig
1998:38–39)

2.2.2. Zur Begriffsproblematik

Gerade durch die Vielzahl und die qualitativen Unterschiede der Aktivitäten
und Konzeptvarianten wird die Beschreibung des Begriffs Stadtmarketing
einerseits immer umfangreicher und komplexer, andererseits verliert der
Begriff selbst zunehmend an Aussagekraft. Da sich jedoch mittlerweile der
Begriff Stadtmarketing – gerade aufgrund seiner großen Anpassungsfähig-
keit – vor allem in der Praxis für ein ganzes Spektrum an Raummarketing-
und Positionierungsstrategien durchgesetzt hat, wird auch im Rahmen dieser
Forschungsarbeit für sämtliche *raumorientierten* und durch Wettbewerb
geprägten Positionierungsbestrebungen der lokalen Akteure aus Politik,
Verwaltung, Wirtschaft und Kultur der Oberbegriff „Stadtmarketing"
verwendet.

Dieser Vordefinition des Stadtmarketing-Begriffes wird allerdings als
zentrales Ergebnis dieser empirischen Forschungsarbeit im Schlusskapitel
eine Neudefinition gegenübergestellt, in der *Stadtmarketing als Mosaik
verschiedener kommunikativer Strategien* verstanden wird.

Als übergeordnetes Ziel der in den empirischen Fallbeispielen in Kapitel 4 und 5 noch näher zu beschreibenden Stadtmarketingprojekte wird jedenfalls bereits jetzt erkennbar, dass die zahlreichen Einzelprojekte im Stadtmarketing – offensichtlich als Fragmente sehr verschiedener Raumstrategien – für die Kernstadt und/oder die Stadtregion nach innen und außen zu werben beabsichtigen. Zudem geht es innerhalb der verschiedenen Stadtmarketingprojekte darum, die Qualitäten der Stadt ebenso wie der Stadtregion als Wirtschaftsstandort zu optimieren. Und nicht zuletzt geht es innerhalb der Stadtmarketingprozesse darum, die raumstrategischen Arrangements und wohlfahrtsstaatlich-zivilgesellschaftlichen Kompromisse lokaler Politik sowohl für die an den jeweiligen Aushandlungsprozessen direkt beteiligten Eliten aus Politik, Verwaltung und Wirtschaft einerseits, als auch für alle anderen Bürgerinnen und Bürger andererseits akzeptabel zu gestalten.

2.2.3. Der Streit über die Übertragbarkeit des Marketings als urbaner Strategie

Einen sehr großen Stellenwert in der Begriffsdiskussion – wie auch im aktuellen Diskurs über Theorie und Praxis des Stadtmarketings „als Raum-Strategie" – nimmt der Streit über die Übertragungsmöglichkeiten von Marketingmodellen aus der Betriebswirtschaft in den Kontext von Institutionen der Öffentlichen Hand ein. Die Streitfrage lautet dabei: Inwieweit ist überhaupt innerhalb von Verwaltungen sowie durch Arrangements „öffentlicher Dienstleistungsunternehmen" klassisches Marketing möglich?[35] Das zentrale Ergebnis dieses Streites stellt sich zusammengefasst wie folgt dar:

Zum einen kann „eine Stadt", das heißt hier vor allem: deren Politik- und Verwaltungselite, bedingt durch die komplexen Regulierungen innerhalb und zwischen den Verwaltungen im nationalen wie im europäischen Rahmen bzw. innerhalb des EU-Mehrebenensystems sowie durch die multipolare Zielausrichtung der Interessen ihres eigenen kommunalpolitischen Apparates kaum auch nur annähernd vergleichbare Planungsprozesse inszenieren und steuern wie ein marktorientiertes Unternehmen (vgl. Helbrecht 1994a:84 und May/Newman 1999).

---

[35] Vgl. insb. May/Newman (1999:16–33), Helbrecht (1994a) sowie Funke (1997:13).

Zum anderen ist zu beachten, dass – im Unterschied zu privatwirtschaftlichen Unternehmen – Städte in der Regel Gebietskörperschaften darstellen, die über typisch staatliche Hoheitsrechte verfügen und deren Verwaltungen Dienstleistungen anbieten, für die der Staat das Monopol besitzt. So dürften zum Beispiel für das Ausstellen eines Reisepasses oder die Beantragung eines polizeilichen Führungszeugnisses nur schwer kompetitive Arrangements vorstellbar sein (vgl. Funke 1997:13). Somit kann für viele kommunale Leistungen gar keine Marktkonkurrenz erwartet werden. Die Mehrheit der Wissenschaftler, die sich intensiv mit dem Thema „Stadtmarketing" beschäftigen, kommen deshalb auch zu dem Schluss, dass eine „Eins zu-eins-Übertragung" der Marketing-Methodik aus der Wirtschaft nicht möglich ist (vgl. Helbrecht 1994a:82ff.).

2.2.4. Feste und Stadtmarketing – Feste als Stadtmarketing

Aufbauend auf die Darstellung von Kernargumenten der Kritik an der direkten Übertragbarkeit von klassischen Marketingstrategien auf „die Stadt" – hier im Sinne einer multipolar ausgerichteten Verwaltung und eines polyzentrischen Netzwerkes verschiedener Akteure –, soll im Folgenden in die Theorie-Praxis-Diskussion über gegenwärtige Stadtmarketingprojekte eingeführt werden. Hierzu soll das Fallbeispiel „Stadtfest" dienen.

Eines der zentralen Axiome des Stadtmarketingdenkens ist die Organisation der Kommunikation zwischen den verschiedenen Beteiligten in der Stadt. Häußermann und Siebel kamen in ihrer Veröffentlichung zur „Festivalisierung der Stadtpolitik" (1993) zu dem zentralen Schluss, dass insbesondere durch eine Politik der „Festivalisierung" in den europäischen Städten eine stadtgesellschaftliche Kommunikations- und Integrationsarbeit vorbereitet und realisiert werden soll.

Da urbanes Leben als Mosaik zahlreicher Minderheiten immer das politische Risiko birgt, nur noch projektoppositionelle Mehrheiten zu fördern, wird durch die Planung, Vorbereitung und Veranstaltung von Stadtfesten versucht, Koalitionen und Kommunikationen zwischen den sich immer mehr diversifizierenden Gruppen der Stadt zu ermöglichen (vgl. Häußermann/Siebel 1993:19–23 und Kearns/Philo 1993:3f.). Städte sind Orte, an denen stets „unterschiedliche soziale Ereignisse gleichzeitig sichtbar werden", und gerade dadurch wird ein synchroner Raum aufgespannt. Insbesondere die Organisation von Stadtfesten bietet die Chance, den Stadtraum als „funktionale differenzierte Einheit kommunikativer Ereignisse" hervorzukehren (Nassehi 2002:218).

Als Ziel einer Festivalisierung der Stadtpolitik wird angestrebt, die „polyzentrischen Konstellationen" der Akteursnetze miteinander ins Gespräch zu bringen (vgl. Esser 2002). Hierbei soll die Bedingung der Möglichkeit geschaffen werden, dass die Stadt als räumlich differenziertes Gebilde in den Hintergrund tritt und stattdessen primär als Ort kommunikativen Aushandelns bzw. „Bargainings" zwischen den Interessengruppen aus Wirtschaft, Politik, Verwaltung und Kultur sowie aus Stadt und Umland wahrgenommen wird. In der Stadtforschung bleibt allerdings bis dato offen, welche allgemeingültigen Aussagen zu diesem Bargaining empirisch gemacht werden können, oder zu welchen verallgemeinerbaren Ergebnissen die jeweiligen Aushandlungsprozesse führen.

2.3. Zusammenfassung: Stadtmarketing als Großstadtstrategie – Eine Vor-Definition

Der aus der Ökonomie entlehnte Marketingbegriff hat im Kontext von Stadtplanung und Regionalpolitik mehrere Begriffserweiterungen und entscheidende Bedeutungsveränderungen erfahren. Das herkömmliche Marketing-Instrumentarium wird hierbei von neuartigen Akteuren auf neue Produkte angewandt (vgl. Kuron 1997:2). Dabei wird deutlich, dass Stadtmarketingaktivitäten sehr häufig an der Schnittstelle zwischen zwei Systemen angesiedelt sind: Öffentliche und insbesondere politische Interessenkonstellationen sind Bestandteile des politischen Systems – mit dem dazugehörigen Medium Macht – im Luhmann'schen Sinne (vgl. Luhmann 1994:191ff. sowie 1998:190ff.). Privatwirtschaftlich orientierte Handlungsbestrebungen konstituieren das ökonomische System – mit dem Medium Geld – bzw. Gewinn.

Diese klassischen Grenzziehungen sind allerdings nicht die einzigen – und wie sich in der Empirie zeigt – auch nicht die zentralen. Die Beziehungen und Überlappungen der Bereiche einer strategisch orientierten Politik mit den Interessen der praxisbezogenen Verwaltung und die häufig konfliktbeladene Kommunikation mit kritischen Experten und einer kritischen Stadt-Öffentlichkeit spielen zumindest eine ähnlich wichtige Rolle.

Wie in diesem Kapitel vorgestellt, wird der Begriff Stadtmarketing in sehr verschiedenartigen Kontexten und überaus vielfältig verwendet. Einerseits stellt er eine schillernde Fassade für Aktivitäten dar, die unter der Bezeichnung „professionelle Stadtwerbung" besser beschrieben wären. Andererseits subsumieren zahlreiche Autoren und Experten aus den verschiedenen sozialwissenschaftlichen Disziplinen und aus der kommunalen Praxis unter den Begriff „Stadtmarketing" sehr komplexe lokale Aushandlungsprozesse und enorm heterogen beschriebene Positionierungs-Politiken, ohne jedoch diesen breiter gewordenen Fundus, der gegenwärtig zahlreiche Stadtmarketingprozesse in Europa konstituiert, zu kategorisieren, zusammenzufassen oder gar definitorisch zu konzentrieren. Der Gleichsetzung von Stadtmarketing mit einer neuen, „postfordistischen Stadtentwicklungspolitik" (Helbrecht 1994a) folgten im letzten Jahrzehnt zwar zahlreiche, interessante und auch weiterführende wissenschaftliche Diskussionen, die auch kontrovers und zielorientiert geprägt waren, jedoch bewegten sich diese entweder sehr stark im Praxisfeld oder stellten einen hauptsächlich an der Theorieentwicklung orientierten Entwurf dar.[36] Ein kompromissorientierter Entwurf, der bereits in der Begriffsbildung sowohl Theorie als auch Stadtmarketing-Praxis ausführlich berücksichtigt, fehlt somit bisher.

2.4. Stadtmarketing im Überblick

In einem ersten Überblick lassen sich folgende strategische Stadtmarketingaktivitäten gegeneinander abgrenzen:

1. Die *Stadtwerbung* gilt als traditionelle, prototypische und zugleich häufigste strategische Aktivität der jeweiligen Stadt. Stadtwerbung als Informationsfluss von Stadt und Umland – nach außen wie nach innen – hat sich einerseits zum Ziel gesetzt, Investoren und Kunden für die lokale Wirtschaft anzuziehen. Andererseits geht es den Akteuren der Stadtwerbung auch darum, durch Informations- und Kommunikationsangebote eine „kritische Sympathie zum lokalen Staat" oder in gewisser Weise eine engagierte

---

[36] Vgl. u.a. Zerres/Zerres (2000), Kotler et al. (1999), Grabow/Hollbach-Grömig (1998), Stratmann (1999), Kearns/Philo (1993).

Loyalität der lokalen Bürgerschaft ihrem Wohnort gegenüber möglich zu machen.

Stadtwerbung gilt mittlerweile – wie auch die Umfragen von Grabow/Holbach-Grömig (1998) belegen – als selbstverständliche Aufgabe der lokalen Politik und Verwaltung. Hierbei ist zu beachten, dass bereits bei der Werbung für einen bestimmten stadtregionalen Raum oder dessen Teilräume – und somit auch bei noch wenig entwickelten Prototypen strategischer Standortpolitik – die Chancen der Vernetzung von Informationen wie auch von Akteuren zwischen Politik und Verwaltung sowie zwischen lokaler Wirtschaft und lokalem Staat eine wichtige Rolle spielen.

2. Die *Optimierung* der wirtschaftlichen *Standortqualität* spielt eine zweite wichtige strategische Rolle für eine kooperative Raum- bzw. Stadtentwicklung und somit für einen Stadtmarketingprozess im weiteren Sinne. Erfolgreiches Stadtmarketing führt idealiter zur Verbesserung der lokalen Kommunikationskultur und vor allem zur Entwicklung kooperativer Arrangements zwischen Wirtschaft und „lokalem Staat".

3. Und schließlich sind Ziele wie die *Modernisierung des lokalen Staates* im Rahmen der Variationen so genannter „Neuer Steuerungsmodelle" bzw. des „New Public Management" ein wichtiger Bestandteil von strategischen Stadtpolitiken, die als effektiv und effizient ausgezeichnet werden wollen und ebenso dem Oberbegriff Stadtmarketing zugeordnet werden. Nach diesen Vorarbeiten am Begriff Stadtmarketing, der somit zunächst als Vor-Begriff verstanden werden soll, sollen nun die methodischen Untersuchungsmöglichkeiten des empirischen Feldes „Stadtmarketing" präziser betrachtet werden.

Kapitel 3: Methodologische Vorgehensweisen

„Die wachsende Komplexität moderner Gesellschaften erhöht den Bedarf an Informationen über ihre Funktionen und Strukturen. Der Einzelne erfährt zwar seine primäre Umwelt direkt, ist aber immer mehr
Informationen über Vorgänge ausgesetzt, die er selbst nicht mehr kon-
trollieren kann" (Atteslander 1995:14).

Im Folgenden werden die methodologischen Vorgehensweisen vorgestellt,
auf welchen der empirische Teil der Untersuchung des Stadtmarketings in
Glasgow und Stuttgart basiert. Nach zwei einführenden Abschnitten, die
dieses Kapitel in dieser Arbeit und innerhalb des theoretischen Rahmens
einordnen, folgt zunächst eine kurze Beschreibung des Entwicklungsweges
von der „frühen Organisationsforschung" der 1960er-Jahre zur „modernisierten Organisationsforschung" (vgl. Strodtholz/Kühl 2002:15), die die
Grundlage der vorliegenden methodologischen Forschungsarbeit bildet.
Daraufhin wird die Auswahl der Untersuchungsräume begründet. Daran
anschließend folgt die umfassende Darstellung der in der empirischen
Untersuchung verwendeten Methoden. Das Kapitel endet mit einer Vor-
Skizzierung der Ergebnistypologien, die in Kapitel 6 vollständig und
detailliert dargestellt und erklärt werden.

3.1. Rahmenbedingungen

3.1.1. Zur Einordnung des methodologischen Vorgehens

Die systematische Erfassung sowie die wissenschaftliche Beschreibung der
Entwicklung von Stadtmarketingprozessen im Sinne von akteursbasierten
Positionierungsstrategien und Entwicklungspolitiken in zwei europäischen
Großstädten einerseits, aber auch darüber hinaus eine theoriebildende
Analyse dieser Prozesse und Strategien inklusive deren Einordnung in die
europäischen Raumbildungsprozesse andererseits stellen die zentralen Ziele
des empirischen Teils dieser Forschungsarbeit dar. Die Beschreibung der
Methodik innerhalb dieses Kapitels soll den Weg zu diesen Zielen transpa-
rent machen.

Besonders für die verschiedenen Teil- bzw. Subsysteme des urbanen Lebens ist die oben zitierte Aussage von Peter Atteslander beispielhaft. Nahezu jeder Bürger, jeder Unternehmer und leitende Angestellte sowie jeder Tourist weiß, dass er täglich für sein Handeln orts- bzw. standortrelevante Informationen aus dem Marketingkontext angeboten bekommt. Wie jedoch diese Informationen in ihrem historisch-politischen Kontext und in ihrem sozialstrukturell-ökonomischen und organisationssoziologischen Zusammenhang entstehen und wie – und mit welchen Mitteln – Großstadtstrategien als Gesamtphänomen wahrnehmbar zu machen sein könnten, bleibt diesen einzelnen RezipientInnengruppen verschlossen. Dabei kann gerade dieses Wissen eine kritische Bearbeitung und zielgerichtete Bewertung der „Hochglanzinformationen" der jeweiligen Städte enorm erleichtern. Somit stellt ein weiteres Ziel des empirisch ausgerichteten Teiles dieser Arbeit eine rezipientInnenorientierte Beratung dar.

3.2. Von der Befragung zur Theoriebildung

„Wie die Philosophie dem Trug der Erscheinungen mißtraute und auf Deutung aus war, so mißtraut die Theorie desto gründlicher der Fassade der Gesellschaft, je glatter diese sich darbietet. Theorie will benennen, was insgeheim das Getriebe zusammenhält" (Adorno 1978:196).

Unter methodischem Vorgehen wird ganz allgemein in der Wissenschaft ein Verfahren verstanden, das sowohl systematisch und somit von einsehbaren Regeln geleitet als auch zielgerichtet ist. Als eine erste grundlegende Systematik wird im Folgenden die Entwicklung des Forschungsprozesses vom Entwurf des Forschungsproblems über die Durchführung der Befragungen bis hin zur Theoriebildung dargestellt. Natürlich spielt dabei das Ziel der Forschung von Beginn an eine zentrale Rolle. Bezug nehmend auf das einführende Zitat von Adorno, soll am Ende des Forschungsprogramms ein Theorieentwurf stehen, der die empirischen Befunde der Forschungsarbeit einzuordnen in der Lage ist.

Aber, wie Adorno zu Recht betont: Auch am Anfang jeder Forschung stehen Theorien, Theorieentwürfe und Positionen, die sich in Interessenlagen, Hypothesen und Zugängen darstellen. Peter Noller schreibt dazu:

„Aus kulturtheoretischer Sicht sind wissenschaftliche Diskurse in die Kräfteverhältnisse verstrickt, die sie aufdecken. Die Soziologie muß deshalb immer wieder aufs Neue Rechenschaft darüber ablegen, welche Positionen und welche Perspektiven sie in der zeitkritischen Auseinandersetzung um die legitime Sicht des Sozialen einnehmen kann" (Noller 1999:35).

Noller verweist damit deutlich auf das Problem von „Erkenntnis und Interesse" (Habermas 1971), nämlich (stark vereinfacht): dass die Recherche und Präsentation sozialer Fakten immer auch von der Perspektive, Position und Theorie der Forschenden beeinflusst bzw. „bestimmt" wird (vgl. Noller 1999:35). Noller führt diesen Gedanken wie folgt aus:

„Eine andere sozialwissenschaftliche Theorie produziert eine andere Darstellung der Wirklichkeit, nicht weil sie ein mehr oder weniger exaktes Abbild sozialer Wirklichkeit zu konstruieren ermöglicht, sondern weil sie eine jeweils andere Form ihrer Betrachtung und Interpretation darstellt, die den jeweiligen Gegenstand selbst mitgestaltet" (Noller 1999:35).

Das Wissen, das sich als Ergebnis sozialwissenschaftlicher Forschung darstellt, ist somit eine Konstruktion der Wirklichkeit. Die Wirklichkeit selbst kann in diesem Sinne nicht wissenschaftlich „objektiv" vermittelt werden.

Der Forscher/Die Forscherin kann der Problematik von Interesse und Erkenntnis nur (und dies auch nur in Teilen) begegnen, indem er/sie sich in einen heterogenen Diskurskontext begibt, der kontinuierlich von ForscherkollegInnen erzeugt wird. Des Weiteren sollte moderne soziologische Forschung mit einer möglichst großen Variation von Theorieentwürfen und mit einer kontrastreichen Auswahl von verschiedenartigen quantitativen und qualitativen Forschungsinstrumenten betrieben werden. Diese Instrumente, die in diesem Prozess des Forschens den Zugang zur sozialen Realität darstellen, sollten außerdem so genau wie möglich offen gelegt werden (vgl. Noller 1999:36ff.). Hierbei soll dem Rezipienten wissenschaftlicher Forschungsergebnisse soviel Transparenz wie möglich geboten werden.

3.3. Die empirische Erforschung der Kommunikation zwischen Organisationen und Gruppen

„Die Verschiebung der Forschungsperspektive auf Organisationen als Sozialsystem mit prinzipiell nicht planbaren, dennoch aber spezifischen Interaktionen und zwischenmenschlichen Beziehungsformen hat die Bedeutung der quantitativen Methodik einschließlich ihres ingenieurwissenschaftlichen Transfermodells relativiert" (Strodtholz/Kühl 2002:16).

So komplex sich die Zielkonstellationen von Großstadtstrategien als Ergebnis von lokalen und regionalen Aushandlungsprozessen darstellen, so schwierig ist es auch, Instrumente zu entwickeln, Parameter zu finden oder Modelle zu skizzieren, mit denen sich die Kommunikationsprozesse innerhalb und zwischen Organisationen wie auch zwischen Organisationen und Gruppen empirisch erfassen, abbilden oder gar „messen" lassen. Standardisierte Fragebögen und statistische Auswertungen spiegeln den Methodeneinsatz der „frühen Organisationsforschung" der 1960er- und 1970er-Jahre wider und gelten insbesondere deshalb zur Untersuchung von Stadtstrategien und deren Entwicklungsprozessen als wenig geeignet, weil sie den jeweiligen untersuchten Organisationen eine strukturierende „Zwecksetzung" unterstellen (Strodtholz/Kühl 2002:15).[37]

Das Bild einer Organisation als einer „zweckorientierten Maschinerie", deren „Effizienz" und „Effektivität" stets als die zentralen Untersuchungsvariablen zu gelten haben, wurde spätestens seit Ende der 1970er-Jahre nicht nur im Rahmen theoretisch fundierter Kritik (vgl. Luhmann 1976), sondern auch durch empirische Ergebnisse amerikanischer Organisationsforscher in Frage gestellt.[38]

Das Ziel einer modernisierten Organisationsforschung sollte es (spätestens vom Beginn der 1980er-Jahre an) werden, insbesondere durch den Einsatz *qualitativer* Methoden der Sozialforschung organisationale Entscheidungen aus der Perspektive handelnder Individuen zu verstehen und sie somit rekonstruieren zu können (Strodtholz/Kühl 2002:15f.).[39] Dabei orien-

---

[37] Vgl. Blau (1955), Hall (1963), Udy (1965), Kieser/Kubicek (1992), Kieser (1995).

[38] Vgl. Simon (1976), March (1990) sowie Crozier/Friedberg (1977).

[39] Vgl. auch Hopf/Weingarten (1993:28), Silverman (1997).

tiert sich die qualitative Methodik in der empirischen Organisationsforschung an den Grundlagen der phänomenologischen Forschungstradition. Strodtholz und Kühl schreiben hierzu:

> „Besondere Bedeutung messen qualitativ orientierte Organisationsforscher der frühen Erkenntnis der Klassiker bei, dass soziale Wirklichkeit nicht unabhängig von Zeit und Raum als objektive Wahrheit zu begreifen sei. Vielmehr wird sie als Ergebnis kollektiver Wahrnehmung und Interpretation betrachtet und dementsprechend prozessual, d.h. in Form von Kommunikations- oder Handlungssequenzen im alltäglichen Kontext untersucht [Glaser/Strauss 1993:92f]. Aufgabe des Empirikers ist daher nicht die Isolierung einzelner Kausalitäten, sondern die Rekonstruktion subjektiv gemeinten Sinns und das ‚Verstehen‘ komplexer Zusammenhänge [vgl. Schütz 1971]. Auch gilt die subjektive Wahrnehmung des Forschers nicht als Störquelle, sondern als selbstverständlicher Bestandteil des Forschungsprozesses" (Strodtholz/Kühl 2002:17).

Mit dieser expliziten Orientierung am Forschungsprozess als kommunikativem Vorgang zwischen Untersuchungsgegenstand und Forscher wird noch einmal die Abkehr vom positivistischen Paradigma der 1960er- und 1970er-Jahre unterstrichen. Empirische Forschungsergebnisse sind in diesem Kontext nur über den kontinuierlichen Vergleich ständig variierender Wirklichkeitskonstruktionen zu erhalten. Der Forscher selbst ist hierbei unweigerlich an der „Konstituierung" des Forschungsgegenstandes beteiligt (vgl. ebd. S. 16ff.).

Insbesondere Forschungsdesign, -prozess und Auswertungsarbeit sollten in der modernisierten Organisationsforschung vor allem in Bezug auf „unerwartete Phänomene" so offen wie möglich gestaltet werden, „der Blick" für das „Unbekannte im scheinbar Bekannten" sollte unverstellt bleiben (ebd.).

> „Im unmittelbaren Kontakt mit den untersuchten Personen ist der Wissenschaftler in der Lage, neben den hypothetisch vorausgesetzten auch vollkommen unerwartete Einsichten in das natürliche und situationsspezifische Verhalten der Teilnehmer zu sammeln" (Strodtholz/Kühl 2002:20).

Diese Offenheit in der Erhebungsphase und eine hohe Flexibilität bei der Auswertung ist sinnvollerweise mit wenig standardisierten oder unstandardisierten Instrumenten, wie z.B. Experteninterviews, teilnehmenden Beobachtungen und vor allem Analysen im Rahmen der „Grounded Theory" anzustreben (vgl. Strodtholz/Kühl 2002:17; Glaser/Strauss 1967).

Schließlich erfolgt die Theoriebildung durch Typisierung, Verdichtung und Verallgemeinerung von Vergleichen innerhalb dieses Forschungskonzeptes erst im fortgeschrittenen Stadium der Forschungsarbeit (vgl. Hopf/Weingarten 1993:14; Strodtholz/Kühl 2002:18). Zur „kumulativen Validierung" der verwendeten Untersuchungsmethoden ebenso wie zur „komplementären" Betrachtung der entwickelten Theoriegebäude bietet sich die Kombination und Integration verschiedenartiger methodischer Vorgehensweisen an (Strodtholz/Kühl 2002:22).

3.4. Zur Auswahl der Untersuchungsräume Glasgow und Stuttgart

Insbesondere aus forschungspraktischen Gründen wurden bereits zu Beginn der Planung des Forschungsprojektes einige wichtige Vorentscheidungen gefällt:

3.4.1. Vorentscheidung 1: Zwei Untersuchungsräume

Die erste Vorentscheidung bestand darin, dass das Projekt – auch weil es sich um das Dissertationsprojekt eines einzelnen Wissenschaftlers handelte – mit dem intensiven Vergleich von Stadtmarketingprozessen in zwei europäischen Großstädten bereits an den Grenzen des in Einzelarbeit Machbaren angekommen war. Paralleluntersuchungen von vergleichbaren Prozessen in weiteren Stadtregionen hätten den Rahmen eines Dissertationsprojektes gesprengt, könnten sich jedoch im Anschluss an diese Arbeit als sehr sinnvoll und fruchtbar erweisen.

3.4.2. Vorentscheidung 2: Zeitraum erster Stadtmarketingaktivitäten

Nach der Bearbeitung der Fachliteratur stellte sich der Zeitpunkt der ersten Stadtmarketingaktivitäten „im großen Stil" als ein zentrales Entscheidungskriterium und als ein Argument für die Auswahl von Stuttgart und Glasgow dar.

Glasgow wird in der Fachliteratur im zeitgeschichtlichen Rückblick als eine der ersten Städte in Europa benannt, die – amerikanischen Vorbildern folgend – bereits zu Beginn der 1980er-Jahre Stadtmarketing in den Mittelpunkt ihrer Aktivitäten stellte. Im Gegensatz dazu wird von Stadtmarketingprozessen in bundesdeutschen Städten erst seit dem Ende der 1980er-Jahre berichtet (vgl. insb. Helbrecht 1994a:1–4). Auch Stuttgart, das von 1993 an vor allem sein Tourismusmarketing neu zu organisieren, regional zu koordinieren und zu intensivieren begann, reiht sich hier in den allgemeinen deutschen „State of the Art" ein. Diese „zeitversetzte Modellfunktion" des Stadtmarketings der beiden Städte stellte eine erste Herausforderung im Hinblick auf einen Vergleich der beiden Untersuchungsräume dar.

Fragen, die mit einem möglichen europäischen Wissensaustausch im Stadtmarketingkontext in Zusammenhang stehen, sollten in der Recherche ebenso eine Rolle spielen wie die Auswirkung der „relativen Zeitdifferenz" der beiden Stadtentwicklungsphasen. Ebenso waren im Hinblick auf postfordistische Umstrukturierungsprozesse sowie auf die Einführung von „New Public Management"-Prinzipien im Stadtmarketing in beiden Städten zahlreiche Vergleichssituationen zu erwarten.

„Image-Probleme" als Untersuchungsgegenstand

> „The definition of a tourist in Glasgow at the beginning of the 1980s still was: A tourist in Glasgow is a person who is lost" (Pat Lally, „Lord Provost" in Glasgow 1995–1999).

> „Das Beste an Stuttgart ist die Autobahn nach München" (beliebte Redewendung während der 1980er-Jahre – vor allem in Stuttgarts Umland).

Das offensichtliche „Imageproblem" beider Städte, das sich schon in der Vorbereitung der Forschungsarbeit sehr deutlich zu erkennen gegeben hatte, bot sich als ein zentrales Vergleichsphänomen an. Immer wieder wurde in den verschiedensten Quellen Glasgow als „Metropole der Gewalt", als „Mean City" oder „Rough City" und als „No Hope City" bzw. als „trostloser Ort der Armut" beschrieben.

Stuttgart stand zwar nie wirklich in solch zweifelhaftem Licht des Ruhmes für derart negative Eigenschaften, aber es galt sehr lange – und gilt wohl auch heute noch – bei vielen Stuttgartern und Nicht-Stuttgartern als die süddeutsche „Großstadt ohne Glanz" (vgl. Borgmann 2002b:1) und als „langweiliger und biederer Ort, an dem um 22 Uhr die Bürgersteige hochgeklappt würden" (vgl. Interview mit Gert Fach und Heidemarie Hechtel/Stuttgarter Nachrichten).

3.4.3. Vorentscheidung 3: Größe der Untersuchungsräume und Positionierung im europäischen Mehrebenensystem

Des Weiteren sollten beide Untersuchungsräume annähernd ähnliche Einwohnerzahlen haben. Ebenso sollte die Positionierung im europäischen Mehrebenensystem vergleichbar sein. Die „Kernstädte" Glasgow und Stuttgart haben beide ungefähr 600.000 Einwohner und sind beide Zentren einer Stadtregion von ungefähr 2,5 Millionen Einwohnern. Sowohl die schottische Teilregion „Strathclyde" als auch die „Region Stuttgart" nehmen aus geographischer Perspektive bezüglich ihrer Raumausdehnung – allerdings nicht (mehr) aus institutionenpolitischer Sicht – jeweils eine vergleichbare regionale Zwischenebene ein.[40]

Schließlich bilden beide Stadtregionen zentrale Teile von politisch verfassten Raumeinheiten, die im europäischen Regionalisierungsprozess eine jeweils wichtige Rolle spielen: Schottland und Baden-Württemberg.

3.5. Zur Vielfalt der Vorgehensweisen und zur Methodenstruktur

Bezugnehmend auf dieses Vorwissen wurden insgesamt fünf Methoden zur Bearbeitung der Fragestellungen herangezogen, die sich im Rahmen des Projektes „Kommunikative Strategien europäischer Großstädte im regionalen Kontext" anboten: historische Kontextanalysen, Sozialstrukturanalysen, Textanalysen, Methoden der Beobachtung und Experteninterviews.

---

[40] Zur Abschaffung der institutionellen Verankerung der regionalen Zwischenebene Strathclyde siehe Abschnitt 4.4.1.

Zwar spielte das gesamte „Methodenrepertoire" und damit auch jede einzelne der gewählten Untersuchungs- und Analysemethoden für sich eine wichtige Rolle für die Ergebnisse dieser Untersuchung. Im Mittelpunkt des empirischen Teils dieser Dissertation stehen jedoch die Experteninterviews mit insgesamt jeweils 25 Befragten aus beiden Regionen. Alle angewandten Methoden werden im Folgenden näher erläutert und hinsichtlich ihrer Bedeutung für das Forschungsprogramm begründet.

3.5.1. Historische Kontextanalysen

Will man sich in der Untersuchung der aktuellen Positionierungs- und Entwicklungsstrategien europäischer Großstädte auf qualitative Verfahren wie u.a. auf die von Glaser und Strauss entwickelte „Grounded Theory" stützen, so ist zunächst das „Kontextwissen" (Strauss 1994:36) und damit insbesondere die Entwicklung der Untersuchungsräume im historischen Rückblick von Bedeutung.

Empirische Befunde, vorfindbare theoriegeleitete Deutungen und die wissenschaftlichen Fragestellungen, die diese Forschungsarbeit prägen, sind somit zunächst in ihren historischen Kontext einzuordnen. Die zentralen Fragen sind hierbei: Welche historisch relevanten Raumgrenzen, welche ökonomischen, politischen und sozialen Strukturen prägten das gesellschaftliche Leben in beiden zu untersuchenden Metropolregionen? Und welche geschichtlich bedingten wirtschaftlichen, politischen und kulturellen Entwicklungen prägen die beiden Städte Glasgow und Stuttgart noch heute?

Mittels dieses Fragenkataloges wurden verschiedene Textsorten – von Monografien über Internetpublikationen bis hin zu Artikeln in den jeweiligen Tageszeitungen der beiden Untersuchungsregionen bearbeitet. Die Resultate dieser Kontextanalysen stellten die zentralen Grundlagen für die einführenden historischen Überblicke über die sozialstrukturellen Entwicklungen Glasgows und Stuttgarts dar und leiten die Kapitel 4 und 5 ein.

3.5.2. Aktuelle Sozialstrukturanalysen der Untersuchungsräume

Im Anschluss an die Untersuchung und Beschreibung der geschichtlichen Entwicklungen wurden mit den Methoden der Sozialstrukturanalyse weitere entscheidende Fragestellungen bearbeitet: Die Frage nach dem aktuellen

„ökonomischen Sein" in beiden Städten folgt somit den historischen Analysen. Die Fragen hierzu lauteten:

- Welche wirtschaftlichen Bedingungen bestimmen das gesellschaftliche Leben in beiden Untersuchungsräumen?
- Welche Entwicklungen im Kontext einer sich europäisierenden und
  globalisierenden Ökonomie stellen sich für den jeweiligen Stadtraum
  dar?
- Wie sind die jeweiligen Strategien der Kernstadt einerseits und die
  regionalen Akteure des politischen Systems andererseits in diese So-
  zialstrukturen eingebunden?

Die Beantwortung dieser Fragestellungen führte zu einer wissenschaftlichen
Beschreibung der wirtschaftlichen und demographischen Basis der beiden
untersuchten Städte. Ebenso wurden die Zusammenhänge zwischen den
jeweiligen Stadtmarketingprojekten und dem spezifischen Stand der ökonomischen Entwicklungen genauer fokussiert. Als Quelle hierfür dienten
zum einen Publikationen der jeweiligen Stadtverwaltungen und Institutionen
der Wirtschaftsförderung sowie Interviews mit Experten zur jeweiligen
städtischen Ökonomie und Demographie.[41]

3.5.3. Textanalysen von Publikationen aus den Untersuchungsräumen

„Inhaltsanalyse ist eine der klassischen Vorgehensweisen zur Analyse
von Textmaterial gleich welcher Herkunft – von Medienerzeugnissen
bis zu Interviewdaten. Ein wesentliches Kennzeichen ist die Verwendung von Kategorien, die häufig aus theoretischen Modellen abgeleitet
sind" (Flick 2002:279).

Im Anschluss an die Beschreibung der historischen und ökonomischen
Grundlagen der Untersuchungsräume dienten qualitative Inhaltsanalysen
von lokal, regional und international publizierten Texten zum jeweiligen
Stadtmarketing dazu, das Wissen über die Stadtmarketingakteure und
-prozesse in den beiden Untersuchungsräumen zu erweitern (vgl. Flick

---

[41] Vgl. u.a. Interviews mit Joachim Eicken/Statistisches Amt der Landeshauptstadt
Stuttgart, Walter Kübler/IHK Region Stuttgart, Prof. Eddie Friel/Chamber of
Commerce Glasgow und mit James Coleman/Wirtschaftsausschuss Glasgow City
Council.

2002:279–286; Mayring 2002:65–134). Andererseits wurde mit unterschiedlichen diskursanalytischen Verfahren daran gearbeitet, die „diskursive(n) Formation(en)" (Link/Link-Heer 1990:92f.) bzw. die „diskursiven Knoten" (Jäger 1993:185) der „Spezial-Diskurse" (Jäger 1991:29), die durch die Thematik „Stadtmarketingstrategien der Großstadt" in beiden Untersuchungsräumen entstanden sind, kennen zu lernen, zu verstehen, zu beschreiben und den Aussagegehalt dieser Diskursanalysen mit weiteren zusätzlichen Ergebnissen aus dem gesamten Methodenrepertoire der Untersuchung zu vergleichen (vgl. Potter 2001:325f.).[42]

Vor allem durch die qualitativen Textanalysen der regionalen und lokalen Tageszeitungsberichte in „The Herald" (Glasgow), „The Scotsman" (Edinburgh), der „Stuttgarter Zeitung", den „Stuttgarter Nachrichten", durch Auswertung der Mitteilungen im wöchentlich erscheinenden „Amtsblatt für die Stadt Stuttgart" sowie durch die Analyse von Publikationen der PR-Abteilungen in den jeweiligen Rathäusern und regionalen Institutionen in den untersuchten Stadtregionen sollte das Medien-Bild, das von den jeweiligen Raumstrategien entworfen wurde, empirisch beschrieben und beurteilt werden.

Die Fragen, die an die Texte gestellt wurden, waren:

- In Bezug auf welche Raumeinheit wird von welchem Autor in welcher Art und Weise über „Stadtmarketing im regionalen Kontext" berichtet?
- Welche Akteure werden mit welchen Aktivitäten vorgestellt?
- Welche Rolle spielen Begriffe wie „Region und Stadt", „Kooperation und Konkurrenz", „öffentlich" und „privat"?
- Auf welche Vorgeschichte bezieht sich der Text?
- Welche Rolle spielen Bewertungen im Text?
- Welche möglichen Wirkungen soll – und kann – der Text haben?

Die Suche nach Antworten auf diese Fragen führte zu einer systematischen und kritischen Betrachtung der Publizierenden – bzw. der „Sender" innerhalb der jeweiligen Stadtmarketingprozesse, und sie stellte eine erste

---

[42] Vgl. auch Link/Link-Heer (1990:92ff.), Jäger (1993 und 1991).

inhaltsanalytische „Weiche" – hin zu einer viergliedrigen Akteurstypologie, die am Schluss dieses Methodenkapitels genauer vorgestellt wird.

3.5.4. Die Formen der Beobachtung

> „Reine Beobachter verfolgen den Fluß der Ereignisse. Verhalten und Interaktion gehen weiter, wie sie dies ohne die Anwesenheit eines Forschers tun würden, ohne von Störungen unterbrochen zu werden" (Adler und Adler 1998:81).

> „Um die Aussagekraft der auf diesem Weg erhaltenen Daten insgesamt zu erhöhen, wird die Triangulation von Beobachtungen mit anderen Datenquellen [...] empfohlen" (Flick 2002:204).

Verschiedene Formen der Beobachtungsforschung entwickelten sich während der gesamten Phasen der soziologischen Feldforschung in beiden Untersuchungsgebieten. Klassisch werden hierbei vier verschiedene Beobachtertypen unterschieden (vgl. Gold 1958):

1. der „vollständige Beobachter",
2. der „Beobachter als Teilnehmer",
3. der „Teilnehmer als Beobachter" und
4. der „vollständige Teilnehmer".

Im empirischen Feldforschungsprozess können diese vier Typen der Beobachtung kontinuierlich ineinander übergehen. Zentral ist hierbei aber die Unterscheidungskraft des Beobachters: Dem Forscher muss bewusst sein, welchem Typus der Beobachtung er sich gerade annähert, bzw. er muss sich erinnern können, welche Perspektive er zur Zeit der Beobachtung eingenommen hat. Denn der soziologische Feldforscher muss sich insbesondere bei der qualitativen Analyse seiner Erfahrungen in der Folgezeit der Untersuchung stets daran orientieren können, wie stark seine thematischen Stimuli auf seine Umwelt waren und inwieweit diese „Inputs" das Ergebnis seiner Beobachtungen beeinflussen.

Auch bei der Beobachtung spielen die „stumm gestellten Fragen" an die Umwelt eine entscheidende Rolle. Vor allem folgende vier „verinnerlichten" Fragen prägten meine Beobachtungen in den beiden Untersuchungsräumen Stuttgart und Glasgow:

- Welche Rolle spielt die Raumabgrenzung „Stadt – Stadtregion – Region" in den alltäglichen Praktiken und Konversationen der Bevölkerung?
- Wie bewerten die Bewohner, aber auch Pendler und Touristen das jeweilige Stadtmarketing in ihren Alltagsgesprächen?
- Wie äußern sich Glasgower und Stuttgarter über ihr Stadtmarketing Fremden gegenüber?
- Wie manifestiert sich der Stadtmarketingprozess im Straßenbild in Stadt und Region?

3.5.5. Methodische Stadtmarketing-Beobachtungen vor Ort – und mögliche Rollenzuweisungen

„Eine weitere Anregung ist die genaue Selbstbeobachtung des Forschers beim Einstieg in das Feld, im Verlauf der Beobachtung und rückblickend auf den Prozess der Beobachtung, um implizite Eindrücke, scheinbare Nebensächlichkeiten und Wahrnehmungen in die Reflexion des Prozesses und der Ergebnisse einzubeziehen" (Flick 2002:205).

Während des sechswöchigen Aufenthaltes in Glasgow und zahlreicher mehrtägiger Aufenthalte in Stuttgart wurden in nicht-teilnehmenden Beobachtungen auf den öffentlichen Plätzen und in verschiedenen öffentlichen Gebäuden der Stadtregionen Beobachtungsprotokolle erstellt sowie Artefakte und Alltagsszenen fotografiert, die mit dem Thema Stadtmarketing in einen direkten Zusammenhang gebracht werden konnten. Ziel war es vor allem – ebenso wie in darauf folgenden zahlreichen teilnehmenden Beobachtungen – die Innen- und Außenwirkung der aktuellen Stadtmarketingprozesse zu erfassen und zu dokumentieren.

Insbesondere machten die Besuche in den Behörden und Organisationen, die für die „leitfadengestützten Interviews" (siehe folgender Abschnitt) erforderlich waren, aus dem Befrager zeitweise einen „vollständigen Teilnehmer" am gesamten Stadtmarketingprozess im Sinne Golds (1958). Die Rollenzuweisung der Interviewten an den Interviewer, ein „wertvoller Berichterstatter" über den lokalen Stadtmarketingprozess zu sein, obwohl – oder gerade weil – ihnen das Forschungsprojekt wahrheitsgemäß beschrieben worden war, führte zu zahlreichen Situationen, die deutlich werden ließen, als „akademischer Teilnehmer" am Stadtmarketingprojekt wahrgenommen zu werden (vgl. Interview mit Charles Gordon/Glasgow City Council)

3.5.6. Leitfadengespräche mit Akteuren des Stadtmarketings in Glasgow und Stuttgart

Zum Setting der halboffenen Leitfadengespräche

Als empirisches Kernstück der gesamten Forschungsarbeit gelten zwei Serien von jeweils 25 Leitfadengesprächen in Glasgow und Stuttgart. Grundlage der Befragungen stellte ein Leitfaden von insgesamt 18 Fragen dar, der nur in seltenen Fällen und nur fragmentarisch den Interviewten vor den Interviews zugänglich gemacht wurde (siehe Anhang). Jede einzelne Befragung wurde als „halboffenes" Experteninterview geführt. Hierbei wurde innerhalb dieses bereits in zahlreichen Forschungsarbeiten erprobten Rahmens bzw. „Interview-Settings" versucht, den Befragten eine Gesprächssituation anzubieten, die einerseits als thematisch vorstrukturiert empfunden werden kann. So war zum Beispiel allen Interviewten aus dem in der Vorbereitungsphase an sie versendeten Anschreiben bekannt, dass das angefragte Interview die Prozesse und Akteure des jeweiligen Stadtmarketings zum Thema hatte. Andererseits sollte in der Befragungssituation ein themenorientiertes freies Assoziieren gefördert werden. Das Gegenteil dieses freien Assoziierens – lange Sequenzen so genannter „Schaufensterreden" der in den meisten Fällen rhetorisch geschulten Befragten – sollte durch die Atmosphäre eines „offenen" Gespräches weitestgehend ausgeklammert werden. Hierzu war insbesondere eine dynamische Interviewtechnik notwendig. Die Aussagen der Interviewten mussten kontinuierlich mit den noch offenen Fragen aus dem Leitfaden verglichen werden. In möglichst zwanglos hinzugefügten Fragen galt es, ein jeweils für jeden Befragten individuelles „Antwort-Puzzle" allmählich zu vervollständigen, ohne dessen Assoziationskette mehr als irgend nötig zu unterbrechen.

Sämtliche Gespräche, die jeweils im Durchschnitt 70 Minuten im Anspruch nahmen, wurden auf Tonband aufgezeichnet. Zusätzlich wurden während der Expertengespräche und im Anschluss daran Gesprächsprotokolle erstellt. Schließlich wurden die Experteninterviews zusammen mit den Begleitprotokollen fallvergleichend und fallkontrastierend bearbeitet.[43] Erstes Ziel war es dabei, Kategorien von Aussagen zu bilden, die anschließend zu einer „empirisch begründeten" Typologie führen sollten.[44]

Leitfadenbefragungen im methodologischen Kontext

Für die Analyse „seltener oder interessanter Gruppen" (Schnell et al. 1999:355), die auch in großen Stichproben nur in kleiner Zahl repräsentiert sind, zur Exploration von relativ neuen und komplexen Forschungsfeldern sowie zur Vertiefung standardisierter Interviews, so wie sie insbesondere bereits in der „DIfU-Studie" realisiert worden waren (vgl. Kapitel 2 und Grabow/Hollbach-Grömig 1998), wird in der Literatur zur Methodologie in den Sozialwissenschaften geradezu klassisch das Instrument der Leitfadengespräche empfohlen (vgl. u.a. Friedrichs 1990:226ff.; Schnell et al. 1999:355ff.). Als Teil der qualitativen Sozialforschung bieten diese Interviews die besondere Möglichkeit, wichtige Einsichten in Motivationen und Denkweisen von Interviewpartnern direkt vor Ort „im Experiment" zu erlangen und hierbei den Bezugsrahmen der Befragten direkt im Gespräch weitgehend durch analytische Fragen zu erforschen.

Bereits in den ersten (Pretest-)[45] Interviews in Glasgow und Stuttgart erwies es sich als durchaus erkenntnisfördernd, nicht nur das Fachwissen der Experten abzufragen, sondern auch insbesondere das persönliche Selbstverständnis der am Stadtmarketing beteiligten Akteure zu fokussieren. Somit sollte auch nach den für eine soziologische Akteursuntersuchung in der Regel äußerst aufschlussreichen „Relevanzstrukturen" geforscht werden (Schütz/Luckmann 1979). Vor allem die persönlichen Erfahrungen und

---

[43] Vgl. hierzu Kluge (1999), Kelle/Kluge (1999), Bohnsack et al. (2001).

[44] Der Begriff der „empirisch begründeten Typenbildung" (Kluge 1999) will – „ausgehend von der Erkenntnis, dass es sich bei Typen immer um Konstrukte handelt (die u.a. von den Merkmalen abhängig sind, die man ihnen zugrundelegt), [....] den empirischen Anteil der gebildeten Typen verdeutlichen. Der Begriff ‚constructed types'" von Becker sowie der Idealtypus im Sinne Webers betonen nämlich zu stark den Konstruktionscharakter und lassen die empirische Seite nicht erkennen" (ebd. S. 259).

[45] Unter dem „Pretest" wird ein Vortest der Untersuchung *en miniature* verstanden, in dem u.a. die Verständlichkeit der Fragen des Leitfadens überprüft wurde.

„organisationspolitischen" Hintergründe, die für zahlreiche Entscheidungen und Entwicklungen im Stadtmarketingprozess maßgeblich sind, konnten hierbei häufig durch „konsequentes Weiterfragen" in Erfahrung gebracht werden.

Um weitere wissenschaftliche Aussagen über Konstellationen und Zusammenhänge der Stadtmarketingprozesse in beiden Untersuchungsräumen zu machen und um schließlich ein möglichst objektiv nachprüfbares theoretisches Modell der Realität der Strukturen und Prozesse des Stadtmarketings in beiden Städten entwerfen zu können, wurden im Anschluss an die Interviews zusätzliche Hintergrundrecherchen durchgeführt und hiermit weitere qualitative Auswertungen der Intensivinterviews ermöglicht. Insbesondere für die Erklärung komplexer Einstellungsmuster wurden zusätzlich die Arbeitsbiografien wichtiger Akteure herangezogen und mit hermeneutischen Mitteln wie u.a. mit Elementen der „Grounded Theory" Begründungszusammenhänge entworfen (vgl. Strauss 1994:50ff.). Hierbei stand vor allem die Klärung der tieferen organisationspolitischen Bedeutung und der beobachtbaren „Außenwirkung" von Antworten der Befragten im Mittelpunkt, die zunächst in ersten Analysen als „unlogisch" oder als „Bruch der Argumentationslogik" empfunden wurden.

Das Ziel dieser Analysen stellte der Prozess des Verstehens und der Akt der Beschreibung der Wirkungs- und insbesondere der Organisationszusammenhänge im Stadtmarketingprozess dar. Durch die intensive analytische Beschäftigung mit den jeweiligen Positionierungen der lokalen Eliten innerhalb des Stadtmarketingprozesses und vor allem mit der Analyse der Aussagen und Biografien der Akteure selbst sollte es bereits während der Feldforschungsphasen möglich werden, die Aussagen der lokalen Akteure systematisch zu ordnen und so erste theorieweisende Grundlagen einer Systematik zu schaffen. Die Durchführung der Experteninterviews wird im Folgenden *en detail* beschrieben.

3.6. Zur Durchführung der Leitfadenbefragung

„Methode als Weg ist die Verbindung zwischen – mindestens – zwei Situationen [...] oder Ereignissen. Als Forschungsmethode muß sie den Zusammenhang formulieren oder herstellen zwischen Theorie auf der einen Seite und Empirie bzw. Daten auf der anderen Seite" (Sturm 2000:23).

Im Allgemeinen wird der Verlauf von Befragungsprojekten in drei Phasen gegliedert: Die erste Phase wird hier „Definitionsphase" genannt. Sie bereitet die Befragungsphase vor. Die zweite Phase wird als „Erhebungsphase" bezeichnet. Sie beinhaltet vor allem die Durchführung der Interviews. Schließlich stellt die dritte Phase die „Analysephase" dar (vgl. dazu auch: von Alemann 1984:57ff.).

3.6.1. Die Definitionsphase (I)

Zur Problemwahl

Durch Recherchen im Internet, durch die Analyse der Fachliteratur zu den ausgewählten Themenbereichen sowie durch Gespräche und E-Mail-Korrespondenz mit ExpertInnen und FachkollegInnen in verschiedenen Foren entstand eine erste Reihe von Forschungsfragen, die insbesondere folgende Thematik und folgende Fragestellungen zum Fokus hatte:

I. Wie wird von den zentralen Akteuren des Stadtmarketings in den beiden Untersuchungsräumen ihr Arbeitsgebiet räumlich wahrgenommen, eingegrenzt und beschrieben? (vgl. Leitfaden-Fragebogen [im Anhang] – Frage 1)

II. Wie wird von den lokalen Eliten Stadtmarketing definiert, beschrieben und bewertet? (vgl. dort Frage 2, 3, 5, 12, 13, 14, 15, 16, 18)

III. Wie nehmen die Stadtmarketingakteure selbst ihre Zugehörigkeit zu verschiedenen räumlichen Ebenen wahr? Und wie schätzen die Akteure diese Wahrnehmungen bei der Bevölkerung ein? (vgl. dort Frage 10)

IV. Inwieweit spielt die Kooperation von Stadt und Region eine Rolle im Stadtmarketingprozess? (vgl. dort Frage 1, 4, 9, 11)

V. Von welchen Personengruppen wird Stadtmarketing gemacht? Wer sind die Träger des Stadtmarketings? Was sind die Motive der Akteure? Und inwieweit ist die Privatwirtschaft in Stadtmarketingprozesse involviert? (vgl. dort Frage 4, 6, 7, 9)

VI. Welche politischen Institutionen und Ebenen sind am Stadtmarketing beteiligt? (vgl. dort Frage 8)

Alle Überlegungen und Fragestellungen in den hier vorgestellten Fragenkomplexen I–VI kulminieren somit in den folgenden drei Fragenkomplexen:

1. Wie wird Stadtmarketing in Glasgow und Stuttgart gemacht? – Wer sind die jeweiligen Akteure – und welche Rolle spielen sie beim Stadtmarketing?

2. Worin gleichen sich die Stadtmarketingprozesse in den beiden Städten bzw. Stadtregionen? – Worin unterscheiden sich die Projekte?

3. Welche Beziehungen bestehen zwischen den Phänomenen Stadtmarketing und Region? Und was sind die Ergebnisse des Vergleichs dieser Beziehungen in den beiden Untersuchungsräumen?

Zu Recherche und Forschungsstand

Die Analyse der soziologischen und politikwissenschaftlichen Fachliteratur, die intensive Beschäftigung mit Fachzeitschriften von Fächern, die der Soziologie benachbart sind, sowie Recherchen in den internationalen Datenbanken unter Einbeziehung von Suchmaschinen im Internet ergaben, dass zwar zur Geschichte der Stadterneuerung in Glasgow und zu Teilbereichen des Stuttgarter Stadtmarketings einige wissenschaftliche Publikationen vorlagen (vgl. u.a. Paccione 1995; Gaebe 1997a). Vor allem aber die Gespräche und die E-Mail-Korrespondenz mit Fachkollegen aus den Untersuchungsräumen ließen erkennen, dass bisher keine vergleichende Studie zu europäischen Großstädten mit dem Analyserahmen eines sozialwissenschaftlichen Ansatzes existiert, der Stadtmarketing als europäisches Strategie-Mosaik akteurs- oder prozessorientiert fokussiert. Hiermit war eine deutliche Forschungslücke sichtbar.

Zur Entwicklung eines theoretischen Bezugsrahmens

Wie bereits dargestellt, bildeten Fragen, die sich mit dem „Making of", also mit der Konstruktion und Konstitution der Stadtmarketingprozesse beschäftigten und die Fragen, die die Diskurse über das Stadtmarketing in den beiden untersuchten Großstadtregionen fokussierten, das erste Fundament des Forschungsvorhabens. Der theoretische Bezugsrahmen konnte hierbei einerseits aus der wissenschaftlichen Diskussion über die Variationen der europäischen „Mehrebenenstruktur" des lokalen Raumes abgeleitet werden.[46]

Andererseits waren mit der empirischen Eliten-Untersuchung der Stadtmarketingprozesse auch die Überprüfung „im Feld" und eventuell die Weiterentwicklung einzelner methodischer Vorgehensweisen der an qualitativen Methoden orientierten Organisationsforschung beabsichtigt.[47]

Zur Operationalisierung der Grundbegriffe

Die erste Konkretisierung und damit ein erster Schritt in Richtung „Operationalisierung" der Forschungselemente entstand in Fachdiskussionen über die Inhalte des späteren Leitfadens.[48] Diese Termini waren:

1. Die „aktuellen Raumdefinitionen und perspektivische Raumwahrnehmungen" bei den Stadtmarketingakteuren, bei den Eliten der Stadt allgemein und bei der Bevölkerung in beiden Großstadtregionen im Vergleich.

Hieraus entwickelte sich z.B. in der abschließenden Auswertung der Analysefokus A: „Beschreibung der Raumwahrnehmung".

2. Das „Stadtmarketingverständnis und dessen Beurteilung" bei den oben genannten Gruppen im Vergleich (später wurde dies Analysefokus B: „Darstellung des Stadtmarketingverständnisses").

3. Die „Einschätzung der Qualität der Interaktion der Akteure" in der jeweiligen Großstadt im Vergleich (später Analysefokus C: „persönliche Beurteilung der Qualität der Interaktion zwischen den Stadtmarketingakteuren").

4. Die „Wahrnehmung der ‚Success Story' des eigenen Stadtmarketings" im Akteurs-Vergleich und die entworfenen Entwicklungsperspektiven und eventuellen Zukunftsszenarien des Stadtmarketings im

---

[46] Vgl. dazu insb. Schwengel (1994/1996b/1999), Kohler-Koch (1998a/1999), Scharpf (1994/1996/1999).

[47] Vgl. dazu insb. Kluge (1999), Kelle/Kluge (1999), Mayring (2002), Kühl/Strodtholz (2002), Liebold/Trinczek (2002).

[48] Vor allem die Gespräche mit den TeilnehmerInnen im DoktorandInnenkolloquium des Institutes für Soziologie waren hier sehr hilfreich.

Vergleich (in der Auswertungsanalyse wird dieses Thema zu Analysefokus D: „zusammenfassende Beurteilung des Stadtmarketingprozesses und seiner Entwicklungsperspektiven").

Es lässt sich aus dieser Auflistung der Leitfaden-Termini erkennen, dass sowohl ein Vergleich der Stadtmarketing-Akteure innerhalb der jeweiligen Stadtregion als auch ein Vergleich der Stadtmarketingprozesse beider Metropolregionen intendiert war.

Zur Festlegung der Grundgesamtheit und der Analyseeinheit

> „Mit der Entscheidung, bestimmte Experten mit Hilfe eines bestimmten Leitfadens zu befragen, ist die Ausrichtung auf einen bestimmten Wirklichkeitsausschnitt gefallen" (Liebold/Trinczek 2002:41f.).

> „Die Vermeidung von Verzerrungen bzw. der Einbezug von relevanten Fällen ist also zentrales Kriterium der Fallauswahl in der quantitativen als auch in der qualitativen Sozialforschung" (Kelle/Kluge 1999:39).

In der quantitativen Sozialforschung können – *idealiter* – unverzerrte Wirklichkeitsausschnitte durch die Ziehung von Zufallsstichproben mit möglichst zahlreichen und unbekannten Merkmalen erzielt werden. In der qualitativen Forschungsarbeit dagegen muss die Anzahl der Merkmalsträger deutlich niedriger sein, da die meist aufwendigen interpretativen Auswertungen nur mit relativ kleinen Stichproben sinnvoll bearbeitbar sind.

Als Grundgesamtheit (Zielgesamtheit) der vorliegenden Untersuchung von Großstadt-Strategien wurde die „Stadtmarketingakteursszene" benannt, die von den jeweiligen lokalen Eliten gebildet wird.

Als Analyseeinheit (Auswahleinheit/Erhebungsgesamtheit) wurde eine Gruppe von jeweils 25 ExpertInnen in Glasgow und 25 ExpertInnen in Stuttgart ausgewählt, die als „dysproportional geschichtete Stichprobe" beschrieben werden kann (Kelle/Kluge 1999:38). Insbesondere wurde darauf geachtet, dass alle in der Theoriediskussion über Stadtmarketingprozesse als relevant erachteten Merkmalsträger in der Erhebungseinheit hinreichend vertreten waren; somit bot sich eine „kriteriengesteuerte Fallauswahl" an (Kelle/Kluge 1999:39f.).

Zum einen konnte hierbei ein sehr großer Anteil der befragten Experten (etwa zwei Drittel) durch ein „Schneeballsystem" erfasst werden, das darauf basierte, dass jeder der Interviewten gebeten wurde, weitere ihm bekannte

Akteure des lokalen bzw. regionalen Stadtmarketings für ein weiteres Interview vorzuschlagen. Zum anderen wurde ein weiteres Drittel der Befragten entsprechend dem in den Recherchen vor Ort gewonnenen Vorwissen über die am Stadtmarketingprozess beteiligten Personengruppen ausgewählt. Diese Gruppe konnte insbesondere nach „Repräsentativitäts-Gesichtspunkten" zusammengestellt werden, die eine möglichst adäquate Widerspiegelung der realen „Akteurs-Verteilung" innerhalb der gesamten Auswahleinheit verlangten. Zudem sollte dieser Gruppe neben ihrer „Korrekturfunktion" bezüglich der Zusammensetzung der Gesamt-Analyseeinheit auch eine zentrale Informationsfunktion zukommen. Mit den letzten Interviews der Untersuchungseinheit sollten auch diejenigen Befragten zu Wort kommen, von denen letzte wichtige Überblicks- oder Detailinformationen erwartet wurden.

Zur Entwicklung des Forschungsplans

„Leitfadengestützte Experteninterviews sind thematisch strukturierte Interviews. Ziel ist es, die Eigenpräsentation der Akteure durch erzählgenerierende Fragen zu motivieren. Um sowohl eine inhaltliche Fokussierung als auch eine selbstläufige Schilderung zu gewährleisten, kommt ein offen und unbürokratisch zu handhabender Leitfaden zum Einsatz, der hinreichend Raum für freie Erzählpassagen mit eigenen Relevanzsetzungen lässt" (Liebold/Trinczek 2002:39).

Stadtmarketingakteure sind – wie bereits erwähnt – eine relativ kleine Gruppe in einer Großstadt. Um detailliertes Wissen über diese Gruppierung zu erhalten, boten sich nicht-standardisierte bzw. halboffene Leitfadengespräche mit Stadtmarketing-Experten an (vgl. Schnell et al. 1999:355ff. und Liebold/Trinczek 2002:34f.). Insbesondere sollte den Befragten ausdrücklich und kontinuierlich die Möglichkeit gegeben werden, sich auf ihr Spezialgebiet konzentrieren zu können und genau zu diesen Teilfragen aus dem Fragebogen zusätzliche Erläuterungen zu geben. Außerdem sollte durch einen gemeinsamen und für alle Interviewten gültigen Interviewleitfaden eine themen- und zielgerichtete Strukturierung der Gespräche möglich werden, die erwartungsgemäß in der späteren Auswertung für einen sinnvollen Vergleich der Interviews maßgeblich wurde.

Experteninterviews stellen „eine Kombination aus Induktion und Deduktion" (Liebold/Trinczek 2002: 41) dar, da sowohl die konkrete Auflistung des „Fragen-Spektrums", wie die Attribute der Auswahlgruppe der Interviewten einen theoretischen Vorentwurf des Forschers voraussetzt und er dadurch als deduktiv arbeitender Wissenschaftler agiert, der bereits hypothetisch entworfene Konzepte zu überprüfen bemüht ist. Des Weiteren generieren leitfadengestützte Interviews gleichzeitig „Forschungsartefakte", die als zentrale hermeneutische Grundlagen für explorationsorientierte, induktive Vorgehensweisen dienen können. Zwar werden während der Auswertungsphase der Experteninterviews weder der biografische Hintergrund der einzelnen Befragten noch deren persönliche Relevanzstrukturen und Erfahrungshintergründe jenseits ihrer Eigenschaft als Stadtmarketingexperten zu analysieren sein. Sehr wohl aber sind die Formen und Strukturen ihrer Eigenrepräsentation als Akteure des Stadtmarketings genau zu beobachten. Dabei stellen die Methoden der qualitativen Sozialforschung wichtige Hilfsmittel dar. Das leitfadengestützte Experteninterview gilt als „offenes Verfahren", und Wilsons Grundannahmen des interpretativen Paradigmas sind gerade auch für diese Interviews gültig (vgl. Wilson 1973 und Liebold/Trinczek 2002:39f.). Durch die Offenheit der Befragungssituation, die die Datengewinnung im Interview als „kommunikativen Akt" unterstreicht, wird deutlich, dass der Forscher „eine Kommunikationsbeziehung mit dem Forschungssubjekt" eingeht (Hoffmann-Riem 1980:346). Das kommunikative Regelsystem des Forschungssubjekts ist dabei in Geltung zu lassen (vgl. ebd.). Hierbei ist es dem Forscher während des gesamten Forschungsprozesses darum zu tun, die internen Bedeutungen der Inhalte und Formen der Äußerungen des Interviewten verstehend zu deuten und „den Weg der Überwindung des Vorverständnisses zu gehen" (Kleining 1982:231). Insbesondere die Möglichkeit, während des Interviewgespräches kontinuierlich nachzufragen, erleichtert den vom Forscher angestrebten Prozess des Verstehens.

Das leitfadengestützte Experteninterview ist somit eine Vereinigung von deduktiven und induktiven Elementen. Durch die relative Offenheit der Interviewsituation wird dem Interviewten die Möglichkeit eröffnet, durch seine Erzählung soziale Wirklichkeit zu strukturieren. Hierbei können Bedeutungsstrukturierungen des empirischen Stadtmarketing-Feldes entstehen, die die ersten hypothetischen Zusammenhangsentwürfe des Forschers negieren und gleichzeitig neue Theorieentwürfe generieren (vgl. Liebold/Trinczek 2002:42).

3.6.2. Die Erhebungsphase (II)

> „Der praktische Verwendungszusammenhang von Experteninterviews ist es, komplexe Wissensbestände zu rekonstruieren, die für die Erklärung sozialer Phänomene, auf die sich das aktuelle Forschungsinteresse bezieht, von Bedeutung sind. Experteninterviews beziehen sich entweder auf diejenigen Akteure, die als Funktionseliten implizite und explizite Regelsysteme, Strukturen und Entscheidungsprozesse in dem relevanten Wirklichkeitsausschnitt repräsentieren, oder auf ‚intime Kenner' der Situation im relevanten Feld, die nicht notwendigerweise [mehr] direkt zur Funktionselite gehören müssen" (Liebold/Trinczek 2002:39).

Die Experteninterviews, die für Glasgow und Stuttgart vorbereitet worden waren, verfolgten drei Ziele:

- In einem ersten Schritt sollte mittels der Befragung durch eine Art „Exploration des Unbekannten" (Behnke/Meuser 1999:13) die präzise Beschreibung der Akteure und Prozesse des jeweiligen Stadtmarketings möglich werden.
- In einem zweiten Schritt wurde das Ziel verfolgt, einen Vergleich der Akteure und Prozesse beider europäischer Großstädte anzustellen.
- In einem dritten Schritt sollte aus den gewonnenen Resultaten der Akteurs- und Prozessvergleiche eine empirisch begründete Typologie entwickelt werden. Eine solche Typologie könnte zukünftig als wissenschaftlich fundiertes Ordnungssystem eingesetzt werden. Ebenso könnte sie als spezifisches Analyseinstrument, aber auch als Dokumentationshilfe dienlich sein.

Nachdem ein Prototyp des Interview-Leitfadens entsprechend den Vorgaben zur Operationalisierung der Grundbegriffe (vgl. Abschnitt 3.6.1) entwickelt worden war, ging es zunächst darum, mittels einer kleinen Anzahl von Interview-Pretests in Glasgow und Stuttgart die Durchführbarkeit und die Auswertungsmöglichkeiten der geplanten Interviews zu überprüfen. Die

Ergebnisse der Pretests führten zu einigen kleineren Korrekturen im Interview-Leitfaden, womit dann die Hauptuntersuchung in beiden Städten begonnen werden konnte. Entsprechend der Methode der leitfadengestützten Interviews kam es zwar kontinuierlich zur „flexiblen Handhabung" des Leitfadens; zu einschneidenden und grundsätzlichen Veränderungen der Strukturierung des Fragespektrums kam es aber im gesamten Verlauf der Untersuchung nicht mehr. Durch die zusammenfassenden Protokolle der Interviews konnte die Materialfülle bereits bei der Aufbereitung der Befragungen sinnvoll reduziert werden (vgl. Mayring 2002:94). Weiterhin konnten in Arbeitsschritten des „methodisch kontrollierten Zusammenfassens" und Protokollierens die Aufbereitung des gesprochenen Textes sowie die ersten Entwürfe des Vergleichs und der Interpretation gleichzeitig erfolgen (vgl. Mayring 2002:94ff.).

„Der Grundgedanke dieser inhaltsanalytischen Methode ist nun, das Allgemeinheitsniveau des Materials erst zu vereinheitlichen und dann schrittweise höher zu setzen. Mit steigendem Abstraktionsgrad verringert sich der Materialumfang, denn einzelne Bedeutungseinheiten werden integriert, gebündelt, können fallengelassen werden, da sie im allgemeinen Text schon aufgegangen sind" (Mayring 2002:94).

3.6.3. Die Analysephase (III)

Fallvergleich, Fallkontrastierung und empirisch begründete Typenbildung

„Typenbildenden Verfahren können im Forschungsprozeß nämlich sowohl deskriptive als auch hypothesengenerierende Funktionen zukommen. Zunächst helfen sie bei der Beschreibung sozialer Realität durch Strukturierung und Informationsreduktion. [...] Durch die (vorrangig deskriptive) Gruppierung seiner Elemente wird ein Untersuchungsbereich überschaubarer und komplexe Zusammenhänge werden verständlich und darstellbar. Diese inhaltlichen Zusammenhänge können dann mit Hilfe allgemeiner Hypothesen erklärt werden, so daß Typologien auch als ‚Heuristiken der Theoriebildung' dienen: Indem sie die zentralen Ähnlichkeiten und Unterschiede im Datenmaterial deutlich machen, regen sie die Formulierung von Hypothesen über allgemeine kausale Beziehungen und Sinnzusammenhänge an" (Kelle/Kluge 1999:9).

Im Kontext der Methodologie der „Grounded Theory" erstellten die Amerikaner Glaser und Strauss (1967) sowie Strauss und Corbin (1990) zentrale Grundlagentexte zur fallvergleichenden Auswertungsarbeit. Gerhardt (1984, 1986, 1991a, 1991b) und Kuckartz (1988 und 1999) entwickelten diese vor allem im Hinblick auf computergestützte Verfahren der Datenanalyse weiter. Insbesondere Susann Kluge und Udo Kelle konzentrierten sich in den letzten Jahren darauf, eine Systematik der logischen Grundlagen für die datenbegründete Konstruktion von Kategorien und Typologien zu entwerfen. Sie orientierten sich dabei am Modell des hypothetischen Schlussfolgerns.[49] Entsprechend diesem Modell werden theoretisches Vorwissen und empirisches „Beobachtungswissen sowohl kreativ als auch methodisch kontrolliert miteinander verknüpft" (Kelle/Kluge 1999:12).

Um valide und methodisch kontrollierte Beschreibungen der in Glasgow und Stuttgart beteiligten Stadtmarketingakteure entwickeln zu können und um eine Analyse der internen Strukturen dieser akteursinitiierten Prozesse bewerkstelligen zu können, stellen Vergleich und Kontrastierung gemäß Kluge und Kelle notwendige Voraussetzungen dar (vgl. ebd. S. 11).

Für die Auswertung von leitfadengestützten Experteninterviews im Stadtmarketingkontext im Hinblick auf eine Typologie bedeutete dies in einem ersten Schritt, Vergleichs- und Kontrastsequenzen der Interviews zu finden, diese zu gruppieren und die möglichen Bedeutungen der bei der Gruppierung entstehenden „qualitativen Cluster" (vgl. Liebold/Trinczek 2002:55ff.) innerhalb des Stadtmarketingkontextes zu interpretieren.[50]

In einem zweiten Schritt wurden im Rahmen dieser qualitativen Clusteranalyse einzelne Aussagesequenzen aus den Interviews mit dem Ziel einer inhaltsorientierten Strukturierung des „Diskursgeflechtes" (Jäger 1993) unter zahlreichen Entwürfen von Überschriften geordnet.

In einem dritten Schritt wurden unter Zuhilfenahme der zentralen vier Fragetermini (1–4) aus dem Interviewleitfaden (siehe Anhang) thematische

---

[49] Vgl. Kelle/Kluge (1999:12) sowie insb. Peirce (1974 und 1991).
[50] Zum Begriff „Qualitative Clusteranalyse" siehe Liebold/Trinczek (2002:55f.).

„Analyseschwerpunkte" eingeführt. Diese wurden schließlich – wie bereits auf oben beschrieben – als „Analysefokusse A–D" bezeichnet.[51]

Nachdem diese thematisch orientierten Vorstrukturierungen der Interviewsequenzen durchgeführt waren, konnten in einem vierten Schritt die „Rückbindungen" einzelner Interviewsequenzen an die Gesamtinterviews stattfinden. Durch diese Rückbindungen wurden zum Beispiel logische Zusammenhänge, aber auch Brüche zwischen Aussagen zum Stadtmarketing als „Success Story" und der jeweils eigenen Rolle der befragten Akteure im jeweiligen Stadtmarketing deutlich. Entwürfe erster empirisch begründeter Typen waren die Folge.

Der inhaltliche Vergleich und die kontinuierliche Kontrastierung der zentralen thematischen Aussagen aller Einzelinterviews im Hinblick auf die vier thematischen Fokusse führte schließlich zu einem ersten Typologieentwurf, der auf empirisch begründeten Typen basierte (vgl. dazu insb. Kluge 1999:260ff.).

3.6.4. Zum Schluss: Selbst-Beobachtungen auf dem Weg zum Theorieentwurf

> „Die Interpretation von Daten wird – je nach Ansatz – mit unterschiedlichem Stellenwert zum Kern qualitativer Forschung" (Flick 2002:257).

Im Mittelpunkt der meisten qualitativ ausgerichteten Forschungen steht die Erhebung von vergleichsweise wenig strukturiertem Text- bzw. Datenmaterial. Erstes Ziel der Forschungsarbeit ist es, dann aus diesen Quellen durch kontinuierliche Interpretationsarbeit „jene Sinnstrukturen" zu rekonstruieren, „die die untersuchte Lebenswelt (mit-) konstituieren" (Kelle/Kluge 1999:15).

---

[51] Zur Wiederholung der Analysefokusse: „Analysefokus A" stellt die Thematik der „Beschreibung der Raumwahrnehmung" in den Mittelpunkt der vergleichenden und kontrastierenden Auswertung der Interviewinhalte. „Analysefokus B" bündelt die „Darstellung des Stadtmarketingverständnisses". „Analysefokus C" dient dem Vergleich der „persönlichen Beurteilung der Qualität der Interaktion zwischen den Stadtmarketingakteuren". Und „Analysefokus D" lenkt die Aufmerksamkeit auf die „zusammenfassende Beurteilung des Stadtmarketingprozesses und seiner Entwicklungsperspektiven".

Die empiriegestützte analytische Quellenarbeit mit dem Ziel, neues theoretisches Wissen zu generieren, kann – stark verkürzt – als „Zangengriff" verstanden werden, bei dem man „sowohl von dem vorhandenen theoretischen Vorwissen als auch von empirischem Datenmaterial ausgeht" (Kelle/Kluge 1999:21).

Genauer betrachtet, handelt es sich bei dieser Arbeit des Wissenschaftlers, der sich zwischen empirischen Erhebungsdaten und Theorieentwürfen befindet, um ein kontinuierliches qualitatives Interpolieren mit dem Ziel der Abduktion, der Bildung einer Synthese aus Theoriewissen und Praxiserfahrung.

Bei der qualitativen Interpolation kommt es zu einem kontinuierlich reflektierten Abwägen zwischen bereits existierenden oder sich „in statu nascendi" befindlichen Theorieentwürfen auf der einen Seite und den durch Vergleich, Kontrastierung, Kategorisierung und Interpretation erzeugten primären Auswertungen der Quellen auf der anderen Seite. Als primäre Auswertungen sind dabei textanalytisch-hermeneutische Interpretationen, der Quellen-Vergleich, die Kontrastierungen und der beobachtete Kontext als Beiwerk der Quellen zu berücksichtigen.

Die in den beiden Großstädten durchgeführten Experteninterviews und Beobachtungen sowie die weiteren Untersuchungen der historischen Kontexte, der Sozialstruktur, der Stadtmarketing-Publikationen und -Artefakte führten schließlich zu einer Akteurstypologie und einer Prozesstypologie, die in Kapitel 6 detailliert dargestellt wird und in Kapitel 7 das Resümee entscheidend bestimmen wird. In diesem Kapitel sollen abschließend die beiden Typologien rein tabellarisch vorgestellt werden.

Die vier Akteurstypen und vier Prozesstypen erhielten folgende Bezeichnungen:

Die Akteurstypen 1–4:

- Akteurstyp 1: der „Externe Kritiker"/die „Externe Kritkerin"
- Akteurstyp 2: der „Strategische Politiker"/die „Strategische Politikerin"
- Akteurstyp 3: der „Realistische Praktiker"/die „Realistische Praktikerin"
- Akteurstyp 4: der „Interne Kritiker"/die „Interne Kritikerin"

Die Prozesstypen 1–4:

- Stadtmarketingtyp 1: „Stadtmarketing als Großereignis-Marketing"
- Stadtmarketingtyp 2: „Kommunal institutionalisiertes Stadtmarketing als begrenztes Areal der Stadtpolitik"
- Stadtmarketingtyp 3: „Professionalisiertes Stadtmarketing als teilinstitutionalisiertes, teilvernetztes Schnittstellenmanagement zwischen den Stadträumen sowie zwischen Staat, Öffentlichkeit und der Privatwirtschaft"
- Stadtmarketingtyp 4: „Leitbildorientiertes, vernetzendes Stadtmarketing als Kommunikationsprojekt zwischen Staat, Öffentlichkeit und Privatwirtschaft"

3.6.5. Fazit

Das in diesem Kapitel vorgestellte Methodenrepertoire, das zur vorliegenden Untersuchung der Stadtmarketingprozesse in Glasgow und Stuttgart eingesetzt wurde, besteht aus: historischen Kontextanalysen, Sozialstrukturanalysen, Textanalysen von Stadtmarketing-Publikationen, Methoden der Beobachtungsforschung und vor allem aus der leitfadenorientierten Befragung von fünfzig Experten.

Es wurde dargestellt, dass durch den Einsatz wenig standardisierter Untersuchungspraktiken, insbesondere durch „halboffene" Leitfadengespräche, versucht wurde, den Ansprüchen einer modernisierten Organisationsforschung gerecht zu werden. Die „qualitativen Cluster-Analysen" und qualitativ orientierten Auswertungen der Befragung werden in Kapitel 6 vorgestellt und prägen das Resümee in Kapitel 7 dieser Arbeit.

Zunächst werden jedoch die Ergebnisse der historischen Kontextanalysen, der Sozialstrukturanalysen, der Textanalysen von Stadtmarketing-Texten und der Beobachtungen in den Untersuchungsräumen die Kapitel 4 und 5 bestimmen.

Kapitel 4: Stadtentwicklung und Stadtmarketing in Glasgow

4.1. Das Stadtmarketing von Glasgow und Stuttgart im Vergleich – Zur Übersicht über die Kapitel 4 und 5

In den folgenden beiden Kapiteln werden zum einen die mit den jeweiligen Stadtmarketingprozessen direkt in Verbindung stehenden historischen, geographischen, ökonomischen und politischen Rahmenbedingungen der Untersuchungsräume Glasgow und Stuttgart eingehend erläutert. Zum anderen werden die für das jeweilige Stadtmarketing typischen Projekte und Akteure charakterisiert. Die Darstellungen basieren auf den Analysen der jeweiligen stadtgeschichtlichen Kontexte und der sozialstrukturellen Bedingungen beider Metropolen. Des Weiteren fließen qualitative Textanalysen, die zu verschiedenen Publikationen zum Stadtmarketing in beiden Untersuchungsräumen angefertigt wurden, in die in Kapitel 4 und 5 vorgestellten Untersuchungsergebnisse ein. Ebenso war die Bearbeitung der von mir angefertigten Beobachtungsprotokolle – vor allem aber die Reflexion der gewonnenen Erkenntnisse aus den Experteninterviews – für die in den beiden folgenden Kapiteln präsentierte Dokumentation der organisationssoziologischen Zusammenhänge des Stadtmarketings in Glasgow und Stuttgart maßgeblich.

Bedingt durch die verschiedenen Einbettungen in ihre jeweiligen regionalen und „subregionalen"[52] Kontexte sowie durch die unterschiedlichen Entwicklungsgeschwindigkeiten und Differenzierungstempi der Stadtmarketingprozesse in Glasgow und Stuttgart, sind Asymmetrien innerhalb des in den folgenden Kapiteln angestellten Vergleichs kaum zu vermeiden. Während zum Beispiel in Glasgow die Reformen der raumpolitischen Rahmenbedingungen – insbesondere die Abschaffung der subregionalen Verwaltungsebene der „Region of Strathclyde" und die Wiedereinsetzung des

---

[52] Als „subregional" wird hier eine Raumeinheit beschrieben, wenn sie als untergeordnete Entität (bzw. als Teilregion) innerhalb der Raumgrenzen einer definierten Region verortet werden kann.

schottischen Parlamentes – das letzte Jahrzehnt stark beeinflussten, prägte annähernd zeitgleich – aber im deutlichen raumreformerischen Gegensatz dazu – die Gründungsphase der „Region Stuttgart" als einer neuen „vierten Ebene" die Raumpolitik in Baden-Württemberg.

Auf der Basis dieses Wissens steht in den folgenden Kapiteln 4 und 5 weniger die Grundlegung einer Datenbasis für symmetrische Vergleiche im Vordergrund. Vielmehr geht es darum, die für das Stadtmarketing in beiden Untersuchungsregionen prägenden historischen, wirtschaftlichen, politischen und organisationssoziologischen Entwicklungen sowie die jeweiligen aktuellen Bedingungen in ihrer lokalen „Eigenart" zu beschreiben.

Einleitend

Im Folgenden wird das Stadtmarketing von Glasgow im Zusammenhang mit der historischen Gewordenheit der Stadt und mit ihrer wirtschaftlichen Entwicklung im Kontext politischer Rahmenbedingungen vorgestellt. Einführend wird auf die geographische Positionierung der schottischen Industrie- und Hafenstadt eingegangen. Einen Schwerpunkt der Fallstudie stellt die Präsentation der Akteure dar, die am festival-, kultur- und tourismusorientierten Stadtmarketing beteiligt sind. Seit der Mitte der 1980er-Jahre beeinflussen insbesondere zahlreiche dienstleistungsorientierte Stadtmarketingprojekte die Entwicklung der Stadt. In den beiden Beispielen „Glasgow 1990 – Europäische Kulturhauptstadt" und „Glasgow 1999 – UK-Capital of Architecture and Design" wird diese Politik des kulturorientierten Stadtmarketings in Glasgow detailliert beschrieben.

4.2. Geographische Lage, Geschichte und die Bevölkerungsentwicklung Glasgows im Rückblick

4.2.1. Die Stadt Glasgow und die Region Strathclyde: Geographische Beschreibung von Stadt und Region

Glasgow ist mit 605.000 Einwohnern (Stand: August 2003) nach London, Birmingham und Leeds die viertgrößte Stadt in Großbritannien[53]. Die Stadt, 32 km oberhalb der Mündung des Flusses Clyde inmitten der „Central Lowlands" im Südwesten von Schottland gelegen, stellt die größte schottische urbane Agglomeration dar. Glasgow ist ökonomisches, politisches und kulturelles Zentrum Westschottlands und die Metropole der Region Strathclyde. Das Stadtgebiet Glasgows umfasst eine Fläche von insgesamt ca. 200 Quadratkilometern. Die Ost-West-Ausdehnung beträgt ungefähr 20 km; die Nord-Süd-Ausdehnung ca. 10 km.

Die Region Strathclyde umfasst insgesamt rund 13.800 Quadratkilometer und wird von 2,2 Millionen Einwohnern bewohnt. Strathclyde macht somit rund die Hälfte der schottischen Bevölkerung und mehr als ein Sechstel der schottischen Landesfläche aus.

Von 1973 bis 1997 war Glasgow das Verwaltungszentrum und die Hauptstadt der Raumeinheit „Strathclyde Region", die während dieser Zeit vom Glasgow District Council (GDC) zusammen mit dem Strathclyde Regional Council (SRC) mittels eines Zwei-Ebenen-Systems verwaltet wurde. Die regionale Verwaltungsebene und damit die SRC wurde im Kontext der Verwaltungsreform noch im letzten Amtsjahr der Regierung von John Major aufgelöst. Seit 1997 wird die größte Stadt am Clyde vom Glasgow City Council (GCC) verwaltet. (Vgl. dazu u.a. Abschnitt 4.4: Zentrale Entwicklungen der britischen Kommunalpolitik im Überblick.)

---

[53] Die offizielle Bezeichnung „Vereinigtes Königreich von Großbritannien und Nordirland" wird im Folgenden durch die Termini „Großbritannien", „UK" oder „Vereinigtes Königreich" abgekürzt.

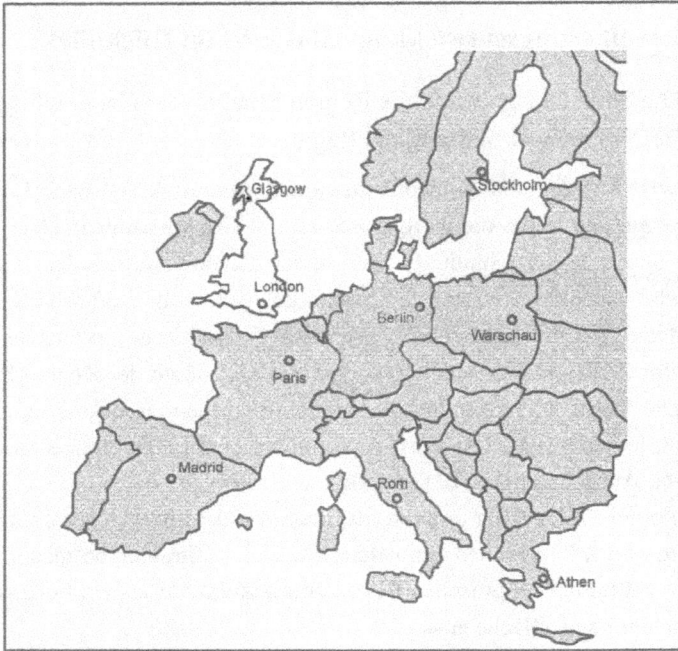

Abbildung: Glasgow und die Region Strathclyde in Europa[54]

4.2.2. Historischer Überblick über die Entwicklung der Stadt Glasgow

Kurzüberblick der Entwicklung der Stadt bis zum Beginn des neunzehnten Jahrhunderts

Ursprung der Stadt Glasgow ist eine prähistorische Siedlung. Der keltische Name „Glas Ghu" bedeutet „grünes Tal". Um 550 wurde die erste christliche Gemeinde und die erste christliche Kirche auf dem heutigen Stadtgebiet am Ufer des Clyde errichtet. 1450 wurde Glasgow Zentrum eines königlichen Verwaltungsbezirkes und damit „Royal Burgh"[55]. Ein Jahr später –

---

[54] Siehe zur Raumeinheit Strathclyde insb. Abbildung „Regional Councils nach den Verwaltungsreformen von 1973" in Abschnitt 4.4.1.

[55] Der schottische Terminus „Burgh" entspricht der deutschen Bezeichnung „freie Stadt".

1451 – wurde die erste Universität Glasgows gegründet. 1492 wurde die Stadt am Clyde Bischofssitz.

Bedingt durch merkantile Privilegien als „Burgh" einerseits und begünstigt durch die rasche und erfolgreiche Wirtschaftsexpansion des englischen Nachbarn im Süden andererseits, wurde Schottland und vor allem Glasgow teils zum Nutznießer der englischen Handelsnetze, teils zum ersten Opfer des Niedergangs verschiedener Boom-Epochen der britischen Wirtschaft. Insbesondere durch seinen Hafen am Clyde an der Westküste Britanniens wurde Glasgow zum zweitgrößten Seehandelszentrum der Britischen Inseln nach London. In erster Linie der Überseehandel mit Tabak, Flachs und Holz sowie mit Baumwolle und Zucker wird zum wichtigsten wirtschaftlichen Fundament der Stadt im achtzehnten und zu Beginn des neunzehnten Jahrhunderts.

Glasgow wird Industriezentrum

Nach der Einführung des dampfgetriebenen Webstuhls wurde die Handelsstadt am Clyde vom 18. Jahrhundert an zum Sitz einer rasch expandierenden Textilindustrie. Unterstützt wurde der Boom der Textilindustrie Glasgows durch die sich für die schottische Wirtschaft positiv auswirkenden politischen Rahmenbedingungen. Im „Act of Union" von 1707 begab sich die schottische Elite unter den Machteinfluss Londons. Schulze-Marmeling schreibt:

> „Die Schotten hatten in ihrer Mehrheit die Reformation enthusiastisch begrüßt, und im Act of Union opferte das schottische Establishment freiwillig die politische Souveränität zugunsten der Partizipation an der aufstrebenden Empire-Ökonomie" (Schulze-Marmeling 1996b:208).

Besonders die Verarbeitung von Leinen und der Export von Leder, aber auch vermehrt die Eisenproduktion beeinflussten die Stadtentwicklung Glasgows im achtzehnten Jahrhundert nachhaltig. Hinzu kam, dass große Ressourcen an Steinkohle und Eisenerz im Lanarkshire Coalfield in unmittelbarer Nähe der Stadt Glasgow entdeckt wurden. Die Stadt wird nun nach und nach zum „Workhouse of the World" (ebd. S. 207).

Die bereits traditionelle Kaufmannselite der Glasgower „Burgh", die ihre Wurzeln im Merkantilismus des sechzehnten und siebzehnten Jahrhunderts hat, entwickelte sich im achtzehnten und neunzehnten Jahrhundert zu einer erfolgreichen Gruppe von Fabrikanten, die durch Erfindungen und neue Vermarktungsstrategien zuerst den Schiffs-, Lokomotiven- und sonstigen Maschinenbau und später die chemische Industrie enorm expandieren ließ. Der Bau des „Forth and Clyde Canal" im Jahr 1790, die erweiterte Schiffbarmachung des Clyde sowie der Ausbau des Eisenbahnnetzes förderten die weitere Entwicklung der Stadt Glasgow als Handels- und Industriemetropole, die 1780 noch 43.000 Einwohner zählte und zwanzig Jahre später bereits auf 84.000 angewachsen war.

Jahr	Einwohner		Jahr	Einwohner
1780	43.000		1800	84.000
1791	66.000		1831	202.000

Tabelle: Bevölkerungsentwicklung Glasgows. Nach Glasgow City Council (2003) „Facts & Figures"

Glasgow als Second City of the Empire

1825 wurde der Clyde erneut verengt und vertieft. Am Hafen wurden zahlreiche neue Kais und Lagerhallen gebaut. Rund um das Zentrum der Stadt Glasgow entstanden von 1850 an neue Mietshäuser, die dem zunehmenden Bedarf an Arbeitskräften und der immer stärkeren Zuwanderung dieser aus Westschottland, den schottischen Highlands und Irland entsprechen sollten.

Die Bevölkerungszunahme am Clyde war von ungeheurer Dynamik. Am Ende des 19. Jahrhunderts lebten mehr als 750.000 Einwohner in Glasgow, zu Beginn der 1920er-Jahre waren es über eine Million. Die Stadt galt mittlerweile nicht nur als wirtschaftlicher Mittelpunkt Schottlands, sondern auch als eine der bedeutendsten Industriemetropolen der Welt.

Als „Second City of the Empire" wird Glasgow – wie auch London – mit einem sich rasch erweiternden Stadtraum konfrontiert, der allgemein als „Slum" bezeichnet wird. Im Gegensatz zu den englischen Reihenhäusern in den Arbeiterwohnquartieren von London, Birmingham oder Manchester entwickelten sich rund um das Zentrum von Glasgow allerdings Siedlungen aus viergeschossigen Mietskasernen bzw. „Tenement-Häusern". Sie werden zum Inbild der Glasgower Arbeiterviertel des 19. und frühen 20. Jahrhunderts. Restaurierte Tenement-Häuser prägen auch heute noch das Stadtbild.

Abbildung: Tenement-Häuser in Glasgow (1950). Fotografie: T.&R. Annan (aus Stamp 1999:86)

Zum Wandel der Beschäftigungsstruktur in Glasgow

Noch zu Beginn des neunzehnten Jahrhunderts betrug das Verhältnis der TextilarbeitnehmerInnen gegenüber den im Schiffsbau beschäftigten ArbeiterInnen neun zu eins. Um 1830 verlor Glasgow, das in Konkurrenz mit Standorten in Lancashire, in den USA und in Asien stand, seine Führungsposition in der Textilproduktion. Die Folge war, dass sich, bedingt durch die Expansion der Schwerindustrie, in der zweiten Hälfte des 19. Jahrhunderts die Beschäftigungsstruktur in Glasgow fundamental wandelte. Bereits noch vor 1850 hatte sich die Relation zwischen Textil- und Schwerindustrie von neun zu eins zugunsten der im Schiffs- und auch Lokomotivenbau Beschäftigten umgekehrt. Am Ende des 19. Jahrhunderts kommen auf einen in der

Textilindustrie beschäftigten Glasgower annähernd vierzig im Schiffsbau bzw. in der Schwerindustrie Beschäftigte.

In Glasgow entwickelte sich somit bis zum Ende des 19. Jahrhunderts eine Monostruktur der Schwerindustrie. In der Region am Clyde wurden bereits um 1850 nahezu zwei Drittel der gesamten britischen Roheisenexportgeschäfte erzeugt. Fast 70 Prozent der britischen Schiffsbauindustrie ist zu dieser Zeit am Clyde konzentriert. Diese Monostrukturierung der Industrie verstärkte sich zu Beginn des zwanzigsten Jahrhunderts um ein weiteres Mal. Am Beginn des Zweiten Weltkrieges hatte sich Glasgow zum ersten Zentrum der Schiffsbau-, Lokomotiven- und Maschinenbauindustrie in Großbritannien entwickelt. Zwei Drittel aller Produkte der Schwerindustrie werden zu Exportzwecken gebaut. Diese einseitige Konstellation barg die Gefahr einseitiger Abhängigkeiten und enormer Störanfälligkeiten, die jedoch von der Glasgower Elite kontinuierlich ignoriert wurden.[56]

Glasgows Ökonomie im 20. Jahrhundert: der Niedergang der schwerindustriellen Monostruktur

Die Konzentration der ökonomischen Elite der Stadtregion auf die Schwerindustrie – allem voran auf den Dampfturbinen-Schiffsbau – ließ zu Beginn des 20. Jahrhunderts neben der Vertiefung der frühindustriellen Monostrukturen kaum innovative Produkte und Produktionstechniken zu. Technische Neuerungen wie z.B. die dieselbetriebenen Schiffsturbinen wurden zu spät oder gar nicht aufgenommen (vgl. Bradtke 1993:17ff.). Im europäischen Kontext erzeugte diese Innovationsschwäche der Glasgower Ökonomie eine Peripherisierung der schottischen Wirtschaft.

Die Industrialisierung der kontinentaleuropäischen Gesellschaften und insbesondere die Entwicklung des Schiffsbaus in den USA erfolgte im Vergleich zum britischen mit deutlicher zeitlicher Verzögerung. Der ursprüngliche enorme Vorteil der Industrie am Clyde, sich sehr schnell innerhalb der sich sehr früh industrialisierenden Ökonomie Großbritanniens entwickelt zu haben, stellte sich nun immer mehr als Nachteil dar. Die nachholenden Ökonomien auf dem europäischen und dem nordamerikanischen Kontinent bildeten zu Beginn des 20. Jahrhunderts eine enorme

---

[56] Vgl. Gibb (1983:6–53), Bradtke (1993:14–17).

Konkurrenz für die westschottischen Unternehmer. Mit neueren – weil späteren – Technologien ausgerüstet und mit innovativen Strategien auf dem durch amerikanische und kontinentaleuropäische Schutzzölle sich erheblich verkleinernden Markt, verdrängte die internationale Konkurrenz die Glasgower schließlich fast vollständig aus dem Exporthandel. Schließlich gingen selbst viele schottische Unternehmer dazu über, nicht mehr zuallererst als Kapitalinvestoren für die Ökonomie Glasgows zu fungieren, sondern sie investierten mehr und mehr in die neuen Ökonomien in Übersee (vgl. Hommel 1983:34ff.).

Auch die Stellung Glasgows als britische Handelsmetropole wurde damit in Frage gestellt. Die Entwicklung eines nahen Absatzmarktes stieß an Grenzen. Die neuen Produkte des britischen Marktes, wie u.a. Automobile oder Kunststoffe und Produkte der Elektrotechnik, konnten, schon allein durch die kürzeren Distanzen zur viel größeren Bevölkerung in Südostengland bedingt, im Großraum um London sehr viel schneller und effektiver vermarktet werden als an der „keltischen" Peripherie.[57] London wurde wieder alleiniges Zentrum aller aufstrebenden Wirtschaftszweige. Glasgow dagegen stürzte zu Beginn des 20. Jahrhundert in eine Strukturkrise. Nur der Erste Weltkrieg erzeugte noch einmal eine Auslastung der Glasgower Schwerindustrie. Diese wurde jedoch nicht genutzt, um einen Strukturwandel anzubahnen. Mit der Weltwirtschaftskrise von 1929 und dem nahezu endgültigen Zusammenbruch der exportorientierten Industrien in Glasgow kam es zu Massenentlassungen. Maximalwerte von über 80 Prozent Arbeitslosigkeit in einzelnen Branchen wurden erreicht. Durchschnittlich waren zu Beginn der 1930er-Jahre über ein Viertel der GlasgowerInnen beschäftigungslos. Von den Werftarbeitern waren es drei Viertel (Hommel 1983:38f.).

So wie im Ersten Weltkrieg führte auch der Bedarf an Rüstungsgütern kurz vor und während des Zweiten Weltkrieges bis in die 1950er-Jahre hinein zum erneuten „Boom" am Clyde. In der Mitte der 1950er-Jahre trat die Strukturkrise jedoch potenziert wieder zutage. Doch auch die Belebung der Schwerindustrie durch den Zweiten Weltkrieg wurde nicht für die Einleitung eines deutlichen Modernisierungsprozesses der autochthonen

---

[57] Vgl. zum Begriff „Celtic Fringe" insb. Hechter (1975).

Wirtschaft genutzt. Die Krise der europäischen Textilindustrien während der 1950er- und 1960er-Jahre, die vornehmlich durch die Konkurrenz aus „Niedriglohnländern" entstand, verschärfte zusätzlich die Krise am Clyde. Die dringend erforderliche Modernisierung der Industrie in den 60er- und 70er-Jahren und die Entwicklung einer Dienstleistungsökonomie am Clyde vollzog sich aus annähernd denselben Gründen wie zu Beginn des Jahrhunderts äußerst verlangsamt. Einerseits versuchte die Wirtschaftselite der Stadt, kontinuierlich an den traditionellen Produktions- und Handelsstrukturen festzuhalten. Andererseits wurden politische Interventionen mit dem Ziel, die lokale Ökonomie zu modernisieren, vor allem durch die regionale Raumplanung unterminiert (vgl. hierzu Abschnitt 4.3.2). Die extrem negative Bevölkerungsentwicklung im Stadtgebiet Glasgows von den 1950er-Jahren an spielt hierbei eine zentrale Rolle.

4.3. Wachstum und Schrumpfung einer Großstadt – Die Bevölkerungsentwicklung in und um Glasgow

4.3.1. Glasgows Expansion von 1870 bis zu den 1950er-Jahren

Am Ende des 18. Jahrhunderts hat Glasgow noch weniger als 80.000 Einwohner. Dreißig Jahre später hat sich diese Zahl annähernd verdreifacht. Um 1870 leben bereits mehr als 500.000 Einwohner in der Metropole Westschottlands. Zu Beginn des Ersten Weltkrieges wird die Zahl von 800.000 Einwohnern überschritten. In der Periode zwischen 1920 und 1960 war Glasgow Millionenstadt.

Bevölkerungsentwicklung Glasgows nach 1870

1200000
1000000
800000
Einwohner
600000
400000
200000
0
1872 1882 1892 1902 1912 1922 1932 1942 1952 1962 1972 1982 1992 2002
Jahr

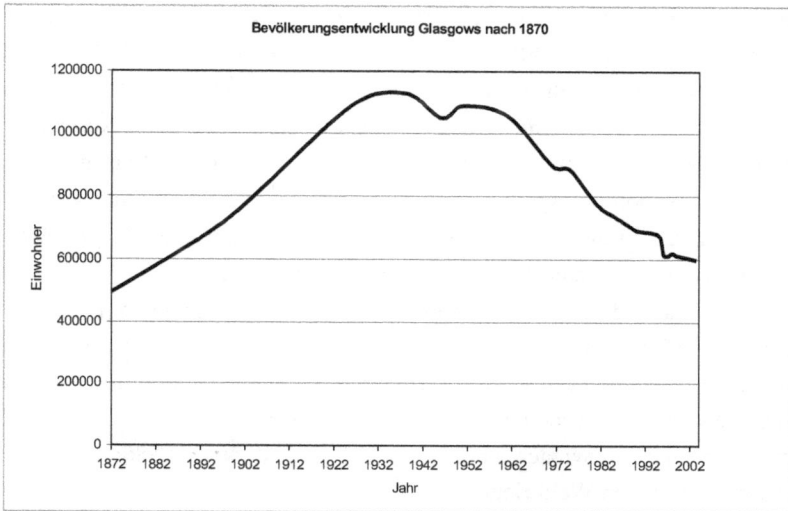

Grafik: Bevölkerungsentwicklung der Stadt Glasgow seit dem
Ende des 19. Jahrhunderts[58]

Jahr	Einwohner	Jahr	Einwohner	Jahr	Einwohner
1872	494.824	1961	1.055.017	1995	674.820
1891	658.073	1971	897.485	1996	616.430
1901	761.712	1975	885.129	1997	611.660
1926	1.090.380	1981	774.068	1998	619.680
1938	1.127.825	1985	735.080	1999	611.440
1946	1.050.000	1989	698.890	2000	609.370
1951	1.089.555	1990	690.420	2003	ca. 600.000

Tabelle: Bevölkerung Glasgows. Angaben nach: Glasgow City Council (2003) „Facts & Figures"

Bereits die enorme Bevölkerungszunahme vor dem Ersten Weltkrieg führte zur Wohnungsnot. Trotz enormer Bautätigkeit galten auch noch am Ende des 19. Jahrhunderts Glasgows Arbeitersiedlungen als Orte katastrophaler hygienischer Bedingungen. Ein Gürtel von „Slums" umschließt das Stadtzentrum (vgl. Gibb 1983:107f.). Bis in die 1950er-Jahre hinein wird Glasgow von einer sehr hohen Wohndichte geprägt. Vor allem im zeitlichen

---

[58] Angaben nach: Glasgow City Council (2003) „Facts & Figures".

Kontext und im Verhältnis zum Glasgower Umland extrem hohe Dichte-werte von 800 bis zu 1400 Einwohnern je Quadratkilometer bleiben auch nach dem Zweiten Weltkrieg zunächst die Regel (vgl. ebd.).[59]

Durch eine stadtregionale Raumpolitik der De-, Sub- und Exurbanisie-rung (siehe unten) sowie durch ökonomische Umstrukturierungsprozesse, die den „Standort Glasgow" in Frage stellten, wurde schließlich von den 1950er-Jahren an eine Art „Gegenbewegung" zur Stadtverdichtung sowohl bewusst geplant als auch durch die Strukturkrise „erlitten".

Diese teils stadtpolitisch gesteuerte, teils als Folge der Krise akzeptierte „Stadtflucht" dehnte sich zu einem sich zunehmend beschleunigenden Abwanderungsprozess aus, der dazu führte, dass sich die Einwohnerzahl Glasgows zwischen 1960 und 1980 um über 25 Prozent reduzierte. 1981 war die Einwohnerzahl wieder hinter die 800.000er-Marke zurückgefallen, die während des ersten Weltkrieges überschritten worden war.[60]

4.3.2. Planungen und Gestaltung des regionalen Stadtraums von Glas-gow – Das Ende der hohen Dichte im Kontext der Regionalpla-nung

Der Clyde-Valley Regional Plan von 1946–1970

Zur Auflösung der enorm hohen Dichte im inneren Stadtraum Glasgows war von den lokalen Verantwortlichen im Auftrag der Zentralregierung entspre-chend dem „Clyde-Valley Regional Plan" (C-VRP) von 1946 vorgegangen worden. Zwei parallel zu vollziehende Strategien zur Verminderung der Wohndichte wurden in diesem Plan verfolgt: die Gründung der „New Towns" zum einen und der Neubau von Hochhaussiedlungen an den Rand-zonen der Stadt zum anderen. Die Sanierung von alter Bausubstanz in den Innenstadtbereichen galt als Ausnahme. Nahezu eine halbe Million der Bewohner des Innenstadtbereichs sollten gemäß dem Plan in die „New Towns" und in Stadtrandsiedlungen umgesiedelt werden.

---

[59] Aktuelle Vergleichswerte in deutschen Städten: Bremen – 1600 Einw./qkm, Nürnberg – 1300 Einw./qkm sowie Stuttgart 2700 Einw./qkm.

[60] Vgl. Bradtke (1993:21), City of Glasgow District Council (1993:39).

Die New Towns, darunter East Kilbride (1947) und Cumbernauld (1956), (siehe Abbildung) stellten Neugründungen oder enorme Vergrößerungen ursprünglich sehr kleiner Ortschaften dar. So wurden mit Orten außerhalb des Glasgower Ballungsraums – wie z.B. Kirkintilloch, Hamilton und Johnstone (siehe ebd.) – so genannte „Overspill Agreements" vertraglich vereinbart, welche die Umsiedlung von Innenstadtbewohnern, aber auch von Glasgower Unternehmen, festlegten.

Abbildung: Das Umland von Glasgow. Aus: Bailey, Nick et al. (1999:4)

Insbesondere junge, gut ausgebildete Einwohner zogen in die New Towns. Expandierende Betriebe, die ihren Mitarbeitern kurze Wege zum Arbeitsplatz bieten wollten und die gleichzeitig beabsichtigten Ausdehnungspotenziale für das Firmengelände zu bewahren gedachten, machten diese Städte im Umland sehr schnell zu wichtigen Wachstumszentren der Nachkriegszeit. Sub- bzw. Exurbanisierung etablierte sich hierbei als Raumplanungspolitik.

Im Rückblick heute von Kritikern der Stadtpolitik ebenso wie von Stadtplanern als „kommunalpolitisch legitimierte Stadtzerstörung" bezeichnet, wurde im Rahmen des C-VRP in den Innenstadtbereichen die großflächige Ausweisung von Sanierungs- bzw. Abbruchrealen betrieben. Es entstanden die so genannten „Comprehensive Development Areas" (CDAs). Alte, vorwiegend Tenement-Bausubstanz wurde hierbei systematisch vernichtet. „Peripheral Housing Estates", die vorwiegend aus Hochhaustürmen bestanden, sollten die „Tenement-Houses" an den Randzonen des Innenstadtbereichs substituieren und aus Glasgow eine „Green City with Towers" machen (Interview mit Pat Lally). Als attraktiv galten die Mehrfamilien- und Hochhausgebiete am Stadtrand Glasgows jedoch nur für sehr kurze Zeit. Spätestens seit den 1970er-Jahren stellten die Areale kontinuierlich soziale Brennpunkte dar.

Erst 1970, zwanzig Jahre nach dem In-Kraft-Treten, wurde der Clyde-Valley Regional Plan insbesondere durch die immer lauter werdenden Proteste in der Bevölkerung gegen die Vernichtung der Altbauten zur Makulatur erklärt. In gewisser Weise war aber die gewollte „Entdichtung" der Glasgower Stadtquartiere bereits vollzogen. 1961 hatte Glasgow noch über eine Million Einwohner, in den folgenden vier Jahrzehnten verlor die Stadt über 400.000. Annähernd kontinuierlich verminderte sich die Einwohnerzahl bis zur Mitte der 1980er-Jahre um mehr als 10.000 in jedem Monat.

Eine zentrale Folge der Dezentralisierungsstrategie und der Wirtschaftskrise für die Stadt Glasgow war somit die Abwanderung der Bevölkerung. In nur dreißig Jahren reduzierte sich die Bevölkerung Glasgows um über 30 Prozent. Lebten 1960 noch annähernd 1,1 Millionen Einwohner in der Stadt, sind es 1990 weniger als 700.000. Zur Jahrtausendwende leben nur noch ca. 600.000 Einwohner im Stadtgebiet von Glasgow.

Der West Central Scotland Plan von 1970

Als 1970 der West Central Scotland Plan (WCSP 1970–1974) an die Stelle des C-VRP trat, „bedeutete dieser neue Stadtentwicklungsplan eine erste deutliche Abkehr von den Prämissen der Dezentralisierung" (Interview mit Michael Keating/University of Aberdeen). Die Wohngebiete, ebenso wie auch die Orte der Produktion und Dienstleistung, sollten wieder Teil des inneren Stadtraums werden. Auf die Politik der Gründung von weiteren New Towns sollte gänzlich verzichtet werden. Die inneren Stadtgebiete Glasgows sollten „revitalisiert" werden.

1975 wurde die Urban Renewal Unit (URU) als Unterabteilung des Scottish Office und somit als Filiale der Zentralregierung eingerichtet. Ihre

Aufgabe sollte es sein, Maßnahmen für die Stadterneuerung vorzuschlagen (vgl. Leclerc/Draffan 1984:336f.).

1976 entstand unter Aufsicht der URU und auf der Basis des West Central Scotland Plan der erste Strathclyde Regional Report (SRR). Neben der Revitalisierung des Zentrums und der zentralen Quartiere der Großstadt Glasgow konkretisierte dieser Bericht vor allem Hinweise zur regionalen Wirtschaftsförderung. In der Gesamtregion Strathclyde wurden 114 Teilregionen und Stadtgebiete als „besonders mit ökonomischen und sozialen Problemen belastet" ausgewiesen. Annähernd die Hälfte dieser Teilgebiete befanden sich innerhalb der Gemarkung der Stadt Glasgow. Insbesondere empfahl der SRR der Zentralregierung in London, Wirtschaftsförderungsaktivitäten im großen Stil für Westschottland und vor allem für die Stadt Glasgow zu entfalten. Mit Hilfe Londons sollten attraktiver Innenstadt-Wohnraum und Geschäftsflächen im Zentrum gebaut, neue Investoren angeworben und Arbeitsplätze gesichert bzw. neu geschaffen werden. Glasgow sollte durch den Strukturwandel an Attraktivität gewinnen (vgl. Strathclyde Regional Council 1991 und Bradtke 1993:26).

Zwischen 1977 und 1981 wurde auf der Grundlage des SRR der Strathclyde Structure Plan (SSP) erarbeitet und abschließend vom Secretary of State for Scotland bewilligt. Insgesamt beinhaltete der Plan siebzig regionalpolitische Grundsatzentscheidungen und annähernd fünfzig Empfehlungen (Strathclyde Regional Council 1991:11ff.). Entsprechend diesem Plan sollten die zentralen Vorgaben des SSP, wie u.a. die Förderung der Wohnversorgung, die Verbesserung der stadtregionalen Verkehrsinfrastruktur und die Entwicklung von vor allem Glasgower Stadtbrachen verstärkt vorangetrieben werden. Insbesondere sollte eine Agenda realisiert werden, die so genannte „Early Action Areas" als primäre Stadterneuerungsgebiete auswies (vgl. ebd).

Fazit

Mit der rasanten Entwicklung der Stadt Glasgow zur Hafen- und Industriemetropole Schottlands und zur „Second City of the Empire" entsteht gleichzeitig am Ende des 19. Jahrhunderts eine auf die Schwerindustrie ausgerichtete Monostruktur der lokalen Wirtschaft. Von den 1950er-Jahren an führen die Deindustrialisierungsprozesse in der Metropole zusammen mit

Raumpolitiken der Sub- bzw. Exurbanisierung zum Verfall der Stadt und zum Rückgang der Bevölkerungszahlen. Die relativ späte Abkehr von einer Planungspolitik der Dezentralisierung des städtischen Raumes und der Beginn staatlicher Initiativen der Stadterneuerung bestimmen die lokale Raumpolitik der 1970er-Jahre.

4.4. Zentrale Entwicklungen der britischen Kommunalpolitik im Überblick

4.4.1. Der Local Government (Scotland) Act von 1973 und die stadtregionale Politik in Schottland nach 1996

Fragmentierung, Vielfalt und zwei grundlegende Reformen von 1973 und von 1997 zeichnen die regionale und kommunale Verwaltungslandschaft Großbritanniens im Allgemeinen und auch die lokale Politik Schottlands im Besonderen aus. 1973 wurden mit dem „Local Government (Scotland) Act" in einer Art Raumreform die zuvor die Verwaltung erschwerende große Zahl kleiner autonomer Gebietskörperschaften reduziert, in dem zahlreiche kleinteilige Einheiten zu insgesamt neun schottischen „Regional Councils" und 53 „District Councils" zusammengefasst wurden. Das somit für ganz Schottland eingeführte Zwei-Ebenen-System (engl. „Two-Tier System") führte im Falle Glasgows dazu, dass einerseits für die politische Leitung der Regionalverwaltung ein gewählter Regionalrat, der Strathclyde Regional Council" (SRC), eingeführt wurde. Für weitere elementare Belange der Stadt war der „Glasgow District Council" (GDC) vorgesehen. 1997 wurde dann unter der Regierung Major dieses „Two-Tier System" jedoch wieder abgeschafft (vgl. Dabinett 2000:394). Seit dieser zweiten Verwaltungsreform sind in Großbritannien nun 86 Gebietskörperschaften, so genannte „Urban Local Authorities", für die einzelnen Städte und deren meist recht kleinräumig bemessenes Umland zuständig. Ziel dieser Fragmentierung, die u.a. mit der ersatzlosen Abschaffung der demokratisch legitimierten Regionalräte einherging, war sowohl eine Klärung und Neuordnung der bis dahin häufig komplexen Zuständigkeitsregelungen zwischen Stadt und Region als auch „die Steigerung der Effizienz" der lokal-regionalen Verwaltung (vgl. ebd. und Interview mit Iain Docherty/University of Glasgow).

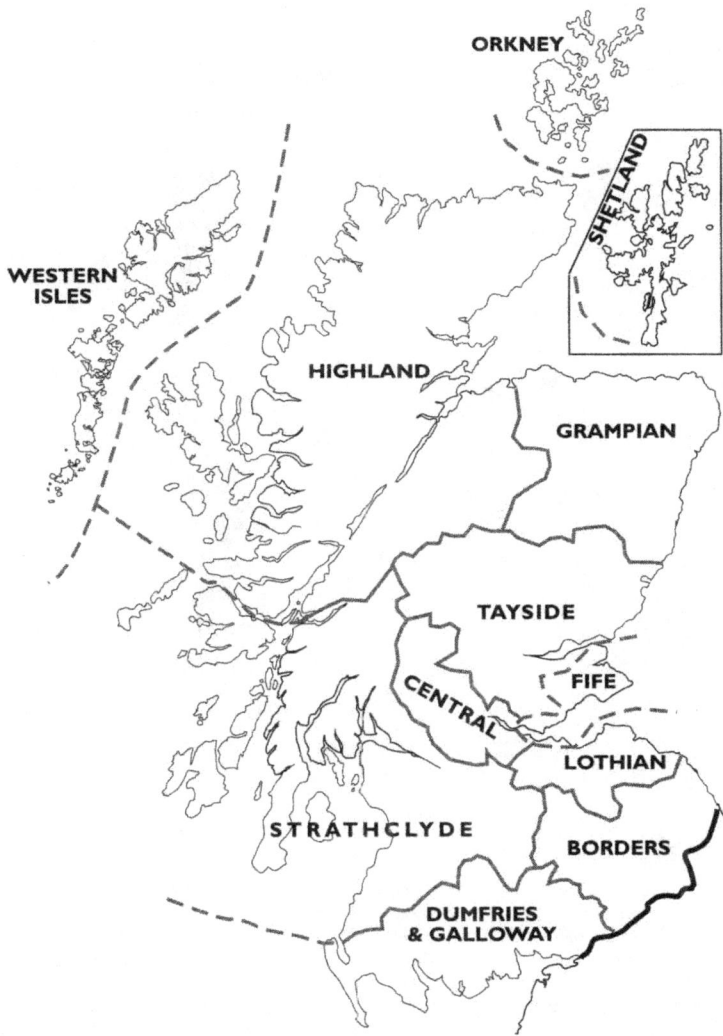

ORKNEY

SHETLAND

WESTERN
ISLES

HIGHLAND

GRAMPIAN

TAYSIDE

CENTRAL

FIFE

LOTHIAN

STRATHCLYDE

BORDERS

DUMFRIES
& GALLOWAY

Abbildung: Die Regional Councils nach den Verwaltungsreformen von 1973.
Nach HarperCollins Publishers (2000:25)

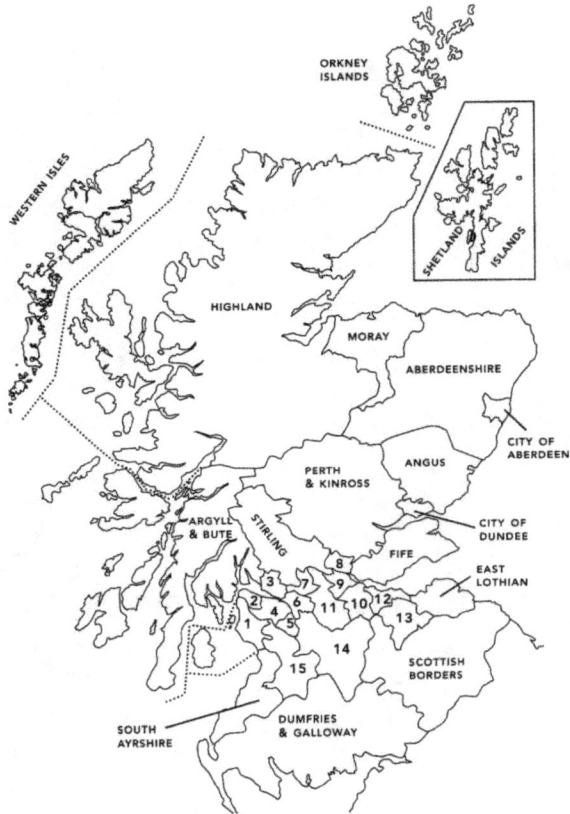

1 North Ayrshire	6 Glasgow	11 North Lanarkshire
2 Inverclyde	7 East Dunbartonshire	12 Edinburgh
3 West Dunbartonshire	8 Clackmannanshire	13 Midlothian
4 Renfrewshire	9 Falkirk	14 South Lanarkshire
5 East Renfrewshire	10 West Lothian	15 East Ayrshire

Abbildung: Schottland nach den Verwaltungsreformen von 1997. Nach HarperCollins Publishers (2000:26)

4.4.2. Aktuelle Entwicklungstendenzen in der Lokalpolitik

Im Rückblick auf die letzten drei Jahrzehnte sind innerhalb der britischen bzw. schottischen Kommunalpolitik, neben der Einsetzung und Wiederabschaffung des „Two-Tier Systems", insbesondere folgende drei Tendenzen bezüglich stadtregionalen Wirtschafts- und Stadterneuerungspolitiken zu beobachten:

In Schottland, wie im gesamten Vereinigten Königreich, kam es sowohl unter der Labour-Regierung (1975–79) als auch in der relativ langen konservativen Ära Thatcher/Major (1979–1997) zu einer *kontinuierlichen Zunahme der Anzahl kommunaler Akteure.* Aus den ursprünglichen Regierungsmacht-Strukturen, die die Stadtpolitiker zu zentralen Entscheidungsträgern in zahlreichen Ressorts – wie u.a. der räumlichen Ordnung, der Wirtschaftsentwicklung, der Straßen- und Verkehrsplanung, dem Umweltschutz, dem Wohnungsbau und weiteren wohlfahrtsstaatlichen Ausgaben gemacht hatten, wurden nach und nach komplexe, schwer steuerbare „Elite-Milieus" und unübersichtliche Verhandlungsarenen für die Inhaber relativ bescheidener Steuerungskompetenzen im fragmentierten Kontext einer „urban governance".

Bedingt durch die Einsetzung so genannter „LDAs" (Local Development Agencies), also „lokaler Entwicklungsgesellschaften", seit den 1970er-Jahren – kam es während der 80er- und 90er-Jahre unter den Regierungen Thatcher und Major zu einer *verstärkten Rezentralisierung der regionalen Räume.* Mit den „LDAs" als neuen mächtigen Partnern, die die Zentralregierungen in London bzw. seit 1999 das schottische Parlament in Edinburgh mit erheblichen finanziellen Ressourcen ausstattete, wurden die Akteure der interkommunalen Kooperation in Schottland und Glasgow vor neue „Arrangement-Wahlmöglichkeiten" gestellt.

Durch die Wiedereinsetzung des schottischen Parlaments im Mai 1999 wurde die „Scottish Executive" zur zentralen Entscheidungsinstanz über die Innenpolitik in Schottland. Vor allem die Hoheit über schottische kommunal- und regionalpolitische Verfassung wurde, ebenso wie die Finanzierung der regionalen und kommunalen (staatlichen sowie halböffentlichen) Akteure, der neuen schottischen gesetzgebenden Versammlung zugesprochen.

4.4.3. Die zentralen Akteure der schottischen Lokalpolitik im Überblick

Folgende Akteure prägen die lokalpolitische Situation in Schottland: Zunächst ist der gewählte „Council" (Stadtrat) zu nennen: In Glasgow ist dies der Glasgow District Council (GDC) – bzw. seit der Raumreform von 1997 der Glasgow City Council. Er wird als legitime politische Vertretung vom Volk gewählt.

Des Weiteren agieren die „Lokalen Entwicklungsgesellschaften", wie z.B. die „Scottish Development Agency" (SDA), die 1991 in „Scottish Enterprise Network" (SEN) umbenannt wurde, bereits seit der Mitte der 1970er-Jahre auf den Feldern der Wirtschaftsförderung. Beide kooperierten bzw. kooperieren eng mit den jeweiligen Zentralregierungen. Als „Quasi Autonomous Non-Governmental Organisations" (Quangos) sind sie nicht direkt demokratisch legitimiert. In den Vorständen der „Quangos" agieren in den meisten Fällen jedoch demokratisch gewählte Vertreter anderer politischer Institutionen.

Und nicht zuletzt tritt seit 1999 das „New Scottish Parliament" (als die den kommunalen Gesetzgebungsrahmen bestimmende Versammlung) in den akteurspolitischen Vordergrund: Seit seiner Wiedereinsetzung verfügt das Parlament über die wichtigsten Macht- bzw. Gesetzgebungskompetenzen und Geldressourcen, um Schottlands Kommunal- und Regionalpolitik zu gestalten. Sein zentraler Status wurde durch den „Local Government in Scotland Act 2003", der im April 2003 vom Parlament verabschiedet wurde, erneut bestätigt.[61]

Stadt und Region in der Ära Blair

Insbesondere durch die Wiedereinsetzung des schottischen Parlamentes in Edinburgh wurde zwar unter der Labour-Regierung von Tony Blair mit der Betonung der Politik der „Devolution" eine neue Verwaltung des Raumes im Vereinigten Königreich ins Leben gerufen.[62] Für die Kommunen änderte sich jedoch bisher (d.h. in den ersten vier Jahren nach der Wiederaufnahme der Arbeit im schottischen Parlament) noch sehr wenig. Durch den Prozess der „Devolution" ist seit 1999 das schottische Parlament für die Kommunalpolitik in Schottland faktisch alleine verantwortlich. Die Bildung einer

---

[61] Vgl. www.hmso.gov.uk/legislation/scotland/acts2003 (9.4.2003).

[62] Unter „Devolution" wird der Prozess der Übertragung von bestimmten Rechten auf gewählte Körperschaften und deren Exekutiven verstanden, die ursprünglich dem Parlament und der Zentralregierung zustanden (vgl. Becker 2002a:63 und Bogdanor 2001).

neuen machtpolitisch relevanten Raumebene „oberhalb" der Verwaltung der Einzelkommunen, aber „unterhalb" der neuen schottischen Nationalregierung – und somit eine Politik der Regionalisierung urbaner Räume – wurde jedoch bisher nicht konkret anvisiert. Auch das im April 2003 vom schottischen Parlament verabschiedete neue Kommunalgesetz für Schottland (Local Government Act 2003) führt nicht zur Wiedereinsetzung einer regionalen Verwaltungsebene.

4.5. Stadterneuerung und Stadtmarketing in Glasgow als Produkt eines Mosaiks von Akteuren – Entwurf einer Chronik

Im Folgenden werden zentrale Eckpunkte der Entwicklungsgeschichte des Stadtmarketings in Glasgow auf dem Hintergrund seiner zentralen Akteure dargestellt. Zu beobachten ist in diesem Entwicklungsprozess, dass sich an eine erste Phase der städtebaulichen Erneuerung eine zweite Phase der dienstleistungsorientierten Revitalisierung der lokalen Ökonomie anschließt. Die zahlreichen Einzelprojekte, die hier vorgestellt werden, und die zum Ziel hatten, Glasgow zu einer attraktiven „Unique Selling Proposition" zu machen, spiegeln den Beginn des kultur- und tourismusorientierten Stadtmarketings wider. Die beiden Großveranstaltungen „Europäische Kulturhauptstadt Glasgow 1990" und „UK-City of Architecture and Design: Glasgow 1999" flankieren das beschriebene Tourismusmarketing.

4.5.1. Die lokale Entwicklungsgesellschaft „Scottish Development Agency" (SDA)

1975 wurde auf Initiative der in diesem Jahr neu gewählten Labour-Regierung die Gründung der SDA vorbereitet. Als zentrale Institution und wichtigstes Instrument zur Förderung der schottischen Wirtschaft durch die britische Regierung in London sollte die SDA zukünftig den Strukturwandel hin zur Dienstleistungsgesellschaft begleiten. Das Konzept der SDA hatte die Umstrukturierung vor allem der städtischen Arbeitsplätze im Visier (vgl. Wannop 1984:313ff.). Der Stadtregion Glasgow kam dabei eine Hauptrolle zu. Bei ihrer Gründung 1976 beschäftigte die SDA zunächst 470 Mitarbeiter. Zehn Jahre später war diese Zahl auf 700 angewachsen. Das Budget der

SDA versiebenfachte sich in diesem Zeitraum: Es wuchs von 20 Millionen auf 140 Millionen Pfund an.

Doch auch diese Interventionen aus London konnten die Abwanderung der Bevölkerung und den Rückgang der Wirtschaftstätigkeit in Westschottland und insbesondere in Glasgow nicht aufhalten (vgl. SRC 1991:183).

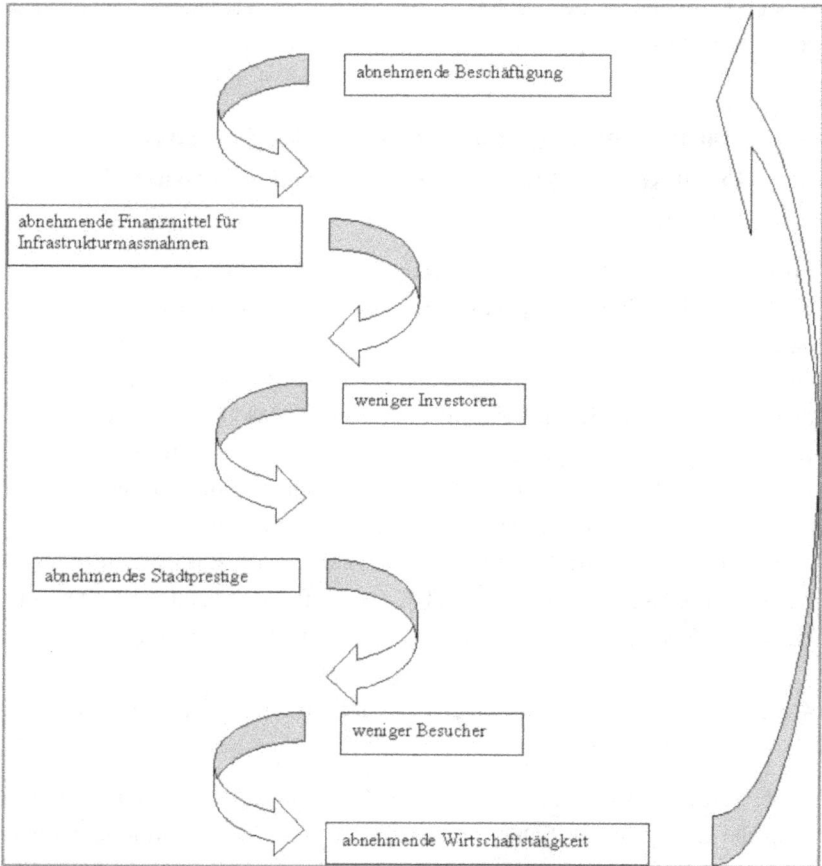

Abbildung: Abwärtsspirale der Stadtentwicklung Glasgows (nach Bradtke 1993:22)

Zudem war die SDA zwar von der Londoner Zentralregierung eingesetzt und mit Ressourcen ausgestattet, aber als privatwirtschaftlicher Betrieb organisiert und damit verstärkt auf die Förderung erfolgs-, rendite- und öffentliche Aufmerksamkeit versprechender Unternehmungen fokussiert. Sozial integrative Projekte, insbesondere die Schaffung günstigen Wohn-

und Arbeitsraums im Zentrum Glasgows wurden nach wie vor vernachlässigt. Die Abwärtsspirale der Stadtentwicklung drehte sich immer schneller: Eine abnehmende Wirtschaftstätigkeit führte zu abnehmender Beschäftigung. Ein daraus resultierender Mangel an Finanzmitteln für Infrastrukturmaßnahmen führte zum Fernbleiben von Investoren und Besuchern. Die
Innenstadt Glasgows verödete weiterhin. Berücksichtigt man den Staatsin-
terventionismus aus der Perspektive eines Mehrebenensystems, kam hinzu,
dass sich vom Ende der 1970er-Jahre an die Krise der Wirtschaft in Großbritannien zu einer regelrechten Staatskrise entwickelte. Insbesondere auf
dem Markt für Industriegüter erwiesen sich in vielen Sparten die Mitbewer-
ber in Asien als die häufigsten Gewinner im Konkurrenzkampf. Die enorm
hohe Verschuldung des britischen Staates ließ auf der anderen Seite immer
weniger nennenswerte Interventionen zu (vgl. u.a. Afheldt 1997:182–184).

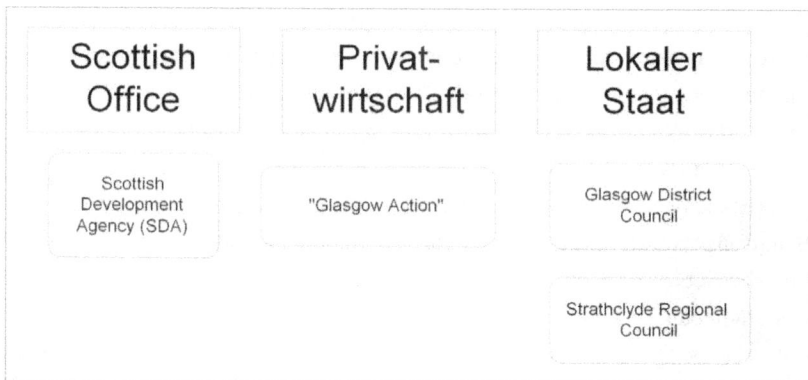

Scottish Office	Privat- wirtschaft	Lokaler Staat
Scottish Development Agency (SDA)	"Glasgow Action"	Glasgow District Council
		Strathclyde Regional Council

Abbildung: Mosaik der Akteure

4.5.2. Glasgow Action

1985 entstand auf dem Höhepunkt der lokalen Krise Glasgows ein Netzwerk
von Persönlichkeiten der Glasgower Privatwirtschaft, die sich insbesondere
für die Entwicklung und Erneuerung des Innenstadtzentrums einsetzten:
„Glasgow Action". Besonderes Augenmerk erhielt nun die „Darstellung der
Stadt nach außen". Eine Kooperation von Glasgow Action mit der SDA, die
– wie oben beschrieben – nur unter sehr großen Schwierigkeiten ihr Ziel
verfolgen konnte, Glasgows Innenstadt zu einem Ort moderner Dienstleis-

tung zu machen, bot sich in der „Telephone City Glasgow" an. Mit „Telephone City" wird von den lokalen Akteuren das öffentlich-private Glasgower Eliten-Netzwerk beschrieben, das während der 1980er-Jahre als eine sehr kleine Gruppe von zentralen Gestaltern der Stadtentwicklung fungierte (Interview mit Eddie Friel). Insbesondere war man auf Glasgow Action als private Förder-Initiative angewiesen. Denn vor allem für die lokale Entwicklungsgesellschaft SDA war mit der Wahl der Konservativen in London (1979) und der Finanzkrise im Staatshaushalt die Zeit der Expansion beendet. Die regierende Labour-Party hatte zwar noch vor der Wahl 1979 den Kreditrahmen der SDA großzügig auf 800 Millionen Pfund erweitert. Nach dem Wahlsieg von Thatcher wurde ebendiese Rahmenerweiterung jedoch wieder rückgängig gemacht.

4.5.3. Das Zentrum der Stadt Glasgow im Fokus

„Glasgow Action und die SDA erarbeiteten während der Mitte der 1980er-Jahre zusammen mit dem Beratungsbüro McKinsey & Co. sowie lokalen Stadtplanern und ArchitektInnen einen Maßnahmenkatalog zur Revitalisierung" des Stadtzentrums (Interview mit Michael Kelly/Glasgow City Council und vgl. Bradtke 1993:32). Vor allem eine von McKinsey erstellte Stärken-Schwächen-Analyse resultierte in den Forderungen nach der Schaffung von Nutzungsflächen für Verwaltungs- und weitere Dienstleistungsbetriebe mit dem Ziel, das „City Centre" aufzuwerten. Zudem sollte das städtebauliche Erscheinungsbild insbesondere durch „attraktive Plätze mit urbaner Qualität" verbessert werden (Bradtke 1993:32). 1986 entstand unter Miteinbeziehung dieser Forderungen der „Glasgow Area Central Local Plan". Als eines der erfolgreichsten Teilprojekte dieses Plans gilt die Sanierung der „Merchant City" (vgl. ebd.). Ganz entgegen dem allgemeinen Trend im Raum Glasgow-Stadt stieg die Einwohnerzahl der früheren Kaufmannsstadt im Zentrum Glasgows während der 1980er um über 200 und während der 1990er um weitere 100 Einwohner an. Des Weiteren wurden annähernd 900 neue Wohnungen geschaffen und über 9000 Quadratmeter an Mietflächen für Dienstleistungsbetriebe zum Kauf oder zur Vermietung freigegeben (vgl. Glasgow Development Agency 1992; vgl. McCrone 1991:931f.). Ungefähr 90 Mio. Pfund kostete diese Stadtteilerneuerung, finanziert aus Programmen der SDA und des Glasgow District Council (vgl. Bradtke 1993:32).

4.5.4. Das Glasgow Eastern Area Renewal Project (GEAR)

Als Mammutprojekt der Stadtentwicklung Glasgows ist schließlich das Glasgow Eastern Area Renewal Project (GEAR-Project) zu nennen. Vom „Scottish Office" (der ehemaligen[63] Regierungszentrale für Schottland und somit dem machtpolitischen Vorgänger des „Scottish Parliament") wurden im Mai 1976 insgesamt acht Institutionen und Organisationen inklusive des GDC, des SDC und der „Scottish Special Housing Association" mit der Revitalisierung des „East End" von Glasgow beauftragt (vgl. Pacione 1995:222). Der SDA wurde die Gesamtleitung und Koordination des Projektes übertragen. In den Jahren 1976 bis 1991 wurden im Rahmen dieser Revitalisierung insgesamt 300 Mio. Pfund an öffentlichen Investitionen und ein weiterer privater Anteil von rund 200 Mio. Pfund in den Osten Glasgows investiert. Das gesamte Zielgebiet der Erneuerung betrug ca. 16 Quadratkilometer, das sind annähernd zehn Prozent des gesamten Stadtareals von Glasgow.

Die Einwohnerzahl am Glasgower East End war zwischen 1961 und 1976 von 100.000 Einwohner auf weniger als 45.000 Einwohner zurückgegangen (vgl. Bradtke 1993:33). Entsprechend einem integrativen Konzept, das sowohl die Erneuerung der Bausubstanz als auch die Verbesserung der Chancen der Bewohner des Glasgower East End zum Ziel hatte, wurden gleichermaßen umweltpolitische wie auch städtebauliche Interessen der öffentlichen und privaten Hauseigentümer verfolgt. Zudem wurde versucht, das verlorene „East-End-Wir-Gefühl" als eine Form der lokalen Identifizierung mit dem Glasgower East End wieder zu intensivieren. Das Selbstvertrauen und die Wir-Identität der „East-Enders" sollte vor allem durch die Konzentration auf die Entwicklung eines neuen stadtteilbezogenen Arbeitsplatzzentrums gefestigt werden. 4000 Tenement-Häuser im Osten von Glasgow, die vor 1900 erbaut worden waren, wurden durch GEAR renoviert und über 8000 Häuser, die zwischen 1918 und 1945 gebaut worden waren, saniert. Mehr als 2000 Gebäude wurden im East End allein vom Glasgow

---

[63] Bis zur Wiedereinsetzung des schottischen Parlamentes im Mai 1999.

City Council neu gebaut. Genauso viele Häuser wurden von privaten Bauherren auf dem Areal errichtet.

4.5.5. Zur zusammenfassenden Beurteilung des GEAR-Projektes

Will man ein zusammenfassendes Urteil über den Erfolg der Unternehmungen innerhalb des GEAR-Projektes fällen, so ist von großer Bedeutung, dass sich entgegen den hoffnungsvollen Erwartungen der Sanierungsakteure die Schrumpfungsprozesse im Sekundären Sektor insbesondere zu Beginn der 1980er-Jahre und somit während der ersten Bewährungsphase des GEAR-Projektes noch weiter beschleunigten. Die Folge war eine Zunahme der auf staatliche Hilfe Angewiesenen im Sanierungsbezirk.

Bereits durch verschiedene Umsiedlungsprojekte und die Gründung der „New Towns" in den 50er- und 60er-Jahren beeinflusst, war von Anfang der 1970er-Jahre an der Anteil der Bewohner mit äußerst niedrigem Einkommen und niedrigem Bildungsniveau sowie der Anteil unterprivilegierter RentnerInnen – kurz: „der sozial Schwachen" – auf dem Gebiet des GEAR-Projektes enorm hoch.

Während der ersten Sanierungsphase (1976–1982) brachen noch einmal über 40 Prozent der Arbeitsplätze in dem bereits in den vorangegangenen zwei Jahrzehnten außerordentlich geschrumpften Fertigungssektor weg. Die Arbeitslosenquote im Sanierungsgebiet verdoppelte sich zwischen 1976 und 1982 auf über 25 Prozent.

Bis zum Ende der 1980er-Jahre blieb die Zahl der Erwerbslosen im Sanierungsgebiet auf diesem hohen Niveau. Insgesamt kann daher nur von einem Teilerfolg des GEAR-Projektes gesprochen werden. Der lokale Arbeitsmarkt und die individuelle wirtschaftliche Situation der Bewohner konnte offensichtlich nur sehr eingeschränkt positiv beeinflusst werden. Aber durch die eminenten Anstrengungen zur Verbesserung der Wohnmilieus intensivierte sich auf dem Sanierungsareal die kollektive Identität der East-Ender.

Obwohl auch in der Gegenwart noch über 30 Prozent der Bewohner des Areals von staatlicher Unterstützung abhängig sind, wird selbst von Kritikern des Projektes bestätigt, dass sich das Selbstbewusstsein und das Image der Bewohner im East End von Glasgow durch GEAR deutlich verändert hat (vgl. Pacione 1995:224). Das gemeinsame „Schicksal" wurde nicht mehr nur negativ, sondern auch in einer gewissen Umbruchstimmung gesehen.

Von außen wurden die Bewohner als „those who live in the regeneration area" bezeichnet. Und innerhalb des Areals gab es neue gemeinsame alltägliche Probleme der von der Sanierung Betroffenen.

4.6. Stadterneuerung, Selbstbewusstsein, Image und Tourismus

4.6.1. Kulturtourismus als Ziel

Die Beobachtung der neuen, verbesserten Selbst- und Fremdwahrnehmung der Bewohner aus dem East End – nach dessen Sanierung – hatte weitergehenden Einfluss auf die Stadtpolitik in Glasgow. Die lokale Entwicklungsagentur (SDA) und die Leitung des Rathauses (GDC) schlossen aus ihren Beobachtungen am East End, dass die Sanierung des inneren Stadtbereichs, vor allem zusammen mit Anstrengungen seitens der Kultur-Elite der Stadt zur positiven Veränderung der Selbstwahrnehmung aller GlasgowerInnen, einen Weg aus dem Dilemma – und hin zur Entwicklung einer Tourismusindustrie in Glasgow bedeuten könnte. Insbesondere der Zusammenhang zwischen Kulturangebot und Tourismus wurde von SDA, GDC und von der Mitte der 1980er-Jahre an auch von „Glasgow Action" fokussiert (vgl. Pimlott/McGregor 1990:15f.; vgl. Bradtke 1993:37). Von diesem öffentlich-privaten – und für diese Zwecke eigentlich nicht institutionalisierten – Akteursnetzwerk wurde die Entwicklung des Kultursektors intensiv vorangetrieben. Glasgow sollte auf dem Gebiet des kulturorientierten Städtetourismus international wettbewerbsfähig werden. Hervorgehoben wurde, dass Glasgow durch seine Oper – die „Scottish Opera", sein Ballett – das „Scottish Ballet" und das bekannte „Glasgow Citizens Theatre" bereits traditionell im Besitz wertvoller Attraktionen war.

4.6.2. Von der Rough City zur Kulturstadt

Die Aufgaben in der Kulturtourismuswerbung waren nicht zu unterschätzen: Bedingt durch den wirtschaftlichen Niedergang mit all seinen Konsequenzen für die Bewohner symbolisierte die Stadt Glasgow spätestens seit der Mitte der 1970er-Jahre zuallererst nicht Kunst und Kultur, sondern „Verwahrlosung und Gewalt". Glasgow wurde als „The Rough City" nicht nur in

Romanen und Erzählungen berühmt. „Drogenmisere" und „Kriminalität" waren die Schlagworte, die zunächst mit Glasgow assoziiert wurden, befragte man beispielsweise Bürger in Edinburgh, Belfast oder London. Wenn am Ende der 1970er-Jahre ein Drehort für einen Kino- oder Fernsehfilm gesucht wurde, der dokumentarisch zum Thema „Drogen in Großbritannien" berichten wollte, oder man auf der Suche war nach Tatorten für einen Krimi oder eine Krimi-Serie, dann wurde sehr häufig zuerst in Glasgow gesucht (vgl. Iain Docherty/University of Glasgow). Dieses negative Image zu verändern war die vordringlichste Aufgabe der Akteure im Glasgower Prozess der Modernisierung des Stadtraums.

4.6.3. „Mayfest", „Burrell Collection" und neue Kooperationen der Kulturszene

Das „Mayfest"

Die ersten wichtigen Impulse zur Entwicklung eines modernen Kulturtourismus in Glasgow waren das „Mayfest" im Mai 1982 und die Eröffnung der „Burrell Collection" im Jahr 1983. Nicht nur – aber auch – als Gewerkschaftsfestival, das auf die Glasgower Stadtgeschichte als Arbeiterstadt rekurrierte, wurde das „Mayfest" zum Publikumsmagnet für bald mehr als 100.000 Zuschauer aus dem ganzen britischen Königreich. Die Theaterveranstaltungen, Tanzauftritte und Musikpräsentationen in Glasgow waren am Ende der 1980er-Jahre so populär geworden, dass das Mayfest zum zweitgrößten Festival in Großbritannien avancierte. Finanziert wurde es mit Geldern des Rathauses (GDC), des Regionalrates (SRC), der schottischen Kulturförderung (Scottish Arts Council/SAC) und aus Spenden Privater sowie der Gewerkschaft. Aus den Erfahrungen der Mayfest-Organisation entstand ein Netzwerk, das von 1985 an eine Kulturagenda für die Sommermonate vorbereitete. „Akteure in diesem Netzwerk waren die GDC, der SRC, der SAC und der Tourismusverband ‚Greater Glasgow Tourist Board' (GGTB) sowie verschiedene kleinere Gruppierungen aus der Glasgower Kulturszene."[64]

---

[64] Vgl. Interview mit Pat Lally und City of Glasgow District Council (1992:1f.).

Die Fertigstellung der „Burrell Collection" gilt jedoch als eigentlicher Impulsgeber für die rapide Entwicklung des Kulturtourismus in Glasgow. Die Sammlung von über 8000 Exponaten, darunter wertvolle Originale antiker und orientalischer Kunst, Gemälde von Degas, Rembrandt und Bellini, wurde der Stadt Glasgow bereits 1944 von Sir William Burrell, einem wohlhabenden Glasgower Reedereibesitzer, geschenkt. Auf dem Anwesen des Pollok Park – einer weiteren Schenkung – wurde am Ende der 1970er-Jahre mit dem Bau der Burrell Collection begonnen. Bereits ein Jahr nach der Eröffnung der Kunstsammlung im Herbst 1983 waren über eine Million Besucher in das größte britische Museum außerhalb von London gekommen. Das Grundstück, der heutige Pollok Country Park, liegt ca. 10 km südwestlich des Stadtzentrums von Glasgow (vgl. Marks 1985:8f.).

Auch aus betriebswirtschaftlicher Perspektive gilt die Burrell Collection als erfolgreichste Galerie Glasgows. Annähernd 20 Prozent des Jahresumsatzes, der weit über eine Million Pfund umfasst, werden jährlich durch Merchandise-Produkte, Reproduktionen und Bücher direkt im Museum umgesetzt.[65]

4.6.4. Die Imagekampagnen: „The Place to be in '83" und „Glasgow's Miles Better" (1984)

Der große Erfolg der ersten Image- und Werbekampagnen, wie u.a. „Glasgow – The Place to be in '83" und „Glasgow's Miles Better", die mehr und mehr auch Besucher aus London und dem restlichen Südengland zu einem Besuch der unbekannten schottischen Metropole motivierten, überraschte: Von 1983 an stieg die Zahl der Touristen merklich an. Während am Ende des Jahres 1982 ca. 700.000 Besucher in Glasgow gezählt worden waren, waren es zwei Jahre später über zwei Millionen. Annähernd die Hälfte der Touristen kam aus dem Vereinigten Königreich.[66] Die Kampagne des Jahres 1984 mit dem Slogan „Glasgow's Miles Better" wurde noch populärer bei

---

[65] Vgl. Interview mit Liz Cameron/Kulturausschuss Glasgow City Council sowie Myerscough (1991:16ff.) sowie Bradtke (1993:120).

[66] Greater Glasgow Tourist Board an Convention Bureau (1991:1): Key Statistics und Interview mit Michael Kelly.

der Bevölkerung Glasgows und erfolgreicher als Tourismusmagnet. Erstes Ziel der Kampagne, die von der bekannten Werbeagentur „Struthers Advertising and Marketing" organisiert wurde und deren Kosten auf ca. 700.000 Pfund beziffert wurden, war es, das negative Image der Stadt bei den Bürgern Glasgows selbst zu verbessern.

Abbildung: Logo - Glasgow' s Miles Better (Kopie von Glasgow City Council/ PR & Marketing zu wiss. Zwecken freundlich überlassen)

Die Stadtverwaltung wollte die Sanierungsvorhaben des GEAR-Projektes als nur einen (wenn auch wichtigen) Teil der Veränderung der Stadtkultur dargestellt wissen. Es ging der lokalen Elite aber auch darum, über die äußerliche Verbesserung der Bausubstanz verschiedener Straßenzüge Glasgows hinauszuweisen. Vor allem sollte den GlasgowerInnen allgemein das Bewusstsein vermittelt werden, in einer erheblich „verbesserten" Stadt zu leben. Dem Symbol der Kampagne, „Mr. Men" von Roger Hargreaves, das bereits die Sanierungspläne und -aktivitäten des GEAR-Projektes als dessen Logo begleitet hatte, wurde der Satz „Glasgow's Miles Better" angefügt und auf Plakaten, Aufklebern und sonstigen Werbeträgern verbreitet. Neben dem Rathaus (GDC) trugen auch die Medien Glasgows, insbesondere der „Glasgow Herald" als die wichtigste Tageszeitung der Stadt sowie zahlreiche privatwirtschaftliche Unternehmer zum Erfolg der „Mr. Men"-Kampagne" bei.

4.6.5. 1985 – Die Eröffnung des Scottish Exhibition and Conference Centre (SECC)

In den Zusammenhang der Stadterneuerung Glasgows kann auch das 1985 am Ufer des Clyde errichtete „Scottish Exhibition and Conference Centre" (SECC) eingeordnet werden. Es stellt bis heute das größte integrierte Ausstellungs- und Konferenzzentrum in Großbritannien dar. In erster Linie wurde es zum Magnet für britische und internationale Konferenz-, Ausstellungs- und Konzertbesucher. Jährlich werden dort über 200 Veranstaltungen abgehalten. Die Zahl der Besucher, die jährlich zum SECC kommen, übersteigt seit einigen Jahren die Millionengrenze.[67]

Abbildung: Das Scottish Exhibition and Conference Centre mit Clyde Auditorium (eigene Fotografie)

Das Schottische Ausstellungs- und Konferenzzentrum wird von einer Betreibergesellschaft – der SEC Ltd. – verwaltet, die als stadteigener Betrieb

---

[67] 2001 waren es 1,3 Millionen.

zu über 90 Prozent dem Glasgow District Council (bzw. seit der Kommunal-reform von 1997 der Glasgow City Council) gehört. Sie erwirtschaftete in den letzten Jahren Gewinne von mehreren hunderttausend Pfund. Im Jahr 2001 z.B. betrug der Nettogewinn der SEC Ltd. über 900.000 Pfund (vgl. Daily News/Glasgow 22.4.2002). 1997 wurde das „Clyde Auditorium" als eine Erweiterung des SECC eröffnet. Die Kosten alleine für den Erweite-rungsbau betrugen 38 Millionen Pfund.

Abbildung: Das Scottish Exhibition and Conference Centre mit Clyde Auditorium (Rückansicht/ eigene Fotografie)

4.6.6. Das Glasgow Garden Festival 1988

Von April bis September 1988 wurde auf der Brachfläche „Prince's Docks" auf der Südseite des Clyde – im Südwesten der Stadt, wo ganz in der Nähe drei Jahre zuvor das Scottish Exhibition and Conference Centre (SECC) eröffnet wurde – das Glasgow Garden Festival abgehalten. Es gilt neben der Merchant-City-Sanierung, dem GEAR-Projekt, der Eröffnung der Burrell Collection und dem Bau des SECC als „fünftes Element des Glas-gower Stadterneuerungsprojektes" (vgl. Interview mit Ivan Turok/Uni-versity of Glasgow). Konzeptionell vergleichbar mit den Landes- und Bundesgartenschauen in der Bundesrepublik Deutschland wurden in Liver-pool bereits 1984 und in Stoke on Trent im Jahr 1986 die ersten britischen

„Garden Festivals" veranstaltet. Zentraler Akteur des Festivals war die SDA, die die Finanzierung des Gesamtprojektes übernahm. Insbesondere zielte man in den Büros der SDA darauf ab, durch das Festival die Brachflächen in den allgemeinen Raumdiskurs auf der Ebene von Stadt, Region und Nation wieder einzuführen. Des Weiteren sollten solche Infrastrukturverbesserungen vollzogen werden, die die Brachflächen wieder in den Verkehrsfluss der Stadt einbinden konnten.

Das Glasgow Garden Festival 1988 übertraf vor allem durch die Zahl der über 4,3 Millionen Besucher alle Erwartungen. Durch das Fest konnte die Stadt intensiv auf sich aufmerksam machen. Vor allem zeigte eine Umfrage, die während des Festivals gemacht wurde, dass annähernd die Hälfte der Besucher des Garden Festival aus der „Clydeside Conurbation", dem Großraum Glasgow, zum Fest kamen. Zusätzlich sehr positive Reaktionen in der britischen wie auch in der internationalen Presse, aber eben vor allem die Begeisterung in der lokalen Bevölkerung bestärkten die Akteure darin, durch diese „Fest-Strategie" elementare Ziele der Stadtwerbung verfolgen zu können. Der Erfolg motivierte auch in Zukunft, einen Weg der „Festivalisierung" der Stadtentwicklung einzuschlagen (vgl. SDA 1988; Bradtke 1993:129f.).

4.6.7. Glasgow 1990 – Kulturhauptstadt Europas

> „1990 was a year when an intellectually bankrupt and brutally undemocratic administration projected its mediocre image onto the city and ordered us to adore it" (Michael Donnelly, Kurator des People's Palace, Glasgow – zit. in Bianchini et al. 1993:21).

Die Stadt Glasgow als „European City of Culture"

Auf die Initiative des Ministerrats der Europäischen Gemeinschaft hin werden seit 1985 jedes Jahr Städte als „European Cities of Culture" bzw. „Cultural Capitals of Europe" ausgezeichnet. Das Ziel ist, die Beziehungen zwischen Bürgerinnen und Bürgern der EG bzw. EU zu intensivieren und einen Kulturaustausch zwischen den europäischen Städten und Regionen zu fördern.

Ausgewählt werden die einzelnen Kulturhauptstädte von den nationalen Regierungen der Europäischen Mitgliedsstaaten. 1985 beispielsweise wurde von der griechischen Regierung Athen ausgewählt. Die italienische Regierung nominierte 1986 Florenz. 1987 waren die Niederlande mit Amsterdam an der Reihe. 1988 war es die Bundesrepublik mit West-Berlin. 1989 benannte Frankreich Paris und für 1990 war Großbritannien am Zuge.

Bereits mehr als ein Jahr vor dem Beginn des Glasgow Garden Festival von 1988, am 20. Oktober 1986, war Glasgow offiziell von der britischen Regierung zur „Cultural Capital of Europe 1990" ernannt worden. Dieser Ernennung ging ein interner Wettbewerb im Vereinigten Königreich voraus. Britische Konkurrentinnen um den Zuschlag waren Städte wie Liverpool, Bath, Cardiff, Bristol und vor allem die schottische Hauptstadt Edinburgh. Richard Luce, der damalige britische Kultusminister, begründete die Nominierung Glasgows mit folgenden Sätzen:

> „Glasgow put forward the best case. It has an impressive range of cultural activities and excellent facilities. The city has an international outlook and a keen desire to expand its European connections. I am convinced that the city will mount and finance a programme which will do credit to the UK and demonstrate to Europe some of the most positive aspects of the arts in Britain today" (Luce zit. in: Glasgow District Council 1992:7).

Vor allem wurde die britische Verwaltung zum einen durch die innovative Idee überzeugt, die Kulturhauptstadt zum ersten Mal 365 Tage lang zu feiern. Die Vorgängerinnen hatten dies immer nur einige Wochen im Jahr zelebriert. Dafür waren mehr als 700 beteiligte Akteure bzw. Organisationen und über 3000 öffentliche Veranstaltungen notwendig. Mehr als 22.000 Menschen waren schließlich in diesen Veranstaltungsmarathon involviert.

Zum anderen bestach der souveräne Finanzplan. Annähernd achtzig Prozent der vorveranschlagten 37 Millionen Pfund, für sämtliche Ausgaben, wollten die GDC und die SRC zusammen selbstständig schultern. Weitere 15 Prozent der Aufwendungen (ca. 6 Millionen Pfund) wurden von rund 350 privaten Sponsoren übernommen. Aus den Kassen der EG sollten weitere fünf Prozent (ca. 2 Millionen Pfund) beantragt werden (vgl. GDC 1992:31). Die Zentralregierung in London sollte nicht in die Finanzierung miteinbezogen werden.

4.6.8. „Glasgow 1990" aus der Stadtmarketingperspektive betrachtet: Resultate und Folgen

Für die etablierte Elite der Stadt wurde das Jahr 1990 zum Erfolgsjahr. Auf den drei zentralen Ebenen des Stadtmarketings – der Bürgerbindung, der Tourismuswerbung und der Standortwerbung – wurden enorme Erfolge erzielt.

In einer 1991 angefertigten Studie mit dem Titel „Monitoring Glasgow 1990" wird deutlich, dass über 60 Prozent der Befragten in der Glasgower Bevölkerung der Meinung waren, dass das Jahr 1990 die Lebensqualität für sie selbst deutlich verbessert habe (Myerscough 1991:4). Über 90 Prozent gaben an, dass die Selbstdarstellung und Fremdwahrnehmung der Stadt enorm positiv durch das Projekt „Glasgow 1990" beeinflusst wurde. Die Anzahl der Touristen schnellte in die Höhe. Über eine halbe Million der Besucher kamen vornehmlich aufgrund von „Glasgow 1990" in die Stadt am Clyde. Die Anzahl der Kulturtouristen aus der Region nahm um über 30 Prozent zu. Insgesamt verdoppelte sich die Anzahl der Besuche von Kulturveranstaltungen innerhalb eines Jahres auf annähernd 12 Millionen Theater-, Museums-, Galerie-, Konzert- und Kinobesuche (Myerscough 1991).

Die Eröffnung von drei neuen Kulturattraktionen, des Museum of Education, die Wiedereröffnung der „McLellan Galleries" und der Bau der „Glasgow Royal Concert Hall" veränderten von 1990 an nachhaltig das Stadtbild und brachten Glasgow den Ruf ein, ein „neuer Ort der Kultur und ein Ort neuer Kultur" zu sein (Stuart Gulliver/University of Glasgow im Interview). Gebaut wurde fast ausschließlich mit öffentlichen Geldern des Scottish Office, des SRC, des GDC und der SDA (vgl. GDC 1992).

Zusätzliche langfristige Standortverbesserungen, wie die Sanierung der „Merchant City", der Umbau der Buchanan Street zur Fußgängerzone, die neuen innenstädtischen Einkaufs- und Erlebniszentren „St. Enoch" und „Princes Square" sowie die durch „Glasgow 1990" vorbereitete Eröffnung des „St. Mungo Museum of Religious Life" im Jahr 1993 und des „Glasgow

Museum of Modern Art" im selben Jahr ergänzten das Bild eines „New Glasgow as a Capital of Culture".[68]

Nicht zuletzt ist im Rahmen von „Glasgow 1990" auch auf die Hervorhebung und Renaissance des Lebenswerkes des Designers und Architekten Charles Rennie Mackintosh (1868–1928) einzugehen. 1990 wurde deutlich, dass vor allem die am Ende des 19. Jahrhunderts entworfenen und originalgetreu restaurierten „Willow Tea Rooms" nicht nur ein wichtiges Element für den Tourismus in Glasgow darstellen, sondern auch für die Identifikation der Einwohner Glasgows mit „ihrer Stadt" maßgeblich sind (vgl. The Charles Rennie Mackintosh Society 1992). Mackintosh gilt als Begründer des „Glasgow Style" bzw. der „Glasgow School". Die „Glasgow School" beeinflusste als Vertreterin des europäischen Jugendstils sowohl das „moderne Wohndesign" als auch die Architektur am Ende des 19. Jahrhunderts maßgeblich. Beispiele für seine enorme Kreativität sind unter anderem zahlreiche fantasievolle Fassadengestaltungen, die dank des Engagements der bereits 1973 gegründeten „Mackintosh Society" auch heute noch an zahlreichen Häusern in der Innenstadt Glasgows zu betrachten sind. Die Renaissance Mackintoshs steht auch in Zusammenhang mit der marketingorientierten Inszenierung einer Rückbesinnung auf die „besseren Tage" in der Geschichte Glasgows. Eric Laurier schreibt dazu:

> „Another part of the story which I would like to speak from ,the side' is that which comes before the fall: the part of the story which tells of a time when Glasgow was flourishing, when all was well in the city. This period led on to a second type of received idea at work here: the culture of success, the bourgeois trappings, the ,Great' period, the Florence of the Medicis – to be more specific, *the Glasgow of Charles Rennie Mackintosh*, a Glasgow of glossy places that a supplement reader might like to live in" (Laurier 1993:275 [Hervorhebung im Original]).

4.6.9. Kritik an „Glasgow 1990"

Die Diskussionen über den europäischen „Mega-Event" Glasgow 1990 beschäftigte noch einige Zeit die lokalen Journalisten, Fachautoren und

---

[68] Vgl. Interview mit Stuart Gulliver, Gómez (1998a:100 und 199ff.) und Bradtke (1993:113f.) sowie Laurier (1993: 277ff.).

Künstler. Aus der Perspektive der kritischen Kulturelite überwog jedoch der „Oaseneffekt": Die wichtigsten Akteure und Ressourcen der Stadtentwicklung Glasgows – so die Argumentation der Kritiker – wurden durch das Projekt 1990 über Jahre hinweg für eine Art „Strohfeuer" oder einen „Karneval der Eitelkeiten" vereinnahmt (Interview mit Gerry Mooney). In den Augen der lokalen Wirtschafts- und Verwaltungselite war „Glasgow 1990" hingegen „ein voller Erfolg" (Pat Lally im Interview).

Allerdings war in allen gesellschaftlichen Gruppen eine gewisse „Festival-Erschöpfung" in der Folge von Glasgow 1990 zu beobachten. Von 1990 an bleiben die Zeiträume zwischen Museumseröffnungen und kleineren Festivals weit gespannt. So wird z.B. das St. Mungo's Museum im Jahr 1993 eröffnet. Das nächste für die Stadtentwicklung Glasgows bedeutende Kunstfest findet erst neun Jahre später mit dem „Festival of Architecture and Design – 1999" statt.

4.6.10. Glasgow 1999: UK City of Architecture and Design

„The overall goal of the Year of Architecture and Design was to create something that would be more than a year-long celebration and which would provide a legacy by the future" (Deyan Sudjic – Direktor von „Glasgow 1999" zit. in: Boyle et al. 1999:951).

Architektur, Design und Image

Wie beim Wettkampf um das „Kulturhauptstadtjahr 1990" war auch für die Nominierung als „UK City of Architecture and Design – 1999" von der Regierung in London ein Wettbewerb ausgeschrieben worden, bei dem wiederum Städte wie Bath, Bristol sowie die beiden schottischen Erzrivalinnen Edinburgh und Glasgow miteinander konkurrierten. Und wieder erhielt Glasgow den Zuschlag.

Die Anstrengungen für „Glasgow 1999" waren enorm – wurden aber auf viele Schultern verteilt. Der Glasgow City Council ließ sich das Festjahr mehr als 8 Millionen Pfund kosten.[69] Weitere 18 Millionen Pfund, die insbesondere in die Bausubstanz investiert wurden, steuerten „Homes for the Future" (10 Mio. Pfund), „National Heritage" (3,5 Mio.), der „Scottish Arts

---

[69] Vgl. www.beyondglasgow1999.co.uk (16.1.2003).

Council" (2,5 Mio.), „Scottish Homes" (1,5 Mio.) und die „Glasgow Development Agency/Scottish Enterprise Glasgow" (0,7 Mio.) bei.

Neben der intensiven Sanierung von Wohngebäuden in den äußeren Stadtbezirken und der Erneuerung von Geschäftsgebäuden in der Innenstadt, die die ganzjährige Architektur- und Designausstellung zur Folge hatte, wirkte „Glasgow 1999" als Werbeträger für den Tourismus sowie als weiterer „Imagebooster" bei der Glasgower Bevölkerung. Parallelen zu „Glasgow 1990" lassen sich aus dieser Perspektive leicht erkennen.

Die nationale und internationale Presseberichterstattung stellte Glasgow eindrucksvoll als ein internationales Zentrum für Architektur und Design der Welt vor. Laut einer Umfrage erreichte die Werbung für Glasgows Ausstellung annähernd 40 Prozent der britischen Bevölkerung. Für fast ein Viertel der britischen Bevölkerung verbesserte sich durch die Berichte über Glasgow ihre Einschätzung der schottischen Metropole am Clyde. Mehr als die Hälfte der ca. 200.000 Gäste der verschiedenen Veranstaltungen äußerten die Absicht, Glasgow wieder zu besuchen.[70] Über ein Viertel aller GlasgowerInnen besuchten eine oder mehrere Veranstaltungen von „Glasgow 1999". Über 40 Prozent der Glasgower Bevölkerung gab an, dass das Programm von „Glasgow 1999" ihre Haltung gegenüber der Architektur und dem Design in Glasgow positiv beeinflusst hat.

Eine weitere Umfrage unter den britischen Architekten und Designern ergab, dass annähernd drei Viertel dieser Berufsgruppe von der Ausstellung wusste und über die Hälfte dieser Befragten sagten, dass die Informationen über die Ausstellung ihre Wahrnehmung der Stadt als Zentrum für Architektur und Design stark beeinflusst hätten.

Mit dem „Architektur- und-Design-Jahr" 1999 war der Elite der Stadt und insbesondere den Veranstaltern von Glasgow 1999 gelungen, einen Imagewechsel zu bestätigen, der spätestens in der Mitte der 1980er-Jahre begonnen hatte. Dieser Imagewechsel war in dem Strukturwandel verankert, der aus der Arbeiterstadt am Clyde ein Zentrum für Architektur und Design werden ließ. Das neue Image musste vorbereitet und in die Identität der Stadtbewohner eingeführt werden. Auch aus diesem Grund waren die

---

[70] Vgl. www.beyondglasgow1999.co.uk (14.3.2003).

Festjahre 1990 und 1999 so prägend für Glasgow im regionalen wie im nationalen und europäischen Kontext.

Fazit

Zusammenfassend kann gesagt werden, dass durch die Sanierung der Innenstadt und der Merchant City sowie durch die Erneuerung großflächiger Areale im East End Glasgows ein Imagewechsel erfolgreich eingeleitet werden konnte. Vor allem die Selbstwahrnehmung vieler GlasgowerInnen konnte positiv beeinflusst werden. Mit dem Mayfest, der Burrell Collection, der Eröffnung des SECC, dem Glasgow Garden Festival und den Image-kampagnen „The Place to be in '83" und „Glasgow's Miles Better" sowie durch die Großveranstaltungen „Glasgow 1990/European Capital of Culture" und „Glasgow 1999/UK-City of Architecture and Design" wurden die Weichen für ein intensives Tourismus- und Innenstadtmarketing gestellt.

4.7. Aktuelle Entwicklungen: Die schottische Raumpolitik nach 1999

> „Scottish local government was central to the campaign to secure a Parliament. Without its support it is doubtful if the legislative could have been delivered so quickly or in such consensual manner" (Bennett et al. 2002:I).

Mit dem Jahr 1999 wird in Glasgow neben dem „Architekturjahr 1999" insbesondere die Wiedereinsetzung des schottischen Parlamentes in Edinburgh verbunden. Im Folgenden soll auf die Relevanz der Devolution im Glasgower raumpolitischen Akteurskontext eingegangen werden.

4.7.1. Die zentrale Stellung des schottischen Parlaments

Der Prozess der „Devolution", der sich in Schottland in der Wiedereinsetzung des schottischen Parlamentes im Mai 1999 zeigt, hat die Stellung der schottischen Kommunen trotz aller zentralistischer Kontinuitäten entschieden verändert. Sämtliche kommunalpolitischen Eliten Schottlands und damit insbesondere auch die politische Elite der Metropole Glasgow finden sich durch die „Devolution" in einem neuartigen und mit neuen Konfliktlinien ausgestatteten Geflecht von Beziehungen und Machtpositionen wieder. Diese haben vor allem das neue Parlament und insbesondere die „Scottish Executive" in Edinburgh zum Zentrum (vgl. Bennett et al. 2002:V).

Über ein Drittel des Haushaltsaufkommens des neuen Parlamentes (36 %) werden als Ausgaben für die kommunalen Haushalte an die schottischen Kommunen transferiert. Das bedeutet gleichzeitig aber auch, dass seit 1999 über zwei Drittel der Budgets jeder einzelnen schottischen Kommune direkt vom schottischen Parlament an die Kommune überwiesen werden.[71] Diese Budget-Kompetenz des neuen Parlamentes wird mit einer faktischen legislativen Kompetenz ergänzt, die die gesamte Kommunalgesetzgebung Schottlands miteinbezieht.[72] Betrachtet man diese relativ starke Stellung des neuen schottischen Parlamentes und der schottischen Exekutive gegenüber den Kommunen, so ist es nicht verwunderlich, dass die (guten) Beziehungen zum neuen Parlament – respektive der neuen schottischen Exekutive – seit der Neugründung des Parlamentes im Mai 1999 im Mittelpunkt der Entwicklung der schottischen Kommunalpolitik stehen.

Die Grundvoraussetzung einer engen Partnerschaft zwischen Kommunen und Parlament waren eigentlich auch von Anfang an aus netzwerkgeschichtlichen Gründen vorgegeben: Der Prozess der Devolution und die Bildung von Parlament und Exekutive waren (wie im Zitat oben dargestellt) insbesondere dank der engagierten Mitwirkung der schottischen kommunalen Eliten so stringent vorangeschritten.

Dieses Engagement hatte insbesondere auch wichtige Auswirkungen auf die Zusammensetzung des schottischen Parlamentes: Der statistische Anteil der Abgeordneten des neuen Parlamentes, die zuvor Stadt- oder Gemeinderäte bzw. Bürgermeister („Lord Provosts" oder „Leaders of the Council") waren, lag nach den ersten Parlamentswahlen vom 6. Mai 1999 bei annähernd 40 Prozent. In absoluten Zahlen waren dies 51 Abgeordnete („Members of the Scottish Parliament") von insgesamt 129 „MSPs" insgesamt. Fast die Hälfte aller Abgeordneten (49 %) des neuen Parlamentes hatten in ihrem politischen Werdegang schon einmal bei Stadt- oder Gemeinderatswahlen

---

[71] Die neue schottische Budget-Kompetenz von 1999 wird nach wie vor im Kontext des britischen Finanzplanungssystems und somit von der Londoner Zentralregierung legitimiert.

[72] Vgl. Bennett et al. (2002:8) und Scottish Office 1997, zit. in Bennett et al. (2002:8).

kandidiert (vgl. Bennett et al. 2002:VII). Auch in diesem entstehungsge-schichtlichen Kontext der schottischen Elitennetzwerke ist eine Betrachtung der Machtbeziehungen zwischen der kommunalen und der schottischen Ebene von Interesse.

4.7.2. Die Netzwerk/Impact-Studie von Bennett et al.

2002 wurde in diesem Zusammenhang eine Studie der Wissenschaftler Michael Bennett, John Fairley und Mark McAteer von der Strathclyde-Universität veröffentlicht, die sich mit dem Einfluss der „Devolution" auf die Lokalpolitik in Schottland auseinander setzt. Die Forscher führten mehr als 120 Interviews mit Stadt- und Gemeinderäten aus zehn Kommunen (Councils) durch, die im Anschluss mit qualitativen Forschungsmethoden analysiert wurden. Des Weiteren wurden über 300 Fragebogen in den untersuchten Kommunen ausgegeben und später einer statistischen Aus-wertung unterzogen. Der Forschungsanspruch war: „*to capture meaning, process and context*" (Devine 1995:138, zit. in: Bennett et al. 2002:50).
Fairley, McAteer und Bennett kamen zu folgenden zentralen Ergebnissen:

Das neue schottische Parlament und insbesondere die schottische Exeku-tive stellen – als „*Post-Devolution*-Institutionen" und somit in gewisser Weise als „Erben" der politischen Macht über Schottland – seit 1999 das neue Zentrum lokalpolitischer Macht in Schottland dar.

Für die Kommunalpolitik in Schottland veränderte sich zwar einerseits der gesamte institutionelle Kontext, in welchem sie positioniert ist. Anderer-seits aber bleibt die Lokalpolitik, bedingt durch das „Ultra Vires"-Prinzip, das dem Parlament in Edinburgh sämtliche Souveränitätsrechte zuspricht, weiterhin gemäß der Verfassung ein relativ machtloses „Geschöpf des Parlamentes" (vgl. Bennett et al. 2002:8). Somit finden sich die schottischen kommunalen Eliten im Zeitraum nach der Devolution in einer vergleichba-ren machtpolitischen Verfassungssituation wieder wie die kommunalen Eliten im gesamten Vereinigten Königreich (vgl. Bennett et al. 2002:9). Sogar fast die Hälfte der befragten Kommunalpolitiker (ca. 48 %) waren davon überzeugt, dass durch die Devolution die Macht bzw. der Einfluss der „Councils" zugunsten der schottischen Zentralregierung reduziert wurde (Bennett et al. 2002:19).

Allerdings sollte hierbei die „In-statu-nascendi-Situation" der schottischen Elitekonfigurationen spezifisch fokussiert werden, da – im Unterschied zu den Kommunen z.B. in Wales oder England – bei der Neubildung der schottischen Institutionengeflechte die „informellen" und „organischen" Gesichtspunkte sich verändernder „Governance-Strukturen" neue Aspekte aufwerfen (vgl. Bennett et al. 2000:8).

Großer Konsens bestand bei den befragten Stadt- und Gemeinderäten bezüglich der Machtverschiebung von der Londoner Zentralmacht hin zum Machtzentrum von Parlament und „Executive" in Edinburgh. Annähernd zwei Drittel der Befragten waren der Meinung, dass seit der Devolution „Westminster" nun „weniger wichtig" sei (Bennett et al. 2002:10). Dies überrascht kaum angesichts der Tatsache, dass annähernd alle Funktionen der Kommunalverwaltung durch die „Devolution" dem Einflussbereich des neuen Parlamentes übergeben wurden.

Im krassen Gegensatz zu der Logik der kontinuierlichen Machtverschiebung hin zur Ebene des neuen Parlamentes steht die Beobachtung, dass „viele elementare parteipolitische Vernetzungen sich nach wie vor zwischen London und den einzelnen Kommunen – insbesondere auch Glasgow – als sehr intensiv erweisen" (Interview mit Charles Gordon/Glasgow City Council und vgl. Bennett et al. 2002:13).

Eine Interpretation dieses Sachverhaltes ist, dass „alte Politik" ein zentrales Element in der „neuen Politik" im „Post-Devolution"-Schottland darstellt (Bennett et al. 2002:18). Einen wichtigen Pfeiler der „alten Politik" stellt hierbei die öffentliche Verwaltung dar, die gegenüber der gewählten Kommunalelite traditionell ihre eigene Rolle zu vertreten sucht (vgl. Bennett et al. 2002:18f.). Bennett et al. schreiben:

> „While acknowledging that the Civil Service was operating under unprecedent pressure, it was still regarded as being too slow to change and to embrace a new open and engaged culture. The ,old' central state had not gone away nor had its considerable influence" (Bennett et al. 2002:19).

Die Kommunikation zwischen den befragten Kommunalverwaltungen und dem neuen Parlament erwies sich über zwei Jahre nach der Eröffnung des Parlaments als noch nicht eingespielt. So antworteten auf die Frage, ob „das neue Parlament die Kommunalpolitiker versteht", fast 60 Prozent der

Befragten mit „Nein". Lediglich ca. 20 Prozent bejahten diese Frage (Bennett et al. 2002:21). Auch auf die Frage, ob die Kommunalverwaltung und das Parlament bzw. die „Executive" „gut kooperierten", antworteten annähernd 60 Prozent der Stadt- und Gemeinderäte mit „Nein" und nur ca. 30 Prozent mit „Ja". Keine der elf in der Studie untersuchten Kommunen behauptete von sich, eine kohärente Strategie zu kennen, um mit dem neuen Parlament zu verhandeln (vgl. Bennett et al. 2002:22).

Damit zeigt sich, dass die große Mehrheit der Kommunalpolitiker grundsätzlich den Gesamt-Prozess der „Devolution" unterstützt. Nach wie vor fordert im Prinzip keiner der Befragten eine Rückkehr zum „alten" Zentralismus. Ungeachtet dessen macht sich im Milieu der kommunalen Eliten jedoch gleichzeitig Unzufriedenheit mit der Kommunikations- und Kooperationspolitik der Parlamentarier im neuen schottischen Parlament breit. Aufgrund dieser Unzufriedenheit, die in den aktuellen Gesetzesnovellen nur am Rande berücksichtigt wurden, ist insbesondere auch nach der Verabschiedung des „Local Government in Scotland Act 2003" vom April 2003 mit zahlreichen Novellierungsanträgen zu rechnen.

4.7.3. Zur Analyse der Entwicklung der lokalen Verwaltungsstrukturen in Schottland

> „In Verbindung mit dem allgemeinen Wandel der kommunalen Verwaltungslandschaft im Vereinigten Königreich ergibt die Vielfalt intraregionaler Kooperationsformen ein verwirrendes Bild, das sich anscheinend für jede Stadt, jeden Verdichtungsraum und jede Region nur gesondert erklären und verstehen läßt. Man kann jedoch davon ausgehen, dass hinter dem offensichtlich komplexen Geflecht von Vereinbarungen einige gemeinsame Themen und Antriebskräfte stehen" (Dabinett 2000:373).

Der Charakter der interkommunalen Kooperation in Schottland

Das Fehlen von gewählten Mittelinstanzen zwischen der kommunalen und der staatlichen Ebene – zumindest bis zur Einsetzung des Parlaments in Edinburgh – und der Wandel von kommunalen „Government-Strukturen" hin zu einem Mosaik von Kräften, das „Governance-Strukturen" darstellt, führte dazu, dass seit der Abschaffung der regionalen Ebene von 1997 sich eine Machtdispersion auf der stadtregionalen und subregionalen Verwaltungsebene des politischen Systems etablierte.

Hierbei bieten gerade die vielfältigen Möglichkeiten innerhalb des schottischen „Governance-Kräfte-Puzzles" an, verschiedene Formen der interkommunalen Kooperation zu kreieren. Es entstehen intraregionale Kooperationen „in unterschiedlichem räumlichen Maßstab, mit unterschiedlichen Ansätzen, in vielfältigen Formen und zur Wahrnehmung verschiedenster Aufgaben" (Dabinett 2000:372). Dabei stellen die einzelnen Arrangements sehr häufig Unikate von spezifischen Aushandlungsverfahren dar, die sich sowohl bezüglich der Interessenkonstellation der mitwirkenden Akteure als auch durch das Anforderungsprofil der lokalen Problematik stark unterscheiden.

Die häufigsten Projekte solcher Ansätze interkommunaler Kooperation sind den Ressorts der Stadtplanung und -erneuerung sowie der Wirtschafts- und Investitionsförderung im Hinblick auf öffentliche wie auf private Investitionen zuzuordnen (vgl. Dabinett 2000:372).

Auch Glasgows Stadterneuerungsprojekte der 70er- und 80er-Jahre ebenso wie die Stadtmarketingprojekte seit den 80er-Jahren wurden (bzw. werden) – wie bereits dargestellt – im Kontext intraregionaler Kooperationen und in Aushandlungssystemen mit den lokal verantwortlichen Entwicklungsgesellschaften bewerkstelligt. Die verschiedenen Kooperationsmodelle basieren dabei nur zum Teil auf gesetzlichen Regelungen. Informelle Vereinbarungen spielen beim interkommunalen und interregionalen Aushandlungsprozess (bzw. „bargaining") und auch bei der Zusammenarbeit mit den zentralstaatlich gelenkten Entwicklungsagenturen, wie z.B. der Scottish Enterprise, eine tragende Rolle.

In der Regel ist aus der Gruppe der Akteure nur das City Council der Wählerschaft gegenüber rechenschaftspflichtig. Alle anderen an den Projekten beteiligten Akteure sind entweder privatrechtlich verfasste Körperschaften oder halb- bzw. teilöffentliche Institutionen, die sich nicht durch die Verfahren der Wahl regelmäßig legitimieren müssen. Dieses Legitimations- und Demokratiedefizit, das durch die Zersplitterung der kommunalen Verwaltungslandschaft im Rahmen von Neuen Steuerungsmodellen, die Einrichtung zentralstaatlich ernannter Maßnahmenträger und die Privatisierung der öffentlichen Dienstleistungen verstärkt wird, stellt sich als ein legitimatorisches Problem gegenwärtiger lokaler Politik im Vereinigten Königreich dar. Nicht zuletzt werden dadurch Bestrebungen nach einer neuen Demokratisierung der „unteren Ebenen" und nach einer Politik der Dezentralisierung gefördert. Die Ergebnisse des Referendums über eine Politik der „Devolution" vom September 1997, die die Wiedereinsetzung des Parlamentes in Edinburgh nach sich zogen, stützen zum einen in gewisser Weise diese These. Zum anderen wird insbesondere von den kommunalen Eliten an der Politik der „Devolution" kritisiert, dass sie zu „neuen zentral koordinierenden Parlamenten" führt (Interview mit Iain Docherty).

Strategie als Kompromiss

Gegenüber dieser Kritik am Bestehenden existiert allerdings ein grundsätzliches und mehrheitliches Einvernehmen der regional- bzw. lokalpolitischen Eliten über die Konzeptionen regional- und kommunalpolitischer Strategien. So werden z.B. im traditionell von „Labour" dominierten Stadtrat Glasgows „Public-Private-Partnerships" mittlerweile nur noch von Vertretern der „Socialist Party" grundsätzlich als „Privatisierung des öffentlichen Lebens" kategorisch abgelehnt (Interview mit Pat Lally). Zunehmend Konsens besteht ebenso zwischen den Stadträten der Labour-Party, konservativen Kommunalpolitikern und Liberalen in der allgemeinen Wahrnehmung der neuen Rolle des Staates und der Neubewertung der Funktionen lokaler Politik im Kontext von Europäisierung und Globalisierung.

Zur Budgetproblematik

Zum Demokratiedefizit der britischen und schottischen Kommunalpolitik gesellt sich ein weiteres durch den zentralstaatlichen Charakter bedingtes und insbesondere für die britischen Kommunen schwerwiegendes gesetzgeberisches Kernproblem: Die demokratisch legitimierten Räte in den urbanen Verdichtungsräumen des Landes haben keinerlei eigene fiskalpolitisch bedeutsame gesetzgeberischen Befugnisse. Auch das Budgetrecht der schottischen Kommunen war bzw. ist vom Unterhaus in London – bzw. seit der Wiedereinsetzung durch das schottische Parlament in Edinburgh – nahezu vollständig eingegrenzt. Annähernd 70 Prozent des Haushaltsaufkommens städtischer Verwaltungen im Vereinigten Königreich werden direkt von den oben genannten übergeordneten Parlamenten überwacht.

Hierbei handelt es sich u.a. um eine Rückverteilung von Gemeindesteuern ortsansässiger Unternehmen, die zuerst an die zentralen Parlamente abgeführt werden mussten. Indirekt kontrolliert die Zentralverwaltung in Edinburgh zusätzlich auch den Großteil der verbleibenden kommunalen Ausgaben, die von den Kommunen selbst, neben der Gemeindesteuer, über lokale Gebühren, Abgaben und – besonders häufig in den letzten Jahren – über die Veräußerung von Gemeindevermögen eingenommen werden (vgl. Dabinett 2000:376). Auch der Neuentwurf der schottischen Kommunalverfassung – der „Local Government in Scotland Act 2003" – brachte hier keine nennenswerten Veränderungen.[73]

4.8. Organigramm des aktuellen Stadtmarketingprozesses in Glasgow – Ein Überblick

4.8.1. Die strukturellen Grundlagen

Das Mosaik der Akteure der Glasgower Stadterneuerung und des Glasgower Stadtmarketings als Raum-Strategie ist in folgende Zusammenhänge eingebunden:

1. Zunächst ist festzustellen, dass, wie bereits geschildert, der Einfluss der zentralstaatlichen Eliten seit der Wiedereröffnung des schottischen Parlamentes weiterhin zunimmt.

2. Zudem kommt es bereits seit den 1980er-Jahren zur Entwicklung einer Vertragskultur des öffentlichen Dienstes, die von einer kontinuierlichen Konkurrenz zwischen öffentlichen und privaten Akteuren geprägt wird.

3. Schließlich nimmt seit den späten 1980er-Jahren die Anzahl der demokratisch legitimierten Akteure kontinuierlich zu.

Zu 1.: Zuwachs des Einflusses der zentralstaatlichen Eliten und der Verantwortlichen im neuen „Scottish Parliament"

Zentralstaatliche Politiken, welche die Finanzierung und die Zuständigkeitsgrenzen kommunaler Gebietskörperschaften betreffen, prägen die Stadtentwicklung Glasgows immer deutlicher. Hierbei geht es vor allem um

---

[73] Vgl. www.hmso.gov.uk/legislation/scotland/acts2003 (9.4.2003).

Politiken im Bereich des Städtebaus („urban policies") und um Initiativen in den Bereichen wie Aus- und Weiterbildung sowie Verkehr und Gesundheit (vgl. Dabinett 2000:377). Vor allem durch staatliche Maßnahmenträger – wie z.b. die Scottish Development Agency/bzw. das Scottish Enterprise Network (SEN) – die von den verantwortlichen Parlamenten mit Mitteln ausgestattet werden, haben die jeweiligen zentralen Regierungen Einfluss auf die lokalen Entwicklungen. Zu beachten ist dabei, dass die Entwicklungsgesellschaften gegenüber den zuständigen Ministerien „halbautonome" Institutionen darstellen (Dabinett 2000:378) und der ministeriale direkte Einfluss sich häufig darauf konzentriert (und sich teilweise auch darauf beschränkt), die Leitung der jeweiligen lokalen Entwicklungsagenturen zu benennen (vgl. Interview mit Stuart Gulliver).

Zu 2.: Die Entwicklung einer Vertragskultur des öffentlichen Dienstes

Aber nicht nur die unter zentralstaatlichem Einfluss stehenden halbautonomen Entwicklungsgesellschaften prägen das Bild eines „New Public Management" in der lokalen Politik. Auch die City Councils selber und die gesamte Verwaltung in den Kommunen im Vereinigten Königreich entwickelten im Laufe der letzten beiden Jahrzehnte eine Art Vertragskultur (vgl. Dabinett 2000:382). Den Hintergrund für diese Entwicklung stellt das Gesetz über die obligatorische Ausschreibung kommunaler Dienstleistungen dar – das „Compulsory Competitive Tendering" (CCT). Das konsekutiv in mehreren Schritten während der 80er-Jahre eingeführte Gesetz schreibt vor, bestimmte für die Kommune elementare Dienste im freien Wettbewerb auszuschreiben. Dabei nimmt die Zentralregierung starken Einfluss auf den Rahmen des zu vergebenden Kontraktes. Zwar geht in den allermeisten Fällen (zwischen 75 und 85 Prozent) der Zuschlag nicht an private Dienstleister, das Verfahren der Ausschreibung und der Bewerbung führt jedoch zu tief greifenden Änderungen in der Arbeitsweise kommunaler Dienststellen (vgl. Dabinett 2000:381).

Zu 3.: Mehr Akteure mit weniger demokratischer Legitimation

Gleichzeitig zu der Entwicklung einer Vertragskultur und zur verstärkten Einflussnahme der zentralstaatlichen Parlamente durch intermediäre Organisationen und halbautonome Institutionen vermehrte sich von den späten

1980er-Jahren an die Anzahl der Akteure im stadt- und regionalpolitischen Feld zusehends. Die Diversifizierung der Aufgaben im kommunalen Bereich ging direkt mit einer Zunahme der lokalen Organisationen einher. In diesem Zusammenhang entstanden neben den bereits erwähnten lokalen Entwicklungsgesellschaften beispielsweise „Housing Associations", die für den städtischen Wohnungsbau zuständig gemacht wurden oder z.B. Stadtentwicklungsgesellschaften, die nicht mehr dem City Council unterstellt waren. Umgekehrt proportional zum Anwachsen der Anzahl von unabhängigen Akteuren verloren die gewählten kommunalpolitischen Räte immer mehr an Kompetenzen und Mitteln (vgl. Dabinett 2000:382ff.).

4.8.2. Zentrale Akteure im Glasgower Raumkontext der Gegenwart

Im Folgenden werden ausgewählte Akteure des Glasgower Stadtmarketings, wie der Glasgow City Council, das Scottish Enterprise Network zusammen mit Scottish Enterprise Glasgow, der Greater Glasgow and Clyde Valley Tourist Board, die Glasgow Alliance und schließlich die „Scientific Community" von Glasgow vorgestellt. In einem abschließenden Überblick wird das vorgestellte Akteursmosaik mit der Entwicklung des Stadtmarketings in Glasgow ins Verhältnis gesetzt.

Abbildung: Zentrale Akteure im Glasgower Raumkontext

Der Glasgow City Council

Die Stadtverwaltung Glasgows ist mit über 35.000 Beschäftigten der größte Arbeitgeber Schottlands. Mit insgesamt über einer Milliarde britischen Pfund (ca. 1,5 Milliarden Euro) an jährlichen Ausgaben, die zu ca. 80 Prozent aus Zuweisungen der Zentralregierung in London (seit Mai 1999 über das Parlament in Edinburgh) stammen, ist der City Council der potenteste Akteur in der Glasgower Stadtentwicklung – gefolgt von der lokalen Entwicklungsgesellschaft Glasgows (SEG) mit derzeit ca. 80 Mio. britischen Pfund an Ausgaben pro Jahr.[74] Die politische Elite im Rathaus Glasgows prägt als wichtigste Akteurin für Standortmarketing und Wirtschaftsförderung sowie als einflussreichste Förderin der Kulturszene der Stadtregion und als zentrale Auftraggeberin für die regionale Tourismuswerbung das Glasgower Stadtmarketing. Da jedoch über 30 Prozent des Jahreshaushaltes für das lokale Erziehungs- und Bildungswesen ausgegeben werden müssen und insgesamt mehr als die Hälfte des verbleibenden kommunalen Etats für Infrastrukturmaßnahmen, soziale Hilfsprogramme und allgemeine Verwaltungskosten vorgesehen sind, bleiben für Stadtentwicklungsprojekte im engeren Sinn sowie für das Stadtmarketing weniger als 15 Prozent des kommunalen Haushaltes. Hiervon erhält der Kultur- und Freizeitsektor annähernd 70 Mio. Pfund pro Jahr. Etwa der gleiche Betrag wird derzeit vom City Council für (meist kooperative) Wirtschaftsförderungs- und Standortentwicklungsprojekte sowie für Tourismusmarketing und Imagewerbung ausgegeben.[75]

Scottish Enterprise Network und Scottish Enterprise Glasgow

Die regionale Entwicklungsgesellschaft für Schottland – das „Scottish Enterprise Network" (SEN) – ist 1991 aus der 1975 im Rahmen interventionistischer Pläne der Zentralregierung gegründeten „Scottish Development Agency" (SDA) hervorgegangen. Im April 1991 wurde das SEN vom damaligen „Secretary of State for Scotland" durch das „Enterprise and New

---

[74] Vgl. Glasgow City Council (2002) (Hg.): Annual Report & Summary 2001/2 und Glasgow City Council (2002) (Hg.): Annual Report & Accounts 2001/2.

[75] Vgl. Glasgow City Council (2001) (Hg.): DRS-Service Plan Summary 2001-4 und Glasgow City Council (2002) (Hg.): Annual Report & Accounts 2001/2.

Towns (Scotland) Act-1990" als Fusion zwischen der „Scottish Development Agency" und der „Training Agency Scotland" gegründet. Den Hintergrund dieser radikalen Transformation der SDA stellten Zielkonflikte zwischen dem Vorstand der SDA und dem Scottish Office bzw. der Zentralregierungen Thatcher und Major dar. Insbesondere wurde der SDA am Ende der 1980er-Jahre „mangelnde Leistungsfähigkeit" attestiert. Die konservative Regierung in London ließ de facto die SDA auflösen und erhoffte sich, in der Gründung des „Scottish Enterprise Network" in den 1990er-Jahren eine Organisation geschaffen zu haben, die den jeweiligen lokalen Bedürfnissen und Potenzialen „flexibler, angemessener und informierter entsprechen konnte als eine zentrale und übergeordnete Gesellschaft" (Bradtke 1993:68).

Als lokale Entwicklungsgesellschaft für den Stadtraum Glasgow und somit als Filiale des SEN fungierte die „Glasgow Development Agency" (GDA), die im Jahr 2000 in „Scottish Enterprise Glasgow" (SEG) umbenannt wurde. Bezüglich ihrer personellen und finanziellen Ressourcen ist SEG die größte Zweigstelle der insgesamt 13 Filialen des SEN. Über 150 Mitarbeiter sind bei SEG beschäftigt. Jährlich verfügt die Entwicklungsgesellschaft SEG über rund 80 Mio. britische Pfund (Scottish Enterprise Glasgow 2002:2).

Zentrale Aufgabe der SEG ist die Förderung der Wirtschaft Glasgows. Vor allem soll neben der Weiterqualifikation von Arbeitnehmern und weiteren sozialen Integrationsmaßnahmen die internationale Wettbewerbsfähigkeit des Standorts verbessert werden (vgl. ebd.). Dabei kommt es vielfach zu Kooperationen mit dem Glasgow City Council, mit den zahlreichen lokalen InteressenvertreterInnen aus der Privatwirtschaft – häufig in Form von öffentlich-privaten Partnerschaften (PPP), mit der Zentrale von SEN in Edinburgh sowie der Scottish Executive und mit Institutionen der Wirtschafts- und Regionalförderung der EU. Durchschnittlich werden in den letzten Jahren zwischen zehn und zwanzig Prozent des Etats von SEG aus EU-Mitteln bestritten (vgl. ebd. u. Interview mit Kevin Kane/SEG). Die SEG spielt eine zentrale Rolle in der Kommunikation zwischen den öffentlichen und privaten Akteuren der Stadterneuerung, Stadtentwicklung und Wirtschaftsförderung (vgl. Bradtke 1993 und Stuart Gulliver im Interview).

Vor allem wird bei der Analyse der Berichterstattung über die Kooperationen der SEG deutlich, dass insbesondere ein interner Wettbewerb der SE-Filialen untereinander stattfindet. Die einzelnen Filialen treten dabei häufig unter hohem eigenen Ressourceneinsatz mit anderen staatlichen Institutionen, vor allem mit den lokalen Councils, wie auch mit anderen Filialen des SEN zeitweise in Kooperation und zeitweise in Konkurrenz. Dies verdeutlicht einerseits den starken Wettbewerb zwischen den schottischen Standorten. Andererseits wird unterstrichen, dass sich im Glasgower Raumkontext während der letzten drei Jahrzehnte der Wettbewerb der Standorte zu einer Konkurrenz der Wirtschaftsförderer entwickelt hat. Vor allem die historische Rivalität zwischen Glasgow und Edinburgh wird hierbei zur neuen Standortkonkurrenz zwischen den enorm ungleichen Stadtregionen Schottlands (vgl. Interview mit Ivan Turok und mit Iain Docherty).

Der Greater Glasgow Tourist Board and Convention Bureau/Greater Glasgow and Clyde Valley Tourist Board

> „The aim of the Board is to increase the number of visitors to the destination and to provide quality information services" (Eddie Friel/Direktor des GGCVTB).

Das heute privatwirtschaftlich arbeitende Unternehmen wurde 1983 gemeinsam von Akteuren aus der Privatwirtschaft und aus dem öffentlichen Sektor als „Greater Glasgow Tourist Board and Convention Bureau" (GGTB & CB) ins Leben gerufen. Es galt zunächst als stark abhängig vom „Glasgow District Council" und somit als „halbprivate" Organisation. 1989 wurde der (GGTB & CB) eigenständiges privatwirtschaftliches Unternehmen (vgl. Bradtke 1993:72f.). Infolge der ersatzlosen Streichung der regionalen Verwaltungen durch die konservative Regierung entstand 1996 als Resultat einer Analyse der Tourismusinfrastruktur in einer neuartigen regionalen Fusion der „Greater Glasgow and Clyde Valley Tourist Board" (GGCVTB). Mitglieder des räumlich neu gestalteten „Board" sind derzeit (Stand August 2003) der „Glasgow City Council" und die beiden angrenzenden Kommunen „Renfrewshire Council" und „South Lanarkshire Council", die das Unternehmen mit öffentlichen Geldern fördern. Weitere staatliche Unterstützung erfährt der „Glasgow Tourist Board" durch den „Scottish Tourist Board" und die „British Tourist Authority". Die jährlichen Ausgaben betragen ca. 3 Mio. britische Pfund (GGCVTB 2001 Annual Report 2001/2, S. 5). In den letzten Jahren arbeiteten im Durchschnitt über 60 hauptamtlich Angestellte im Auftrag des „GGCVTB". In ihren Aufgabenbereich fällt das Tourismusmarketing für die Stadt Glasgow und die gesamte Region am Clyde, die Information und Betreuung der Besucher des Großraumes Glasgow sowie die Förderung touristischer Einrichtungen (vgl. GGCVTB 2001 Annual Report 2001/2, S. 6).

Während des Geschäftsjahres 2001 wurden annähernd 3,7 Millionen Besucher im „Operationsgebiet" des GGCVTB gezählt. Über 80 Prozent der Touristen und Geschäftsreisenden kamen aus dem Vereinigten Königreich. Auf ca. 800 Millionen Pfund wird die Summe der Gesamtausgaben dieser Reisenden und der Beitrag der ortsansässigen Betriebe und Behörden zur Erhaltung und Verbesserung der Tourismus-Infrastruktur allein in diesem Zeitraum geschätzt. Über 50.000 Arbeitsplätze hängen im bezeichneten Einzugsbereich des GGCVTB vom Tourismus ab.

Die Glasgow Alliance

> „The Glasgow Alliance ensures that the regeneration of the city and its communities is fully co-ordinated and that the priorities for the city are addressed effectively and efficiently through the collaborative action of the partners" (Website der Glasgow Alliance).

Im Sommer 1998 wurde – als vorerst jüngster Akteur – die „Glasgow Alliance" (GA) gegründet. Als zentrale Aufgabe der Glasgow Alliance wird die Mediation gesehen. Den zehn Mitarbeiten von GA geht es in erster Linie darum, die verschiedenen öffentlichen und privaten Akteure, die im Glasgower Stadterneuerungs- und Stadtmarketingprozess engagiert sind, miteinander in Kooperation zu bringen. Glasgow Alliance wird zu über zwei Dritteln von der „Scottish Executive" finanziert. Annähernd ein weiteres Drittel des relativ kleinen Haushaltes von ca. 0,7 Mio. britischen Pfund setzt sich aus Beiträgen der Partner – vor allem des „City Council" und der öffentlichen Wohnungsbaugesellschaft „Communities Scotland" – zusammen (Interview mit Andrew Fyfe/Glasgow Alliance).

Die wichtigsten Partner der Glasgow Alliance sind somit: die „Scottish Executive", der „Glasgow City Council", „Scottish Enterprise Glasgow" und „Communities Scotland". Aber auch die „Strathclyde Police", der „Glasgow Council for the Voluntary Sector", der staatliche Gesundheitsdienst „NHS Greater Glasgow" und die Unternehmer-Gruppierung „Scottish Business in the Community" kooperieren intensiv mit der Glasgow Alliance.

Aus den sehr verschiedenen Positionen und unterschiedlichen Ressourcen der hier aufgelisteten Partner stellen sich der GA immense Koordinationsaufgaben. Insbesondere das Machtgefälle zwischen den einzelnen Partnern und vor allem zwischen der „Alliance" selbst und beispielsweise der „Scottish Executive", dem City Council und seinen eigenen Unterabteilungen z.B. der Abteilung „Glasgow Council for the Voluntary Sector" macht deutlich, dass ein eigener leitender Koordinationsanspruch, der bei der Gründung der GA ein wichtige Rolle spielte, nur äußerst schwierig einzulösen ist, „und dass die kooperative Moderation von Projekten zwischen den ‚großen' Akteuren das erste Ziel" der Beschäftigten darstellt (Iain Docherty im Interview).

In zahlreichen Interviews mit Akteuren des Stadtmarketings in Glasgow fiel des Weiteren auf, dass die „Glasgow Alliance" bisher nur sehr begrenzt als sinnvoller Moderator und somit als relevanter Mosaikstein im Stadtmarketingprozess angesehen wurde.

Der Versuch der sich nach dem Referendum von 1997 neu etablierenden schottischen lokalen und regionalen Eliten, durch die Gründung der GA die leitende Koordinationsfunktion für die Glasgower Projekte einer relativ kleinen, aber innovativen Agentur zuzuspielen, stellte sich bald als ambivalent dar. Einerseits ist ein „schlanker" Mediator (vgl. im Fallbeispiel Stuttgart: die „Stabsabteilung für Arbeits- und Wirtschaftsförderung") äußerst flexibel, weil er nicht die Interessen einer einzigen großen Institution vertreten muss. Andererseits jedoch scheint gleichzeitig in dieser „Leichtigkeit" der Organisation von „Glasgow Alliance" auch ihr größter Nachteil zu liegen: der Mangel, mit eigenem Gewicht in der Aushandlungssituation intervenieren zu können.

Glasgow Alliance ist somit folgenden beiden Gefahren ausgesetzt: Entweder sie wird zum stigmatisierten Sprachrohr oder gar zum Spielball der Interessen seiner mächtigen Partner. Oder sie wird als ein zu vernachlässigender Verhandlungspartner von der Mehrzahl der Akteure übergangen.

Die „Scientific Community" von Glasgow als Kommentatorin im stadt-
regionalen Marketing-Diskurs

„To paraphrase Adam Smith ‚cities are the wealth of nations'. Cities, with their diverse mix of industries, knowledge, and culture, are once again becoming the key engines of economic development. This means the lines we draw around cities really matter. The importance of city boundaries is often lost in the heat of the debate between politicians and interest groups accompanying proposals for change" (Docherty 2001:13).

Die Kooperation zwischen Stadt und Umland sowie auch das Thema „Urban Marketing" steht seit einiger Zeit im Mittelpunkt eines Diskurses zwischen Mitgliedern der „Scientific Community" von Glasgow. Dieser Diskurs wird sowohl in den Fachzeitschriften, wie z.B. in der in Glasgow vom „Department of Urban Studies" herausgegebenen Zeitschrift „Urban Studies", als auch in der Tagespresse, in Sonderpublikationen und in Interviews mit den lokalen Meinungsbildnern kontrovers diskutiert werden.[76]

Stadt- und Regionalforscher der „University of Glasgow" sowie Wissen-schaftlerInnen der University of Strathclyde nehmen seit dem Beginn der 1990er-Jahre an einem teils öffentlich geführten und teils hinter „verschlos-senen Türen" stattfindenden kritischen Diskurs über das Stadtmarketing Glasgows teil, der sich in den letzten Jahren vor allem mit der Stadt-Umland-Problematik auseinander setzt.

„Die Geschichte Glasgows" – so Iain Docherty vom „Department of Ur-ban Studies" – „ist die Geschichte einer räumlich streng eingeengten Stadt" (Iain Docherty im Interview). Diese enge räumliche Begrenzung habe – laut Docherty – „zuallererst politische Gründe": Während im schottischen Vergleich die Grenzen der Städte Aberdeen, Dundee und Edinburgh noch in den 1970er-Jahren weiter in das Umland hinein verlegt wurden, muss Glasgow, die größte schottische Stadt, in ihrem Korsett der Stadtgrenzen des 19. Jahrhunderts verharren. Bedingt ist dieser Zustand, wie auch ver-gleichsweise in vielen deutschen Agglomerationen, durch die vehementen „Widerstände kommunaler Mandats- und Funktionsträger", die ein „indivi-duelles Sich-Abschotten" einer Stadt-Umland-Kooperation vorziehen

---

[76] Vgl. Paddison (1993), Docherty (2001), Booth (1996).

(Heinz 2000a:7). Hierbei ist im Fall Glasgow offensichtlich, dass die zunehmende funktionale Verflechtung von Kernstadt und Umland von allen InhaberInnen der Führungspositionen wahrgenommen wird. Aus fiskal- und steuerpolitischen Gründen lehnen jedoch die Umlandgemeinden um Glasgow jeden Versuch der Bildung neuer Stadtgrenzen oder die Entwicklung einer „Regionalstadt" vehement ab. Vor allem die Kritiker aus der Glasgower „Scientific Community" bemängelten in den mit ihnen von mir durchgeführten Interviews sowie in einigen Publikationen die „egozentrischen" Positionen der Mehrheit der Umlandeliten.[77]

Zusammenfassung: Glasgows Stadtentwicklung im akteurspolitischen Rückblick

Die drastischen Veränderungen in der Wirtschaftsstruktur Glasgows von der Schiffbarmachung des Clyde im 18. Jahrhundert – über die Krisen der Schwerindustrie am Ende des 19. und zu Beginn des 20. Jahrhunderts – bis zur Entwicklung zu einer kulturtourismusorientierten Dienstleistungsstadt in den 1990er-Jahren spiegeln sich in der Gestalt der Stadt in besonderer Weise wider: Der enorm schnelle Anstieg und der frappante Rückgang der Einwohnerzahlen stellen einen direkten Indikator für die lokale Wirtschaftsattraktivität der Stadt innerhalb der letzten 150 Jahre dar. Somit nimmt mit der mangelnden Attraktivität Glasgows als Ort des Erwerbs von den 1950er-Jahren an auch die Attraktivität der Großstadt am Clyde als Wohnstandort drastisch ab. Bereits eingeleitet durch den endgültigen Niedergang der schwerindustriellen Monostruktur vom Ende des Zweiten Weltkrieges an und verstärkt durch die Krise Glasgows als Seehandelsmetropole, führt die „Stadtflucht" in Glasgow zwischen 1960 und 1975 zu einem Rückgang der Einwohnerzahlen um über 25 Prozent.

Erst nach einer langen Phase „kommunalpolitischer Stadtzerstörung", für den heute vornehmlich der „Clyde Valley Regional Plan" verantwortlich gemacht wird, fokussieren die verantwortlichen politischen Eliten von den 1970er-Jahren an im Rahmen des „West Central Scotland Plan" eine regionale Politik der Wirtschaftsförderung, die eine erste Revitalisierung der Innenstadt Glasgows ermöglicht.

---

[77] Vgl. Paddison (1993), Docherty (2001), Booth (1996) [siehe auch die Analyse der Interviews in Kapitel VI].

Weitere Entwicklungspolitiken auf regionaler Ebene wurden gemäß dem „Strathclyde Structure Plan" von den 1980er-Jahren an maßgeblich von den zentralstaatlich ausgerichteten „Local Development Agencies" gefördert, die – vor allem nach der endgültigen Abschaffung der regionalen Verwaltungsebene von Strathclyde 1997 – mit zahlreichen kommunalen Akteuren in einem komplexen „Konkurrenz- und Kooperationsverhältnis" stehen. Seit der Wiedereinsetzung des schottischen Parlamentes nimmt die schottische Regierung in Edinburgh entscheidenden Einfluss auf die Koordination dieser Akteure.

Bereits seit der Mitte der 1970er-Jahre nimmt die Anzahl der Akteure sowie der Einfluss der von den Zentralregierungen in London und Edinburgh dirigierten „Local Development Agencies" kontinuierlich zu. Zu beobachten ist außerdem, dass Glasgows Standortförderung, Tourismusmarketing und Innenstadtentwicklung zum einen die Strukturen zentralstaatlich-interventionistischer Politik nachzeichnet. Zum anderen spiegelt Glasgows Stadtmarketing ebenso den Charakter der Diversität und Fragmentierung wider, der für „Mixed Economies" (Schwengel 1990:30) typisch zu sein scheint. Hierbei kooperieren private Akteure mit öffentlichen Dienstleistern ebenso selbstverständlich, wie öffentliche Institutionen innerhalb Glasgows gegeneinander konkurrieren. Insbesondere das private Engagement seitens der lokalen Wirtschaftselite (ursprünglich verkörpert in Glasgow Action) in Kombination mit staatlichen Förderinitiativen lassen während der 1980er- und vor allem in den 1990er-Jahren zahlreiche Kultur- und Tourismusmarketingprojekte entstehen. Die große Mehrzahl dieser Projekte wurde von Akteuren mitinszeniert, die in ein kontrastreiches Mosaik eingebunden waren. Die Politik der „Devolution" und damit die Zentralität des neuen schottischen Parlamentes unterstrich und beeinflusste in den letzten Jahren den Charakter dieses Mosaiks. Die ersten Folgen stellen sich in einer zunehmenden Polarisierung zwischen wenigen einflussreichen bzw. dominanten Akteuren und vielen „Ko-Akteuren" dar.

Zu einer ersten Analyse der kommunalpolitischen Problemlagen in Schottland

Da die schottische Kommunalpolitik, auch bedingt durch die Reformarbeit des seit 1999 wiedergegründeten Parlaments, sich derzeit in einer Umbruchphase befindet, kann nur unter Vorbehalt eine Bilanz der Politik der „Devolution" für die schottische Kommunalpolitik gezogen werden. Betrachtet man den im Frühjahr 2003 verabschiedeten „Local Government Act", so ist anzunehmen, dass die althergebrachte Politik der Zentralisierung – jetzt ausgerichtet auf das neue schottische Parlament – fortgesetzt werden wird. Noch ist allerdings nicht absehbar, welche raumpolitischen Resultate das gegenwärtige Ringen um Macht und Einfluss zwischen verschiedenen Akteuren der kommunalen Ebene und dem sich etablierenden schottischen Parlament hervorbringen wird.

Analyse I: Tertiärisierung und Stadtmarketing

Die Transformation der Glasgower Wirtschaftsstruktur: der Prozess des Wandels weg von der von Schwerindustrie und insbesondere vom Schiffsbau geprägten Ökonomie hin zu einer an Dienstleistung und insbesondere am (Kultur-)Tourismus orientierten Wirtschaftsform, eröffnet im Kontext der regionalen Raumpolitik zentrale Erkenntnisse und Einsichten über die Stadtmarketing- und Positionierungsprozesse im Postfordismus. Mit dem Ende des fordistisch geprägten, klassischen Industriestandortes und mit der Entwicklung hin zur Dienstleistungsstadt geht in Glasgow die Gründung einer spezifischen Kulturökonomie einher. Staatliche bzw. intermediäre öffentlich-private Akteure und Initiativen spielen bei dieser Gründung eine entscheidende Rolle. Insbesondere die beiden großen Festivals der 1990er-Jahre: das „Year of Culture" im Rahmen der Ernennung Glasgows zur „Kulturhauptstadt Europas" im Jahr 1990 und die Nominierung Glasgows zur „UK-City of Architecture and Design – 1999" prägen das Stadt- und Tourismusmarketing des Glasgow der Gegenwart.

Analyse II: Glasgows Erfahrungen im doppelt kompetitiven Mehrebenen-Akteursnetzwerk

Durch die Verfasstheit der britischen (bzw. schottischen) Kommunalpolitik entstanden bereits am Ende der 1970er-Jahre heterogene, temporär-projektbezogene und somit – im engeren Sinne – „nicht-institutionalisierte" Mehrebenen-Akteursnetzwerke, die kontinuierlich einem hohen Erfolgsdruck ausgesetzt waren.

Bedingt durch die Konflikthaftigkeit des Verhältnisses zwischen den jeweiligen Zentralregierungen (ehem. Scottish Office/aktuell: Scottish Executive) und den kommunalen und regionalen Elitenmilieus (ehem. District Council/aktuell: City Council) entwickelte sich ein kompetitives Arrangement von Akteuren, das auch das Glasgower System des Stadtmarketings nachhaltig formte.

Auf der Basis dieser komplexen und konflikthaften Elitenarrangements ist insbesondere eine zunehmende „Überhitzung der Konkurrenzsituation" zu erkennen. Einzelne, in vielen Fällen ursprünglich als Moderatoren vorgesehene Akteure werden in dieser kompetitiven Situation sowohl innerhalb der allgemeinen raumpolitischen Kontexte als auch innerhalb des Stadtmarketingmosaiks aufgrund ihrer mangelnden Ressourcen zunehmend in die Isolation getrieben. Beispiele dafür sind die Schwierigkeiten der „Glasgow Alliance", sich innerhalb Stadtmarketingmosaiks zentral zu positionieren und sich – wie ursprünglich geplant – als „Mediatorin" einzusetzen. Analysiert man die beschriebene Akteurskonstellation genauer, so ist eine zunehmende Polarisierung der im Stadtmarketing engagierten Organisationen und Gruppen festzustellen. Einflussreiche Akteure – wie z.B. die „Scottish Enterprise Glasgow" können aufgrund ihrer (Ressourcen-)Autonomie ihr Engagement und ihre Gestaltungsmacht kontinuierlich ausbauen. Auf kooperative Beziehungen ausgerichtete Gruppen bzw. „Ko-Akteure", die mit nur sehr begrenzten Eigenressourcen ausgestattet sind, geraten dabei in die Gefahr, im Abseits des Stadtmarketingprozesses positioniert zu werden.

Kapitel 5: Stuttgart – Stadtmarketing im regionalen Kontext

Im folgenden Kapitel wird das Stadtmarketing der baden-württembergischen Landeshauptstadt Stuttgart untersucht. Nach einer Beschreibung der geographischen Lage und einer Darstellung ausgewählter Entwicklungen in der Stadtgeschichte Stuttgarts wird die raumpolitische Verfasstheit der 1994 gegründeten Gebietskörperschaft „Region Stuttgart" als Aushandlungsergebnis und -projekt zwischen Kernstadt und Umland thematisiert. Daran anschließend wird die ökonomische Struktur und die Einbettung Stuttgarts in ihren regionalökonomischen Kontext vorgestellt. Den Schwerpunkt dieser Fallstudie stellt, ebenso wie im Fall Glasgow, die Darstellung der einzelnen Stadtmarketingprojekte und -akteure dar. Insbesondere wird auf das strategische Ziel der Attraktivitätssteigerung und auf die Positionierung Stuttgarts im europäischen und globalisierten Raum eingegangen. Das Kapitel schließt mit einer „kleinen Fallstudie" zur Bewerbung Stuttgarts um den Austragungsort der olympischen Spiele 2012 und einem Überblick über das aktuelle Mosaik der Stuttgarter Stadtmarketingakteure.

5.1. Stuttgart: Geographische Beschreibung und Einordnung von Stadt und Region

Im Folgenden sollen die geographischen Bedingungen sowie die Positionierungen Stuttgarts im europäischen Raum einführend dargestellt werden. Hierbei soll vor allem die polyzentrische Struktur des Umlands der Kernstadt Stuttgart hervorgehoben werden.

Die Region Stuttgart stellt einen Typus einer „modernen Stadtlandschaft" dar, der die sozialgeographische bzw. soziologische Unterscheidung „zwischen Stadt und Land" in Frage stellt.[78] Bedingt durch spezifische historische, wirtschaftliche und nicht zuletzt auch topographische Gegebenheiten entstand mit der Region Stuttgart eine Siedlungsagglomeration rund um eine Kernstadt. Die Kernstadt selbst ist dabei ihrerseits von „einem Ring kleinerer Kerne" umgeben (Wick 1998:57). Das in erster Linie auf die intraregio-

---

[78] Vgl. Wick (1998:57) sowie Berking (1999:15ff.).

nale Mobilität der Bewohner und auf den Austausch von Wirtschaftsgütern gestützte Netzwerk „Region Stuttgart" entwickelte sich laut Roland Wick aus einem „Nebeneinander der Elemente" (ebd.). Hierbei ist zu beachten, dass die Kernstadt als „Hauptzentrum des Gewerbes" (ebd.) zunehmend durch den Mangel an verfügbaren Produktionsflächen in ihrer Entwicklung eingeschränkt war. Infolge der Raumverknappung in der Kernstadt Stuttgart verdichteten sich die Zonen am Kernrand der Stadt, und suburbane Räume wuchsen an zahlreichen Schnittstellen zwischen Land und suburbanisiertem Raum weiter ins Land hinein.

5.1.1. Die Stadt Stuttgart: Größe und Ausdehnung

> „So wie Venedig nicht Venedig wäre, wenn es nicht mehr in seiner La-
> gune läge, so wenig würde Stuttgart Stuttgart bleiben, wenn man es
> aufs flache Land verlagern würde" (Mall 2001: 15).

Die „mittlere Großstadt" Stuttgart liegt mit ihren ca. 590.000 Einwohnern[79] in einem rund 200 Quadratkilometer großen Talkessel des Nesenbachs und des Vogelsangbachs. Dieser Kessel bildet ein großes Oval, dessen 25 km lange Längsachse von Südwesten nach Nordosten ausgerichtet ist. Die größte Ausdehnung in Nord-Süd-Richtung beträgt 19,4 km, in Ost-West-Richtung sind es 20,4 km. Der tiefste Punkt Stuttgarts liegt 207 Meter über N.N., der höchste Punkt 549 Meter über N.N. Die statistische Bevölke-rungsdichte beträgt rund 2.700 Einwohner pro Quadratkilometer. Die eigentliche Dichte ist allerdings um einiges höher, denn von der 207 Quad-ratkilometer großen Gemarkung der Stadt entfallen mehr als die Hälfte auf Wald-, Acker- oder Grünflächen. Dies brachte in den 80er-Jahren der Stadt den Tourismusmarketing-Slogan: „Großstadt zwischen Wald und Reben" ein. Die obige Abbildung stellt die mit den letzten Eingemeindungen 1942 abgeschlossene heutige Gliederung Stuttgarts in 23 Stadtbezirke dar.

---

[79] Stand August 2003.

Djuritschek/Stadtplanungsamt Stuttgart

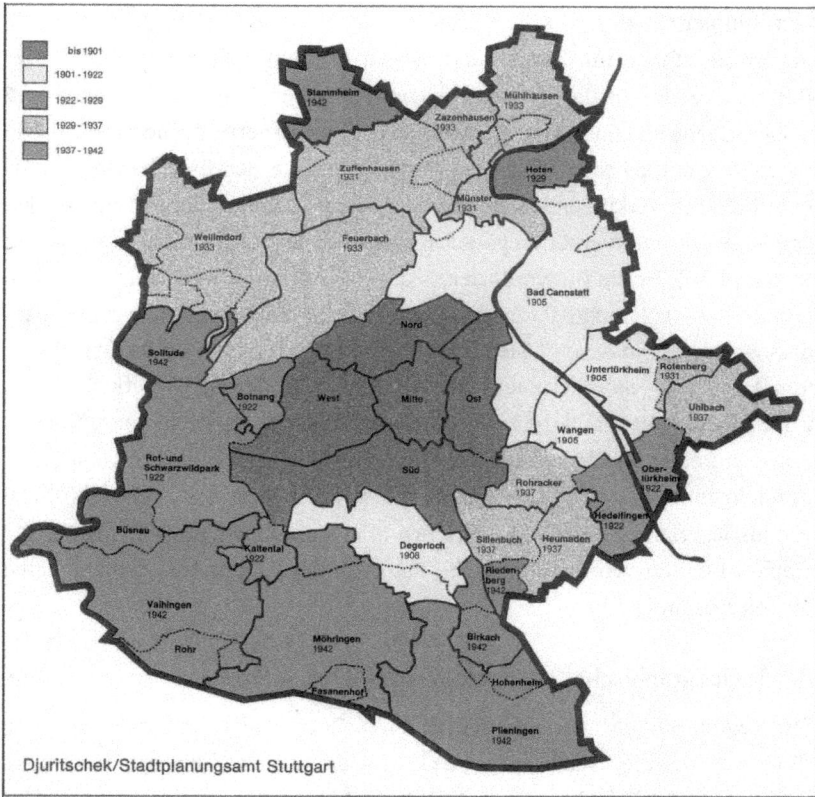

Abbildung: Die Stadt Stuttgart mit ihren Eingemeindungen von 1901 bis zur Gegenwart.
Aus: Borst, Otto (1986:561)

5.1.2. Die europäische Positionierung der baden-württembergischen Landeshauptstadt

„Stadtentwicklung läßt sich heute nicht mehr aus lokalen Bedürfnissen und Perspektiven bestimmen. Wir können heute beobachten: Für eine wachsende Zahl in- und ausländischer Städte wird der gemeinsame Europäische Markt mit seinem freien Verkehr von Menschen, Gütern und Dienstleistungen der Ausgangspunkt neuer Visionen für die Stadtentwicklung" (Pesch 1998: 21).

Um Stuttgarts geographische Positionierung zu beschreiben, macht es Sinn, die größte Stadt im Bundesland Baden-Württemberg zunächst aus der Perspektive des deutschen und des europäischen Wirtschaftsraumes und insbesondere im Kontext der jeweiligen Verkehrsnetze zu betrachten. Die durch das europäische Hochgeschwindigkeitsnetz der Eisenbahnen kontinuierlich sich verkürzenden Distanzen zu den Zentren Frankfurt im Norden (Ziel der Fahrzeitverkürzung auf maximal 1:15 h Fahrzeit), Mailand im Süden (4:30), Berlin im Nordosten (s.o. 5:30 – *4:30*), München im Südosten (s.o. 2:10 – *1:30*) und Paris im Westen (3:30) dokumentieren zum einen, dass Stuttgart in das von Osten nach Westen gerichtete „Entwicklungsband" von Paris über Straßburg und Wien bis nach Budapest eingeflochten ist. Zum anderen aber stellt die baden-württembergische Landeshauptstadt einen Punkt auf einer als „Blaue Banane" bezeichneten – oder wie auch immer zu bezeichnenden – zentral-europäischen Nord-Süd-Achse dar. Die nördliche Raum-Begrenzung dieses europäischen „Entwicklungs-Clusters" wird in der Region London verortet. Im Süden hat es in der Region um Mailand seine letzten Ausläufer.[80]

5.1.3. Geographische Beschreibung der Region Stuttgart

Die Region Stuttgart wird gebildet durch die Kernstadt Stuttgart selbst sowie fünf weitere die Stadt umgebende Landkreise: Böblingen, Esslingen, Göppingen, Ludwigsburg und den Rems-Murr-Kreis. Insgesamt 179 Gemeinden bilden somit die Region Stuttgart. Die Ausdehnung zwischen der Ostgrenze der Region und der Westgrenze beträgt ca. 100 km, zwischen der Nord- und Südgrenze erstreckt sich die Region über ca. 70 km. Die Region ist ein polyzentrisches Netz mit dem Oberzentrum der Stadt Stuttgart.

---

[80] Vgl. u.a. Sinz (1993) und Kunzmann (1993) sowie van der Meer (1998:24).

Abbildung: Region Stuttgart (aus Kreh, Oliver/ IHK Region Stuttgart [Hg.] 2002:9)

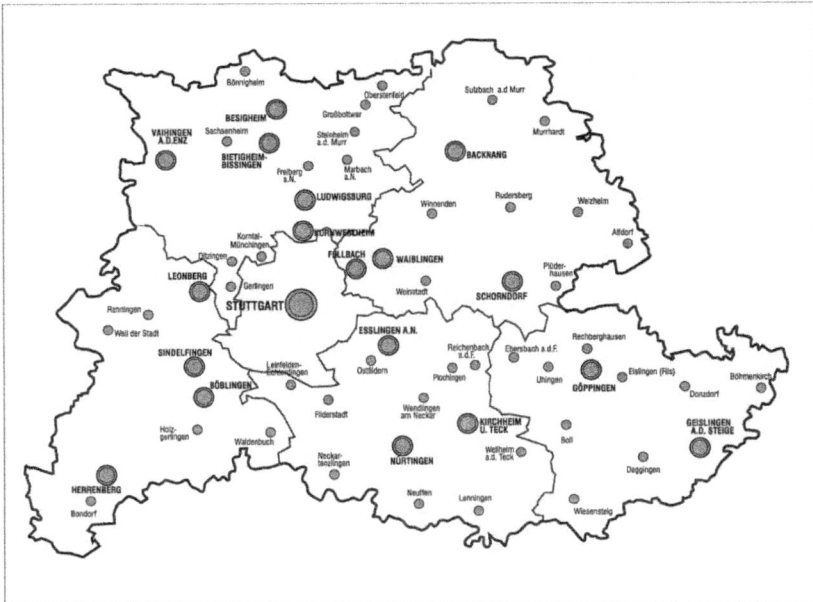

Abbildung: Polyzentrische Region Stuttgart (aus: Weber, F. / Pluta, K. / IHK Region Stuttgart [Hg.] 2002:1)

Während zum so genannten „Verdichtungsraum Stuttgart" auch die Städte Heilbronn im Norden und Tübingen sowie Reutlingen im Süden hinzuzurechnen sind, grenzt sich das politische Gebilde „Region Stuttgart" im Norden und Süden insbesondere durch die Daten des typischen Pendlereinzugsgebietes ab und bindet somit diese drei Städte nicht in die Region mit ein (vgl. Gaebe 1997b:9).

Auf der Fläche der Region Stuttgart von ca. 3650 Quadratkilometern (einem Zehntel der baden-württembergischen Landesfläche) wohnten ein Viertel der Landesbevölkerung, ca. 2,6 Millionen Menschen (Kreh 2002:6). „Zusammen mit dem Rhein-Main-Gebiet um Frankfurt und dem Großraum München zählt die Region Stuttgart zu den wichtigsten Wirtschaftszentren Deutschlands" (Maier 1996:39).

	Zahl der Gemeinden	Fläche in km²	Bevölkerung 1970	1980	1990
Stadt Stuttgart	1	207,3	633.158	583.442	570.699
Landkreis Böblingen	26	617,8	260.875	303.181	328.050
Landkreis Esslingen	44	641,4	424.611	459.022	473.625
Landkreis Göppingen	38	642,3	227.220	229.482	238.263
Landkreis Ludwigsburg	39	687,3	397.506	433.369	457.343
Rems-Murr-Kreis	31	858,2	331.420	355.017	373.065
Region Stuttgart	179	3654,4	2.274.790	2.363.513	2.441.045
Baden-Württemberg	1111	35752,0	8.895.048	9.216.266	9.618.696

	Bevölkerung 1998	1999	2000	Veränderung 2000/1970	2000/1990
Stadt Stuttgart	585.274	581.961	582.443	-8,0%	2,1%
Landkreis Böblingen	356.164	359.205	362.048	38,8%	10,4%
Landkreis Esslingen	493.131	494.686	497.826	17,2%	5,1%
Landkreis Göppingen	254.929	255.207	256.136	12,7%	7,5%
Landkreis Ludwigsburg	489.007	491.690	495.443	24,6%	8,3%
Rems-Murr-Kreis	403.108	404.378	407.213	22,9%	9,2%
Region Stuttgart	2.581.613	2.587.127	2.601.109	14,3%	6,6%
Baden-Württemberg	10.396.610	10.426.040	10.475.932	17,8%	8,9%

Abbildung: Fläche und Bevölkerung (aus: Kreh, Oliver / IHK Region Stuttgart [Hg.] (2002:54)

	Region Stuttgart	Baden-Württemberg	Deutschland	Anteil der Region an Baden-Württ.	Anteil der Region an Deutschland
Gebiet und Bevölkerung, 31.12.99					
Landesfläche, km²	3.654	35.752	357.021	10,2%	1,0%
Kreisfreie Städte	1	9	116	11,1%	0,9%
Landkreise	5	35	323	14,3%	1,5%
Gemeinden	179	1.111	14.302	16,1%	1,3%
Bevölkerung, in 1000	2.601.109	10.475.932	82.163.500	24,8%	3,2%
darunter Ausländer	451.446	1.305.175	7.365.800	34,6%	6,1%
Bruttowertschöpfung 1996, unbereinigt					
in Mrd. Euro	71,6	248,6	1.833,8	28,8%	3,9%
In Euro je Erwerbstätigem	58.131	53.957	50.592		
Erwerbstätige, April 99					
Erwerbstätige insgesamt	1.237.900	4.842.800	35.860.000	25,6%	3,5%
darunter Selbständige	113.900	476.600	3.594.000	23,9%	3,2%
Bevölkerungsstruktur April 1999, Anteile an der Gesamtbevölkerung					
unter 15 Jahren	16,1%	16,7%	15,8%		
15 bis unter 45 Jahren	41,3%	41,1%	42,5%		
45 bis unter 65 Jahren	27,0%	26,1%	25,8%		
65 Jahre und mehr	15,6%	16,1%	15,9%		

Abbildung: Stuttgart, Baden-Württemberg und Deutschland im Vergleich. Aus: Kreh, Oliver / IHK Region Stuttgart [Hg.] (2002:54)

Kernstadt und Region Stuttgart zeichnen sich somit zum einen durch ihre relativ günstige Lage im Hinblick auf regionale Raumstrukturbetrachtungen – wie die z.B. auf das polyzentrische Stadtraummodell – aus. Zum anderen gilt der Raum „Mittlerer Neckar" bzw. die Region Stuttgart im Hinblick auf die im ersten Kapitel vorgestellten europäischen Raumstrukturmodelle – wie z.B. die „Blaue Banane" – als wirtschaftsgeographisch begünstigte Entität. Das Prestige der Kernstadt wird zudem durch ihren Status als baden-württembergische Landeshauptstadt untermauert. Dem Stuttgarter Umland wird zusammen mit der Stadt Stuttgart die dominierende wirtschaftliche Position im Südwesten der Bundesrepublik zugesprochen. Insbesondere durch seine eigenen ökonomischen Ressourcen sowie durch die autonomen Kompetenzen der fünf Landkreise (mit ihren 178 selbstständigen politischen Gemeinden) außerhalb Stuttgarts stellt die Umlandregion eine Akteurs-konstellation von großem wirtschaftlichem und politischem Gewicht dar (vgl. dazu insb. Abschnitt 5.4.1).

5.2. Die Geschichte Stuttgarts bis zum Ende des Zweiten Weltkrieges im Überblick

Im Folgenden soll ein kurzer einführender Überblick über die geschichtliche Entwicklung Stuttgarts von der Stadtgründung bis zum Ende des Zweiten Weltkrieges gegeben werden. Hierbei steht vor allem die Genese der „In-dustriestadt Stuttgart" und ihrer politischen Konturen im Mittelpunkt.

5.2.1. Kurze Chronologie der Landeshauptstadt

Bis 926 war das Nesenbachtal nicht viel mehr als eine große, feuchte Wiese (vgl. Mall 2001:46). Herzog Hermann I. legte in jenem Jahr einen Gestüts-hof an, der damals als „Stuotgarte" (Stutengarten) bezeichnet wurde, woraus sich der Name „Stuttgart" entwickelte. 1160 wurde dieser Name erstmals urkundlich erwähnt. Zwischen 1218 und 1245 erhielt Stuttgart alle Stadt-rechte. 1254 erhob Markgraf Hermann V. von Baden Stuttgart zur Stadt.

Im 14. Jahrhundert wurde Stuttgart die Residenzstadt der Württemberger. Von 1495 bis 1803 war Stuttgart überwiegend Haupt- und Residenzstadt des Herzogtums Württemberg. Zwischen 1803 und 1805 nannte Stuttgart sich „Haupt- und Residenzstadt des Kurfürstentums". Von 1806 bis 1918 war Stuttgart Haupt- und Residenzstadt des Königreichs Württemberg.

In der Zeit von 1918 bis zum Ende des Zweiten Weltkrieges war Stuttgart Landeshauptstadt von Württemberg – von 1945 bis 1952 Hauptstadt des Landes Württemberg-Baden, und seit 1952 schließlich ist Stuttgart die

Hauptstadt von Baden-Württemberg. Am 1. Januar 1977 erhielt Stuttgart von der Landesregierung die amtliche Bezeichnung „Landeshauptstadt".

In den letzten einhundert Jahren vergrößerte sich das Stadtgebiet enorm. 1905 fand die „Elefantenhochzeit" zwischen Stuttgart und Cannstatt statt, damals eine Fusion der größten mit der viertgrößten Stadt im kleinen Königreich. 1908 folgte die Eingemeindung Degerlochs. 1922–42 wurden schließlich weitere 16 Orte eingemeindet: Feuerbach, Mühlhausen, Weilimdorf und Zazenhausen (alle vier im Mai 1933); Sillenbuch, Heumaden, Rohracker und Uhlbach (alle vier 1937); Birkach, Riedenberg, Sonnenberg, Plieningen, Hohenheim, Stammheim, Vaihingen und Rohr (alle acht 1942) (vgl. Borst 1986:398 und Sauer 1991:72).

5.2.2. Stuttgart entwickelt sich zum Industriezentrum

In und um Stuttgart wurden niemals nennenswerte Rohstoffvorkommen gefunden, die ja sonst typische Schrittmacher der Entwicklung für die meisten großen Industriezentren in Europa darstellten. Stuttgart und sein Umland war auch nicht an einer der alten Handelsstraßen gelegen. Ohne die sukzessive Entwicklung der schwäbischen Eisenbahn vom Beginn des 19. Jahrhunderts an ist die Industrialisierung Stuttgarts daher nicht zu erklären. 1846 wurde der erste Bahnhof in Stuttgart, damals ein Residenzstädtchen von 50.000 Einwohnern, in Betrieb genommen. Fünfundzwanzig Jahre später (1871) war die Zahl der Stuttgarter bereits auf über 90.000 angewachsen. Die Anzahl der meist sehr kleinen Fabriken hatte sich in diesem Zeitraum verzehnfacht. Und der Trend zum Bevölkerungswachstum hielt weiterhin an: Wiederum fünfundzwanzig Jahre später, um die Jahrhundertwende, hatte sich die Einwohnerzahl von 1871 bereits wieder verdoppelt.

Die traditionell kleingewerbliche Wirtschaftsstruktur zusammen mit verschiedenen religiös-kulturellen Bedingungen, u.a. der protestantisch-pietistischen Prägung der Bevölkerung im Neckartal, aber vor allem auch dem innovativen „Esprit" der entstehenden Großstadt, ließen Stuttgart um die Jahrhundertwende zu einer der geschäftigsten und modernsten Städte im Kaiserreich werden (vgl. Sauer 1997:32–34).

Das neue Wirtschaftszentrum dehnte sich auch administrativ aus: 1905 erfolgten mit dem „Vereinigungsvertrag" mit Cannstatt und 1908 mit der

Eingemeindung Degerlochs die ersten großen politischen Ausdehnungen des Stuttgarter Verwaltungsbereichs.

Unter Karl Lautenschlager, der 1911 mit knappem Vorsprung die OB-Wahl gegen seinen sozialdemokratischen Kontrahenten Hugo Lindemann für sich entscheiden konnte, verfestigte sich das Bild Stuttgarts als moderner Großstadt. Insbesondere die Fertigstellung der Weißenhof-Siedlung im Jahr 1927, die im Auftrag der Stadt Stuttgart als Mustersiedlung für die Werkbundausstellung errichtet wurde und die unter Beteiligung von Architektengrößen wie Ludwig Mies van der Rohe, Le Corbusier, Walter Gropius und Hans Scharoun entstand, sollte Stuttgart als moderne Metropole der Weimarer Republik präsentieren. Zeitgleich entstand zwischen 1914 und 1927 der neue Hauptbahnhof unter Regie von Paul Bonatz, sowie als weitere Beispiele des neuen Bauens der Tagblatt-Turm (Architekt: E. Otto Oßwald) und das später im Kontext des Stadtumbaus 1960 abgerissene Kaufhaus Schocken (erbaut von Erich Mendelsohn).

5.2.3. Stuttgart und die Diktatur

Stuttgart wurde – mit seinen sich meist während der Weimarer Republik die Waage haltenden Fraktionen aus den Rängen der bürgerlichen und der sozialdemokratischen Gruppen – vom Sommer 1933 an von Karl Strölin regiert. Lautenschlager, der seit 1911 als OB die Stadt regiert hatte, wurde abgesetzt. Noch 1931 hatte Strölin als OB-Kandidat der NSDAP gegen Lautenschlager die Wahl haushoch verloren (Borst 1986:405).

Als „typischer Schreibtischtäter" wurde Strölin verantwortlich für die Politik der Einschüchterung, Unterdrückung und des Mordes, die auch in Stuttgart unter dem Hakenkreuz betrieben wurde. Bereits von Beginn seiner Amtszeit an verwaltete Strölin die Entmachtung der demokratisch gewählten Organe und die Gleichschaltung der Presse. Die Stuttgarter Öffentlichkeit wurde vor allem durch den kirchlichen Widerstand und durch verschiedene, zum Teil im Untergrund arbeitende Medien über die Ermordung psychisch Kranker und geistig Behinderter, die antisemitischen Ausschreitungen während der Pogromnacht, die Deportationen der Stuttgarter Juden und über die Zwangsarbeit an der Autobahnbaustelle am Leonberger Dreieck informiert. Doch wenn es auch viele Stuttgarter gerne so gehabt hätten: Stuttgart war deshalb noch kein wirkliches Zentrum des Widerstandes im „Dritten Reich".

Auch die langfristigen Stadtplanungen Strölins, die ganz auf der Linie der NSDAP unter anderem den Abriss der Wohnungen im historischen Stadtkern Stuttgarts anvisierten, an deren Stelle staatliche Repräsentationsbauten treten sollten, wurden vornehmlich aus Mangel an Ressourcen nicht realisiert (vgl. Mall 2001:61).

5.2.4. Stuttgart am Ende des Zweiten Weltkrieges

Nach dem Zweiten Weltkrieg prägte zuerst der parteilose Kommunalpolitiker Arnulf Klett (1905–1974) als Oberbürgermeister 29 Jahre lang das Bild Stuttgarts. Kurz vor Kriegsende hatte sich eine Gruppe von Bürgern gebildet, die die zerstörerische Verteidigung der Stadt zu verhindern suchte. Klett, der als bekannter Rechtsanwalt und Nazigegner aufgrund seines Einsatzes für die Pressefreiheit für kurze Zeit während des Krieges im KZ inhaftiert worden war, wurde Sprecher dieser Gruppe. Diese erreichte es, dass die Stadt bereits vor Kriegsende am 22. April 1945 dem französischen Kommandanten übergeben wurde (Mall 2001:63). Arnulf Klett wurde später als Oberbürgermeister auch von den Amerikanern, die am 8. Juli 1945 die Franzosen in der Villa Reitzenstein ablösten, im Amt bestätigt. Nachdem am 26. Mai 1946 nach zwölf Jahren Diktatur der erste demokratische Gemeinderat gewählt worden war, bestätigte auch dieser Arnulf Klett in seinem neuen Amt. Und 1948 schließlich legitimierte ihn auch das Stuttgarter Volk durch direkte Wahl – ebenso 1954 und 1966. Klett blieb 29 Jahre lang bis zu seinem Tode am 14. August 1974 Oberbürgermeister von Stuttgart.

5.2.5. Zwischenfazit

Aus einer relativ abgelegenen kleinen Siedlung entwickelte sich unter dem Einfluss der Monarchen eine politisch zentrale Residenzstadt, die durch die Industrialisierung spätestens von Anbeginn des 20. Jahrhunderts an als „moderne Großstadt" gilt.

Am Ende des Zweiten Weltkrieges steht Stuttgart – wie zahlreiche Städte in Europa – vor einem politischen und wirtschaftlichen Neubeginn. Dieser wird zum einen durch die lokale Politik der jeweiligen Siegermacht und zum anderen durch das Ausmaß der Zerstörung der Stadt und die jeweiligen wirtschaftlichen Bedingungen für den Wiederaufbau bestimmt.

5.3. 1945–1974: Stuttgarts Entwicklung unter der Ägide von Arnulf Klett

> „Auch dass Klett gerne mit einem Porsche durch die Stadt raste, würde heute weniger humorvoll aufgenommen (einmal fuhr er mit seinem Sportwagen sogar direkt in den Saal)" (Mall 2001:388).

Im folgenden Abschnitt wird der Wiederaufbau des Stuttgarter Wohn- und Arbeitsraumes sowie die Entwicklung der Stadt hin zu einer mehr und mehr vom Individualverkehr und vor allem vom Automobil gekennzeichneten Stadt dargestellt. Die Merkmale der Ära Klett der 1950er- und 1960er-Jahre werden zusammengefasst darstellt.

In einem einführenden Absatz wird mit der Beschreibung der zentralen Rolle der Bürgermeister in der baden-württembergischen Kommunalpolitik gleichzeitig eine wichtige politische Rahmenbedingung für die Stadtentwicklung Stuttgarts von der Ära Klett bis zur Gegenwart vorgestellt.

5.3.1. Die zentrale Rolle der Bürgermeister

Die Bürgermeister in Baden-Württemberg prägen die Stadtpolitik in besonderer Weise. Direkt vom Volk gewählt, verfügen sie über *die* demokratische Legitimation per se. Da im Südweststaat Parteien und kommunale Wählervereinigungen über kein „Präsentationsrecht" verfügen und somit nicht fraktionsintern eine Auswahl der Bewerber treffen, können die Parteien in der Zeit vor der Wahl nur sehr begrenzt Einfluss auf die Kandidaten nehmen. Die aus den Volksabstimmungen hervorgehenden Bürgermeister agieren in der Folge in ihrem Amt daher auch mit relativ großer Unabhängigkeit (vgl. Wehling 2000:173). Des Weiteren sind Bürgermeister – im Gegensatz z.B. zu den Experten in der Verwaltung – „in allen Phasen des kommunalpolitischen Entscheidungsprozesses" präsent (Wehling ebd.). Aus dem daraus gewonnenen Wissen resultieren zahlreiche Kompetenzen und schließlich eine enorme Gestaltungsmacht (vgl. Wehling 2000:173). In Stuttgart gaben beispielsweise in einer 1997 durchgeführten repräsentativen Umfrage über 77 Prozent der Befragten an, dass sie den Oberbürgermeister für die einflussreichste Person in der Kommune halten. In der Stuttgarter Machthierarchie folgen die Parteiorganisation der Stuttgarter CDU, dann der Stadtrat allgemein, die Unternehmer, die Verwaltung und die lokalen Medien (vgl. Walter 2002:173).

Aus den hier genannten Gründen bietet es sich an, zunächst die Entwicklung der Stadt Stuttgart im Hinblick auf die zwei Oberbürgermeister – Klett und Rommel – zu fokussieren, die die Stadt im Zeitraum ihrer Amtsperioden zwischen 1945 und 1996 prägten.

5.3.2. Wiederaufbau des Wohnraumes

1945 lebten in der Stadt Stuttgart noch ca. 265.000 Menschen. Von ursprünglich 150.000 Wohnungen war noch ungefähr 50.000 intakt. Weitere 50.000 Wohnungen galten als mehr oder weniger schwer beschädigt. Ein Drittel der Stuttgarter Wohnungen existierte überhaupt nicht mehr. Insgesamt waren über die Hälfte der Gebäude Stuttgarts stark beschädigt oder gar völlig zerstört. Nahezu sämtliche Baudenkmäler waren vernichtet.

Der Wiederaufbau der Stadt erfolgte in großer Eile. Trotz der Baumaterial- und Geldknappheit, die überall in Deutschland die ersten Jahre der Nachkriegszeit prägten, wurden in Stuttgart allein bis zum Jahr 1954 annähernd 10.000 Baugesuche beim Gemeinderat eingereicht. Über 500 Bebauungspläne wurden in dieser kurzen Zeit von der Stadtverwaltung festgestellt. 42 Baulandumlegungen, die sich zusammengerechnet auf eine Fläche von rund 90 Hektar auswirkten, wurden im Rathaus bearbeitet (Borst 1986:450).

5.3.3. Wege zur autogerechten Stadt

Bereits im Sommer 1947 legte die „Zentrale für den Wiederaufbau Stuttgarts" (ZAS) unter Vorsitz von Professor Walter Hoss dem Gemeinderat einen Verkehrswegeplan vor, den das Kommunalparlament Stuttgarts am 29.7.1947 einstimmig befürwortete. Die „autogerechte Stadt" war beschlossen worden: Zwei große Verkehrsachsen entlang der Heilbronner Straße, der Friedrichstraße, der Theodor-Heuss-Straße und der Paulinenstraße sowie entlang der Linie der Cannstatter Straße, der Neckarstraße und der Hauptstädter Straße zur Aufnahme des Durchgangsverkehrs sollten durchgebrochen werden. Diese Verkehrsschneisen beherrschen bis heute das Stadtbild

Stuttgarts und trennen historisch gewachsene Viertel (vgl. Schuhkraft 1999:236f.).

Abbildung: Innenstadt Stuttgart nach MERIAN Stuttgart, Januar 1992:163

Abbildung: Blick auf den Charlottenplatz. Fotografie nach: Josip Madracevic. Aus: Braun, A. / Madracevic, J. (1999:99)

5.3.4. Stuttgart und die Architektur der 1950er-Jahre

Auch der sich nach 1945 durchsetzende Baustil der Moderne veränderte das Profil der Stadt fundamental. Anders als in München, Nürnberg, Freiburg oder Augsburg wurde beim Wiederaufbau Stuttgarts nicht eine behutsame Modernisierung unter Beibehaltung des alten Stadtbildes angestrebt (vgl. Fotografie unten). Der von den Stuttgartern ironisch als „Dächerkrieg" bezeichnete Streit verschiedener Architektengruppierungen wurde von dem avantgardistischen Planer der Weißenhof-Siedlung (1927), Richard Döcker (der während der NS-Zeit teilweise Berufsverbot erhalten hatte), für sich entschieden (vgl. Markelin 1997:105–111). Markante Zeichen für diese Phase der 50er-Jahre sind die Einweihung des Rathauses (Hans Paul Schmohl/Paul Stohrer – Mai 1956) und des Konzerthauses der Liederhalle (Adolf Abel/Rolf Gutbrod – Juni 1956).

Weitere, das Stadtbild Stuttgarts ganz besonders bestimmende Aktivitäten waren zum einen der Bau des Fernsehturms (1954–56) unter Leitung des Architekten Fritz Leonhardt. Zum anderen wurde 1955 die wiederaufgebaute Schulstraße zu einem der ersten „Freiräume für Fußgänger" in der Bundesrepublik erklärt. Nur Kassel, dessen Treppenstraße schon 1953 für den Autoverkehr gesperrt worden war, war mit der Schaffung der ersten Fußgängerzone in Deutschland ein wenig schneller (vgl. Mertz-Bogen/Bogen 2000:23).

5.3.5. Die 1960er-Jahre in Stuttgart: Neuer Stil und Verkehr

Während der 1960er-Jahre endete in der nun vom Modernismus geprägten Stadt das Bauen nach dem Motto „Mehr Licht, Luft und Sonne". Die Baustoffknappheit der Nachkriegszeit war besiegt, und die Massivität und Gewichtigkeit des Materials sollte nun architektonisch auch in Stuttgart wieder verstärkt betont werden. Der Sitz der Firma Leitz in Stuttgart-Feuerbach, erbaut von Georg Heinrichs (1966–69) und das Gebäude Relenbergstraße 10 in Stuttgart-Nord, erbaut von Max Bächer (1968–69), gelten als exemplarisch für diesen von Wolfgang Mayer auch als „Brutalismus" bezeichneten Baustil (Mayer 1997:120).

5.3.6. Der verkehrsgerechte Stadtumbau der 1960er-Jahre

„1960 sind in Stuttgart bereits 107.000 Kraftfahrzeuge registriert, die zur Hauptverkehrszeit nur noch im Schritttempo vorankommen" (Mertz-Bogen/Bogen 2000:49).

Damit die beiden Bundesstraßen (die B27 von Nord nach Süd und die B14 von Ost nach West) den Verkehr durch Stuttgart möglichst zügig kanalisieren können, wurde in den 60er-Jahren zuerst der Charlottenplatz für die Fußgänger untertunnelt.

Die so genannte Kulturmeile zwischen Landtag und Staatsgalerie und zwischen Theater und Gerichtsviertel wurde durch eine seit dem Ende der 50er-Jahre immer stärker pulsierende Verkehrsader getrennt. Ein Tunnel für den zunehmenden Autoverkehr, der Fußgänger an der Kulturmeile immer mehr störte, wurde von der politischen Elite Stuttgarts erst Jahrzehnte später anvisiert. Der Bau dieses „Kulturmeilen-Tunnels" wurde aber bis heute nicht realisiert.

Recht ambivalent wurde insbesondere der Abbruch des „Königspalais" in der Stuttgarter Öffentlichkeit diskutiert (vgl. Schuhkraft 1999:245). Bis 1965 dominierten die Überreste dieses 1944 schwer beschädigten Gebäudes die Königstraße gegenüber dem Neuen Schloss. Nun wurde es für den

„Planiedurchbruch" der Bundesstraße 27 geopfert, die als wichtigste Nord-Süd-Achse den enorm ansteigenden Verkehrsfluss durch Stuttgart kanalisieren sollte. Der Planiedurchbruch gilt bis heute als eines der größten Straßenbauprojekte im Nachkriegsstuttgart. 1969 entstand an dieser Stelle der „Kleine Schlossplatz".

Erst über zwanzig Jahre nach seiner Entstehung – im Rahmen der Großveranstaltungen von 1993 – wurde dieser Platz im Herzen der Stadt für die Stuttgarter attraktiv. Durch eine breite Treppenanlage zur Königstraße hin wurde der Kleine Schlossplatz ein in der Öffentlichkeit äußerst beliebter „Treppen-Platz". Im Frühjahr 2002 musste diese Treppe wiederum dem Bauprojekt „Neue Galerie der Stadt Stuttgart" weichen (siehe auch Abschnitt 5.5.1).

Abbildung: Entwurf Neubau der Galerie der Stadt Stuttgart. Aus: Landeshauptstadt Stuttgart / Technisches Referat (2003): Stuttgart baut die neue Galerie.

Während der 1960er-Jahre wurde in „der Stadt von Daimler und Porsche" allerdings auch der Ausbau des bisherigen Straßenbahnnetzes zu einem U-Straßenbahnsystem vorangetrieben. Des Weiteren eröffnete Stuttgart 1961 die Bundesgartenschau. Auch die Gartenschauen von 1977 (BuGa 1977) und vor allem die Internationale Gartenbauausstellung (IGA) von 1993 sowie die Entwicklung des öffentlichen Personennahverkehrs bleiben während der folgenden Jahrzehnte von der politischen Elite ernst genommene Themen. Zudem treten durch diese Großveranstaltungen und Verkehrsprojekte die Kernstadt Stuttgart und ihr Umland immer häufiger miteinander in einen Dialog ein.

Zwischenfazit

Die Ära Klett prägte Stuttgart entscheidend. Das Stadtbild Stuttgarts: der Modernismus der Architektur der 1950er-Jahre und auch der „Betonbrutalismus" der 1960er-Jahre sowie der am Individualverkehr orientierte „verkehrsgerechte" bzw. „autogerechte" Stadtumbau dieser Zeit stellten die Weichen für die Entwicklungen und Hindernisse der folgenden Jahre. Selbst fünfzig Jahre nach dieser Epoche der Veränderung werden Tourismus- und Stadtmarketingstrategien mit den baulichen Artefakten aus dieser Zeit kontinuierlich konfrontiert werden.

5.4. Stadt und Region Stuttgart und der Oberbürgermeister Manfred Rommel

> „Rommel war zwar konservativ, hatte aber seinen eigenen Kopf" (Mall 2001:65).

Im Folgenden wird die Regierungszeit des Stuttgarter Oberbürgermeisters Manfred Rommel im Zusammenhang mit den entscheidenden Entwicklungen in der Stadt und der Region Stuttgart seit der Mitte der 1970er-Jahre dargestellt.

Vor allem drei Raum-Strategien prägen Rommels Amtszeit zwischen 1974 und 1996: Als Erstes sind die Versuche der Lösung der Stadt-Umland-Problematik durch die Strategie der Regionsbildung am mittleren Neckar zu nennen. Als zweite Strategie kann die Attraktivitätssteigerung der Kernstadt Stuttgart für die Bewohner von Stadt und Region angeführt werden. Und als dritte Raum-Strategie gilt die Positionierung der Stadt Stuttgart im europäischen und globalisierten Raum.

5.4.1. Regionsbildung als Strategie

Nach dem Tode Kletts im August 1974 wurde am 1. Dezember ein Staatssekretär aus dem Finanzministerium des Landes Baden-Württemberg, Manfred Rommel (CDU), zum Stuttgarter Oberbürgermeister gewählt. Seine Amtszeit dauerte von 1974 bis zum Herbst 1996 an. Am 31.10.1975, knapp ein Jahr nach seinem Amtsantritt, fiel die Zahl der Einwohner der Stadt erstmals seit dem Ende der 50er-Jahre wieder unter die 600.000er-Marke. Die Suburbanisierungs-, oder besser, die Desurbanisierungs- und Exurbanisierungsprozesse im Stuttgarter Regionalraum stellen hierfür den Hintergrund dar (vgl. Borst 1986:463ff.). Anfang November 1975 gab Manfred Rommel „so etwas wie eine Regierungserklärung" ab (Borst 1986:463). In seinen „Gedanken zur Kernstadt-Umland-Frage in der Region Mittlerer Neckar" wurde von ihm erläutert, wie er sich die Kooperation von Stadt und Umland vorstellte: Rommel wünschte sich ein starkes Zentrum Stuttgart mit weitreichenden Koordinationskompetenzen bezüglich des Umlandes.

Die Entwicklungsgeschichte der Kooperation Stuttgarts mit seinem Umland fußt insbesondere auf spezifischen siedlungsgeographischen Hintergründen der Region Stuttgart. Hierbei stellt vor allem das spezifisch „atypische" (Wolf 1997:38) Muster der geographischen Siedlungsentwicklung, das sich im Laufe des 19. und 20. Jahrhunderts durch eine Expansion der Mittelzentren im Stuttgarter Umland herausgebildet hat (neben der historischen Entwicklung der Stadtregion), einen sehr wichtigen Schlüssel für das Verständnis der Stuttgarter Kernstadt-Umland-Debatte dar (vgl. Wolf 1997:38f.). Stefan Wolf schreibt:

„Findet man ansonsten eine Großstadt (Zentrum), umgeben von mehreren kleinen Gemeinden, ist Stuttgart von einem Kreis leistungsfähiger Mittelzentren umgeben. Der Gesamtraum ist somit aus einer Vielzahl unterschiedlich großer und damit unterschiedlich einflußreicher Gemeinden bzw. Verwaltungseinheiten zusammengesetzt. Der Einfluß der Stadt Stuttgart, deren Einwohnerzahl nur etwa ein Fünftel der Gesamtbevölkerung ausmacht, ist in dieser Region jedoch relativ gering" (Wolf 1997:38).

Die Stadt-Umland-Diskussion bis zum Ende des Zweiten Weltkrieges

Die Vorgeschichte der Stadt-Umland-Diskussion unter Manfred Rommel – und somit die Vorgeschichte der Entwicklung der „Region Stuttgart" – beginnt bereits am Ende der 1920er-Jahre. Die Zahl der Einwohner, die innerhalb der sich ständig ausdehnenden Stadtgrenzen Stuttgarts lebten, hatte sich von der Mitte des 19. Jahrhunderts bis zum Ausbruch des Ersten Weltkriegs von 50.000 auf 300.000 erhöht. Insbesondere bedingt durch die finanziellen Folgen der Massenarbeitslosigkeit der 1920er-Jahre konnten viele Umlandgemeinden ihre Kommunalhaushalte nicht mehr ausgleichen und gaben ihre Eigenständigkeit gegenüber Stuttgart auf. Mit dem Ende des Krisenjahrzehntes – von den 1930er-Jahren an – begehrten dann jedoch die noch selbstständigen Umlandgemeinden gegen die kontinuierliche Ausdehnungsstrategie der Kernstadt auf. Stuttgarts politische Elite war dadurch zum Umdenken aufgefordert und propagierte nun einerseits Formen der freiwilligen Kooperation. Andererseits wurde 1931 der „Bezirksplanungsverband" gegründet (Wolf 1997:21). Dieser eingetragene Verein sollte sämtliche kommunalen Gebietskörperschaften im Umkreis von 20 Kilometern zur Kooperation und zu einer regional koordinierten, gemeinsamen Raumplanung verpflichten. Die Nationalsozialisten beendeten dieses Stuttgarter Projekt einer pluralistisch-dezentralen Raumgestaltung und machten von 1933 an Regionalplanung zum hierarchisch-zentralistischen Procedere einer „Staatlichen Bezirksstelle", die die Zwangseingemeindungen von 16 (bereits oben genannten) Umlandgemeinden vollzog. Dadurch wurde Stuttgart endgültig zur Großstadt. Die Problematik der Stadt-Umland-Kooperation wurde dadurch allerdings lediglich nach weiter außen, auf die direkt die

Kernstadt umgebenden Mittelzentren und deren Kommunalverwaltungen, verlagert (vgl. Wolf 1997:21).

Regionale Kooperationsversuche und ihr Scheitern: Vom Wiederaufbau bis zur Gründung der Region Stuttgart

Zwei Entwicklungen, die den Charakter des Diskurses über die Region Stuttgart bis in die Gegenwart hinein prägen, zeigten sich bereits in den ersten Jahren nach dem Wiederaufbau. Einerseits wurden, bedingt durch die Erfahrung der engen Verbindung der Eingemeindungspolitik mit der Hitler-Diktatur, sämtliche Vorhaben, die eine „Regionalstadt" mit wichtigen Koordinationskompetenzen im Stuttgarter Rathaus anvisierten, von allen Umlandgemeinden tabuisiert.

Andererseits stieg vor allem durch die Zunahme der Organisationsbelastungen der Stadt Stuttgart – insbesondere als Infrastruktur- und Versorgungszentrum – der regionale Koordinationsbedarf drastisch an. Dieser Steuerungsbedarf ist insbesondere auch im Kontext einer überproportionalen Abnahme der Bevölkerung Stuttgarts in Relation zum Umland von den 1950er-Jahren an zu betrachten. In der Kernstadt wurde von der Nachkriegszeit an, auch aus den bekannten („kessel-")topographischen Gründen, das Bauland immer knapper und die bereits hohen Stuttgarter Bodenpreise stiegen weiterhin kontinuierlich an. Die umliegenden Ortschaften und Mittelzentren dagegen konnten den privaten Neuinvestoren für ihre geplanten Wohngebäude wie für ihre Betriebsflächen günstige Bodenpreise und große Bauareale anbieten. Diese Expansion des Umlandes zeigte sich unter anderem im enormen Anstieg der Einwohnerzahlen in Städten wie Leinfelden-Echterdingen, Filderstadt, Ostfildern, Ditzingen und Sindelfingen. Wachstumsraten von über 80 Prozent waren in diesen Umlandgemeinden während der 1960er- und 1970er-Jahre keine Seltenheit (vgl. Borst 1986:463).

Unter diesen hier vorgestellten Vorbedingungen gilt der lange Weg zur Entstehung der „Region Stuttgart" auch als ein Prozess der kontinuierlichen Kompromissbildung zwischen den lokalen Eliten der Stadtregion, der nach wie vor als nicht abgeschlossen angesehen werden kann.

Die ersten Versuche, regionale Koordination von Stuttgart aus zu ermöglichen, wurden 1956 in der „Kommunalen Arbeitsgemeinschaft für den
Stuttgarter Raum" gemacht (vgl. Nester 1976). Dieser Versuch scheiterte
jedoch aufgrund der Sorge der umliegenden Gemeinden um ihre Unabhängigkeit. Auch den Vorschlag Stuttgarts, die Arbeitsgemeinschaft zu einem
„eingetragenen Verein" zu machen, lehnten die kommunalpolitisch Verantwortlichen des Umlandes rigide mit der Begründung ab, durch die E.-V.-
Satzung zu stark in die Stuttgarter Stadtpolitik eingebunden zu werden. 1965
folgte im „Regionalen Planungsverband Mittlerer Neckarraum" der zweite
Anlauf. Auch dieser Versuch Stuttgarts, sich durch den Planungsverband,
der ursprünglich als Gegenspieler zur Landesregierung und deren Landes-
planungsgesetz von 1962 entstanden war, wirkliche Koordinationskompetenzen und auch Vollzugsgewalt zu sichern, blieb jedoch erfolglos. Wieder
fürchteten die Umlandgemeinden um ihre Autonomie und verwiesen
Stuttgarts Machtelite in ihre Grenzen.

1973 entstand auf den gesetzlichen Grundlagen des (Bundes-)Raum-
ordnungsgesetzes und des Landesplanungsgesetzes der „Regionalverband
Mittlerer Neckar". Auch diese Gründung galt als eine Bewahrung des
Status quo aus der Perspektive der Kernstadt Stuttgart, deren kommunale
Eliten idealiter eine „Regionalstadt" bzw. einen „Regionalkreis Stuttgart"
mit weitreichenden Planungskompetenzen für die Kernstadt sowie eine
Ausweitung der administrativen Macht über das Umland anvisierten.[81]

Räumlich und funktional bedeutete die Gründung die Fortsetzung der
Politik des Regionalen Planungsverbandes von 1965 (Wolf 1997:27). Zwar
war die Verwaltung des neuen Regionalverbandes zum Träger der Regionalplanung für die Region ernannt worden; und er war ebenso mitspreche-
berechtigt bei der Landesplanung. Doch auch dieser Verbandstyp war nach
wie vor auf Kompromisse zwischen den selbstständigen Landkreisen und
der Stadt Stuttgart angewiesen. Der „Regionalverband Mittlerer Neckar"
verfügte über keine eigenen Vollzugskompetenzen, und zwar weder auf dem

---

[81] Vgl. Wolf (1997:31) sowie zu den Begriffen „Regionalkreis" und „Regionalstadt" vgl. ebd.
S. 162ff.).

Sektor des regionalen Nahverkehrs noch in der regionalen Strukturförderung (vgl. Wolf 1997:42).

Das Nachbarschaftsverbandgesetz und seine Folgen

Die gesamte Verwaltungsreform in Baden-Württemberg zwischen 1968 und 1974 führte somit zu keiner vom Zentrum aus geleiteten Regionalplanung in der Region Stuttgart, und vor allem zu keiner regionalen Vertretung mit eigenen Vollzugskompetenzen. Zwar wurde noch im Sommer 1974, nach jahrelangem Ringen zwischen den Interessenvertretern von Zentrum und Umland, das Nachbarschaftsverbandgesetz vom Landtag Baden-Württembergs beschlossen. Es stellte aber für Stuttgart und Umland in den meisten Fällen keinen sehr befriedigenden Kompromiss dar. Die 28 Umlandgemeinden sahen für sich zu wenige Vorteile in dem neuen Nachbarschaftsverband und für Stuttgart stellte sich der Weg zur „Regionalstadt" von diesem Gesetz aus als zu weit dar (vgl. Wolf 1997:31). Dennoch versuchte im Januar 1976 der Nachbarschaftsverband Stuttgart seine Arbeit aufzunehmen. Bis zur Auflösung des Nachbarschaftsverbandes im Dezember 1993 galt seine Arbeit dann auch überraschenderweise als eine erste erfolgreiche regionale Teilkooperation zwischen den 28 Mitgliedsgemeinden der Region (vgl. Wolf 1997:160f.).

Zur Enttäuschung insbesondere der Planungsverantwortlichen im Nachbarschaftsverband Stuttgart endete „vor allem die gemeinsame, im Allgemeinen als fruchtbar geltende Flächennutzungs- und Raumplanung auf teilregionaler Ebene" mit der Gründung der „Region Stuttgart" und ihrer Verwaltungszentrale, des „Verbandes Region Stuttgart" im Frühjahr 1994 (Joachim Eicken/Statistisches Amt der Landeshauptstadt Stuttgart im Interview und vgl. Wolf ebd.).

Das frühe Scheitern der Stadt-Umland-Kommission

Ebenso auf der gesetzlichen Basis des Nachbarschaftsverbandgesetzes vom 4.7.1974 war bereits im Dezember 1975 die „Stadt-Umland-Kommission" entstanden. Sie hatte aber, insbesondere im Vergleich zum später recht effektiven Nachbarschaftsverband, noch kaum reale Erfolge vorzuweisen. Der Kommission gehörten die Landräte, Bürgermeister und Oberbürgermeister des noch im Entstehen begriffenen Nachbarschaftsverbandes an.

Den Vorsitz hatte der Ministerpräsident des Landes (Filbinger). Die wichtigsten Aufgaben der Kommission waren, eine Stärken-Schwächen-Analyse der gesamten Region Stuttgart bzw. des Mittleren Neckarraums anzufertigen und Verbesserungen vorzuschlagen, und zwar sowohl für die Infrastrukturpolitik in der Region, wie auch für das gesetzliche Rahmenwerk, auf dem die Arbeit der Kommission fußte (vgl. Wolf 1997:31). Doch die Ergebnisse dieser Kommission führten nicht zu einer Kompetenzerweiterung und Stärkung des Zentrums, so wie von OB Manfred Rommel erhofft. In der „Stellungnahme der Stadt Stuttgart zum Gutachten der Stadt-Umland-Kommission" wird deutlich, dass die Stadtverwaltung Stuttgarts für sich bisher keine Lösungen in den Vorschlägen der Kommission sah (Rommel 1977:2ff.). Zwar versuchte Manfred Rommel im Rahmen seiner „Stellungnahme" den Diskurs über die Stadt-Umland-Problematik noch einmal zugunsten einer Erweiterung der Kompetenzen Stuttgarts zu entwickeln, doch Landtag und Landesregierung sahen sich nicht in der Lage, ihre noch junge Verwaltungsreform der frühen 1970er-Jahre bereits so kurze Zeit nach ihrem In-Kraft-Treten in wesentlichen Punkten umzugestalten.

Die Region Stuttgart – Kompetenzen und Zusammensetzung

> „Die Region Stuttgart kann sich keinen Streit innerhalb mehr leisten. Unsere Konkurrenten im weltweiten Wettbewerb sind Standortkonkurrenten außerhalb" (Walter Rogg/Wirtschaftsförderung Region Stuttgart im Interview).

Erst am Anfang der 1990er-Jahre erfolgte schließlich ein weiterer konkreter Versuch, die Stuttgarter Stadt-Umland-Problematik durch eine Raumreform anzugehen. Durch die Schaffung einer direkt gewählten Regionalversammlung und durch die Ausstattung dieser Körperschaft als „vierter Ebene" mit Instrumenten wie eines Planungsgebotes für „regionalbedeutsame" (Wolf 1997:73) Projekte sollte der Entwurf zukünftiger Raumpolitiken der Region um Stuttgart erleichtert werden. Innerhalb der Region als Verbund sollten die Bedürfnisse der verschiedenen Zentren am mittleren Neckar besser miteinander abgestimmt werden.

Die seit dem Oktober 1994 als öffentlich-rechtliche Gebietskörperschaft bestehende „Region Stuttgart" hat das vom Landtag Baden-Württemberg am 2. Februar 1994 verabschiedete „Gesetz über die Stärkung der Zusammenarbeit der Region Stuttgart" zur Grundlage (vgl. Wolf 1997:67f.; vgl. Heinz 2000b:222f.). Hauptmotiv für die Entstehung dieses Gesetzes war die Erkenntnis, dass für eine interkommunale Zusammenarbeit die bestehenden Organisationsformen (Nachbarschaftsverband, Regionalverband Mittlerer Neckar und verschiedene Zweckverbände) nicht ausreichen, um die ständig wachsenden Probleme auf den Gebieten Siedlungsentwicklung, Verkehrsplanung, Umweltpolitik, Wirtschafts- und Tourismusförderung effektiv zu lösen (vgl. Wolf 1997:161).

Die Region Stuttgart ist im europäischen wie im deutschen Kontext einer der jüngsten mehrzweckorientierten kommunalen Zusammenschlüsse innerhalb eines relativ großen Verdichtungsraumes. Die im April 1991 erstmals tagende „Regionalkonferenz Stuttgart", zusammengesetzt aus Vertretern des Landes, der Kreise und der Kommunen sowie der Wirtschaft des Verdichtungsraumes „Mittlerer Neckar", war ausschlaggebend für die Entstehung der „Region Stuttgart" (vgl. Wolf 1997:37).

Ziel der Regionsgründung war es, die Hauptstadtregion Stuttgart „im internationalen Wettbewerb der Regionen zu stärken" (Heinz 2000b:222f.). Insbesondere „die Stadt-Umland-Kooperation stand im Zentrum der Verbandsgründung" (Walter Rogg im Interview).

Über die politische Zusammensetzung der 80 Mitglieder umfassenden „Regionalversammlung" – des parlamentarischen Zentrums der „Region Stuttgart" – wird im Abstand von fünf Jahren durch eine unmittelbare Listenwahl entschieden (vgl. Steinacher 1998:202). Themen wie z.B. die Realisierung der Neukonzeption des Stuttgarter Hauptbahnhofs – das so genannte Projekt „Stuttgart 21" (vgl. Abschnitt 5.5.2), die Entwicklung der Neukonstruktion des Verkehrsverbundes Stuttgart (VVS) sowie die Beteiligung an einer neuen Messe werden in Ausschüssen und teilweise interfraktionellen Arbeitsgruppen bearbeitet.[82]

Als die zentralen Verwaltungsaufgaben des „Verbandes Region Stuttgart" sind in erster Linie die Trägerschaft der Regionalplanung, die Aufstellung und Fortschreibung des Landschaftsrahmenplanes, die Regionalverkehrsplanung, die Koordinierung regionalbedeutsamer Wirtschafts-

---

[82] Vgl. www.region-stuttgart.org/vrs/main (12.4.2003).

förderung und des regionalen Tourismusmarketing anzusehen (vgl. Heinz 2000b:223).

Insgesamt wird die Gründung der Region Stuttgart von den meisten Experten als „ein erster Schritt in die richtige Richtung" eingeschätzt, nicht aber als optimales Lösungsinstrument für die Stadt-Umland-Problematik am mittleren Neckar – wie die leitenden Akteure innerhalb des Gebildes die Region häufig präsentieren (vgl. Wolf 1997:177).

Stefan Wolf fasst in seiner rechtswissenschaftlichen Dissertation unter dem Titel: „‚Hauptstadtregion Stuttgart' – alte und neue Wege im Kommunalrecht" die Problematik wie folgt zusammen:

> „Die nunmehr geschaffene Körperschaft wird sich in der Praxis bewähren müssen. Entscheidend wird sein, ob es dem Verband gelingt, in den Gemeinden und Landkreisen ein Regionalbewusstsein zu schaffen. Wächst dieses Regionalbewusstsein bei den Bürgern in der Region, werden regionweite Entscheidungen einfacher durchzusetzen sein. Regional wirkende Gesamtlösungen werden die Standortgunst der Region Stuttgart entscheidend verbessern" (Wolf 1997:175).

Und weiter im Text schreibt er:

> „Zu bedenken ist ferner, dass die Stadt-Umland-Probleme bis heute nicht gelöst sind. [...] In ihrer derzeitigen Ausprägung sind die bestehenden Stadt-Umland-Verbände Ausdruck von im politischen Kompromissfindungsprozess variierten theoretisch entwickelten Modellen (vgl. Schimanke 1983:709). Dies gilt mit Sicherheit auch für den Verband Region Stuttgart" (Wolf 1997:176).

Ein kurzer Rückblick auf erste politische Erfahrungen der Ebene „Region Stuttgart" – acht Jahre nach ihrer Gründung

In einem kurzen Rückblick auf über acht Jahre Regionalpolitik in der Region Stuttgart lässt sich erkennen, dass insbesondere die PolitikerInnen im Regionalparlament, aber auch die Leitung des Regionalverbandes ihren „nicht gerade üppigen gesetzlichen Spielraum" zu beanspruchen gelernt haben (Borgmann 2003b:21). Allerdings wird vor allem durch die Form der öffentlichen Grundsatzdispute der letzten Jahre über den Sinn und die „bessere Praxis" regionaler Politik deutlich, dass die von der Gebietskörperschaft Region Stuttgart errungene politische Position noch in keiner Weise als institutionalisiert betrachtet wird.

Die neuen regionalen Einrichtungen in der Region Stuttgart machen lediglich Aushandlungsprozesse wahrscheinlicher. Sie können eine Konsensbildung zwischen Kernstadt- und Umlandeliten natürlich nicht garantieren.

Nach annähernd einem Jahrzehnt wird das Regionalparlament immer noch von zahlreichen politischen Akteuren als „fragwürdiges Kunstgebilde" oder gar als „eine Art Hydra, der alle paar Jahre neue Köpfe wachsen würden", wahrgenommen.[83] Eine in der breiten Öffentlichkeit verankerte Kritik ist aber vor allem, dass die Kompetenzen „der häufig parallel zueinander agierenden politischen Gremien" selbst „für Eingeweihte nicht mehr durchschaubar" seien.[84] Beklagt wird somit die unübersichtliche Institutionenlandschaft. Kritisiert wird insbesondere die Komplexität der politischen Akteurskonstellation, die sich aus dem Nebeneinander der gewählten Gemeindeversammlungen mit ihren Bürgermeistern, den Oberbürgermeistern, den Kreistagen, dem Landtag und schließlich nicht zuletzt der neu hinzugekommenen Regionalversammlung der Region Stuttgart ergibt. Zu dieser Unübersichtlichkeit kommt hinzu, dass die Stuttgarter Regionalversammlung in dieser zersplitterten institutionellen Konfiguration eine Doppelrolle zu spielen hat. Einerseits stellt das Stuttgarter Regionalparlament ein Art institutionelle Zwischenebene bzw. „vierte Ebene" dar, und andererseits soll es als Vermittler zwischen Kernstadt, Kommunen und Land agieren (vgl. Nopper ebd.).

Zwischenfazit

Insgesamt stellt sich als eine zentrale kommunalpolitische Strategie Manfred Rommels dar, die Kernstadt Stuttgart und ihr Umland in einen möglichst engen Verbund zu integrieren. Der erwünschte Raumbildungsprozess sollte Ausgleichsmechanismen und gleichzeitig Kooperationschancen zwischen Stadt und Umlandregion ermöglichen. In den über zwanzig Jahren der Regierungszeit Rommels entstand schließlich in langwierigen Aushand-

---

[83] Michael Ohnewald (2002) in einer Reportage auf der Basis eines Gespräches mit Landrat Rainer Haas. In: StZ, 15.3.2002, S. 29.

[84] OB Frank Nopper im Gespräch mit Martin Tschepe und Michael Ohnewald. In StZ, 27.3.2002, S. 25.

lungsprozessen zwischen Umland- und Kernstadt-Eliten die Gebietskörperschaft „Region Stuttgart". Diese Gebilde wird zwar als ein elementarer Fortschritt in der Entwicklung des Verhältnisses zwischen der Stuttgarter Kernstadt und dem Stuttgarter Umland gewürdigt, zugleich aber wird es auch als ein noch unreifer, in vielem weiterzuentwickelnder oder gar unbefriedigender Protoyp kritisiert.

5.4.2. Die Attraktivitätssteigerung der Kernstadt Stuttgart für Bewohner, Unternehmer und Besucher: Revitalisierung durch Architektur und Kulturpolitik

Neben der Strategie der Regionsbildung verfolgte Manfred Rommel das Ziel, die Stadt Stuttgart für ihre Bewohner, Unternehmer und Besucher wieder attraktiver zu gestalten. Dem Exodus aus dem Stuttgarter Stadtgebiet, das zwischen 1962 und 1974 mehr als vierzigtausend Einwohner verlassen hatten, sollte mit verschiedenen Mitteln entgegengesteuert werden. Auch die Anzahl der Arbeitsplätze, die sich ebenfalls in den letzten eineinhalb Jahrzehnten vor 1975 um über 10.000 durch Abwanderung reduzierte, sollte im Stadtbereich durch die Steigerung der Attraktivität der Stadt wieder erhöht werden (vgl. Borst 1986:464).

Mit dem Zeitpunkt des Beginns der ersten Amtszeit Manfred Rommels wurde besonders innerhalb der Stuttgarter Kulturelite die Problematik der „Großstadt ohne Glanz" (Borgmann 2002b:1) immer offener diskutiert.[85] Im Winter 1975/76 äußerte sich dann auch die „Stuttgarter Zeitung" mit einer Aufsatzreihe von Frank Werner – einem Stuttgarter Architekturhistoriker – zum Thema (vgl. Loderer 1994:145). Die Kritik der 1970er-Jahre an der „verkehrsgerechten Stadt" mit ihrem Prinzip der Funktionstrennung und ihren funktionalen Segmenten wie der „grünen Einkaufswiese" und der suburbanen „Schlafstadt" sowie der Protest gegen die hohe Belastung der inneren Stadträume durch Abgase und Lärm hatten nun auch Stuttgart erreicht. Besonders kritisiert wurde, dass einerseits die Randbereiche der Innenstadt, vor allem das Gerber- und Bohnenviertel und die gründerzeitlichen Stadtviertel im Westen und Süden der Stadt mehr oder weniger dem Verfall preisgegeben wurden, andererseits aber in der Innenstadt Großbau-

---

[85] Borgmann, Thomas (2002b): Eine Großstadt ohne Glanz. In StZ, 4.1.2002, S. 1.

ten der Verwaltungen und Banken entstehen durften, die die bereits unbelebten Straßen außerhalb der Geschäftszeiten noch trostloser zwischen den Schneisen der Stadtautobahn erscheinen ließen (vgl. Loderer 1994:145).

Eine erste Antwort auf die Belastung der Kernstadt durch den motorisierten Individualverkehr war der unter Rommel zusätzlich forcierte Bau der S-Bahn, der bereits 1971 noch unter der Ägide Arnulf Kletts begonnen hatte. Im Oktober 1978 schließlich konnte ein S-Bahn-Streckennetz in Betrieb genommen werden. Gleichzeitig wurde der Verkehrsverbund Stuttgart (VVS) gegründet, der das Fahrkartensystem für S-Bahnen, Straßenbahnen und Busse vereinheitlichte (vgl. Loderer 1994:147). Des Weiteren wurde das U-Bahn-Netz, das bereits 1966 in Betrieb genommen worden war, kontinuierlich erweitert (vgl. Loderer 1994:147).

Revitalisierender Stadtumbau in den 1970er-Jahren

Die Bundesgartenschau 1977 in Stuttgart führte zu einer enormen Aufwertung des unteren Schlossgartens, da dieser anlässlich der Gartenschau mit dem benachbarten Park der Villa Berg verbunden wurde und dort auch das neu erbaute Planetarium im Gartenschau-Jahr eröffnete. Auch das Neckarufer wurde für die Bundesgartenschau neu gestaltet mit dem Ziel, ein Naherholungsareal zu schaffen.

Insgesamt war das Gartenschau-Jahr 1977 ein wichtiges Datum für Stuttgarts wiederzugewinnende Attraktivität. Die Ausstellung über die Zeit der Staufer im Alten Schloss mit einer unerwartet hohen Besucherzahl bestätigte die Strategie Rommels, „die Kernstadt der Region auszustellen, wo immer es möglich war" (Interview mit Frank Steinbach/Mitglied der City-Initiative Stuttgart). Ebenso waren die kontinuierliche Erweiterung der Fußgängerzone während der 1970er- und 1980er-Jahre vom Hauptbahnhof bis zur Marienstraße sowie die Umgestaltung der Königstraße zur „Flaniermeile" mit Baumreihen, kleinen Plätzen mit Brunnen und Kiosken erfolgreiche Zeichen der gelingenden Revitalisierung von Stuttgarts Innenstadt (vgl. Loderer 1994:154).

Vom Herbst 1978 an war bereits der Schlossplatz frei von Straßenbahnverkehr geworden. Auch der Karlsplatz wurde infolge der Fertigstellung der Tiefgarage bei der Landesbibliothek frei von Autos (vgl. Borst 1986:479). Am 1. September 1978 wurde die *Calwer Passage,* Stuttgarts neue kleine, prestigeträchtige Einkaufsmeile der späten 1970er- und frühen 1980er-Jahre, eröffnet. Gebaut wurde die Passage von Hans Hammer und Walter Beltz.

Kulturpolitik und Kunstförderung als Investitionsressorts

Auch während der 1980er- und 1990er-Jahre blieb die Stuttgarter Stadtverwaltung unter der Leitung Manfred Rommels ein wichtiger Initiator von revitalisierter Urbanität und kulturellem Leben in Stuttgart: Kulturpolitik und Stadtplanung zusammen sollten Attraktivität und Modernität synergetisch evozieren.

Bereits 1976 wurde das Symphonieorchester kommunalisiert, ebenso wurde die Verwaltung der Stuttgarter Musikhochschule von der Stadt übernommen. 1981 wurde die Internationale Bachakademie gegründet. Im März 1984 eröffnete nach sechsjähriger Bauzeit die von James Stirling gebaute „Neue Staatsgalerie" als neue Flanke der „Kulturmeile des Landes Baden-Württemberg". Der Kostenaufwand für das Land betrug über 90 Mio. DM. Die Investition galt als erfolgreich: Nicht die geschätzten 600.000, sondern mehr als 1,3 Mio. Besucher kamen im ersten Jahr nach der Eröffnung (vgl. Borst 1986:477).

5.4.3. Das Land Baden-Württemberg und die Attraktivität der Kultur Stuttgarts

> „Nein. Natürlich sind alle Theaterdirektoren dieser Qualität schwierig. Claus Peymann hat natürlich nicht gerade nach dem Prinzip gelebt, möglichst jeden Ärger zu vermeiden – im Gegenteil. Aber ich fand das, was er gemacht hat, wirklich ausgesprochen amüsant. Er hat im Theater ganz einfach Bedeutendes geleistet" (Manfred Rommel im Mai 1999 im Gespräch mit Jürgen-Martin Möller).

Staatsgalerie, Altes und Neues Schloss sowie das Freilichtmuseum Weißenhofsiedlung sind die prägnantesten Kulturbauten des Landes Baden-Württemberg in der Stadt Stuttgart. Insbesondere zwischen Ministerpräsident Hans Filbinger und OB Manfred Rommel, die sehr ungleiche CDU-Politiker waren, aber auch (von 1978 an) im Verhältnis von Rommel zu Lothar Späth (Filbingers Nachfolger im Amt) wurde die konflikthafte Beziehung zwischen Land und Stadt in personifizierter Form immer wieder virulent.

In diesem Zusammenhang kann der offene Streit zwischen dem Kulturpolitiker Rommel und Claus Peymanns Dienstherrn Filbinger über die Entlassung des äußerst populären Theaterdirektors als Beispiel dienen:

Peymann, der im so genannten „Heißen Herbst 1977" Direktor des Württembergischen Staatstheaters war, rief als Spitze langer Streitereien zwischen Theater und Land zu einer Spende für die zahnärztliche Behandlung der RAF-Haftinsassin Grudrun Ensslin auf. Filbinger wollte Peymann deshalb fristlos entlassen. Rommel setzte sich neben vielen anderen Kulturschaffenden Stuttgarts für den Verbleib von Peymann zumindest bis zum Ende von dessen Vertrag im Jahr 1979 ein, und hatte Erfolg (vgl. Die Zeit/Leben 22. Febuar 2002:1).

Die interne CDU-Konkurrenz von 1978 um die Bewerbung für das Amt des Ministerpräsidenten, bzw. um die Nachfolge Filbingers, zwischen Rommel und Späth bedeutete ebenso eine Sondersituation für beide Seiten. Dennoch wurde von den späten 1970er-Jahren an von Stadt und Land ein von Rommel und Späth gemeinsam entwickeltes Großprojekt „Kulturmeile des Landes in Stuttgart" anvisiert. Das Ziel, das Areal zwischen Staatsgalerie und Landtag in irgendeiner Weise, zum Beispiel durch ein „Großprojekt Tunnelbau" von der Trennlinie Konrad-Adenauer-Straße zu befreien, blieb allerdings bis in die Gegenwart unerreicht.

Attraktivität durch Rommels Kultur- und Sanierungspolitik

Rommel ging den für ihn typischen und die Stuttgarter Stadtentwicklung entscheidend prägenden Weg der „kleinen Kultur-Erfolge" weiter: Im März 1985 wurde das Theaterhaus in Stuttgart-Wangen eröffnet. Im selben Jahr wurde nach einer sechsjährigen Renovierungsphase das Lindenmuseum wiedereröffnet. Das Haus am Hegelplatz 1, das seinen Namen Karl Graf von Linden, dem Vorsitzenden des 1882 gegründeten „Württembergischen Vereins für Handelsgeographie" verdankt, wird jährlich von weit über 100.000 ethnologisch Interessierten besucht. Es gehört spätestens seit den 1980er-Jahren zu den bedeutendsten Völkerkundemuseen Europas. Allein in seiner wissenschaftlichen Spezialbibliothek befinden sich heute über 40.000 Bände und ca. 270 laufende Zeitschriften.

Ebenfalls 1985 wurde im Rahmen der Stuttgarter „Wiederentdeckung des Urbanen" das „Schwabenzentrum" – ein vier Gebäude umfassendes Areal zwischen Eberhardstraße und der Bundesstraße 14 nach siebenjähriger Bauzeit endgültig fertig gestellt. Als „moderne architektonische Lösung für urbanes Leben" zeichnet es sich durch viele kleine Läden, Restaurants und Innenhöfe aus (Mall 2001:65).

Obwohl 1970 noch ein städtebaulicher Ideenwettbewerb um einen neuen Verwaltungskomplex abgehalten worden war, entschied sich der Stuttgarter Gemeinderat 1975 schließlich doch für eine Sanierung des Bohnenviertels. Die kleinräumige Gliederung des Viertels sollte erhalten bleiben, ebenso die Mixtur aus Wohnungen, Kleingewerbe, Handel und Gastronomie (vgl. Loderer 1994:151). Die Sanierung des Bohnenviertels erfolgte zwischen 1979 und 1987. Mehr als 300 Wohnungen entstanden dort. Es wurde – nach dem Schwabenzentrum – zum zweiten großen Sanierungsprojekt während Rommels Amtszeit. Hier wurde Attraktivität insbesondere durch die Beibehaltung des kleinteiligen Charakters dieses südlich an die Innenstadt angrenzenden Viertels erzeugt.

Die „Sporthauptstadt" Stuttgart, die Leichtathletik-Weltmeisterschaft 1993 und die IGA 93

„Stuttgart hat als erste deutsche Kommune den Sport als perfektes Mittel fürs Stadtmarketing entdeckt" (Sogl 2003).

Manfred Rommels erklärtes Ziel war es des Weiteren, Stuttgart zur „Sporthauptstadt" zu machen. Bereits bei vier Spielen während der Fußball-Weltmeisterschaft von 1974 hatte die Stadt Stuttgart wichtige Erfahrungen als Veranstalterin machen können. Die Leichtathletik-Europameisterschaft von 1986 war dann das nächste Großereignis im Neckarstadion. Im Sommer 1987 machte die Tour de France Stuttgart für einen Tag und eine Nacht zum Treffpunkt des Radsports. 1989 folgten die Kunstturn-Weltmeisterschaften und schließlich feierte man 1993 das bisher größte Sportereignis in der Geschichte Stuttgarts: die Leichtathletik-Weltmeisterschaft im neu eröffneten Gottlieb-Daimler-Stadion. Die Stuttgarter Leichtathletik-WM stellte mit über 580.000 Besuchern bisher die WM mit den meisten Gästen dar. Ebenso gilt sie nach den Olympischen Spielen 1972 in München und der Fußball-WM von 1974 als der größte deutsche „Sport-Event". Alleine 3000 Journalisten aus aller Welt stellten den bis dahin gewaltigsten Medienansturm auf die Stadt dar. Die komplette Hanns-Martin-Schleyer-Halle, eine Großhalle, diente als Pressezentrum. 3,5 Milliarden Fernsehzuschauer verfolgten die „Stuttgarter WM" (vgl. Mertz-Bogen; Bogen 2000:121).

Im gleichen Jahr wie die Leichtathletik-WM fand die Internationale Gartenbauausstellung „IGA 1993" statt, zu der sieben Millionen Besucher kamen und die auf einer Ausstellungsfläche von über 100 Hektar präsentiert wurde. Der prestigeträchtige und nur im zeitlichen Abstand von zehn Jahren stattfindende Groß-Event[86] führte dazu, dass die letzte Lücke einer acht Kilometer langen Park-Kette, in Stuttgart als „Grünes U" bezeichnet, geschlossen werden konnte. In Hufeisenform wurden verschiedene historische und neue Grünanlagen so aneinander gereiht, dass sie zwischen Stadtwald und neuem Schloss zu einer riesigen Parkanlage wurden. Die „Großstadt zwischen Wald und Reben" wurde so zur „Großstadt zwischen Wald, Reben und Parks" (vgl. Mall 2001:79).

5.4.4. Die Strategie der Positionierung Stuttgarts in Europa und im globalisierten Raum

Neben der Strategie der kooperativen Vernetzung von Kernstadt und Region sowie der Zielvorgabe, die Attraktivität der Stadt durch zahlreiche Kultur- und Sanierungsprojekte in Kooperation mit kommunalen, regionalen und baden-württembergischen Akteuren zu verbessern, stellte die Positionierung Stuttgarts im europäischen Raum die dritte Raummarketingstrategie Rommels dar. Diese drei Strategien werden auch von Wolfgang Schuster, Rommels Amtsnachfolger seit 1997, weitergeführt. Zunächst soll im Folgenden ein kurzer, aktueller Überblick über den „Wirtschaftsstandort Stuttgart unter Schuster" gegeben werden.

---

[86] IGA 1983 München/11 Mio. Besucher, IGA 2003 Rostock/2,5 Mio. Besucher [erwartet].

5.4.5. Die aktuelle Situation der Ökonomie der Stadt Stuttgart

„In Wahrheit ist und bleibt Stuttgart das Herz einer der produktivsten Industrieregionen Europas" (Thomas Borgmann 2002:1).

Auf dem Weg zur Dienstleistungsstadt

Stuttgart ist in den letzten vier Jahrzehnten zwar vornehmlich von der *Industrie* und insbesondere von der Leistungsfähigkeit und Exportabhängigkeit der Automobilfertigung geprägt worden. Nichtsdestotrotz kam es gleichzeitig auch zur Tertiärisierung der Ökonomie der Stadt, die jedoch stark beeinflusst wird von den jeweiligen Markterfolgen und Absatzkrisen für die Produkte des sekundären Sektors (vgl. Gaebe 1997b:9f.).

Im verarbeitenden Gewerbe Stuttgarts waren im Jahr 2001 insgesamt über 85.000 Menschen beschäftigt, davon annähernd 40.000 allein in der Kraftfahrzeugbranche.[87] Die Elektroindustrie und der Maschinenbau haben sich als Industriecluster um die Fahrzeugindustrie angesiedelt. Mit einem durchschnittlichen Exportanteil des Stuttgarter Automobilbaus von fast 40 Prozent hängt Stuttgarts Prosperität direkt von der internationalen Konjunktur ab (vgl. Gaebe 1997b:9). Die Stadt wird dominiert von den Branchen (bzw. Firmen): Automobilbau (DaimlerChrysler/Porsche), Elektrotechnik (Bosch/SEL) und Elektronik (IBM/Hewlett-Packard) sowie Maschinen- und Stahlbau, Feinmechanik und Optik.

Zu beachten ist, dass die Tertiärisierung der Ökonomie Stuttgarts dazu führte, dass sich seit den 1960er-Jahren die Anzahl der Beschäftigten im sekundären Sektor um zwei Drittel reduzierte. Diese Tendenz setzte sich selbst noch im Zeitraum zwischen 1991 und 1998 fort, als die Zahl der Beschäftigten im verarbeitenden Gewerbe ein weiteres Mal um über 33.000 abnahm (Landeshauptstadt Stuttgart/Statistisches Amt 2001:157).

Von den ca. 400.000 Stuttgarter Arbeitsplätzen werden gegenwärtig annähernd 300.000 den Bereichen „private Dienstleistungen", Handel, Verkehr und dem öffentlichen Dienst zugeordnet. Der bis zur Krise am Ende der 1990er-Jahre kontinuierlich expandierende tertiäre Sektor Stuttgarts trägt

---

[87] Vgl. Landeshauptstadt Stuttgart/Statistisches Amt (2001:119ff.).

damit bereits seit fast einem Jahrzehnt mit ca. 70 Prozent zur Bruttowertschöpfung in der Stadt bei (Gaebe 1997b:11f.).

Die Kongresse und die Messen Stuttgarts

Als Kongress- und Messestandort war Stuttgart im letzten Jahrzehnt relativ erfolgreich, was unter anderem mit der 1991 vollzogenen Erweiterung und Modernisierung des Kultur- und Kongresszentrums Liederhalle in Verbindung steht. Innerhalb der letzten Abrechnungszeiträume (2000/2001) wurden allein in der Liederhalle weit über 600.000 Besucher gezählt, was 2001 zu einem Umsatz von über 5,2 Mio Euro führte (vgl. Beteiligungsbericht 2002:105).

Des Weiteren finden mittlerweile jährlich rund 40 Messen in Stuttgart statt, was zu einem direkten Messeumsatz von durchschnittlich 35–40 Millionen Euro pro Jahr führt. Die Zahl der verkauften Tageskarten für die großen Publikumsmessen (u.a. CMT/Hafa/Modellbau Süd) überschritt in den letzten Jahren die 400.000er-Marke.

Um die Kapazität und Attraktivität Stuttgarts als Messestadt zu steigern, ist derzeit eine Verlagerung und somit ein Neubau der Messehallen auf den Fildern in der Diskussion.

Im Kontext der Entwicklung von modernen Industriegesellschaften hin zu Informations- und Wissensgesellschaften gewinnt die Medienwirtschaft gegenwärtig auch in Stuttgart eine verstärkte Bedeutung. Stuttgart galt bereits traditionell als Standort der Druckindustrie und des Verlagswesens. 1999 waren in dieser Branche rund 23.000 Mitarbeiter beschäftigt (Kreh 2002:21). In den letzten Jahren wurde versucht, mit derzeit über 250 Verlagen in Stuttgart und seiner Region (u.a. Klett, Reclam, Thieme, DVA und Dino und mit Medienunternehmen wie u.a. Debitel, Tesion und dem Südwestrundfunk) das Image einer *Verlags- und Medienstadt* zu entwickeln. Insbesondere innerhalb regionaler kompetitiver Raumvergleiche präsentiert sich Stuttgart hier als Zentrum einer europäischen Medienregion (vgl. dazu die Aktivitäten der WRS in Abschnitt 5.6.1).

5.4.6. Die aktuelle Situation der Ökonomie und Sozialstruktur der Region Stuttgart: Zur Gleichzeitigkeit von Clusterbildung und Heterogenität

Insgesamt um 1,3 Millionen Beschäftigte erwirtschaften in der Region am mittleren Neckar ungefähr ein Drittel der Güter und Dienstleistungen des Südweststaates, das sind zugleich 40 Prozent der baden-württembergischen Exporte. Somit ist die Region Stuttgart die „mit Abstand größte, am stärksten verdichtete und wirtschaftsstärkste Region im Südwesten" (Gaebe 1997b:9). Auch im bundesrepublikanischen Kontext lässt sich vor allem anhand eines Vergleiches der Siedlungsdichte in den verschiedenen Metropolregionen feststellen, dass die Region Stuttgart mit über 5600 Einwohnern pro Quadratkilometer Siedlungsfläche als regionaler Ballungsraum par excellence gilt: In einer entsprechenden Rangordnung befindet sich die Region am mittleren Neckar – nach den Verdichtungsräumen München und Frankfurt (beide ca. 5800) auf Platz drei. Das Ruhrgebiet rangiert hier auf Platz vier und der Ballungsraum Hamburg auf Platz fünf (beide um ca. 5000 Einwohner pro Quadratkilometer Siedlungsfläche; ebd. S. 13).

Wie die Stadt Stuttgart (siehe oben) befindet sich auch die gesamte Region Stuttgart in einem kontinuierlichen Prozess der Tertiärisierung ihrer Wirtschaftsstruktur. Laut den aktuellen Statistiken sind zwar in der Region lediglich ca. 57 Prozent der Beschäftigten im Dienstleistungsbereich tätig – in der Kernstadt sind es annähernd 70 Prozent (Kreh 2002:11). Doch sollte diese Zahl nicht darüber hinwegtäuschen, dass „interne Tertiärisierungsprozesse" innerhalb des verarbeitenden Sektors, im Zusammenhang mit der Entwicklung hin zu einer informationstechnologisch gesteuerten (Automobil-) Produktion, den Charakter des sekundären Sektors zusehends neu definieren. Trotz dieses ihm bekannten Sachverhaltes (Gaebe 1997b:14–16) sieht Gaebe in seiner Stärken-und-Schwächen-Analyse eine besondere Schwäche der Region Stuttgart in ihrer „Überindustrialisierung" und in ihrer enormen Abhängigkeit vom Automobilmarkt (ebd. S. 18). Durch die zunehmend beobachtbaren Deindustrialisierungsprozesse, aber auch durch die allgemeine Wirtschaftsflaute der letzten Jahre führt u.a. die stark auf die Cluster um die Fahrzeug-, Elektro- und Maschinenbau ausgerichtete und exportorientierte Industriestruktur zu Innovationsschwächen und zu erhöhter Arbeitslosigkeit. Allerdings ist selbst bezüglich des regionalen und auf die

Automobil-, Elektrotechnik- und Maschinenbauindustrie ausgerichteten Arbeitsmarktes im Raum Mittlerer Neckar eine starke Heterogenität festzustellen. Diese Heterogenität der Beschäftigungsentwicklung spiegelt subregional divergierende Entwicklungs- und Produktionszyklen wider.[88] In gewisser Weise stellt sie einen ersten Indikator für die ökonomischen und sozialstrukturellen Unterschiede zwischen den Teilräumen der Region Stuttgart dar. Ein zweiter Indikator für die interne Heterogenität der Region Stuttgart ist, und zwar selbst unter Berücksichtigung der internen Tertiärisierung innerhalb des sekundären Sektors, die große Varianz von teilweise über 15 Prozent bezüglich der Beschäftigtenquote im Dienstleistungsbereich. So sind z.B. im Kreis Böblingen oder im Kreis Göppingen weniger als 50 Prozent der ArbeitnehmerInnen im Dienstleistungssektor beschäftigt. In der Kernstadt sind dies, wie bereits oben angegeben, rund 70 Prozent (vgl. Kreh 2002:60ff.). Schließlich bildet sich die interne Heterogenität der Region Stuttgart auch im Preisniveau der angebotenen Gewerbeflächen ab. Während die Quadratmeterpreise in der Kernstadt Stuttgart im Durchschnitt bei über 300 Euro liegen, kostet im Rems-Murr-Kreis dieselbe Flächeneinheit durchschnittlich über 30 Prozent weniger. Im Kreis Göppingen sind Innenstadtflächen sogar für weniger als die Hälfte des Stuttgarter Innenstadtpreises zu erwerben. Beachtet man, dass die Preisdifferenzen vor allem Standortfaktoren wie u.a. die Qualität der Anbindung an die wichtigsten Verkehrswege zur Region Stuttgart und innerhalb der Region porträtieren, so wird erneut klar, wie stark sich die Räume innerhalb der Region unterscheiden (vgl. Braun, 2002:54ff.). Braun stellt fest:

> „Die regionale Verteilung der Gewerbeflächenpreise zeigt deutlich eine **zentral-periphere** Abnahme des Preisniveaus, die eine nahezu ringförmige Anordnung der Preisklassen um Stuttgart zur Folge hat" (Braun 2002:55 [Hervorhebung im Original]).

---

[88] Vgl. Schätzl (1992:198f.), Schmitz (2001:92ff.), Heidenreich (1997).

Übersicht der Gewerbeflächenpreise in der Region Stuttgart

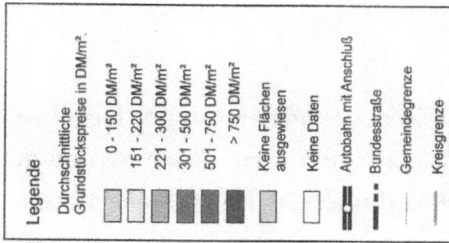

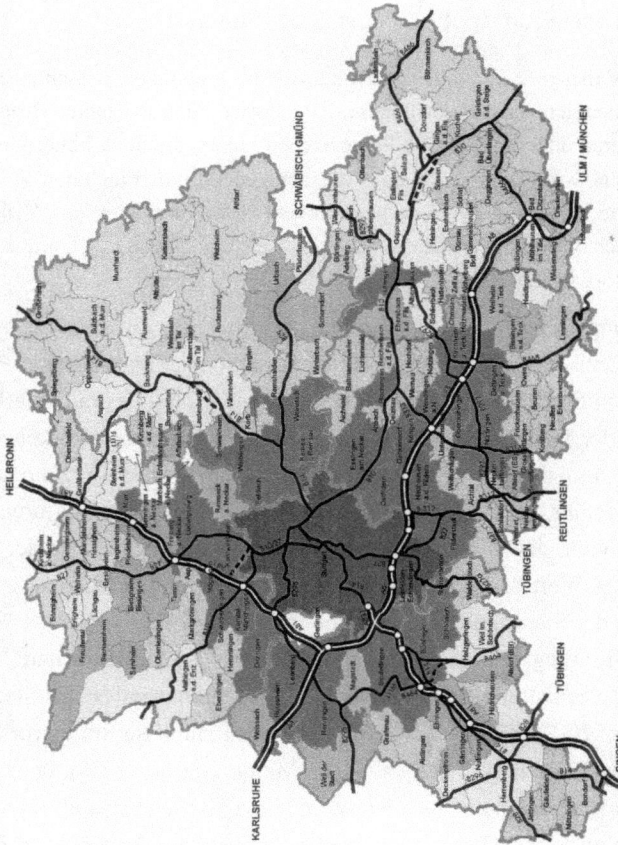

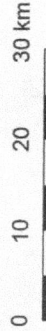

Kartengrundlage: Wirtschaftsförderung Region Stuttgart GmbH (WRS)
Datenquelle: Standortkommunikationssystem (SKS);
Telefonische Auskünfte der Kommunen

Entwurf und Kartographie: Ralph Braun, Juni 1999

Legende

Durchschnittliche
Grundstückspreise in DM/m²

- 0 - 150 DM/m²
- 151 - 220 DM/m²
- 221 - 300 DM/m²
- 301 - 500 DM/m²
- 501 - 750 DM/m²
- > 750 DM/m²

Keine Flächen ausgewiesen

Keine Daten

Autobahn mit Anschluß

Bundesstraße

Gemeindegrenze

Kreisgrenze

N

0   10   20   30 km

HEILBRONN

KARLSRUHE

SCHWÄBISCH GMÜND

ULM / MÜNCHEN

REUTLINGEN

TÜBINGEN

TÜBINGEN

SINGEN

5.5. Die Raumpolitik in der Stadt und in der Region Stuttgart zu Beginn des 21. Jahrhunderts – Fortführung der Strategie einer Positionierung im globalen Raum

5.5.1. Erneuerungspolitik in der Stadt Stuttgart

> „In dieser Stadt bleiben auch künftig die Baukräne ein Symbol für das unverzichtbare Wachstum und die Erneuerung veralteter Strukturen. Daran ändern selbst die Fragezeichen nichts, die noch hinter Großprojekte wie Stuttgart 21 oder die neue Messe am Flughafen zu setzen sind. [...] Und der Oberbürgermeister, der dies alles mit Vehemenz nach vorne zu treiben sucht, gilt vielen geradezu als Unruhestifter" (Borgmann 2002:1).

Wolfgang Schuster legte in seiner Antrittsrede von 1997 ebenso wie in seiner Zwischenbilanz von 2001 folgende Schwerpunkte seiner Regierungspolitik in Stuttgart fest: Das Projekt Stuttgart 21 – der radikale Umbau des Stuttgarter Hauptbahnhofes – soll zum einen Stuttgarts Verkehrsanbindung in Europa und seine Zentralität in der Region verbessern. Zum anderen soll das ungefähr 2,5 Milliarden Euro teure Gesamtprojekt „Stuttgart 21" die Attraktivität der Innenstadt entscheidend hervorheben. In der Innenstadt wird des Weiteren der Schlossplatz neu gestaltet werden und die „Neue Galerie der Stadt Stuttgart" entstehen.[89]

Die Leitung des Stadtplanungsamtes der Landeshauptstadt spricht auf einer Veranstaltung des Presse- und Informationsamtes der Stadt Stuttgart im März 2002 von der „zweiten großen Aufbauphase Stuttgarts – nach dem zweiten Weltkrieg". Neben dem Mammutprojekt „Stuttgart 21" wird gegenwärtig an mehr als vierzig weiteren Stellen gebaut. Davon gehören über zehn größere Projekte zum Plan, die „urbane Vitalität" in Stuttgart zu

---

[89] Vgl. Landeshauptstadt Stuttgart/Presse- und Informationsamt (1997) (Hg.): Antrittsrede des Oberbürgermeisters Dr. Wolfgang Schuster sowie Schwarz (2003:19) und Landeshauptstadt Stuttgart/Technisches Referat (Hg.) (2003): Stuttgart baut die neue Galerie, auch: Borgmann (2002a:19).

erhalten oder neu zu kreieren. Die städtischen Bauprojekte sollen auch durch „nachhaltiges Marketing" (so Kron, Leiter des Stadtplanungsamtes) den Bürgern, Touristen und Investoren nahe gebracht werden. Entweder durch Podiumsdiskussionen und offene Bürgerbeteiligungen, durch die Presse, durch eigene Publikationen und Internetseiten und schließlich auch durch Feste in der Stadt.

5.5.2. Das Großprojekt Stuttgart 21 – Ein Kurzüberblick im europäischen Raumkontext

Insbesondere durch die geopolitischen Veränderungen nach 1989 wurde Stuttgart laut Klaus Humpert wieder ein Stück ins europäische Abseits gedrängt:

> „Die deutsche Städtelandschaft hat sich gravierend verändert, mit dem Ergebnis, dass Stuttgart nicht mehr so gut wie früher liegt. Stuttgart lag an dieser berühmten Banane [...]. Diese Banane ist futsch [...] sie war ein unglaubliches Kunstprodukt, weil Deutschland ein Land zwischen Nord-Süd und Ost-West ist. Das ist kein Bananenland, diese Banane war schlichtweg ein Kunstprodukt, durch die Mauer oder durch die Grenze hervorgerufen." (Humpert 1997:164).

Ein Weg aus diesem von Klaus Humpert, einem renommierten Stuttgarter Architekturprofessor, beschriebenen europäischen Abseits wird von der politischen Elite Stuttgarts in einem Umbau des Stuttgarter Hauptbahnhofs gesehen. Im Kontext des Ausbaus des europäischen Schnellverkehrsnetzes sollen die meisten der in Deutschland am Ende des 19. Jahrhunderts entstandenen Kopfbahnhöfe in tiefer gelegte Durchgangsbahnhöfe umgewandelt werden. Vom Stuttgarter Hauptbahnhof aus soll durch die Umgestaltung des Bahnhofs und durch die Modernisierung des europäischen Bahnnetzes spätestens von 2016 an z.B. Paris in dreieinhalb Stunden erreichbar sein. Derzeit beträgt die Reisezeit für diese Distanz noch sechs Stunden. Von Stuttgart nach München wird eine Fahrzeit von weniger als eineinhalb Stunden anvisiert. Der Stuttgarter Flughafen soll vom neuen Bahnhof Stuttgarts aus in acht Minuten zu erreichen sein.[90] Das Großprojekt Stuttgart 21 stellt ein Beispiel für den langfristigen Entwurf einer „inneren

---

[90] Vgl. Deutsche Bahn AG/Landeshauptstadt Stuttgart (1998:8).

Stadtentwicklung" dar, der sowohl im deutschen als auch im europäischen Kontext symbolisch für den strukturellen und funktionalen Wandel des Städtischen steht (vgl. Pesch 2000:300). Die Erneuerung der Kerngebiete in den europäischen Metropolen ist hierbei aber auch gleichzeitig Teil eines Transfers bzw. eines „gigantischen Immobiliengeschäfts" (Pesch 2000:304) der Deutschen Bahn AG.

In insgesamt 25 Städten der Bundesrepublik werden durch das „Projekt DB21" insgesamt über 2000 Hektar an Flächen für Umnutzungsvorhaben frei. Ein Großteil dieser Flächen stellen „Filetstücke" der Innenstadt dar. Sie bilden somit die räumliche Grundlage für eine zukunftsprägende Stadtentwicklung und eine nunmehr mögliche Neugestaltung oder Wiederbetonung der jeweiligen urbanen Zentren (vgl. ebd).

In Stuttgart wird durch das Projekt „Stuttgart 21" eine Innenstadtfläche von über hundert Hektar durch den Umbau des derzeit noch oberirdischen Kopfbahnhofes in einen unterirdischen Durchgangsbahnhof mit ebenso unterirdischen Gleiszufahrten frei verfügbar. 50 Hektar davon sollen zu Bauland werden, weitere 30 Hektar zu öffentlichen Plätzen und Grünflächen und 20 Hektar zu Parkanlagen. Über die nächsten 20 bis 30 Jahre soll mitten in Stuttgart ein neues Stadtquartier mit ca. 11.000 Wohnungen und 24.000 Arbeitsplätzen entstehen.[91] Bei kritischer Betrachtung des Planungsprozesses, der bereits in der Mitte der 1990er-Jahre seinen Ursprung nahm, lassen sich zunächst drei Problemfacetten erkennen:

Zum einen muss das Großprojekt „Neuer Hauptbahnhof" den finanziellen Herausforderungen standhalten, die sich insbesondere aus den enorm hohen Baulandpreisen für die einzelnen neuen Flächen ergeben. Da die Tieferlegung der Bahngleise mit der Entstehung des neuen Areals direkt verbunden ist, kommt es zu hohen Quadratmeterkosten für den aufwendig erschlossenen neuen Stadtraum (vgl. Pesch 2000:307).

Als zweite Problemfacette wird während des Entwicklungsprozesses von „Stuttgart 21" deutlich, dass elementare Richtungsentscheidungen der Stadtentwicklung entweder fernab von Stadt und Region auf suprakommunaler Ebene getroffen werden – so z.B. in den Bundesministerien und im Landtag – oder dass ein in seinen Entscheidungen mit ständigen Überra-

---

[91] Vgl. Hahn (1997).

schungen aufwartendes, „schwer durchschaubares Geflecht von Developern, Holdings und stillen Teilhabern" seinen Einfluss auf den Bauprozess kontinuierlich zu verstärken sucht (Pesch 2000:304).

Als dritte Problemfacette stellt sich die umfangreiche Aufgabe dar, in der Stuttgarter Bevölkerung für den neuen Stadtteil um Akzeptanz zu werben. Vor allem musste (und muss) dabei für jede einzelne und zum Teil immer kostspieligere (Bau-)Etappe auf dem Weg zu Stuttgarts „neuem Bahnhof" immer wieder neu geworben werden.

Das endgültig von den beteiligten Akteuren beschlossene Projekt galt in der Öffentlichkeit im Vergleich zu allen anderen publizierten Entwurfsvarianten von Anfang an als die annähernd drei Milliarden Euro teure „Maximallösung" (vgl. ebd. S. 304). Weil sowohl der Bund, das Land Baden-Württemberg, die Region Stuttgart und die Deutsche Bahn AG unter sehr unterschiedlichen Bedingungen und mit verschieden großen Investitionsanteilen am Projekt beteiligt sind, galt „Stuttgart 21" in der Bevölkerung als zu wenig transparent.

Von 1997 an ging die Stadt mit zunächst zwei Veranstaltungsreihen in die Offensive. Unter dem Titel „Forum Stuttgart" organisierte das Städtebau-Institut der Universität Stuttgart insgesamt sechs öffentliche Podiumsdiskussionen. Eingeladen waren international renommierte Experten aus Architektur, Stadtplanung und den benachbarten Disziplinen. Ebenso kam es von 1997 an auf der Grundlage des Rahmenplan-Entwurfs zur „Offenen Bürgerbeteiligung". Über 400 Bürger nahmen am Beteiligungsverfahren teil. Ein Beteiligungskonzept, „wie man es sich wünschen würde", wurde zwar entwickelt, aber, so der kritische Beobachter Franz Pesch:

> „Die vielfältigen Aktivitäten wurden jedoch das Stigma nicht los, daß die Richtungsentscheidungen des Projekts bereits getroffen waren. Die Tatsache, daß mithin viele Forderungen und Ideen ins Leere laufen mußten, erzeugte unter vielen Beteiligten mehr Verärgerung als die Sache selbst" (Pesch 2000:307).

Andere Kritiker, wie z.B. Thomas Sieverts, mahnen außerdem grundsätzlich an, dass die Bedeutung der Erreichbarkeit einer Metropole für den Fernverkehr durch das Großprojekt „Stuttgart 21" überschätzt und somit die Folgen dieser Politik der zentralistischen Großprojekte von den Eliten der Stadt unterschätzt werden. Sein Kommentar zu Stuttgart 21 fokussiert insbesondere darauf, dass „das Implantieren eines derartigen Projekts und das Verhindern anderer Projekte in der Region" (Sieverts 1998a:56) als Strategie der Kernstadt zur Vermeidung von Konkurrenzsituationen zwischen Kernstadt und Umland verstanden werden muss.

5.5.3. Die Messe in Stuttgart

Als „wichtiges Marketinginstrument im Wettbewerb der Regionen" (Schuster 1997:19) stellt auf dem relativ langen Stuttgarter Weg zur Dienstleistungsstadt der Bau einer neuen Messe einen Meilenstein dar. Es ist geplant, die „Neue Messe" auf den Fildern und in der Nähe des Stuttgarter Flughafens im Jahr 2006 zu eröffnen. Als „Landesmesse am Stuttgarter Flughafen" und als „Messe der kurzen Wege" soll sie einmal in nur wenigen Minuten vom Flughafen und vom neuen Hauptbahnhof aus zu erreichen sein.[92] Die Kosten des Messe-Projekts werden derzeit von der „Projektgesellschaft Neue Messe GmbH und Co. KG (Neue Messe KG)" auf ca. 860 Millionen Euro geschätzt. Die neue Messe KG, die im Jahr 2000 gegründet wurde, ist eines der jüngsten Unternehmen der Stadt Stuttgart. Es hat die Aufgabe, das Projekt „Neue Messe" zu koordinieren und insbesondere die für den Betrieb der geplanten Messe erforderlichen Grundstücke zu erwerben und anschließend zu bebauen und zu verwalten. Beteiligte Gesellschafter der „Neue Messe KG" sind die Landeshauptstadt und die Beteiligungsgesellschaft des Landes Baden-Württemberg mbH mit jeweils 11,5 Millionen Euro sowie der Verband Region Stuttgart mit 2,5 Millionen Euro (Stadtkämmerei/Beteiligungsbericht 2001:77).

Schon bisher wird die Messe auf dem Stuttgarter Killesberg von ihren Betreibern als „wichtigstes Schaufenster des Landes Baden-Württemberg" bezeichnet.[93] Die Stuttgarter Messe und Kongressgesellschaft (SMK), ein Unternehmen der Landeshauptstadt Stuttgart, erreichte mit seinen über 250 Beschäftigten in den letzten Abrechnungszeiträumen im Durchschnitt Umsätze in Höhe von mehr als 35 Millionen Euro pro Jahr. Im Geschäftsjahr 2001 wurden 39 Messen durchgeführt (1999 waren es sogar 44). Dazu kommen jährlich noch über 100 Kongresse und Tagungen. Deutschlandweit

---

[92] www.messe-stuttgart.de (14.6.2003).
[93] www.messe-stuttgart.de (18.6.2003).

ist Stuttgart als Messemetropole auf Platz Nummer 7, nach Düsseldorf, Frankfurt, Hannover, Köln, München und Berlin und vor Leipzig, Nürnberg, Essen und Hamburg.[94]

5.5.4. Kultur als Standortfaktor Stuttgarts

„Man leistet sich eine neue Galerie am Kleinen Schloßplatz, womöglich auch eine Bibliothek des 21. Jahrhunderts und höchstwahrscheinlich eine Großhalle am Cannstatter Wasen. [...] Der Kampf um ein anderes Image im In- und Ausland läßt sich nicht gewinnen mit rührender Folklore, sondern nur mit professionellen Konzepten" (Borgmann 2002:1).

Die Großstadt, von der wenig Glanz ausgeht

Für den ehemaligen Oberbürgermeister Rommel stellte „Kulturpolitik [...] den wichtigsten Bereich der Kommunalpolitik" dar (vgl. Grüßer 1991:23). Ein relativ liberales Management prägte die Entwicklung der Stadtpolitik auch auf dem Feld der Kultur. Personifiziert hatte sich diese Liberalität insbesondere in der Rolle des populären Theaterintendanten Claus Peymann, der, von Filbinger entlassen, aber von Rommel verteidigt, im Kontext des „Heißen Herbstes" seinen Hut nehmen musste.[95] In der Gegenwart stellen die Oper, das Ballett, die äußerst vielfältige Theaterszene und die vielseitige Museumslandschaft Stuttgarts ein kulturelles Kaleidoskop dar, das auch überregional von Bedeutung ist. Für eine Metropole, die auf eine hoch spezialisierte und durch Expertenwissen geformte Industrie- und (Wissens-) Dienstleistungsökonomie angewiesen ist, ist diese Akzentuierung der Hochkultur nur folgerichtig.

Die Ausgaben der Landeshauptstadt, deren Kulturbürgermeister in den letzten drei Jahrzehnten gleichzeitig versuchten (und nach wie vor versuchen), auch Alternativkultur (wie z.B. das „Zapata" und das „Bosch Areal" sowie Stuttgart als „Hip-Hop-Hauptstadt" Deutschlands) zu fördern, betrugen im letzten Jahrzehnt jährlich mehr als 150 Millionen Euro, mit steigen-

---

[94] Vgl. www.messe-stuttgart.de (14.6.2003) sowie Stadtkämmerei (2002)/ Beteiligungsbericht 2001, S. 99.

[95] Vgl. Die Zeit/Leben, 22.2.2002, S. 1.

der Tendenz (vgl. Maier 1996:66; Landeshauptstadt Stuttgart 1993:10). Dennoch findet Stuttgart nur äußerst mühsam zu einem eigenen Bild, das eine „Großstadt im Glanz der Kultur" auszeichnet. Thomas Borgmann schreibt dazu in der Stuttgarter Zeitung vom 4. Januar 2002:

> „Beim Blick auf Stuttgart am Beginn des 21. Jahrhunderts bleibt gleichwohl festzuhalten: Von dieser Großstadt geht wenig Glanz aus. Sie teilt das Schicksal des vor fünfzig Jahren gegründeten Südweststaates, wohlhabend zu sein aber nicht sehr interessant, sich selbst genug und wenig Charme versprühend – eine spröde Schönheit eben, die ihre tiefen Wurzeln im kargen Pietismus nicht kappen kann und es womöglich gar nicht will. [...] Die Schwaben mögen es beschaulich: nur ja keine Veränderungen" (Borgmann 2002:1).

Das alte, permanente Bild der „provinziellen, lustfeindlichen, überkorrekten" Schwabenagglomeration zu überdecken oder gar auszutauschen fällt Stuttgart offensichtlich schwer. Und das „Leiden" an diesem Vorurteil (insbesondere der Stuttgarter Elite, aber auch der Nicht-Stuttgarter) hat sich offensichtlich bereits zu einem Teil des Stuttgarter Kollektivbewusstseins entwickelt.

5.5.5. Zwischenfazit

Am Anfang des 21. Jahrhunderts steht Stuttgart vor seinen größten baulichen Veränderungen seit dem Wiederaufbau. Im Vordergrund stehen in der Stuttgarter Lokalpolitik hierbei vor allem der radikale Bahnhofsumbau zusammen mit dem Projekt „Stuttgart 21", der Neubau eines „Kulturwürfels am Kleinen Schlossplatz" bzw. der Bau der „Neuen Galerie der Stadt Stuttgart" sowie das Großprojekt „Neue Messe auf den Fildern".

Neben dieser Infrastrukturpolitik spielen weiterhin kulturpolitische Anstrengungen im Stuttgarter Stadtmarketing eine zentrale Rolle: die Staatsoper, das Ballett, die Theater und Museen sollen neben den Neubauten Stuttgart zu großstädtischem Glanz verhelfen. Diesem Ziel steht immer wieder der Makel des traditionellen Images als Hindernis im Weg, die Großstadt, von der „wenig Glanz" ausgeht, zu sein.

5.5.6. Die Popularität Stuttgarts im Spiegel von Umfragen der Meinungsforschung

Die Diskussion über die Popularität Stuttgarts bestimmte zwar bereits in den 1970er- und 1980er-Jahren – im Kontext einer „kapitalismuskritischen" Stadtskepsis, die Inhalte lokaljournalistischer Leitartikel. Und auch die von Manfred Rommel mit seinem Amtsantritt 1974 als ein Stuttgarter Kernproblem erkannte Stadtflucht in das Umland führte zur Frage nach den Motiven für den Exodus. Antworten waren hierauf z.B. zeitgenössische Wortschöpfungen wie „Stuttgart = Kaputtgart".

Im Globalisierungskontext bekommt der Diskurs über die Beliebtheit einer Stadt jedoch eine neue Dimension. Auch bedingt durch die verschiedenen neuen Methoden und Möglichkeiten der Meinungsforschung im Internet-Zeitalter vergeht kaum ein Jahr, in dem die Stuttgarter nicht zu ihrer Stadt und die Nicht-Stuttgarter nicht zur baden-württembergischen Landeshauptstadt befragt werden. Im Folgenden soll ein kurzer Rück- und Überblick über die Ergebnisse dieser Befragungen gegeben werden.

Zur Attraktivität des Wirtschaftsstandortes und Arbeitsmarktes Stuttgart

Die Brunet-Studie von Reclus/Montpellier aus dem Jahr 1989 war eines der ersten internationalen „Rankings", welche sich mit der Attraktivität europäischer Großstädte beschäftigten und dabei Standortindikatoren wie die Anzahl der „multinationalen Unternehmen" bzw. der „Forschungsstätten und Universitäten" oder „hochqualifizierte Arbeitskräfte", aber auch Messen und Kongresse sowie die „kulturelle Ausstrahlung" fokussierten (vgl. Brunet et al. 1989). Stuttgart erreichte bei dieser so genannten „Reclus-Untersuchung" zusammen mit Kopenhagen und Athen den Rang Nummer zehn von insgesamt 23 Rängen. Es rangierte somit im oberen Mittelfeld, allerdings laut dieser Umfrage deutlich hinter den mitkonkurrierenden deutschen Großstädten München und Frankfurt, die auf Rang fünf platziert wurden (nach London, Paris, Mailand und Madrid). Ebenso befand sich die Landeshauptstadt gemäß dieser Studie dicht hinter Berlin und Hamburg (beide auf Rang neun).

Im Laufe der folgenden Jahre zeigte sich in zahlreichen weiteren Befragungen, dass sich zahlreiche Raumeinheiten in der Stadt ebenso wie auch in der Region Stuttgart mit Raumeinheiten der deutschen Millionenstädte München, Hamburg und Köln im direkten Standortwettbewerb befinden.[96]

Im Hinblick auf die Zufriedenheit breiter Schichten in der Bevölkerung insbesondere mit dem Arbeitsmarkt führen beim direkten Vergleich die beiden Landeshauptstädte Stuttgart[97] und München[98] laut den von McKinsey jährlich veröffentlichten Umfragen das Ranking der zwölf beliebtesten Großstädte Deutschlands sogar an.[99] Berücksichtigt man allein den Indikator „Wachstum der Bruttowertschöpfung", so ergibt sich auch hier, dass die Stadt Stuttgart in den letzten Jahren einen Spitzenplatz einnahm. Stuttgarts Bruttowertschöpfung verzeichnete im Zeitraum zwischen 1996 und 2000 mit ca. 13 Prozent nach Düsseldorf (mit ca. 18 %) das zweitstärkste Wirtschaftswachstum in der Bundesrepublik, deutlich vor München, Hamburg, Köln und Frankfurt.[100] In der im Januar 2003 veröffentlichten Feri-Studie wurde versucht zu prognostizieren, wie sich die Wirtschaftskraft der 60 wichtigsten Städte Deutschlands entwickeln wird. Untersucht wurden die Indikatoren Wirtschaftsleistung, Arbeitsplätze, Bevölkerungsentwicklung und Kaufkraft. Stuttgart erreichte den hohen Rang vier – nach Düsseldorf, München, Hamburg und Köln und damit noch vor Frankfurt (Rang 5). Vor allem wurde in dieser Studie ein Wachstum des Dienstleistungssektors als „der einzige Bereich in Deutschland, in dem die Beschäftigung noch nennenswert steigt" (ebd. S. 22), zum Dreh- und Angelpunkt des Städte-Rankings gemacht. Für den Zeitraum zwischen 2000 und 2009 erwarten die Trendforscher von Feri ein weiteres Wachstum der Wirtschaftskraft Stuttgarts um über 20 Prozent sowie ein Anwachsen der Zahl der Arbeitsplätze um fünf Prozent. Ebenso soll bis 2009 die Zahl der Einwohner Stuttgarts um ca. zwei Prozent (wieder) auf über 600.000 ansteigen.

Schließlich wurden über 300 Experten im Rahmen des interdisziplinären Mehrebenenprojektes „Stadtregion Stuttgart 2030" nach ihrer Prognose für

---

[96] Vgl. McKinsey et al. (2003), Kulinat (1997) und „Capital" (02/2003:22ff.)/Feri-Bad Homburg.

[97] Auf Platz eins im Jahr 2003.

[98] Im Jahr 2002 auf Platz eins/Stuttgart auf Platz zwei.

[99] Vgl. McKinsey et al. (2002 und 2003) sowie in: StZ, 27.3.2002, S. 1. Ebenfalls in StN, 24.4.2003, S. 1.

[100] Vgl. VGL – zit. in StN, 19.2.2003, S. 17.

die wirtschaftliche Zukunft der Stadtregion Stuttgart befragt. Gemäß der Experten-Delphi-Studie, die im August 2002 veröffentlicht wurde, wird die „wirtschaftliche Prosperität der Metropolregion im Jahr 2030" auf Platz drei, nach München und Frankfurt, eingestuft (Experten-Delphi-2/2002:9).[101]

76 Prozent der befragten Experten nehmen an, dass die Wirtschaft in der Kernstadt ebenso wie in der gesamten Region Stuttgart in den nächsten drei Jahrzehnten deutlich wachsen wird. Insbesondere wird seitens der Befragten die polyzentrische Struktur der Region Stuttgart als „geeigneter Regionstypus für den internationalen Wettbewerb" betont (ebd.).

Zur Attraktivität Stuttgarts und seiner Region als touristisches Ziel

Mit über 40 Millionen Tagesgästen und mehr als zwei Millionen Übernachtungen im Jahr 2002 rangiert Stuttgart als Reiseziel im bundesweiten Vergleich gegenwärtig vor den Städten Nürnberg und Leipzig, aber nach Berlin, München, Hamburg, Frankfurt, Köln, Düsseldorf, Hannover und Dresden.[102] Im Verhältnis zu seiner Popularität als Standort der Wirtschaft, in der es – wie oben beschrieben – je nach Gewichtung der Indikatoren seit der Mitte der 1990er-Jahre häufig einen Platz unter den fünf Spitzenreitern einnimmt, bleibt Stuttgart hier der Zugang zur Spitzengruppe bisher verwehrt. Die Erkenntnis, dass Stuttgart als touristisches Ziel an Attraktivität noch gewinnen kann, führte zu vergleichsweise großen Anstrengungen im Tourismus- und Kongressmarketing von Stadt und Region Stuttgart. Dies blieb nicht ohne Erfolg: Im Verlauf des letzten Jahrzehnts hat sich vor allem im Kontext eines neuen Marketingansatzes unter der Regie der „Stuttgart-Marketing GmbH" und der „Regio Stuttgart Marketing- und Tourismus GmbH" (vgl. dazu Abschnitt 5.6.3) die Anzahl der Übernachtungen alleine in der Landeshauptstadt um über 900.000 erhöht und somit nahezu verdoppelt (vgl. Landeshauptstadt Stuttgart/Statistisches Amt 2001:130).

Zwar positionieren diese Steigerungen in der Gästestatistik die „Tourismus-Region Stuttgart" innerhalb Baden-Württembergs direkt hinter der

---

[101] Vgl. Kommunalentwicklung/LEG Baden-Württemberg GmbH (2002).

[102] Vgl. Landeshauptstadt Stuttgart/Statistisches Amt (2001:137) und StN, 13.2.2003, S. 21/Hechtel (2003).

Region Südlicher Oberrhein auf Platz zwei[103], aber im nationalen Vergleich gehört die Großstadtregion Stuttgart bisher nicht der Spitzengruppe der deutschen Tourismusregionen (Frankfurt, München, Dresden, Berlin und Hamburg) an.[104]

Als Zwischenergebnis ist hier somit anzumerken: Sowohl die Stadt wie auch die Region Stuttgart bleiben bezüglich ihrer Popularität als Reiseziel hinter den Erwartungen zurück, die sich – insbesondere im Hinblick auf den zunehmenden Dienstreiseverkehr der 1990er-Jahre – aus ihrer hervorragenden Bewertung im wirtschaftlichen Standortranking ableiten lassen könnten.

Die Beliebtheit Stuttgarts gemäß Umfragen in der Bevölkerung

Wie bereits oben im Kontext des Wirtschaftsstandorts beschrieben, belegt Stuttgart in den letzten Jahren laut der Umfragen von McKinsey et al. von 2002 und 2003 die ersten beiden Plätze, wenn nach der Zufriedenheit und Lebensqualität am Wohnort gefragt wurde.[105] Im Städtevergleich des Jahres 2002 gaben 84 Prozent der Stuttgarter ihrem Wohnort die Noten 1 oder 2.

Die Bürgerumfragen der Landeshauptstadt Stuttgart, die seit der Mitte der 1990er-Jahre in zweijährigem Rhythmus stattfinden und in deren Rahmen über 2500 Fragebögen mit jeweils 50 Fragen ausgewertet werden, bestätigen diese Ergebnisse. Auch sie zeigen seit Jahren, dass die Einwohner der Stadt zu über 80 Prozent mit Stuttgart als ihrem Wohnort zufrieden sind. So gaben z.B. in den Bürgerumfragen von 1995 83 Prozent und 2001 sogar 86 Prozent der Befragten an, gerne in Stuttgart zu leben. Über 90 Prozent der Stuttgarter ziehen weder eine andere Stadt noch das Umland als attraktiveren Wohnort vor.[106]

Auf die Frage nach den größten Problemen in Stuttgart werden in den Bürgerbefragungen der Landeshauptstadt von 2001 und 2003 „zu viel Straßenverkehr" (69/70 %) und „zu wenig Parkmöglichkeiten" (64/62 %)

---

[103] Vgl. Industrie- und Handelskammer Stuttgart (Hg.) (2001:62) und Kulinat (1997:110).

[104] Vgl. u.a. Weber/Pluta 2002:62 sowie Industrie- und Handelskammer Region Stuttgart und Verband Region Stuttgart (1998:71).

[105] Vgl. McKinsey/et al. (2002).

[106] Vgl. Landeshauptstadt Stuttgart/Statistisches Amt (2002): Bürgerumfragen 1995/2001.

am häufigsten genannt (vgl. Stuttgarter Nachrichten vom 16.8.2003, S. 24). Damit hat die Problematik „Verkehr in der Großstadt" das Thema „Sicherheit in Stuttgart", das noch bis zum Ende der 90er-Jahre (1999 mit 64 Prozent und 1995 mit 67 Prozent) die stadtentwicklungspolitische „Kummerliste" anführte, von Platz eins verdrängt. In diesem Zusammenhang ist auch der verstärkte Wunsch der Stuttgarter nach dem Ausbau des Stadtbahnnetzes zu verstehen. Diese rangiert auf Platz eins von den zehn befürworteten Stadtprojekten der Gegenwart, gefolgt vom überraschend sehr positiv bewerteten Bauprojekt „Bibliothek des 21. Jahrhunderts" und der geplanten „Multifunktionshalle bei der Schleyerhalle". Die Olympia-Bewerbung der Stadt rangiert laut der Bürgerumfrage von 2001 auf dem hinteren Rang Nummer sieben. Und das Mammutprojekt „Stuttgart 21" findet auf dem letzten Platz noch weniger Unterstützung bei den Stuttgartern als die Entwürfe für die „Neue Stuttgarter Messe" (Rang 8) oder für den Ausbau des Daimler-Stadions (Rang 9).

5.5.7. Die Information der Bevölkerung und der Stadtumbau – Offene Bürgerbeteiligungen und das TurmForum

> „Stadtmanagement lässt sich in erster Linie als strategisches Informations- und Interaktionsmanagement charakterisieren. Gerade durch den Zuwachs an Informationen und die steigende Zahl (informierter und zu beteiligender) Akteure werden Koordinationsprozesse zunehmend komplizierter" (Hohn 2002:89).

Die relativ niedrigen Sympathiewerte der Stuttgarter Bevölkerung für das Großprojekt „Stuttgart 21" in der Bürgerbefragung von 2001 überraschen, wenn man berücksichtigt, dass die Stuttgarter Verwaltung bereits von April bis Juni 1997 zur ersten „Offenen Bürgerbeteiligung Stuttgart 21" aufrief und diese auch – zumindest bezüglich des Moderationsverfahrens – sehr erfolgreiche Resultate nachweisen konnte.[107] Die Entwicklung des neuen Innenstadtareals von insgesamt 100 Hektar und insbesondere der Umbau des Bahnhofs (siehe auch Abschnitt 5.5.2) wurde anhand eines städtebaulichen Rahmenplan-Entwurfes vom 30.11.1995 von 400 Bürgerinnen in 15 Ar-

---

[107] Vgl. Landeshauptstadt Stuttgart/Stadtplanungsamt und Kommunalentwicklung (1997) (Hg.): Offene Bürgerbeteiligung zum Rahmenplan/Entwurf. Band 1: Ergebnisse.

beitsgruppen und in insgesamt drei Plenarveranstaltungen erörtert. Die Moderation des Beteiligungsprozesses wurde an die (nichtstädtische) „Kommunalentwicklung Baden-Württemberg" (KE)[108] übertragen. Diese informierte im Anschluss an das Moderationsverfahren den Gemeinderat und veröffentlichte im Auftrag der Landeshauptstadt Stuttgart die Ergebnisse des Prozesses, die eine Zusammenfassung von über 900 Vorschlägen darstellen, in Form einer Ausstellung sowie durch einen Berichts- und einen Protokollband. Im Juli 1997 wurde unter Berücksichtigung der veröffentlichten Resultate der Rahmenplan für „Stuttgart 21" vom Stuttgarter Gemeinderat beschlossen. Eine zweite offene Bürgerbeteiligung zum Nordbahnhofviertel – einem weiteren Teilprojekt von „Stuttgart 21" – folgte im Frühjahr 1998. Die Resultate dieses zweiten Prozesses flossen vor allem in die Konzeption der Dauerausstellung „TurmForum" im Stuttgarter Bahnhofsturm mit ein. Seit Juni 1998 werden dort täglich auf drei Stockwerken die bisherigen Resultate und möglichen Entwürfe des Planungsprozesses des Großprojektes der interessierten Öffentlichkeit zugänglich gemacht. Im Dezember 2002 wurde der einmillionste Besucher der Ausstellung gezählt. Ebenso wurde von der Stadt eine spezielle Internetseite mit der Adresse „www.turmforum.stuttgart21.de" eingerichtet.

Der Standard-Internetauftritt „stuttgart.de", „stuttgart-baut.de" und der kommunale Dialog via Internet

Im Jahr 2002 wurde die Stadt Stuttgart für ihre in den letzten Jahren kontinuierlich erweiterte kommunale Standard-Homepage „stuttgart.de" von der „Initiative D21", einem Gremium bestehend aus Akteuren der Politik und der Privatwirtschaft, als Sieger prämiert. Die baden-württembergische Landeshauptstadt brillierte als „E-Town 2002" insbesondere für die Kategorie „Elektronische Demokratie" auf dem ersten Platz vor über 80 weiteren deutschen Städten (mit mehr als 100.000 Einwohnern). Stuttgarts kommunale Standard-Website „Stuttgart.de", die täglich von ca. 10.000 Internet-NutzerInnen angeklickt wird, stellte sich hierbei als vorbildliches Informations- und Kommunikationsforum vor. Diese Chance zum Wissensaustausch zwischen Verwaltung und Bürgern soll seit dem Frühjahr 2003 auch für die

---

[108] Unter Leitung von Prof. R. Reschl und E. Menzel.

Information über die Stuttgarter Bauprojekte genutzt werden. Neben Podiumsdiskussionen, den offenen Bürgerbeteiligungsverfahren, Ausstellungen und zahlreichen Publikationen stellt sich hierbei die Verwaltung der Landeshauptstadt auch mittels des Internet auf der Seite „stuttgart-baut.de" zur Diskussion. Sowohl über die Entwicklungen des Bauprojektes „Stuttgart 21" als auch über Fortschritte, die die Baustelle „Neubau der Städtischen Galerie" und weitere größere und kleinere Projekte machen, informiert das Rathaus Stuttgarts auf der eigens dafür eingerichteten Seite im Internet. Oberbürgermeister Wolfgang Schuster stellte den – laut Stuttgarter Zeitung – 250.000 Euro teuren Internetauftritt „stuttgart-baut.de" als „ersten Schritt zu einem umfangreichen Baustellenmarketing" vor (Oßwald 2003:21).

Auf der Seite „stuttgart-baut.de", die insbesondere auch die Möglichkeit vorsieht, per E-Mail Rückfragen zu den Bauprojekten an die Stadtverwaltung zu stellen, erhält der interessierte „Internet-Nutzer" – bzw. die „UserIn" – neben Informationen über „Stuttgart 21" und die „Neue städtische Galerie" auch Informationen über den Stand des in der Planungsphase befindlichen Projektes „Neue Landesmesse" und Einblicke in den aktuellen Rathausumbau sowie einen virtuellen Zugang zu zahlreichen weiteren – auch privaten – Baustellen in der Stadt.

Baustellenführungen vor Ort als Tourismus- und „Citizen Relationship Marketing"

Nicht nur mit virtuellen Baustellenführungen im Netz, sondern auch mit Begehungen vor Ort wirbt seit dem Frühjahr 2003 die Stuttgart-Marketing GmbH als zentrale Tourismusmarketing-Agentur im Auftrag der Stadt Stuttgart. Bereits im Februar 2002 forderte die SPD-Gemeinderatsfraktion in einem Antrag, die Baustelle „Neue städtische Galerie" „durch professionelles Baustellen-Marketing" zu einem „Event" werden zu lassen (Christian Klenk, StZ, 25.2.2002; S. 19). Seit April 2003 bietet die Stuttgart-Marketing GmbH eine dreistündige Rundfahrt unter dem Motto „Stuttgart baut" an. Vor allem ist zu beachten, dass die neuen Stuttgarter Stadtführungen „von der Renaissancepracht bis zum Betonbrutalismus" (Jacobs 2003:22) – sowohl den TouristInnen als auch den BewohnerInnen – Stuttgart als ein architektonisch kontrastreiches „Ensemble" vermitteln sollen.[109] Hier liegen die Ziele zwischen Tourismusmarketing und „Citizen Relationship Marketingt" sehr nahe beieinander. Fraglich bleibt, ob diese Bündelung der Ziele auch zur langfristigen Kooperation der Akteure dieser Ressorts führen wird. Bis in die Gegenwart hinein setzte sich jedenfalls eine „Ausdifferenzierung der verschiedenen Stadtmarketingressorts" fort (vgl. Interview mit Theo Rombach/Kommunikationsberater in Esslingen).

Fazit

Der vorangegangene Überblick über die Einschätzung und Beliebtheit Stuttgarts bei den maßgeblichen Gruppen aus der Wirtschaft, bei Experten, Touristen und seinen BewohnerInnen sowie das vorgestellte Informations- und Interaktionsmanagement im Hinblick auf eine „elektronische Demokratie" und nicht zuletzt die Beispiele zur Information der Bevölkerung über den aktuellen Stadtumbau in Stuttgart zeigen, dass sich Stadtmarketing derzeit an den steigenden Informationsbedürfnissen und -chancen orientiert. Ein erstes Ziel eines an Kommunikation orientierten Stadtmarketings ist zunächst die möglichst intensive Beteiligungen der Bewohner am Prozess der Planung selbst. Darüber hinaus geht es hierbei aber auch um die Vermittlung von Planungsergebnissen, um für diese, soweit möglich, eine breite Akzeptanz in der Stadtbevölkerung zu sichern. Diese Akzeptanz dürfte nicht nur demokratietheoretisch empfehlenswert sein, sondern sie ist vor allem aus der Sicht der lokalen Machteliten auch wahlstrategisch sinnvoll. Schließlich ist aber auch zu berücksichtigen, dass die existierenden Akteursnetzwerke, die von den jeweiligen lokalen Eliten hervorgebracht und unterstützt werden, den Informationsaustausch mit der lokalen Bevölkerung auch deshalb dringend benötigen, weil sie in ihrer Konsistenz auf Anschlusskommunikation gerade auch der Stadtgesellschaft gegenüber angewiesen sind. Mit anderen Worten: *Lokale Politik braucht lokale Kritik.*

---

[109] Vgl. Jacobs (2003).

5.6. Zentrale Akteure des Stadtmarketings in Stuttgart zu Beginn des 21. Jahrhunderts

„Heute dagegen müssen die Städte versuchen, unter finanziell restriktiven Bedingungen neue Entwicklungen anzuschieben, Innovationen zu stimulieren und Wachstum zu erzeugen. Sich international bemerkbar zu machen, sich weithin sichtbar als zukunftsträchtigen Standort anzubieten und damit externe Investitionen anlocken zu wollen, ist eine der herausragenden Strategien" (Häußermann/Siebel 1993:13).

Im Folgenden werden die wichtigsten Akteure für das Standort- und das Tourismusmarketing der Stadt und Region Stuttgart sowie für das „Citizen Relationship Marketing" der Landeshauptstadt vorgestellt. Den Mittelpunkt der jeweiligen Beschreibungen bildet die spezifische Aufgabenstellung des einzelnen Akteurs innerhalb des Stadt- bzw. Regionalmarketings. In der Einzelfallstudie zum „Initiativkreis Olympia-Bewerbung" werden abschließend die Chancen von Vernetzungsroutinen zwischen den verschiedenen Raummarketingakteuren erörtert.

5.6.1. Die Akteure des Standortmarketings in Stadt und Region Stuttgart

Die Stabsabteilung Wirtschafts- und Arbeitsförderung der Landeshauptstadt Stuttgart

Als Weiterentwicklung verschiedener Varianten der Wirtschaftsförderung der 1960er- und 1970er-Jahre stellt gegenwärtig die „Stabsabteilung der Wirtschafts- und Arbeitsförderung" eine zentrale Akteurin im Standortmarketingprojekt der Stadt Stuttgart dar. Die Stabsstelle ist Bestandteil der Rathausverwaltung und dabei direkt dem Oberbürgermeister unterstellt. Ein relativ kleines Team von weniger als zehn Personen (2002/2003 waren es sieben) ist beauftragt, zukünftigen Investoren und Ansiedlungsinteressierten, aber auch bereits ansässigen Unternehmen Beratungsdienste verschiedener Art anzubieten. Die Aktivitäten der Stabsabteilung reichen hierbei von der Beratung beim Verkauf oder der Vermittlung von Immobilien über Hilfestellungen in Planungs-, Baugenehmigungs- oder Zuschussfragen, bis hin zu Informationen zu potenziellen Interessenpartnerschaften in der Stadt, der

Region, im Bundesland, bundesweit oder im Ausland. Die Stabsabteilung sieht sich des Weiteren als Verbindungsstelle zwischen Wirtschaft und Wissenschaft.

So entstand beispielsweise bereits 1998 unter Federführung der Stabsabteilung die Gründeroffensive „GO!". Mit dieser „Offensive" sollten langfristig Arbeitsplätze in zukunftsorientierten Arbeitsfeldern geschaffen werden, indem vor allem durch Beratung und Vernetzungsarbeit die Rahmenbedingungen für den Weg in die Selbstständigkeit in Stuttgart günstiger gestaltet werden sollen.[110] Weitere Projekte der letzten Jahre stellen vor allem der „Stuttgart Engineering Park" (STEP) und das „Starter Center Stuttgart" (SCS) dar. Mit der Initiative Stuttgart Engineering Park wird zum einen das Ziel verfolgt, durch Kommunikation und Austausch vor Ort zwischen neuen „Start-up"-Unternehmen Synergieeffekte zu ermöglichen. Zum anderen soll durch das so geschaffene Milieu die Neuansiedlung von technologie- und forschungsorientierten Unternehmen unterstützt werden. Mit ähnlicher Zielrichtung arbeitet seit Oktober 2001 „Starter Center Stuttgart". Es bietet in enger Zusammenarbeit mit der IHK der Region Stuttgart die Beratung von FirmengründerInnen in Stadt und Region Stuttgart an. Die Kosten von über 200.000 Euro pro Jahr teilen sich die Stadt und die Industrie- und Handelskammer der Region Stuttgart.

Weitere wichtige Kooperanden der Stabsabteilung sind – auf *regionaler* Ebene – die Wirtschaftsförderung Region Stuttgart (WRS), die im nachfolgenden Abschnitt besprochen wird, sowie die Handwerkskammer der Region Stuttgart.

Kooperanden auf der *Landesebene* sind das „Haus der Wirtschaft", das als Dienstleistungszentrum für die mittelständischen Unternehmen Baden-Württembergs unter anderem das EU-Verbindungsbüro des Landes, das Landesgewerbeamt und die „Gesellschaft für internationale wirtschaftliche Zusammenarbeit Baden-Württemberg mbH" (GWZ) beherbergt. Die GWZ verkörpert die Wirtschaftsförderung auf baden-württembergischer Landesebene. Sie wird vom Land und vom Landesverband der baden-württembergischen Industrie getragen. Sie bietet unter anderem ihre Unterstützung

---

[110] Landeshauptstadt Stuttgart/Bürgermeisteramt Stabsabteilung Wirtschafts- und Arbeitsförderung in Zusammenarbeit mit dem Presse- und Informationsamt (2002) (Hg.): Stuttgart – Standort Zukunft. Stuttgart, S. 32f.

bei der „Vermarktung des Wirtschaftsstandortes Baden-Württemberg" an, betreut ausländische Investoren in Baden-Württemberg und versucht Hilfestellungen bei der Erschließung ausländischer Märkte zu geben.

Die Wirtschaftsförderung Region Stuttgart GmbH (WRS) – Standortmarketing als regionale Unternehmung

Auf der Ebene der regional orientierten Wirtschaftsförderung stellt die WRS die wichtigste Akteurin für das gemeinsame Standortmarketing in der Region Stuttgart dar. Dem „Grundverständnis" der Wirtschaftsförderung durch die WRS entspricht es, die „Kommunikation" zwischen Wirtschaft, Politik und Wissenschaft „in Gang zu setzen" und „zielgerichtete Netzwerke" aufzubauen (Steinacher 2000:90).

Die wesentlichen Aufgaben der WRS sind somit die Kommunikationsförderung durch Informationssysteme, Veröffentlichungen und Messeauftritte. Zunächst ist die Entwicklung, Weiterentwicklung und Betreuung einer tagesaktuellen spezifischen Standort-Datenbank als Dienstleistung der WRS vorzustellen: Alle zur Verfügung stehenden Gewerbeflächen und Gewerbeimmobilienobjekte der Region samt deren Standortbedingungen werden durch das „Standortkommunikationssystem" (SKS) genau beschrieben. Ebenso können mit dem SKS Anfragen aufgenommen werden (vgl. Ikrat 2003:26).

Die Zielgruppe der „potenziellen Investoren" wird zudem von den annähernd 30 Beschäftigten der WRS durch die Veröffentlichung zusätzlicher Informationen zum „Marktplatz Region Stuttgart" u.a. im Internet auf CD-ROM und DVD bedient. Des Weiteren wird von WRS-MitarbeiterInnen auf in- und ausländischen Messen für die Region Stuttgart als Standort geworben (vgl. Interview mit Walter Rogg).

Weitere zentrale Aufgaben der WRS bestehen in der Förderung von Zukunftstechnologien durch Netzwerkarbeit. Ein zentrales Moment der Arbeit der WRS ist dabei die Mithilfe bei der Bildung von Netzwerken in und zwischen Clustern bzw. Branchen wie beispielsweise der Mobilitäts-, der Umwelt-, Informations- und Kommunikationstechnologien. Aber auch zwischen Akteuren der Energie- und Biotechnologien sowie in und zwischen Gruppierungen der Medienwirtschaft werden verschiedene Formen kooperativer Netzwerkarbeit von der WRS gefördert. Durch den Sieg des in diesem Zusammenhang gebildeten Netzwerkes „AG mobilist" (Arbeitsgemeinschaft Mobilität im Ballungsraum Stuttgart) in einem Wettbewerb, den das Bundesforschungsministerium im Jahr 1998 ausgeschrieben hatte, konnte das Netzwerk, bestehend aus Firmen, Forschungsinstitutionen, Kommunen und öffentlichen Institutionen, insgesamt 25 Millionen Mark an staatlichen Fördergeldern akquirieren. 1997 entwickelte sich in diesem Kontext unter Federführung der WRS die Initiative „Medien Region Stuttgart", der inzwischen über 500 Filmemacher, Journalisten, Grafiker, Verleger usw. angehören. (Vgl. Steinacher 2000:91.)

Die Förderung von Existenzgründungen stellt sich als eine weitere Aufgabe der WRS dar. Durch Beratung, Information, Qualifizierung und Finanzierungsmöglichkeiten werden von der WRS Gründungsinteressierten und Jungunternehmern verschiedene Hilfestellungen angeboten. Die Ziele der Aktivitäten der WRS reichen von der „Verbesserung der curricularen Verankerung der unternehmerischen Ausbildung in Hochschulen" bis hin zur Etablierung regionaler Gründernetzwerke (Walter Rogg im Interview).

Vor allem durch das Projekt „PUSH!" (Partnernetz für Unternehmensgründungen aus Stuttgarter Hochschulen), das 1998 durch die Initiative der WRS entstand, können qualifizierte Beratungen und Informationen an verschiedenen Hochschulstandorten in der Region und im Internet angeboten werden. „PUSH!" basiert auf dem ebenfalls gewonnenen Bundeswettbewerb „EXIST", ausgeschrieben vom Bundesministerium für Bildung und Forschung (BMBF). „PUSH!" wurde in den ersten drei Jahren mit über 5,5 Millionen Euro aus Fördergeldern und Drittmitteln finanziert. Seit 2002 wird „PUSH!" durch das BMBF in Höhe von rund 2 Millionen Euro gefördert (vgl. Interview mit Walter Rogg).

Schließlich ist es eine Aufgabe der WRS, den regionalen Arbeitsmarkt durch Beratungsarbeit zu fördern. Insbesondere dient die REBAG als Informationsvermittlerin. Die REBAG ist eine „Regionale Beschäftigungsagentur", deren zentrale Aufgabe darin besteht, in der Existenz bedrohte Firmen und deren Belegschaft „frühzeitig über arbeitsmarktpolitische Instrumente zu informieren und beschäftigungsorientierte Initiativen zu erarbeiten und zu bündeln" (Steinacher 2000: 92).

Die finanziellen Bedingungen für die WRS GmbH

Die WRS ist eine Gründung des VRS aus dem Jahre 1995. Der VRS hält 51 Prozent der Geschäftsanteile der WRS und beansprucht sieben der insgesamt 13 Aufsichtsratsmandate. Rund 100 Kommunen der Region, die im „Kommunalen Pool der Region Stuttgart e.V." organisiert sind, besitzen weitere 25 Prozent der Anteile der WRS und haben zwei Aufsichtsratsmandate inne.

Zudem existieren weitere sieben Gesellschafter(innen) – darunter die IG Metall (1,6 %, ein Mandat), die Industrie- und Handelskammer Region Stuttgart (1,6 %, ebenso ein Mandat), die Landesbank Baden-Württemberg (LBBW), die Landesentwicklungsgesellschaft Baden-Württemberg (LEG) und die Handwerkskammer der Region Stuttgart. Jährlich stehen der WRS zur Erfüllung ihrer Aufgaben ungefähr 5 Millionen Euro zur Verfügung (im Jahr 2000: 10.461 TDM). (Vgl. WRS 2001: Gremien und Bilanz.)

5.6.2. Werbung für den Tourismus im Umland Stuttgarts – Die Regio Stuttgart Marketing- und Tourismus GmbH

Durch die Beteiligung des Verbands Region Stuttgart (VRS) an der „Regio Stuttgart Marketing- und Tourismus GmbH", die eng mit der Stuttgart-Marketing GmbH kooperiert (siehe unten), werden vor allem Ziele wie die Tourismusförderung in der Region Stuttgart und die Förderung wohnortnaher Erholungsgebiete angestrebt.

Die „Regio Stuttgart Marketing- und Tourismus GmbH" wird zum einen durch die Beiträge der über 175 Gemeinden finanziert, die sich – bis auf wenige Ausnahmen – als Mitglieder des VRS auch am regionalen Marketingprojekt mit 0,5 Euro pro Einwohner beteiligen. Zum anderen wurden im Jahr 2000 auch die Städte Tübingen und Reutlingen, die nicht Mitglieder des VRS sind, zu Mitgliedern in der Regio Stuttgart Marketing- und Tourismus GmbH (vgl. Schwäbisches Tagblatt vom 27.6.2001). Insgesamt summiert sich der Haushalt der „Regio GmbH" auf über 1,5 Mio. Euro (vgl. Interview mit Klaus Lindemann).

5.6.3. Zentrale Akteure im Stuttgarter Tourismusmarketing

Tourismusmarketing und Imagewandel

Beide Städte dieser Untersuchung, Glasgow und Stuttgart, stellen Standort-
konstellationen dar, für die in den letzten Jahren mit enormen Anstrengun-
gen geworben wird. Offensichtlich musste aus guten Gründen ein „Image-
Wandel" angestrebt werden. Beiden Städten mangelte es über lange Zeit an
Prestige. Und beiden Raumentitäten fehlt, und zwar zum Teil bis zur
Gegenwart, ein attraktives „Allgemein-Renommee", das zum Beispiel
Städte wie Florenz, San Francisco, Genf, Prag oder auch München aus
vielen verschiedenen Gründen bereits haben.

Das „Provinzimage" (Borgmann 2001)[111] stellt „die große Last Stuttgarts"
und damit auch die „zentrale Herausforderung" für die Stuttgarter Stadtmarketing-Profis dar (vgl. Interview mit Hans H. Pfeifer/City-Initiative Stuttgart). Das „langweilige, behäbige und provinzielle" Image Stuttgarts wird
nachgerade regelmäßig in Umfragen bestätigt.[112] Peter Hofelich, Vorsitzen-
der der SPD im Regionalparlament des Verbandes Region Stuttgart, kom-
mentiert die Umfrage mit dem Satz: „Wenn wir da nichts unternehmen,
dann fallen wir immer weiter zurück" (Stuttgarter Zeitung, 4.12.2001).

*Das Tourismusmarketing Stuttgarts im Wandel – Ein Überblick über
Phasen und Akteure*

Fokussiert man die letzten drei Jahrzehnte der Geschichte des Stuttgarter
Tourismusmarketings, so kann man beobachten, dass sich ein enormer
Wandel in der Qualität der Organisation und im Ausmaß der Unternehmun-
gen vollzogen hat.

Als Vorläuferinstitution der Stuttgarter Stadtmarketingaktivitäten in der
Gegenwart wird das ehemalige „Verkehrsamt" und spätere „Amt für Tou-
ristik" angesehen. Insbesondere das persönliche Engagement des Leiters des
Amtes für Touristik der Stadt Stuttgart von 1969 bis 1985 (Peer-Uli Faerber)
prägte die Entwicklung der Innenstadtaktivitäten durch Feste, wie z.B. das
„Große Fest am Kleinen Schlossplatz" (vgl. Interview mit Susanne Wette-

---

[111] Borgmann, Thomas (2001): Wider das Provinzimage. In: StZ, 4.12.2001.
[112] Vgl. Interview mit Theo Rombach.

rich). Nach einer Transformationsphase am Anfang der 1990er-Jahre, die geprägt wird von der Vorbereitung der Großveranstaltungen IGA 93 und der Leichtathletik-WM 93, entsteht im April 1993 die Stuttgart-Marketing GmbH.

Die Stuttgart-Marketing GmbH

Die Stuttgart-Marketing GmbH stellt einen der wichtigsten Akteure im Stuttgarter Tourismusmarketingprozess dar. Sie ist verantwortlich für Tourismus und Stadtwerbung. Im Einzelnen stellt sie sich folgende Aufgaben:

- die Konzeption und Durchführung der Image- und Stadtwerbung sowie des Stadtmarketings
- die Tätigkeit als PR-, Consulting- und Werbeagentur
- die Schaffung und Darstellung eines klaren Stadtprofils
- die Verbesserung der Infrastruktur für den Städtetourismus
- das Innen- und Außenmarketing der Stadt Stuttgart insbesondere für Tagungen und Messen oder Großveranstaltungen
- die Initiierung und Umsetzung zusätzlicher Kultur-, Sport- und sonstiger Events
- die Intensivierung und Koordinierung von Werbung und PR
- die Einführung eines optimalen Systems zur Stadtinformation, zur Hotelbuchung und zum Kartenverkauf
- und die Vermarktung der gesamten Angebotspalette zur Erhöhung der Gäste- und Übernachtungszahl[113]

Auf über 70 Fach- und Publikumsmessen im In- und Ausland präsentiert die Stuttgart-Marketing GmbH jährlich Informationen über die Stadt Stuttgart. Insgesamt sind mehr als 35 Angestellte bei der GmbH beschäftigt. In mehr als 500 Reisekatalogen und auf mehr als 900 Websites sowie in sieben Sprachen wird gegenwärtig von der Stuttgart-Marketing GmbH, dem „offiziellen Touristik-Partner der Stadt Stuttgart" für die Landeshauptstadt

---

[113] Vgl. Stadtkämmerei der Landeshauptstadt Stuttgart (2002) [Beteiligungsbericht 2001:91] und Interview mit Klaus Lindemann.

geworben. In Deutschland kann die „Destination Stuttgart" in mehr als 17.000 Reisebüros gebucht werden.

In den Jahren 1999, 2000 und 2001 wurden jährlich mehr als 2 Millionen Übernachtungen in Stuttgart registriert (2001:2,16 Mio.) 1997 waren es noch über 300.000 weniger (vgl. Beteiligungsbericht 2001:99). So viele Gäste besuchten Stuttgart nie zuvor. Viele dieser Ergebnisse lassen sich überwiegend auf die engagierte Arbeit der Stuttgart-Marketing GmbH zurückführen (vgl. Interview mit Susanne Wetterich).

Die finanziellen Bedingungen für die Stuttgart-Marketing GmbH

Zum 31.12.2001 waren die Landeshauptstadt Stuttgart mit 133.050 Euro (51 %) und die Stuttgarter Messe- und Kongressgesellschaft mbH (SMK) mit 127.950 Euro (49 %) am Stammkapital der Stuttgart-Marketing GmbH beteiligt (vgl. Beteiligungsbericht 2001:98). Zwischen der Stuttgart-Marketing GmbH und der SMK existiert ein Geschäftsbesorgungsvertrag, in dem die SMK einige Aufgaben, wie z.B. die Personalverwaltung, die Rechtsberatung oder DV-Schulungen und –seminare, übernimmt.

Im Geschäftsjahr 2001 wurde bei der Stuttgart-Marketing GmbH ein Umsatz von 3.712.000 Euro erzielt (laut Plan sollten es 2.945.000 Euro sein). Vor allem wurde die Ertragslage der Gesellschaft entscheidend durch den von der Landeshauptstadt geleisteten „Gesellschafterzuschuss" in Höhe von 4.368.000 Euro bestimmt (vgl. Beteiligungsbericht 2001:101).

5.6.4. Die City-Initiative Stuttgart e.V. (CIS)

Das Stuttgarter Innenstadtmarketing

Innenstadtmarketing begrenzt seine Aktivitäten per definitionem auf einen bestimmten Teil der Stadt. Im Stuttgarter Stadtkontext sowie in der Region Stuttgart existieren derzeit zahlreiche voneinander unabhängig agierende Stadt- und Stadtteilmarketingprojekte.[114] Im Folgenden soll deshalb *exemplarisch* das Innenstadtmarketing der Kernstadt Stuttgart durch die City-Initiative Stuttgart (CIS) beschrieben werden. Hierbei stellt die CIS lediglich

---

[114] Vgl. u.a. Nestler (2000) sowie Interview mit Axel Grau/EST und Interview mit Hans H. Pfeifer/CIS.

eine Akteurin eines Mosaiks dar, das von der oben beschriebenen Stuttgart-Marketing GmbH in Bezug auf die Stuttgarter Stadtwerbung geprägt wird. Darüber hinaus spielen für die Innenstadt weitere Akteure mit spezifischen Aufgaben eine gestaltende Rolle. Zu diesen gehören beispielsweise die von der Stadt geleitete Stuttgarter Messe- und Kongressgesellschaft mbH (SMK), der städtische Eigenbetrieb VMS (Versorgungsmärkte und Markt-veranstaltungen der Landeshauptstadt Stuttgart), der mit der Verwaltung des innerstädtischen Marktbetriebes betraut ist, und nicht zuletzt der Verkehrs-verein Pro Stuttgart e.V. (vgl. Organigramm Abschnitt 5.6.7).

Die Ziele der CIS

Aus der Perspektive der zu zwei Dritteln aus privaten Beiträgen finanzierten CIS wird die Innenstadt einer Großstadt allgemein als „Visitenkarte dieser Stadt" angesehen. Für das Marketing der Stuttgarter Innenstadt bedeutet diese Sichtweise für die CIS aus mehreren Gründen einen relativ hohen Gestaltungsbedarf (vgl. Interview mit Hans H. Pfeifer).

Bedingt durch sehr verschiedenartige Faktoren wie z.B. die nach wie vor enormen Verkehrsbelastungen entlang den Durchgangsstraßen B27 und B14, aber auch durch die gegenwärtigen und zukünftigen erhöhten Bautä-tigkeiten im Innenstadtbereich – vor allem im Bahnhofsbereich (Stuttgart 21) und am Kleinen Schlossplatz (Neue Galerie) – besteht die große Gefahr, dass „zu viele nur selten in die City kommen und lieber die bequemen Angebote ,auf der grünen Wiese' nutzen. Zum Nachteil des Einzelhandels und der Gewerbetreibenden in der Innenstadt" (wie dies Volker Gerstenmai-er, der Vorsitzende der CIS, in der Stuttgarter Zeitung vom 30.9.1999 beschreibt). Es geht den Akteuren des Stuttgarter Innenstadtmarketings naturgemäß in erster Linie darum, die Stuttgarter Innenstadt als „Einkaufs-standort und kulturelles Zentrum attraktiver zu machen" (vgl. Interview mit Hans H. Pfeifer).

Geschichte, Organisation und Finanzierung der CIS

Die City-Initiative Stuttgart (CIS) ging aus dem „Arbeitskreis Attraktives Stuttgart", dem späteren Verein „Attraktives Stuttgart e.V.", hervor. Der Arbeitskreis entstand als Kommunikationsplattform der Innenstadteinzelhändler bereits in der Mitte der 1970er-Jahre und wirkte bei der Entscheidung über die Nutzungsformen der „Klett-Passage" – einem Einkaufsareal unter dem Stuttgarter Hauptbahnhof – entscheidend mit (vgl. Interview mit Frank Steinmann).

Am Ende der 90er-Jahre wurde dann von der Landeshauptstadt zusammen mit der Industrie- und Handelskammer Region Stuttgart zunächst (im September 1997) der „Arbeitskreis Stadtmarketing" ins Leben gerufen. Dieser sollte „nach Lösungen suchen, um die Attraktivität der Innenstadt und damit die Situation des Einzelhandels zu verbessern".[115]

Unter der Regie des „Referats Wirtschaft und Krankenhäuser der Landeshauptstadt Stuttgart" wurde daraufhin der Verein „Stuttgart City-Marketing e.V." gegründet (vgl. GRDrs 563/1998). Aufgabe der späteren CIS ist die bessere Vermarktung der Innenstadt durch die Einführung eines City-Managements (vgl. ebd.). Unter der Voraussetzung, dass die Vertreter von Handel, Dienstleistung und Gewerbe jährlich Zuwendungen in Höhe von mindestens 200.000 Euro leisten, wird der Verein mit jährlich 100.000 Euro von der Landeshauptstadt bezuschusst (vgl. ebd.). Die Aufgaben des City-Managements werden vom Gemeinderat wie folgt beschrieben:

- „die Innenstadt besser und attraktiver vermarkten"
- „die Kaufkraft Stuttgarts und seiner Innenstadt stärken"
- „die weitere Gewinnung und Betreuung von Mitgliedern und Partnern betreiben" und
- „die Stadtentwicklung im Hinblick auf eine wirtschaftsfreundliche Kommunalpolitik mitgestalten" (Anlage zu GRDrs 563/1998).

Die Aktivitäten der CIS lassen sich somit zwischen den Polen „Event-Marketing" und „Kommunal-Lobbying" ansiedeln. Angefangen bei der Organisation von Innenstadt-Veranstaltungen und Stadtfesten bis hin zum Dialog mit den für den Innenstadtraum zuständigen kommunalen Behörden – wie u.a. der Polizei – ist die CIS „zentrale Kommunikatorin" im Auftrag der Stuttgarter Akteure aus dem Einzelhandel, der Politik und der Bürgerschaft (vgl. Interview mit Hans H. Pfeifer).

Von der Stuttgarter Presse, von den Kommunalpolitikern und auch von verschiedenen Unternehmern wird die Arbeit der CIS aufmerksam verfolgt.

---

[115] Vgl. Gemeinderatsdrucksache der Landeshauptstadt Stuttgart (1998) Nr. 563/ Anlage.

Ein Barometer für ihren Erfolg ist insbesondere das rasche Anwachsen der Zahl ihrer Mitglieder von 73 im Jahr 1999 auf über 134 im Jahr 2002. Zwei Drittel der Verkaufsfläche der Innenstadt werden dabei von diesen Mitgliedern repräsentiert (Interview mit Hans H. Pfeifer).

Einbettung in das Akteursnetz

Kritisch bleibt bei der Analyse der Einbettung der CIS in die lokalen und regionalen Stadtmarketingnetze anzumerken, dass eine Kooperation mit weiteren Akteuren im Stuttgarter Stadtwerbungs-, Tourismus- und im Stadtmarketingkontext allgemein in den letzten Jahren nur begrenzt stattfand. Insbesondere wird von Akteuren der Wirtschaftsförderung der *Region* Stuttgart wie auch von Akteuren der *Stadt* Stuttgart auf zahlreiche Zuständigkeitsgrenzen verwiesen, die das Stuttgarter Innenstadtmarketing deutlich von der Wirtschaftsförderung der Stadt sowie der Region und auch vom Tourismusmarketing trennen. Eine verstärkte Kooperation mit den vorwiegend öffentlich finanzierten Stadtmarketingakteuren bietet sich hier an. Es ist jedoch zu berücksichtigen, dass Organisationen erfahrungsgemäß während ihrer Entstehungs- und Konsolidierungsphase, insbesondere aus Gründen ihrer Identitätsbildung und Selbstdarstellung, verstärkt dazu neigen, sich gegenüber weiteren Organisationen ihres Typs abzugrenzen.

5.6.5. Das Stuttgarter Stadtmarketing nach innen: Bürgerbindung – „Citizen Relationship Marketing"

Die Presse- und Informationsarbeit der Verwaltung der Landeshauptstadt

Als „Schaltstelle für die Öffentlichkeitsarbeit" ist es die primäre Aufgabe der „Stabsabteilung Kommunikation" des Rathauses, die seit dem Frühjahr 2003 das „Presse- und Informationsamt" in seiner Funktion ersetzt, die „Service-Leistungen der Verwaltung" publik zu machen.[116]

---

[116] Landeshauptstadt Stuttgart/Presse und Informationsamt/Stadtmessungsamt, S.2 sowie vgl. Interview mit Regina Willner, Leiterin der Öffentlichkeitsarbeit/Stabsabteilung Kommunikation der Landeshauptstadt Stuttgart.

Das „Hauptorgan" hierbei ist weiterhin das wöchentlich erscheinende und ca. 25 Seiten umfassende „Amtsblatt" der Landeshauptstadt. Mit ca. 175.000 Lesern gilt es als das „Flaggschiff" des Presseamtes. Das „Amtsblatt" vermittelt mit seinen Berichten über die aktuelle Rathauspolitik und mit seinen Beschreibungen der verschiedenen Positionen, die die gewählten Fraktionen des Gemeinderates vertreten, zentrales lokales Wissen. Zudem äußern sich im „Amtsblatt" politisch unabhängige Gutachter zu Themen wie beispielsweise „Stuttgart 21" oder zur „Neuen Galerie der Stadt Stuttgart".

Neben der Information durch das „Amtsblatt" als Organ der Öffentlichkeitsarbeit erhalten Funk, Fernsehen und die Printmedien den täglichen „Pressedienst der Landeshauptstadt" (vgl. Interview mit Susanne Wetterich).

Des Weiteren veröffentlicht das Presse- und Informationsamt zusammen mit den verschiedenen Fachämtern eine relativ große Auswahl von Publikationen: vom Handzettel über Broschüren bis hin zu Veröffentlichungen, die Buchcharakter besitzen. Die Kosten für das Stuttgarter Amtsblatt, mit dessen Redaktion alleine meist mehr als vier Journalisten beschäftigt sind, werden jährlich auf ca. 300.000 Euro beziffert, ein Drittel davon kann durch Abonnement- und Verkaufseinnahmen wieder ausgeglichen werden (vgl. ebd.).

Im Frühjahr 2003 wurde von Bürgermeister und Gemeinderat ein grundlegender Umstrukturierungsprozess der Außenkommunikation des Rathauses beschlossen. Das Ziel des Prozesses stellt eine neue, vom Pressesprecher des Bürgermeisters geleitete „Stabsabteilung Kommunikation" dar. Für diese werden ca. 20 MitarbeiterInnen tätig sein. Die Stabsabteilung wird neben den ursprünglichen Betätigungsfeldern des Presse- und Informationsamtes, „Presse", „Öffentlichkeitsarbeit" und „Amtsblatt", zukünftig auch mit dem Ressort „Internet" und somit mit der Homepage der Stadt betraut sein.[117]

---

[117] Vgl. dazu Abschnitt 5.5.8 sowie Interview mit Regina Willner.

5.6.6. Der Initiativkreis Olympia-Bewerbung und die Stuttgart 2012 GmbH – Ein Fallbeispiel für kooperatives Raummarketing

„Wir haben auf verlorenem Posten gekämpft" (Raimund Gründler – Geschäftsführer der Stuttgart Olympia 2012 GmbH).[118]

Mit dem Motto „Faszination Olympia" und einem Etat für die nationale Bewerbungsrunde von ca. 7,5 Millionen Euro bewarb sich die Stadt Stuttgart im Frühjahr 2003 mit einem überregionalen Austragungskonzept, das auch die Städte Mannheim und Karlsruhe mit einbezog, für die Olympischen Sommerspiele 2012.[119] Mit dem Wettkampfstättenkonzept der „kurzen und schnellen Wege", seinem Ruf als weltweit bekannter Wirtschaftsmetropole und einem mit zwei internationalen Preisen für seine Fairness geehrten Publikum (EM 1986 und WM 1993) gingen die Stadt und der Verband Region Stuttgart sowie das Land Baden-Württemberg sehr optimistisch in den Wettbewerb. Als deutsche Mitkonkurrenten gingen Frankfurt, Düsseldorf, Hamburg und Leipzig mit an den Start.

Sowohl der Stuttgarter Gemeinderat wie auch der Landtag von Baden-Württemberg hatten sich bereits im Herbst 2001 und Frühjahr 2002 jeweils mit großen Mehrheiten unterstützend hinter die Bewerbung Stuttgarts gestellt.

Im Mittelpunkt der Bewerbungsarbeit stand der „Aufgaben- und Pflichtenkatalog" des Nationalen Olympischen Komitees und des „International Olympic Committee" (IOC). Dieser Orientierungsrahmen beinhaltete einerseits Anforderungen an die allgemeine Infrastruktur in der Bewerberstadt bis hin zu den Zimmerkontingenten für Presse und Besucher. Des Weiteren spielten die Sportinfrastruktur, das olympische Dorf und die Verkehrsvernetzung zwischen den Sportstätten eine zentrale Rolle. Zusätzlich entscheidende Kriterien sind das Generalkonzept inklusive der Planungen für die Paralympics, erworbene Erfahrungen bei Großveranstaltungen allgemein sowie der Umweltschutz und nicht zuletzt die Sicherheit.

Vor allem aber die Unterstützung der Bewerbung durch die Bevölkerung sollte sich zum beliebten, und im deutschlandweiten Wettbewerb immer

---

[118] Zit. in: Isenberg (2003:3) in StN, 14.4.2003.
[119] Vgl. Verband Region Stuttgart: Sitzungsvorlage 71/2001 „Beteiligung an der Bewerbung um die Ausrichtung der Olympischen Spiele 2012.

intensiver in den Mittelpunkt gerückten, Vorzeigekriterium entwickeln. So war die nach dem Vorbild früherer Bewerberstädte als privatrechtliche Gesellschaft im Dezember 2001 gegründete „Stuttgart 2012 GmbH" im gesamten Bewerbungszeitraum nicht nur an der Planung der zukünftigen Infrastruktur beteiligt, sondern auch an über 500 Publikumsveranstaltungen zum Thema „Stuttgarter Sommerspiele 2012". Über 100 „Events" organisierte die GmbH selbst. Klassisch im Sinne einer an „Citizen Relationship" orientierter Stadtwerbung wurde von den verschiedenen Akteuren des Stuttgarter Olympia-Marketing versucht, durch Werbung „nach innen" eine breite Akzeptanz in der Bevölkerung zu schaffen. Angefangen bei Breitensportaktionen, wie z.B. einem Marathonlauf, bis hin zu „Olympia-Mal-Aktionen" in Kindergärten und Schulen im gesamten Bewerbungsgebiet wurde das Thema „Olympia" eingeführt. In täglich erscheinenden Kolumnen zum Thema „Olympia in Stuttgart" wie auch durch eine starke Präsenz der gesamten Thematik „Faszination Olympia" in beiden großen Stuttgarter Tageszeitungen wurde die Bevölkerung in Stadt und Region kontinuierlich über den Stand des Projektes „Olympia 2012" informiert.

Neben der starken Befürwortung der Bewerbung durch die Bevölkerung wurde von den Evaluierungsinstanzen und Entscheidern ebenso die Unterstützung durch die jeweiligen Akteure der Wirtschaft und durch die verantwortlichen politischen Entscheidungsträger vor Ort eingefordert. Den hier aufgeführten „Anforderungskomponenten" versuchten die im Wettbewerb um Olympia stehenden Stuttgarter so gut wie möglich gerecht zu werden. Schließlich stellte „Olympia" insbesondere in den letzten Jahrzehnten und spätestens seit dem Beginn der 1980er-Jahre (und damit seit der professionellen Vermarktung der Spiele als „Mega-Festival" der jeweiligen Stadt) ein enorm imageförderndes Projekt dar (vgl. Andranovich et al. 2001). Die Austragung der Spiele, davon ist seit dem Sponsoring der Ära Samaranch und den damit verbundenen finanziellen Erfolgen in Los Angeles 1984, Atlanta 1996 und Sydney 2000 auszugehen, führen sehr wahrscheinlich zu positiven Konsequenzen für die Standortentwicklung und nicht zuletzt für den lokalen Arbeitsmarkt. Es sind in diesem Kontext nicht nur für die an der Kommerzialisierung der Spiele beteiligten Akteure enorm hohe Gewinne zu erwarten, sondern auch ein großer Imagegewinn für den Austragungsort.

Dreh- und Angelpunkt der Stuttgarter Bewerbungsorganisation war der „Initiativkreis Olympiabewerbung 2012". Er bestand aus einem Präsidium, einer Lenkungsgruppe, einem Kuratorium und weiteren vier thematischen Kommissionen. Der Initiativkreis wurde von der politischen Führung der Stadt Stuttgart zusammen mit zahlreichen weiteren Akteuren innerhalb und außerhalb der Region ins Leben gerufen. Die zentralen Realisierungsaufgaben der Projektvorschläge aus den vier Kommissionen, der Lenkungsgruppe, dem Präsidium des Initiativkreises und aus dessen Kuratorium fielen der „Stuttgart 2012 GmbH" zu.

Im Dezember 2001 wurde – ebenso wie auch in den früheren Bewerberstädten Los Angeles und Sydney – diese spezifische „Olympia-Bewerbungs-Gesellschaft" gegründet. Die GmbH war für Marketingmaßnahmen wie auch für planerische Aufgaben verantwortlich. Die Devise „Spiele der kurzen und schnellen Wege", mit der Stuttgart neben dem Slogan „Faszination Olympia" für sich warb, bestand aus mehreren Schichten. Zum einen wurde mit der Devise auf die Verkehrsanbindungen der Sportstätten untereinander verwiesen: Mehr als drei Viertel aller olympischen Medaillen-Entscheidungen wären in einem Kreis von weniger als 13 Kilometern Durchmesser möglich gewesen (vgl. Frank Rothfuss in der StZ vom 27.2.2002, S. 19). Zum anderen wurde die angeblich „leichte Erreichbarkeit der Region Stuttgart und der Stadt Stuttgart selbst" hervorgehoben. Es wurde hierbei vor allem auch auf das Projekt „Stuttgart 21" angespielt. Dabei war von den lokalen Akteuren eine Art „Tandemeffekt" im Stuttgarter Stadtmarketing beabsichtigt. Durch Olympia sollte „Stuttgart 21" populärer werden. Und durch „Stuttgart 21" sollte man Olympia näher kommen.

Präsidium Land Stadt Region + Vorsitzende/r des Kuratoriums			
Lenkungsgruppe Vorsitz: Oberbürgermeister			
Kuratorium > 100 Mitglieder des öffentlichen Lebens			
I Kommission Sporttechnik	**II** Kommission Kultur	**III** Kommission Infrastruktur	**IV** Kommission Sportentwick- lung
Stuttgart 2012 GmbH			

Abbildung: Zentrale Akteure bei der Bewerbung um Olympia 2012

Die geschätzten Investitionskosten für das Gesamtprojekt Olympia wurden auf 4,5 Milliarden Euro geschätzt. Davon sollten über 2,5 Milliarden für Bauten und Infrastruktur ausgegeben werden. Über 1,7 Milliarden Euro wurden als Investitionen aus der Privatwirtschaft erwartet.[120] Der für die Bewerbung zu jeweils einem Drittel von der Stadt Stuttgart, vom Verband Region Stuttgart und vom Bundesland Baden-Württemberg erstattete Gesamtbetrag von 7,5 Mio. Euro sollte von der Stuttgart 2012 GmbH für Planungsarbeiten, Machbarkeitsstudien und insbesondere für die verschiedenen Marketingprojekte ausgegeben werden.

Nachdem Stuttgart sich bereits am 13.3.2003 durch den Bericht der Evaluierungskommission des NOK auf dem fünften und somit letzten Platz wiedergefunden hatte, fiel am 12.4.2003 die endgültige Entscheidung des NOK über die Auswahl des deutschen Bewerbers. Leipzig war die Gewinnerstadt. Stuttgart musste sich trotz einer vergleichsweise aufwendigen Kampagne hinter Hamburg, Düsseldorf und Frankfurt mit dem letzten Rang zufrieden geben. Thomas Borgmann schreibt dazu in seinem Leitartikel in der Stuttgarter Zeitung:

---

[120] Vgl. Frankfurter Rundschau, Beilage Olympia 2012 vom 9.4.2003 sowie Sogl (2003:7).

„Das Image, eine zwar ziemlich reiche und fleißige, dafür aber allzu brave und biedere Metropole zu sein, konnte Stuttgart mit seiner Bewerbung [...] vor den Mächtigen des Sports nicht abstreifen. [...] Stuttgart und seine Region müssen endlich ihr altes Imageproblem angehen. Es gilt, das Bild von der langweiligen Tüftler- und Sparerhochburg zu korrigieren. Stuttgart ist keine verschlafene Provinz, schon gar nicht, was die Kultur und die Wirtschaft anbetrifft; aber die Stadt hat es versäumt, ihre Pluspunkte mit Mut, mit Selbstbewusstsein und auch mit einem Stück Frechheit nach außen zu tragen" (Borgmann 14.4.2003, S. 1).

Schluss: Die Olympia-Bewerbung als Vernetzungsroutine

Als erstes, wichtiges Resultat der gescheiterten Bewerbung ist zu beachten, dass durch die Olympia-Bewerbung zahlreiche Standort-Akteure in erweiterte Kommunikationsroutinen zwischen Stadt, Region und Land eingetreten sind. Hierbei wurden neue Kooperationserfahrungen in den Bereichen Planungsarbeit, Realisation und Stadtmarketing gemacht. Im speziellen Fall der Stadtregion und Landeshauptstadt Stuttgart spielt dies zumindest aus zwei Gründen eine wichtige Rolle:

1. Bereits in den letzten Tagen bevor Stuttgarts Bewerbung abschlägig beschieden worden war, wurde die Forderung nach einer Neuordnung des komplexen Geflechtes des Stuttgarter Innenstadtmarketings laut (vgl. Abschnitt 5.6.7). Ein erster Vorschlag bestand darin, die Olympia-Bewerbungsgesellschaft nach der Zeit der NOK-Entscheidung über die deutsche Bewerberin (und somit nach Beendigung der einzigen Aufgabe des Teams der über 20 Beschäftigten der Stuttgarter Olympia 2012 GmbH) in eine neue „Stuttgarter Veranstaltungsgesellschaft" umzuwandeln (vgl. Nauke in: StZ vom 11.4.2003, S. 19).

2. Die Niederlage im Olympia-Bewerbungsverfahren wurde seitens der Parlamentarier im Stuttgarter Landtag insbesondere als Unzulänglichkeit der Stadt und der Region Stuttgart und weniger als Misserfolg des Landes Baden-Württemberg interpretiert. Insbesondere die 50 Millionen teure und überaus erfolgreiche Werbekampagne „Wir können alles. Außer Hochdeutsch", die als „beliebteste und bekannteste Länderwerbung in Deutschland" gilt, wurde selbst von der Opposition als nachträgliches Lehr- und

Gegenbeispiel zur Bewerbungsniederlage angeführt (Krause in: StN vom 15.4.2003, S. 5). Unter diesen Bedingungen beabsichtigen Stadt und Region – auch unter der Perspektive der von der Landesregierung für das Jahr 2003 geplanten Realisierung einer Verwaltungsreform, die voraussichtlich das Land gegenüber der Region Stuttgart stärken wird – enger miteinander in Kooperation zu treten (vgl. Borgmann in: StZ 15.4.2003, S. 17). Durch die beschriebenen Kooperationserfahrungen wurde den jeweiligen Raumakteuren bewusst, welche Konstellationen und Allianzen für sie temporär oder auch langfristig von Nutzen sein könnten. Gleichzeitig stellten sich Lerneffekte im Hinblick auf die möglichen neuen Partnerschaften ein, die sich in einigen Fällen durch gemeinsame Routinen auch als neue Konkurrenzen entpuppen könnten. In jedem Fall werden durch die verstärkte Mehrebenenkommunikation zahlreiche Lernchancen für die jeweiligen Akteure eröffnet.

5.6.7. Die zentralen Akteure des Stuttgarter Stadtmarketingprozesses im Überblick

Gegenwärtig wird Standort- und Tourismusmarketing sowie „Citizen Relationship Marketing" für die Stadt Stuttgart in erster Linie von folgenden vier Akteuren betrieben: Die *Stabsabteilung für Wirtschafts- und Arbeitsförderung der Landeshauptstadt Stuttgart* betreut als Akteur der Kommune das Standortmarketing der Stadt Stuttgart. Die *Stuttgart-Marketing GmbH* ist verantwortlich für Tourismusmarketing- und Stadtwerbung. Die *City-Initiative Stuttgart* (CIS) ist betraut mit dem Innenstadtmarketing. Die Hauptaufgabe der *Stabsabteilung Kommunikation der Stadt Stuttgart* ist ein „Citizen Relationship Marketing".

Mit regionalem Fokus arbeiten werbend weitere fünf Organisationen: die *Wirtschaftsförderung Region Stuttgart* (WRS) – verantwortlich für das Standortmarketing in der Region Stuttgart – sowie die *Regio Stuttgart Marketing- und Tourismus GmbH*, die sich im Tourismusmarketing für die Region Stuttgart engagiert. Mit dem Aufgabenbereich „Märkte und Marktveranstaltungen" ist der Eigenbetrieb *Versorgungsmärkte und Marktveranstaltungen der Landeshauptstadt Stuttgart* (VMS) betraut. Die *Stuttgarter Messe- und Kongressgesellschaft mbH* (SMK) ist verantwortlich für die Organisation der Messen und Kongressveranstaltungen sowie für zahlreichen Aktivitäten im Umfeld dieser Tätigkeiten. Schließlich ist nicht zuletzt der *Verkehrsverein Pro Stuttgart e.V.* als Veranstalter des „Stuttgarter Weindorfes" zu nennen.

Mit dem abschlägigen Olympia-Bescheid in München vom 12. April wurden im öffentlichen Diskurs über das Stadtmarketing in Stuttgart die Fragen aufgeworfen (wie bereits oben erwähnt), in welcher Form, mit welcher Aufgabenstellung, mit welchem Namen und ob überhaupt die *Stuttgart 2012 Olympia-Bewerbungsgesellschaft* weitergeführt werden kann. Hierbei werden erst die weiteren Entwicklungen zeigen, ob es innerhalb der vorgestellten Akteurskonstellation der Stuttgarter Stadtmarketingakteure möglich sein wird, die ehemalige „Olympia-GmbH" in eine „Veranstaltungsgesellschaft" zu überführen, die zur Aufgabe haben würde, als Koordinatorin zu fungieren.[121]

Zwischenfazit

Die im vorangegangenen Abschnitt vorgestellten Stuttgarter Akteure im Standort-, Tourismus- und Innenstadtmarketing sowie die Verantwortlichen des „Citizen Relationship Marketing" und der regional orientierten Raummarketings sind vor allem durch ihre Professionalisierung und Spezialisierung charakterisiert. Im Zusammenhang mit dieser zunehmenden Ausdifferenzierung entstehen zahlreiche Aufgabenteilungen, so z.B. zwischen regionaler Wirtschaftsförderung und Innenstadtmarketing oder zwischen CRM und Tourismusmarketing, die zu einem qualitativ neuen Bedarf an Kommunikation zwischen den im weitesten Sinne „beteiligten" Institutionen und Organisationen führen. Diese Kommunikation zwischen den Akteuren stellt sich gegenwärtig als wichtiges Problem des Stuttgarter Stadtmarketings dar. Im folgenden Kapitel sechs, das eine Zusammenfassung der Ergebnisse der Expertenbefragung darstellt, wird durch die Typologisierung der jeweils auf die Stadtmarketing-Organisationen und -Institutionen einwirkenden Akteure ein Versuch unternommen, die spezifischen Bedingungen für diese Kommunikation zu untersuchen.

---

[121] Stand August 2003 und vgl. dazu Nauke (2003) in StZ, 11.4. 2003:19.

Landeshauptstadt		Region

Stuttgarter Messe- und Kongreß- Gesellschaft (SMK)

Stabsabteilung für Kommunikation

o
o
o

z.B. Olympia 2012 GmbH

Versorgungs- märkte u. Markt- veranstaltungen der LHS (VMS)

Stuttgart-Marketing GmbH (SM)

Regio Stuttgart Marketing-u. Tourismus GmbH

etc.

City-Initiative Stuttgart e.V. (CIS)

o
o
o

Stabsabteilung für Wirtschafts- u. Arbeitsförderung

Wirtschaftsförderung Region Stuttgart (WRS)

z.B. Olympia 2012 GmbH

Pro Stuttgart - Verkehrsverein e.V.

Abbildung: Organigramm der zentralen Akteure

5.7. Zusammenfassender Rückblick, Analyse und Ausblick zu einer Theoriebildung: Stadtmarketing in Stuttgart

Spätestens vom Ende des 19. Jahrhunderts an zeigte sich, dass Stuttgart als Industriezentrum und als eine entstehende moderne Großstadt einerseits auf räumliche Ausdehnung angewiesen ist, andererseits die Phase der Expansion des administrativen Stadtgebietes am Anfang der 1940er-Jahre abrupt endete. Nicht nur die geologisch vorgegebene „Kessellage" begrenzte die Ausdehnung des zur Stuttgarter Kommune zugeordneten und von ihr verwalteten Stadtraumes. Insbesondere das „atypische" (Stefan Wolf) und regionalpolitisch bestimmende Muster der polyzentrischen Siedlungsgeographie im Stuttgarter Umland war ein wesentlicher Grund dafür, dass Stuttgart nicht zu einer den Regionalraum um die Kernstadt dominierenden Regionalstadt avancieren konnte.

Besonders durch die wirtschaftliche Nachkriegsexpansion der Region um Stuttgart wuchs die Bevölkerung und die Wirtschaftskraft in dem Ring der Städte und Gemeinden um die Kernstadt stark an. Ein polyzentrisches Netz relativ selbstständiger Mittelzentren prägt schließlich das Stuttgarter Umland bis in die Gegenwart.

Um sich als Zentrum im polyzentrischen Netz zu behaupten und um auf die Versorgungsleistungen hinzuweisen, die die Kernstadt für das Umland erbringt, aber auch um auf die Belastungen hinzuweisen, die die Kernstadt für das Umland übernimmt, versuchte Stuttgart bereits in den ersten Nachkriegsjahren mit den Umlandgemeinden in Kommunikation zu treten. Von den 1950er-Jahren an bestimmen zahlreiche Versuche, das Umland Stuttgarts verstärkt mit der Kernstadt koordinativ zu verbinden, die Kommunalpolitik der Stadt.

Schließlich entsteht 1994 nach annähernd vierzig Jahren des Ringens zwischen den selbstständigen Kommunen in der Umland-Region, die sich in erster Linie um den Erhalt ihrer Autonomie sorgen, und der Kernstadt ein Kompromiss in der Regionalpolitik: die *Region Stuttgart*. Die rechtlich auf einem baden-württembergischen Landesgesetz basierende, neu gegründete Gebietskörperschaft ist ausgestattet mit einem durch das Verfahren der politischen Wahl legitimierten Regionalparlament sowie mit einer eigenen Verwaltungszentrale, dem *Verband Region Stuttgart* (VRS). Außerdem verfügt die „Region Stuttgart" über einige im Hinblick auf diese Forschungsarbeit wichtige Kompetenzen. So zum Beispiel wirkt die *Wirtschaftsförderung Region Stuttgart* (WRS) entscheidend auf das regionale Standortmarketing ein. Auch das Tourismusmarketing in der Region wird von Akteuren mitbestimmt, die im Auftrag des Verbandes oder in enger Zusammenarbeit mit dem VRS handeln.

Die Attraktivität der Stadt Stuttgart zu steigern stellt insbesondere im Kontext schwindender Einwohnerzahlen seit der Mitte der 1970er-Jahre ein weiteres zentrales Ziel der Stuttgarter Stadtpolitik dar. In der Regierungszeit Manfred Rommels wird von Mitte der 1970er-Jahre an versucht, die Belastung der Innenstadt durch den motorisierten Individualverkehr einzudämmen. Der öffentliche Personennahverkehr wird u.a. durch den forcierten Bau und Ausbau des S- und U-Bahnnetzes gefördert. Durch den Innenstadtumbau der 1970er-Jahre, die Erweiterung der Fußgängerzone, die Umgestaltung der Königstraße zur Flaniermeile, den Bau der prestigeträchtigen „Calwer Passage" und schließlich durch die Bundesgartenschau 1977 wurde versucht, Stuttgart für seine Bewohner, aber auch für Besucher und Investoren attraktiv zu machen. Dieses Ziel wurde vor allem auch durch eine Kulturpolitik und Kunstförderung verfolgt, die insbesondere während der 1980er-Jahre auch bei den Eliten der Landesregierung Unterstützung fand.

Die 1990er-Jahre weisen in Stuttgart auf einen Prozess der Positionierung der Landeshauptstadt in einem internationalen Raumkontext hin. Sowohl die Weltmeisterschaft der Leichtathleten als auch die Internationale Gartenbauausstellung IGA im Jahr 1993 präsentieren Stuttgart als eine Stadt auf der engagierten Suche nach internationalem Publikum – und Renommee.

Das kontinuierlich große Engagement der lokalen Elite Stuttgarts für Großprojekte bzw. „Mega-Events" wie z.B. den Bahnhofsumbau „Stuttgart 21", für den Plan, eine „Neue Messe" zu errichten, für die Bewerbung um „Olympia 2012" und nicht zuletzt auch für den Neubau der „Galerie der Stadt Stuttgart" zeigen, dass die Positionierung Stuttgarts sowohl als hoch entwickeltes Technologie- und Dienstleistungszentrum als auch als Kulturmetropole die Lokalpolitik in den kommenden Jahren an zentraler Stelle bestimmen wird.

Ganz im Trend der europäischen Großstädte ist schließlich auch die Landeshauptstadt Stuttgart auf dem Weg, sich als „Dienstleistungsunternehmen Stadt" zu profilieren (Wewer 1996:216f.). Sowohl im Bereich des Standortmarketings als auch auf dem Gebiet der Tourismuswerbung und auf den Feldern der Informations- und Öffentlichkeitsarbeit für die Stuttgarter Bürger nimmt das „Unternehmen Landeshauptstadt" mehr und mehr die Rolle ein, sich als Dienstleisterin gegenüber ihren Bewohnern zu definieren.

Hierbei ergänzen die Funktionen des „Unternehmens Stadt" den Prozess der Tertiärisierung der Stadt: Das „Dienstleistungsunternehmen Stadt" verstärkt somit die Konturen der Dienstleistungsstadt als Mosaik der Dienstleistungsgesellschaft. Mit der Dienstleistungsstadt zusammen entsteht ein vor allem auf Informationsaustausch ausgerichtetes Netzwerk aus sehr verschiedenartigen Akteuren der Kernstadt und des Umlandes, das äußerst heterogene Stadtmarketingstrategien anvisiert. Als Ziel sämtlicher Stadtmarketingaktivitäten stellt sich dar, dass bei Investoren, Besuchern und Einwohnern ein möglichst maßgeschneidert-positives Bild von Stuttgart erzeugt werden soll.

Die Gründe hierfür sind:

1. Im Globalisierungskontext kommt es vor allem bedingt durch postfordistische „Raum-Wahlfreiheiten" sowie durch die sich im Entwicklungsprozess befindenden Charakteristika der Wissens- und Informationsgesellschaft zu einer verstärkten weltweiten Konkurrenz zwischen den Stadtregionen. Insbesondere herrschen hierbei innerhalb Europas sehr „kompetitive" Bedingungen vor. Dies ist zu Beginn des einundzwanzigsten Jahrhunderts häufig der Fall, weil sich viele elementare Standortqualitäten, wie z.B. Lohnniveau, Verkehrsangebundenheit, soziale Sicherheit an Standorten (vor allem innerhalb des EU-Gebietes der „alten 15 Mitgliedsstaaten") nur noch in relativ geringem Maße unterscheiden. Um die Ansiedlung von Unternehmen, die Entstehung neuer wissenschaftlicher Einrichtungen und den Zuzug von qualifizierten Arbeitskräften ist im Prozess der Entwicklung der Wissens- und Informationsgesellschaft nachgerade eine neue Qualität des Wettbewerbs in Gang gekommen. Insbesondere wird in diesem Wettstreit die Stadt in erster Linie als Anbieterin von Diensten fokussiert. Durch den Prozess der Entwicklung hin zum „Dienstleistungsunternehmen Stadt" sollen in diesem Wettbewerb um Investoren, um festere Bindungen zum Lebensort und um Touristen die Gewinnchancen verbessert werden. Der Standortfaktor „Informationskultur" spielt hierbei eine entscheidende Rolle.

2. Angesichts der globalisierten Rahmenbedingungen der Wissens- und Informationsgesellschaft stecken Informations- wie Kulturpolitik und Stadtverwaltungen insgesamt betrachtet in ähnlichen Dilemmata. Die Stadt braucht einerseits aus sehr verschiedenen und gleichzeitig elementaren Gründen eine Art „Rahmenplan" für ihre Informations- und Kulturstrategien der Standortveredelung.

Andererseits bedeutet Kultur jedoch für jede Stadt auch ein Mehr an Ausgaben, und zwar zusätzlich zu den gesetzlich vorgegebenen Belastungen des Haushaltes durch die Aufwendungen für die kommunale Sozialpolitik, die Erhaltung der Verkehrsinfrastruktur sowie neben der Verantwortung für die Schulgebäude usw. Zusätzlich reichen die vorgegebenen Finanzressourcen für die Kulturschaffenden in den Städten kaum mehr für die immer umfangreicher werdenden Spektakel, mit denen sich das zeitgenössische Kulturleben profilieren muss, um in gewisser Weise anspruchsvoll und populär zu werden oder zu bleiben.

Die Stadt findet sich dabei aus bereits ausführlich angegebenen Gründen in einer Lage der Ressourcenknappheit wieder: Eintrittsgelder, Unkostenbeiträge oder Spenden für den Kulturbetrieb reichen nur noch sehr selten aus, um einen ausgeglichenen Kulturhaushalt vorzuweisen (vgl. Wewer 1996:203ff.). Ein Ausweg aus diesem Dilemma wird in den letzten Jahren in der Bewerbung um Großveranstaltungen bzw. in der Inszenierung von profitablen „Mega-Events" gesehen. Diese „Festivalisierung der Stadtpolitik" (Häußermann/Siebel) soll idealiter vor allem auch die politisch äußerst konvergenten Teilgruppen einer Stadtgesellschaft der Gegenwart, die durch multiple Oppositionsbildungen geprägt wird, zu kooperierenden Großprojektteilnehmern bzw. zu engagierten Teilhabern am gemeinsamen „Stadt-Event" machen.

3. Aus der sicherlich berechtigten und von einigen Autoren kritisch diskutierten These der „Festivalisierung der Stadtpolitik" (vgl. u.a. Frank/Roth 2000) lässt sich ableiten, dass „die Stadt", um wirtschaftlich erfolgreich zu sein, trotz ihres in annähernd jeder Beziehung polyzentrischen Charakters, von ihren BürgerInnen als soziale Einheit wahrnehmbar sein muss. Die Verbindungen der Einwohner mit ihrer „Gemeinde als Heimat" (Riescher 1987) und somit die emotionale Bindung der Bürger an „ihre Stadt" stellt sich im Globalisierungskontext als ein außerordentlich wertvolles Gut heraus. Bürgerschaftliches Engagement für eine Sache ist sehr selten nur „enträumlicht" vorstellbar. Die Umkehrung dieser Aussage führt aber damit zum hohen Stellenwert der Ortsbindung an die Akte sozialer Kohäsion.

Diese Bindungen werden vonseiten der Stadtverwaltung insbesondere durch ein „Kennenlernen" der Welt des kommunalen politischen Handelns mit einer neuen Form von Öffentlichkeitsarbeit sowie durch eine Politik des „gemeinsam Gewollten" angestrebt – Feste gehören dazu.

4. Kernstadt und Region haben – insbesondere im Fall der „Region Stuttgart" – die Chance, als „Raumamalgam" aufzutreten. Hierzu sind enge Vernetzungen sowie (im Idealfall) ein gemeinsamer Identitätsbildungs- oder besser Identitätsverstärkungsprozess innerhalb der Region Stuttgart essenziell. Die Chancen, diesen Prozess schnell voranzutreiben, stehen aus regional-ökonomischen, institutionenpolitischen und kulturellen Gründen im geschilderten Fallbeispiel recht gut: Denn trotz des Transformationsprozesses hin zur Wissensgesellschaft und der damit entstehenden Kontraste

zwischen Kernstadt und Umland im Kontext einer Tertiärisierung – hin zur Dienstleistungsstadt – verzahnen sich die Kernstadt Stuttgart und ihr Umland regionalökonomisch mehr und mehr miteinander.

Die gemeinsamen politischen Institutionen von Stadt und Region bzw. die miteinander ringenden „Gralshüter" kommunaler Kompetenzen von Kernstadt und Umland können die Chance bieten, Aushandlungsroutinen zu entwickeln, die zu einer fortschreitenden Regionalisierung führen und neuartige kooperative Projekte zwischen Kernstadt und Umland möglich machen. Und nicht zuletzt ist in Kernstadt und Region Stuttgart eine von den regionalen und lokalen Medien mit großem Engagement geförderte Entwicklung hin zu einer sich regional orientierenden Wahrnehmung und Selbstwahrnehmung der Wirtschaft, der Bürgerschaft und nicht zuletzt auch der Politik zu beobachten.

Die hier angegebenen wirtschaftlichen, politischen und kulturellen Gegebenheiten als Rahmenbedingungen für das Stuttgarter Stadtmarketing im regionalen Kontext sind so angelegt, dass sie sich in vielen Fällen gegenseitig verstärken. Sie führen dadurch allerdings nur allmählich – das liegt in der Natur von Identifikationen – zu einem neuen „Image" der Stadt und auch der Region Stuttgart. Auch dieses Image wird aber – das ist zumindest auf der Basis des heutigen Wissens zu erwarten – die widersprüchliche Beziehung von Kernstadt und Umland widerspiegeln. Die sich verzahnende Ökonomie und politische Aushandlungsprozesse können nur die bestehenden Widersprüche moderieren, die durch historische und verfasste Gegebenheiten entstanden sind.

Kapitel 6: Glasgow und Stuttgart: Stadtmarketingakteure und -prozesse im Vergleich

6.1. Zur Methode der Typenbildung

Die beiden unterschiedlichen Typologien, die im folgenden Kapitel vorgestellt werden, basieren zum einen auf der in Kapitel 3 beschriebenen vergleichenden Inhaltsanalyse von 50 Experteninterviews. Zum anderen stellen sie das Ergebnis der Gegenüberstellung der in Kapitel 4 und 5 beschriebenen Stadtmarketing-Entwicklungen in den beiden Untersuchungsräumen Glasgow und Stuttgart dar. Die durch den Vergleich der Expertengespräche gebildeten Akteurstypen sind (wie bereits in Kapitel 3 vorgestellt) als „empirisch begründete" Akteurstypen anzusehen (vgl. Kluge 1999; Kelle/Kluge 1999).

In einem ersten Schritt auf dem Weg zu dieser Akteurstypologie wurden die wichtigsten Vergleichsdimensionen der Aussagen der Interviewten gesucht, indem zentrale Merkmale und deren Ausprägungen mit theoretisch entwickelten Vor-Entwürfen verglichen wurden. So wurde zum Beispiel verglichen, ob, wie und inwieweit von den Interviewten Aussagen über ein „erfolgreiches Stadtmarketing" gemacht wurden. Schließlich wurden aus dem Datenmaterial entsprechend den Vergleichsergebnissen verschiedene „Antwortdimensionen" gebildet.

In einem zweiten Schritt wurde ein Überblick über die Merkmalskombinationen anhand einer Mehrfelder-Tafel erarbeitet, der schließlich zu einer ersten Vor-Gruppierung von Interviewausschnitten führte. Es wurde zum Beispiel überprüft, welche Aussagen – beispielsweise über die „eigene Rolle im Stadtmarketingprozess" – zusammen mit anderen Aussagen – beispielsweise mit Bemerkungen über den „Erfolg des Stadtmarketings" – als „häufige Merkmalskombinationen" in Erscheinung traten (vgl. Kluge 1999:34ff.). *In einem dritten Schritt* wurde diese Vor-Gruppierung, die vor allem als Resultat der Analyse des Vergleichs der Merkmalskombinationen entstanden war, erneut verschiedenen vorentwurfsgeleiteten Gruppierungs-

Modellen gegenübergestellt, die jeweils verschiedene plausible Erklärungen für die Bildung verschiedener empirisch begründeter Typen beinhalteten.

Schließlich wurden diejenigen Akteurstypen (1–4) definiert, die einerseits den Ansprüchen, die Realität des Untersuchungsfeldes möglichst originalgetreu abzubilden, nahe kamen. Andererseits sollten die so entwickelten empirisch begründeten Typen aber auch in einen prozessorientierten Sinnzusammenhang integrierbar sein. Insbesondere sollte die entwickelte Akteurstypologie für eine weitere Bearbeitung der Thematik als begriffliche Grundlage dienen und den Entwurf einer Prozesstypologie ermöglichen, wie sie im zweiten Teil dieses Kapitels dargestellt wird. Abschließend wurde *in einem vierten Schritt* eine Charakterisierung der gebildeten Typen vorgenommen. Diese wird im folgenden Kapitel ausführlich dargestellt.

6.2. Zur Wiederholung: Überblick über die Akteurstypologie

Durch die in Kapitel 3 beschriebene komparative Inhaltsanalyse der jeweils 25 Experteninterviews in Glasgow und Stuttgart entstand – wie bereits oben erwähnt – eine Typologie, die vier Akteurstypen darstellt. Die gegenwärtig beobachtbaren Stadtmarketingprozesse in Glasgow und Stuttgart werden von diesen Akteurstypen geprägt. Die zentralen Eigenschaften dieser „empirisch begründeten Typen" (Kluge 1999) werden im Folgenden zusammenfassend und im Vergleich der beiden Untersuchungsräume dargestellt. Fokussiert werden insbesondere vier thematische Schwerpunkte der Interviews:

- die Beschreibung der Raumwahrnehmung (A),
- die Darstellung des Stadtmarketingverständnisses (B),
- die persönliche Beurteilung der Qualität der Interaktion zwischen den Stadtmarketingakteuren (C) sowie
- die zusammenfassende Beurteilung des Stadtmarketingprozesses und seiner Entwicklungsperspektiven (D).

Als Resultat der Auswertung der Interviews stellt sich folgende, bereits in Kapitel 3 vorgestellte, Akteurstypologie dar:

Die Stadtmarketing-Akteurstypen 1–4:

- Akteurstyp 1: der „Externe Kritiker"/die „Externe Kritikerin"
- Akteurstyp 2: der „Strategische Politiker"/die „Strategische Politikerin"
- Akteurstyp 3: der „Realistische Praktiker"/die „Realistische Praktikerin"
- Akteurstyp 4: der „Interne Kritiker"/die „Interne Kritikerin"

Zu Beginn der jeweiligen Akteurstypenbeschreibungen 1–4 werden in einer kurzen Beschreibung „steckbriefartig" grundlegende Merkmale des jeweiligen Typus charakterisiert. Anschließend wird zusammenfassend dargestellt, welche Positionen die „Gruppe der Befragten" zu den Schwerpunkten A–D im Allgemeinen vertritt. (Die Ergebnisse resultieren aus den Experteninterviews, die in Kapitel 3 ausführlich erläutert sind.) Empirische Grundlage der Typenbildung waren die zusammenfassenden Protokolle der ExpertInneninterviews. Auf ausführliche wörtliche Zitate aus den Gesprächen wird insbesondere verzichtet, weil die Abstraktionsebene der beschreibenden Typologie nur bedingt mit der Ebene der in den Interviews wörtlich geäußerten Aussagen zusammenfällt.

Des Weiteren folgt im zweiten Abschnitt dieses Kapitels eine viergliedrige Prozesstypologie, die zusammenfassend vier verschiedene Prozesstypen des Stadtmarketings in beiden Untersuchungsräumen vergleichend darstellt. Hierbei spielt der Wandel des Charakters der jeweiligen Stadtmarketingprozesse in beiden Untersuchungsräumen im Verlauf der letzten beiden Jahrzehnte eine wichtige Rolle. Das Resultat der Bildung einer Prozesstypologie stellt sich in folgenden Termini dar:

Die Stadtmarketingprozess-Typen 1–4:

- Stadtmarketingtyp 1: „Stadtmarketing als Großereignis-Marketing"
- Stadtmarketingtyp 2: „Kommunal institutionalisiertes Stadtmarketing als begrenztes Areal der Stadtpolitik"
- Stadtmarketingtyp 3: „Professionalisiertes Stadtmarketing als teilinstitutionalisiertes, teilvernetztes Schnittstellenmanagement zwischen den Stadträumen sowie zwischen Staat, Öffentlichkeit und der Privatwirtschaft"

- Stadtmarketingtyp 4: „Leitbildorientiertes, vernetzendes Stadtmarketing als Kommunikationsprojekt zwischen Staat, Öffentlichkeit und Privatwirtschaft"

6.3. Detaillierte Beschreibung der Akteurstypologie

6.3.1. Akteurstyp 1: Der „Externe Kritiker"/Die „Externe Kritikerin"

Beschreibung des Typus

Auch „externe" Akteure, die in dem Sinne als extern angesehen werden, als sie nicht direkt, sondern lediglich von einer BeobachterInnenposition aus in das Netzwerk der Stadtmarketing-Eliten eingebunden sind, gelten als Mitgestalter des Stadtmarketingprozesses, da sie in vielen Fällen als prestigeträchtige und kritische Zeitzeugen über das Stadtmarketing – teils vor Ort, teils in aller Welt – berichten und den Prozess aus einer distanzierten Perspektive widerspiegeln.

Die Befragten, die diesem Akteurstypus 1 zuzuordnen sind, sind u.a. Journalisten der Lokal- und Regionalressorts sowie Wissenschaftler und Lehrende an Universitäten und Akademien in den beiden Untersuchungsräumen.

6.3.2. Zentrale Resultate der Experteninterviews mit Akteurstypus 1

Fokus A: Beschreibung der Raumwahrnehmung

Die „Externen Kritiker" in Glasgow wie in Stuttgart sehen in ihrer jeweiligen Metropole die „Zentrale" einer Region von mehreren Millionen Einwohnern. Auch über das suburbane Umland hinaus bilden die beiden Kernstädte den Fokus für große Areale Westschottlands bzw. Baden-Württembergs und zwar durch die wirtschaftlichen Aktivitäten in Glasgow und Stuttgart genauso wie durch die Verwaltungsdienstleistungen und kulturellen Veranstaltungen, die beide Städte bieten.

Während für die Glasgower Befragten die „zu engen Verwaltungsgrenzen der Kernstadt" (Iain Docherty/University of Glasgow) den zentralen Kritikpunkt an der Verfasstheit der Kommunal- bzw. Regionalpolitik Westschottlands darstellen, wird von den Stuttgarter Akteuren des Typs 1 eher Kritik an der Selbstinszenierung der Kernstadt Stuttgarts als „alleiniger Zentrale" der Umlandregion laut. Der polyzentrische Charakter der Stuttgarter Stadtregion findet gemäß den „Externen KritikerInnen" nicht genug Anerkennung und die „Vernetzung des Raumes fokussiert" für diese Akteure „zu sehr auf die Stuttgarter Kernstadt" (Theo Rombach im Interview).

Fokus B: Darstellung des Stadtmarketingverständnisses

Unter Stadtmarketing verstehen die Glasgower Befragten der Gruppe „Externe Kritiker" in „erster Linie Standort- und Tourismusmarketing" (Nick Bailey/University of Glasgow im Interview). „Citizen Relationship Management bzw. „Customer Relationship Marketing" nimmt in Definitionen des Stadtmarketingverständnisses der „Externen Kritiker" Glasgows kaum einen Platz ein.

Im Vergleich dazu wird seitens der Stuttgarter Akteure des Typs 1 – insbesondere im „Spezialfall Innen-Image Stuttgart" – verstärkt auf den „enormen Bedarf eines Binnenmarketing" hingewiesen (Gert Fach/Stuttgarter Nachrichten im Interview). Aber auch für die Stuttgarter „Externen KritikerInnen" spielen „Standort- und Tourismusmarketing die wirtschaftlich und politisch prominenteren Rollen" (Hildegund Oßwald/Stuttgarter Zeitung im Interview).

Sowohl für die Befragten in Glasgow als auch für die Stuttgarter „Externen Kritiker" stellt das „Image" der Stadt eine entscheidende „Marketing-Größe" dar. Vor allem im Glasgower Kontext hängen – insbesondere im Rückblick auf die letzten beiden Jahrzehnte – Erfolg und Misserfolg von einzelnen Stadtmarketingprojekten eng mit diesem Image zusammen. Im Fallbeispiel Stuttgart ist nach Ansicht der „Externen KritikerInnen" „das Sein besser als der Schein", was als „zentrales Imageproblem" beschrieben wird (Heidemarie Hechtel/Stuttgarter Nachrichten im Interview).

Fokus C: Beurteilung der Qualität der Interaktion zwischen den Stadtmarketingakteuren

Eine detaillierte Analyse der Interaktion zwischen den Organisationen und Institutionen, die am Stadtmarketing in Glasgow beteiligt sind, entfiel in den meisten Interviews, die mit den „Externen KritikerInnen" geführt wurden, da sie aufgrund ihrer externen Position die Detailstrukturen der Stadtmarketing-Interaktion nicht beurteilen wollten. Hingegen wurde deutlich, dass von der überwiegenden Mehrzahl der Glasgower Befragten, die das Cluster „Akteurstyp 1" bilden, der aktuelle Stadtmarketingprozess entweder sehr skeptisch beurteilt oder in seiner gegenwärtigen Form kategorisch abgelehnt wird.

Zentrale These ihrer Argumentation ist das „Problem der Umverteilung von Ressourcen durch den Stadtmarketingprozess": weg von sozial schwächeren Gruppen und hin zu einflussreichen kommunalen Eliten. Des Weiteren stehe – so die „Externen Kritiker" in Glasgow – die „oberflächliche Vermarktung der Stadt" gänzlich im Gegensatz zu einer nachhaltigen ökologischen und sozialen Entwicklung (Interview mit Nick Bailey).

Die Kritik des „Akteurstypus 1" bezieht sich einerseits auf die Erfahrung der Beobachter mit einer vor allem „Innenstadtmarketing- und Eventorientierten Stadtpolitik", die zahlreiche ursprünglich als integrative Prozesse etikettierte „Mega-Events" und Bau-Großprojekte in ihrer „desintegrierenden" Eigenschaft entlarven (Nick Bailey). Andererseits kommt zu dieser sozialpolitisch orientierten „Umverteilungs-Kritik" eine ästhetische und gesellschaftskritische hinzu. Vor allem wird von den „Externen Kritikern" die Entwicklung moniert, dass der „Event-Charakter" zu einer prägenden urbanen Eigenschaft der europäischen Stadt hochstilisiert wird. Insbesondere dieser „Attraktionismus" wird von den Glasgower Akteuren aufgrund der Erfahrungen mit den „Mega-Events" von 1990 und 1999, die zeigten, „dass nur spezifische Gruppen in der Stadt von den Events profitieren konnten", in Frage gestellt (Mark Boyle/University of Strathclyde im Interview).

Im Vergleich zu den Glasgower Akteuren lehnen die „Externen KritikerInnen" des Stadtmarketingprozesses von Stuttgart das aktuelle Stadtmarketing vor Ort nicht im gleichen Maße ab. Kritisiert wird jedoch hier vor allem die suboptimale Kooperation der Akteure innerhalb des Stuttgarter Stadtmarketing-Mosaiks. Insbesondere „Reibungsverluste durch Kommunikationslücken" sowie „Parallelleistungen" und „mangelndes Controlling" sind die Hauptargumente der „Externen KritikerInnen" Stuttgarts (Theo Rombach).

Positiv hervorgehoben wird von diesem Akteurstyp der „innovative Regionalisierungsgedanke" der Standort- und Tourismusmarketingakteure (Interview mit Hildegund Oßwald). Allerdings wird darauf hingewiesen, dass sich im polyzentrischen Raum der Region Stuttgart verschiedene wirtschaftliche und politische Stadtkulturen behaupten und „dass ein Stadtmanager bzw. eine Stadtmarketingbeauftragte, z.B. in der Altstadt Esslingens oder im Tourismusbüro Ludwigsburgs, ganz spezifische und mit dem Stadtmarketing der Landeshauptstadt in Konkurrenz stehende Ziele verfolgt" (Theo Rombach).

Deutlich wird an diesen Beispielen, dass die Problematik von Konkurrenz und Kooperation im regionalen Kontext von Grund auf und in der inneren Struktur des Marketings von verschiedenen Raumeinheiten innerhalb einer Region angelegt ist.

Fokus D: Zusammenfassende Beurteilung des Stadtmarketingprozesses und seiner Entwicklungsperspektiven

Die Glasgower „Externen KritikerInnen" erkennen zwar die Erfolge, die sich durch eine Verbesserung des Images von Glasgow insbesondere im Tourismusmarketing in den letzten zwei Jahrzehnten einstellten, an. Sie stellen diese allerdings dem nach wie vor ungedeckten Bedarf an Standortverbesserungen im Hinblick auf die Qualität der Stadtteile, vor allem in den sozialen Problemvierteln der Stadt, gegenüber. Ressourcen, die für die Wohnungsbestände der Stadt dringend benötigt worden wären, flossen – so Glasgows „Externe KritikerInnen" – in eine Politik der Festivalisierung. Diese wurde von vielen weniger privilegierten Bewohnern der Hochhausareale am Stadtrand als „Karneval der Eitelkeiten" angesehen und wirkten – so die Externen KritikerInnen – stark desintegrierend auf die Bevölkerung der Stadt. Des Weiteren wird die weiterhin kontinuierlich abnehmende Einwohnerzahl Glasgows, die mit „einem drastischen Mangel an Industrie-Arbeitsplätzen zusammenhängt", als Malus im Resümee des Glasgower Stadtmarketings angemahnt (Gerry Mooney/Open University im Interview).

In Stuttgart wird von den „Externen KritikerInnen" zwar die relativ kurze Anlaufzeit des intensiven Tourismusmarketings in der Landeshauptstadt als eine „Erfolgsgeschichte" gewertet. Allerdings wird auch von den Befragten des Akteurstypus 1 auf die „potenziellen und bisher noch kaum genutzten Möglichkeiten" hingewiesen, die eine verbesserte intraregionale Kooperation der Tourismusmarketing- wie auch der Innenstadt-, Standortmarketing- und Citizen-Relationship-Akteure bieten könnte (Interview mit Hildegund Oßwald).

6.3.3. Akteurstyp 2: Der „Strategische Politiker"/Die „Strategische Politikerin"

Beschreibung des Typus

Die Gruppe der Befragten, die unter dem Typus 2 – „Strategischer Politiker/Strategische Politikerin" subsumiert wird, zeichnet sich dadurch aus, dass sie den politischen Willensbildungsprozess durch ihr politisches Amt an zentraler Stelle mitgestaltet. Die meisten dieser Akteure sehen sich einer der beiden Herausforderungen gegenüber, entweder bei den nächsten Wahlen in ihrem lokalpolitischen Amt bestätigt werden zu müssen oder den Wechsel aus der Opposition in die Regierung zu bewältigen. Die befragten politischen Mandatsträger fokussieren – in Relation zu den großen Zeitfenstern im Stadtentwicklungskontext – eher kurzfristige Ziele.

Bedingt durch ihre meist zentralen „Entscheiderpositionen", die diese Akteure z.B. aus Gemeinderats- bzw. „Council-" und OB-Wahlen herleiten können, üben „Strategische Politiker/Strategische Politikerinnen" zu bestimmten Phasen des Stadtmarketingprozesses, die noch genauer zu analysieren sein werden, eine große gestalterische Macht aus. So dominiert „Akteurstypus 2" insbesondere das Stadtmarketing bzw. dessen Organisation in Großstädten, in denen Stadtmarketingprozesse erst einzusetzen beginnen. Außerdem erwächst den „Strategischen PolitikerInnen" in gewisser Weise eine Art „Initiationsmacht", wenn qualitativ neue Stadtmarketingvorhaben angesetzt werden.

Max Webers klassisch-ethische Charakteristika der entscheidenden drei Qualitäten eines Berufspolitikers: „sachliche Leidenschaft", „Verantwortungsgefühl" und „Augenmaß" (Weber 1973:167) sind einerseits ebenso maßgeblich für diesen „Akteurstypus 2" wie andererseits – und teilweise im Kontrast dazu – ein gewisser Hang zum Aktionismus „zum Wohle des attraktiven Standortes". Bedingt und gefördert wird dieser gestalterische

Aktionismus durch die Notwendigkeit für die lokalpolitische Elite, auch in den zunehmend kleiner werdenden Spielräumen des postfordistischen Gegenwartskontextes politische Steuerungskompetenz zu vermitteln.

6.3.4. Zentrale Resultate der Experteninterviews mit Akteurstypus 2

Fokus A: Beschreibung der Raumwahrnehmung

Die Befragten, die der Gruppe „Strategische PolitikerInnen" zugerechnet werden, betonen in Glasgow wie in Stuttgart die zentrale Verwaltungsfunktion und die regionale Versorgungsfunktion der jeweiligen Metropole, in der sie politische Macht ausüben.

Während in Glasgow die engen Grenzen der Kernstadt von dieser Gruppe der Akteure in den allermeisten Befragungen als „vom Parlament vorgegeben" beschrieben werden und eine Neuordnung der Grenzen der Agglomeration zumindest mittelfristig nicht erwartet wird, betonen die „Strategischen PolitikerInnen" Stuttgarts die regionalpolitische Rolle als Landeshauptstadt und als Sitz der Landesregierung von Baden-Württemberg in gleicher Weise wie Stuttgarts Einbettung in den Verbund „Region Stuttgart".

Fokus B: Darstellung des Stadtmarketingverständnisses

Die „Strategischen PolitikerInnen" in Glasgow und in Stuttgart heben beide „die zentrale Rolle des Standort- und Tourismusmarketings im Globalisierungszeitalter" und im Kontext eines von „bedeutsamen Gewinnen, aber auch von harter Konkurrenz geprägten Tourismusmarktes" hervor (Interview mit Steve Purcell). „Citizen Relationship Marketing" wird vor allem von Stuttgarts „Strategischen PolitikerInnen" als „essenzieller Bestandteil" des Stadtmarketings unterstrichen (Susanne Wetterich/Presse- und Informationsamt der Landeshauptstadt Stuttgart).

In Glasgow wird in den Interviews das Binnenmarketing der Stadt nur im Kontext der Verbesserung des Glasgower Selbstbewusstseins im Rahmen der Sanierungsprojekte der 1980er-Jahre erwähnt. Vielmehr wird von der politischen Führungselite in den Interviews verstärkt auf den Zusammenhang verwiesen, dass „eine vorteilhafte Positionierung auf dem Standort- und Tourismusmarkt zur Belebung des Arbeitsmarktes" führe und „ein verbessertes Angebot auf dem Stellenmarkt eine der wichtigsten Säulen für eine zufriedenere Stadtbevölkerung" darstelle (James Coleman/Glasgow City Council).

Während in Glasgow großer Wert auf den erfolgreichen Imagewandel gelegt wird, den die Stadtmarketingakteure in den letzten zwanzig Jahren anbahnen konnten, heben die Stuttgarter „Strategischen PolitikerInnen" hervor, „dass der wichtigste Teil der Arbeit an einem positiven Image einer weltoffenen, toleranten, urbanen Landeshauptstadt noch vor ihnen liegt" (Susanne Wetterich).

Fokus C: Beurteilung der Qualität der Interaktion zwischen den Stadt-marketingakteuren

In Glasgow wie in Stuttgart wird von den „Strategischen PolitikerInnen", die den jeweiligen Mehrheitsfraktionen nahe stehen, die erfolgreiche Koope-ration der verschiedenen Akteure im Stadtmarketingkontext zunächst positiv bewertet. Oppositionelle „PolitikerInnen" hingegen kritisieren in beiden Metropolen eher das unkoordinierte „Making of" des jeweiligen Stadtmar-keting als die grundlegenden Prinzipien einer Orientierung am Markt. Allerdings gilt diese Dichotomisierung nicht für alle Befragten in gleicher Weise.

Eine vehemente Kritik der Glasgower „Strategischen PolitikerInnen" an der Konzeption des Standortmarketings im gesamtschottischen Raumkon-text wird von der überwiegenden Mehrheit der Befragten laut, wenn es um die als „zu schwach" eingestufte Unterstützung der Metropole durch das schottische Parlament und durch Organisationen geht, die dem neuen Parlament in Edinburgh verpflichtet sind. Die von diesen Glasgower Be-fragten wahrgenommenen Rivalitäten mit anderen schottischen Standorten – allen voran mit der Standort-Konkurrentin Edinburgh – kommen hierbei entscheidend zum Tragen.

Kooperationen mit den Stadtmarketingakteuren aus anderen Städten Schottlands werden von den „Strategischen PolitikerInnen" in Glasgow zwar als wünschenswert, aber noch als kaum realisiert wahrgenommen. Ähnlich verhalten sich die Stuttgarter Stadtmarketingakteure des Typs 2 in den Befragungen: Innerhalb Baden-Württembergs wird offensichtlich zwischen den „Strategischen PolitikerInnen" derzeit nur sehr begrenzt ein Erfahrungsaustausch realisiert. Kompetitive Argumente scheinen die Bedürfnisse nach Wissensaustausch und Kooperation zu überschatten: Nur von einer relativ kleinen Anzahl der Befragten wird für die Städte in Schottland oder Baden-Württemberg beispielsweise ein „runder Tisch Stadtmarketing" als notwendig erachtet.

Fokus D: Zusammenfassende Beurteilung des Stadtmarketingprozesses und seiner Entwicklungsperspektiven

Die „Strategischen PolitikerInnen" in Glasgow wie in Stuttgart bewerten im Rückblick den jeweiligen Stadtmarketingprozess als enorm wichtig für die Entwicklung der Stadt. Während in Glasgow seitens derjenigen Eliten, die der Mehrheitsfraktion von „Scottish Labour" angehören – oder Labour nahe stehen – eine starke Identifikation mit nahezu allen Facetten des kommunal-politischen Stadtmarketingprojektes zu beobachten ist, wird bei der Befra-gung der Stuttgarter „Strategischen PolitikerInnen" deutlich, dass eine relativ distanzierte Analyse des „Making of" die Beurteilung der Projekte bestimmt.

Oppositionelle und Regierung im „City Council" differieren in Glasgow sehr stark in der Bewertung der Erfolge des Stadtmarketings. Von „schwe-ren Fehlern" bis zu „enorm erfolgreich" reichen die Unterschiede in den Beurteilungen der „Strategischen PolitikerInnen" – abhängig davon, ob sie in Regierungsverantwortung stehen oder nicht. Im Vergleich dazu ist in Stuttgart zu beobachten, dass die befragten „Strategischen PolitikerInnen" – ob regierungsnah oder nicht – dem Stuttgarter Stadtmarketing und damit auch den Erfolgen des Standort-, Tourismus- und Binnenmarketings eine „kritische Sympathie" entgegenbringen.

In den Entwicklungsszenarien der Glasgower Befragten betonen diese einerseits, wenn irgend möglich mit weiteren Großveranstaltungen erneut positiv auf Image und Beschäftigungssituation in Glasgow Einfluss nehmen zu wollen. Andererseits wird vor allem „in der Folge der Großveranstaltun-gen von 1990 und 1999 eine ‚Festival Fatigue' diagnostiziert", die eine unmittelbare Neuauflage eines Mega-Events als schwierig erscheinen lässt (Interview mit Pat Lally).

Die Befragten des „Akteurstyps 2" in Stuttgart erhoffen sich zwar von Großveranstaltungen, wie z.B. von einer erfolgreichen Olympia-Bewerbung, eine Bereicherung für die Entwicklung der Stadt, aber der Schwerpunkt zukünftiger Stadtmarketingprojekte wird weniger in Großveranstaltungen als in baulichen Großprojekten wie z.B. ‚Stuttgart 21' gesehen.

6.3.5. Akteurstyp 3: Der „Realistische Praktiker"/Die „Realistische Praktikerin"

Beschreibung des Typus

Mit zunehmender organisatorischer Spezialisierung des Stadtmarketingprozesses – vor allem durch das Auslagern wichtiger gestalterischer und verantwortlicher Stadtmarketingaufgaben an relativ autonome Stabsstellen und Eigenbetriebe innerhalb der Stadtverwaltung sowie an „para-öffentliche" Betriebe, die als GmbH verfasst sind, verliert der Akteurstyp 2 „Strategischer Politiker'" seine zentrale Stellung. Vermehrt geht organisatorisches Wissen und damit insbesondere auch stadtpolitische Entscheidungskompetenz im Kontext polyzentrischer Planung kontinuierlich an LeiterInnen bzw. GeschäftsführerInnen des „Akteurstyp 3" – „Realistischer Praktiker/Realistische Praktikerin" über.

Unter „Akteurstyp 3" sind vornehmlich die sachverständigen Beschäftigten in städtischen Institutionen sowie in „para-öffentlichen" und „halbprivaten" Betrieben zusammenzufassen, die in der Regel ohne politisches Mandat zentral an der Gestaltung von Stadtmarketingprozessen beteiligt sind. Als praxisorientierte Experten haben sie im Netzwerk der ökonomischen, politischen und kulturschaffenden Akteure eine wichtige, moderierende und koordinierende Aufgabe mit zum Teil ambivalenten Zielsetzungen inne: Einerseits sind sie in gewisser Weise einer „städtischen Öffentlichkeit" gegenüber zur Loyalität verpflichtet. Andererseits sind sie – wenn auch nicht direkt bezüglich der GmbH, deren Geschäfte sie führen, so doch im mittelfristigen Rahmen der lokalen Wirkungen ihres Stadtmarketings – zu einer möglichst positiven „Einnahmen-Ausgaben-Gesamtbilanz" verpflichtet. Dass es sich um ein enorm schwieriges Unterfangen handelt, diese mittelfristige „Gesamtbilanz" so zu erarbeiten, dass alle entscheidenden Parameter zum gerechtfertigten Zeitpunkt berücksichtigt werden, steht außer Frage.

Akteure des Typs 3 sind sehr häufig nicht an die im Zeitrahmen der Stadtplanung relativ kurzfristigen Wahlperioden gebunden. Allerdings sind die „Realistischen PraktikerInnen" in der Regel einem Aufsichtsrat (bzw. Board) verpflichtet, der sich aus politisch Verantwortlichen und Mitgliedern weiterer wichtiger gesellschaftlicher Gruppen (Gewerkschaften/Handelskammern/Verbänden etc.) zusammensetzt. Als Leiter von Organisationen, die vermehrt als GmbH oder als halbprivate Institutionen in Erscheinung treten, geben diese Stadt-Akteure meist in enger Zusammenarbeit mit der politischen Führung der Stadt die Zwecke ihrer Einrichtung vor, definieren die internen Hierarchien und entscheiden über Kooperationen und Mitgliedschaften.

6.3.6. Zentrale Resultate der Experteninterviews mit Akteurstypus 3

Fokus A: Beschreibung der Raumwahrnehmung

Die „Realistischen Praktiker" in Glasgow wie in Stuttgart sehen in ihrer Metropole das Zentrum des zur Kernstadt gehörenden Umlandes. Zudem verstehen sie die jeweilige Agglomeration als Mittelpunkt einer Raumeinheit, deren regionale Grenzen weiter gefasst sind als die aktuellen institutionellen und verfassten Arrangements.

Fokus B: Darstellung des Stadtmarketingverständnisses

Sowohl in Glasgow wie in Stuttgart sehen sich die Befragten des „Akteurstypus 3" in einem spezifischen Dilemma: Einerseits müssen sie sich als Vertreter eines themenorientierten Stabes bzw. als wirtschaftlich Verantwortliche für ein spezifisches, zielgruppenorientiertes Ressort (z.B. für das Standort- oder Tourismusmarketing) von den ureigensten stadtpolitischen Ansprüchen, wie z.B. dem, in erster Linie zu einer „ausgleichenden" und „integrativen Stadtpolitik" beitragen zu wollen, distanzieren.

Andererseits sehen sich die Befragten als Standort- oder TourismusmanagerInnen beauftragt, wo immer möglich, Einfluss zu nehmen auf die marktorientierte Veränderung ganz bestimmter, ausgewählter Facetten ihres

„Produktes Stadt". Darüber hinaus sehen sie sich aber auch gezwungen, die durch die „Touristifizierung" und „Busineyfizierung" der Stadtregionen hervorgerufenen Veränderungen des städtischen und regionalen Raumes zumindest so weit im stadtgesellschaftlichen Zaum zu halten, „dass durch die Prozesse der gesteigerten Vermarktung der Stadt keine Mängel am ‚Produkt Stadt' entstehen" (Hans H. Pfeifer/City-Initiative Stuttgart im Interview). Und schließlich wird in vielen Fällen indirekt über die Leistungen der „Realistischen Praktiker" abgestimmt, wenn neue politische Stadtoberhäupter gewählt werden.

Fokus C: Beurteilung der Qualität der Interaktion zwischen den Stadtmarketingakteuren

Sowohl in Glasgow als auch in Stuttgart wird die Qualität der Interaktion zwischen den Stadtmarketingakteuren der verschiedenen Ressorts von den Akteuren des Typs 3 als zufrieden stellend dargestellt. Nur in Ausnahmen wird Kritik am mangelnden Ineinandergreifen der Teilprozesse des Stadtmarketings laut. Hier wird deutlich, dass die „Realistischen Praktiker" in Abgrenzung zu den „Strategischen Politikern" (Typ 2) und vor allem im Vergleich zu Typ 1 und Typ 4 („Interner Kritiker") die Moderation der Kommunikation im Stadtmarketingprozess als ihre originäre Hauptaufgabe sehen. Offene Kritik am „State of the Art" dieses Kommunikationsprozesses – so scheint es – kommt in diesem Akteurskontext „einer offenen Selbstkritik gleich, die es gegenüber der Öffentlichkeit zu vermeiden gilt" (Frank Steinmann/City-Initiative Stuttgart im Interview).

Fokus D: Zusammenfassende Beurteilung des Stadtmarketingprozesses und seiner Entwicklungsperspektiven

Die Akteure, die dem Typ 3 zugeordnet werden, beurteilen in der Regel ihre Arbeit sowie die ihrer Kollegen und Vorgänger – und somit das Stadtmarketing in der jeweiligen Metropole – als erfolgreich. Insbesondere die Entwicklungsgeschichte des Stadtmarketings in Glasgow wird als „Success Story der Stadtentwicklung" dargestellt (Interview mit Eddie Friel). Von den Stuttgarter Akteuren wird vor allem betont, dass die Neuorganisation des Tourismusmarketings mit dem Ergebnis der Gründung der Stuttgart-

Marketing GmbH im Jahr 1993 „gegenüber dem ehemaligen Verkehrsamt eine einschneidende organisatorische Verbesserung bedeutete" (Klaus Lindemann/Stuttgart-Marketing GmbH im Interview).

Seitens der „Realistischen Praktiker" in Glasgow wird allerdings am britischen bzw. „fortgesetzt schottischen Zentralismus des neuen Parlamentes in Edinburgh" Kritik laut. Zum einen wird die „für das Standort- und Tourismusmarketing sich nachteilig auswirkende Reformträgheit" des neuen Parlaments kritisiert (Eddie Friel). Zum anderen wird eine – zumindest von der Glasgower Stadtmarketingelite subjektiv wahrgenommene – Bevorzugung der traditionellen „Rivalin Edinburgh" durch das neue schottische Parlament teils befürchtet, teils beklagt.

In Glasgow wie in Stuttgart wird als Zukunftsentwurf eine Ausweitung der Standort- und Tourismusmarketing-Aktivitäten sowie des „Citizen Relationship Management" anvisiert. Vergleichsweise hoch werden von den „Realistischen PraktikerInnen" in Stuttgart die Chancen eingeschätzt, die sich durch eine „fortgesetzte regionale Vernetzung und sektorale Verknüpfung" ihrer Arbeit ergeben könnten (Interview mit Walter Rogg/Wirtschaftsförderung Region Stuttgart).

6.3.7. Akteurstyp 4: Der „Interne Kritiker"/Die „Interne Kritikerin"

Beschreibung des Typus

Im Vergleich zum Akteurstypus 2 „Strategischer Politiker" und wie auch im Vergleich zum Typus 3 „Realistischer Praktiker" fehlt dem Akteurstyp 4 – „Interner Kritiker" – die Option der zentralen Entscheidungsmacht im Stadtmarketingprozess. Hingegen wird im Vergleich zum Typus des „Externen Kritikers" (Typ 1) jedoch zum einen deutlich, dass der „Akteurstypus 4" über ein sehr großes Praxis- und organisatorisches Verfahrenswissen verfügt. Zum anderen haben die Akteure dieses Typus als „Interne KritikerInnen" nur sehr begrenzte Möglichkeiten, ihre (häufig ihrem direkten Dienstherrn gegenüber in Opposition befindlichen) stadtpolitischen Positionen in der Öffentlichkeit zu vertreten (vgl. dazu auch Atteslander 1995:94ff.)

Die Befragten der Gruppe „Interne Kritiker" sind allesamt in der Verwaltung der untersuchten Städte bzw. Stadtregionen beschäftigt, und sie verfügen im Durchschnitt über enorme Detailkenntnisse sowie über eine große Erfahrung in der jeweiligen Stadtpolitik. Als Stadt-Experten haben sie sehr häufig elementare Einsichten in die Kommunikationsprozesse innerhalb der lokalen „Stadtmarketingszene". In zahlreichen Situationen reflektieren die Befragten die Entwicklung der Stadtmarketingprozesse im Hinblick auf ihre „ökologisch-soziale Nachhaltigkeit".

Die Stadtmarketing-Akteure des Typus 4 „Interne Kritiker" betonen insbesondere die Betrachtung der lokalen Stadtentwicklungsplanung im sozialpolitischen wie auch im europäischen und globalen Wettbewerbskontext und stellen sie häufig unter die Prämisse einer „Good Governance" (vgl. Hall/Pfeiffer 2000:217).[122]

Unter „Good Governance" wird ein integratives, „umfassendes Konzept" verstanden, welches Nachhaltigkeit[123] „als zentrales Ziel verfolgt" (vgl. ebd. S. 216f.). Eine „nachhaltige Entwicklung" gilt im Rahmen von URBAN 21 als „Leitprinzip der Stadtpolitik und des urbanen Managements".

Eine weitere normative Zielvorgabe der URBAN-21-Autoren Hall und Pfeiffer ist außerdem „eine Politik, die eine rasche wirtschaftliche Entwicklung und eine Umverteilung der Einkommen bewirken kann, die den Kampf gegen soziale Ungerechtigkeit aufnimmt und für soziale und politische Integration ebenso eintritt wie für den Umweltschutz" (ebd. S. 217ff.).

„Good Governance" stellt hierbei einen Idealtypus urban-regionaler Entwicklung dar. Da allerdings die Weltkommission bereits im Vorwort des Expertenberichtes schreibt: „Urban 21 sieht sich nicht imstande, die Verantwortung für alle Formulierungen und Details [des Berichts – der Verf.] zu übernehmen" (ebd. S. 4), wird deutlich, dass „Good Governance" weder

---

[122] Damit beziehen sich die Befragten indirekt auf den Expertenbericht der Weltkommission „URBAN 21", der von Peter Hall und Ulrich Pfeiffer als „normative Betrachtung" Leitlinien für die Steuerung der Kommunalentwicklung vorzugeben versucht (vgl. Hall/Pfeiffer 2000:215 u. S. 441).

[123] Der aus der (Wald-)Ökologie entlehnte Begriff der „Nachhaltigkeit" (im engl. Orig. „Sustainability") avancierte in den letzten Jahren zum Signalwort für einen politischen Wertekanon, der ökonomische, politische und ökologische Prämissen anvisiert. Als Problem wird in erster Linie seine ubiquitäre Verwendung angesehen.

als Leitmotiv überprüfbare Verbindlichkeit beanspruchen, noch dass die Beschreibung einer „Good Governance" als nachvollziehbares Beispiel und somit als praxisrelevante Anweisung verstanden werden kann. Zu beachten ist allerdings, dass der Expertenbericht Urban 21 für die Mitglieder der Gruppe der befragten Akteure des Typus 4 häufig als gemeinsame Quelle kollektiv interpretierter Begriffe wie beispielsweise für den der „Nachhaltigkeit" diente.

6.3.8. Zentrale Resultate der Experteninterviews mit Akteurstypus 4

Fokus A: Beschreibung der Raumwahrnehmung

Die Befragten, die den Typus „Interner Kritiker/Interne Kritikerin" bilden, ordnen sowohl in Glasgow als auch in Stuttgart die jeweiligen Metropole in ein räumliches Mehrebenen-Spektrum ein.

Für die Befragten in Glasgow stellt ihre Stadt hierbei das Zentrum von „West Central Scotland" dar, das sich durch seinen städtischen Charakter von der Raumeinheit „Strathclyde Region" absetzt, die z.B. die ländliche Subregion Argyle mit einschließt (vgl. Karte in Abschnitt 4.4.1.). Des Weiteren wird Glasgow als größte Stadt Schottlands und als „historische Partnerstadt der Handelsmetropole London" (Kevin Kane/Scottish Enterprise Glasgow) beschrieben, zu der sich seit der Industrialisierung Großbritanniens eine ökonomische und politische Achse entwickelt hat.

Stuttgart wird von den Befragten des „Akteurstypus 4" als Landeshauptstadt, dominierend in der „Region Stuttgart" und als Metropole in Südwestdeutschland, die über die Grenzen von Region und Land hinaus im Raumkontext der Bundesrepublik und im europäischen Kontext verankert ist, beschrieben.

Fokus B: Darstellung des Stadtmarketingverständnisses

Die Befragten des Typus „Interne KritikerInnen" in Glasgow wie in Stuttgart streben einen „ganzheitlichen" Ansatz in der Stadtpolitik und insbesondere einen Stadtentwicklungsplan an, dem eine „gemeinsame strategische Perspektive inhärent sein sollte" (David Webster/Planungsbeauftragter des Glasgow City Council).

Die Betonung einer stadtpolitischen Orientierung am Markt wird von den „Internen KritikerInnen" in beiden Metropolen als problematisch beurteilt, vor allem, wenn „keine solide Stadtentwicklungsplanung einem verkaufsorientierten Stadtmarketing vorausgeht" (Nick Bailey und Joachim Eicken).

Der lokalpolitischen Elite Glasgows wird vonseiten der „Internen KritikerInnen" vorgeworfen, eine ausgesprochene Marktorientierung und damit die einseitige Dienstleistungsfokussierung inszeniert zu haben. Während und nach der Krise des britischen Industriesektors Ende der 1970er-Jahre beeinflusste diese einseitige Inszenierung den Arbeitsmarkt Glasgows nachhaltig negativ, so merken die „Internen KritikerInnen" an. Nachhaltigem Stadtmarketing entspricht nicht – so ihre kritische Kernaussage –, substanzielle Eigenschaften der Stadt dem Wettbewerb zu opfern, ohne den ernsthaften Versuch zu unternehmen, für „möglichst alle Berufsgruppen in der Stadt einen annähernd gleichwertigen Ersatz zu schaffen".

Fokus C: Beurteilung der Qualität der Interaktion zwischen den Stadtmarketingakteuren

Die „Internen KritikerInnen" in Glasgow wie in Stuttgart kritisieren in erster Linie, dass eine gemeinsame, fundierte Entwicklungsperspektive der zentralen Akteure nicht vorhanden ist. Sowohl in Glasgow wie in Stuttgart mangelt es – so die zentrale Kritik der „Internen KritikerInnen" – an einer konkreten Beschreibung und Festlegung der Ziele der verschiedenen Akteure im Stadt- sowie im Regionalraum. Ein „integratives Gesamtkonzept" für ein koordiniertes Raummarketing fehlt ihrer Meinung nach bereits auf dem Niveau der Kernstädte.

Fokus D: Zusammenfassende Beurteilung des Stadtmarketingprozesses und seiner Entwicklungsperspektiven

Die Befragten des Typus 4 „Interne KritikerInnen" beurteilen den jeweiligen Stadtmarketingprozess in Glasgow und Stuttgart vorwiegend in Abhängigkeit davon, ob ihrer Meinung nach Standort-, Tourismus- oder Binnenmarketing einen Schwerpunkt in der Bewertung bilden soll.

Das Standortmarketing in Glasgow wird von den „Internen KritikerInnen" im Vergleich zum Glasgower Tourismusmarketing als weit weniger erfolgreich eingestuft.

In Stuttgart wird von „Akteurstypus 4" ebenso der Erfolg des Tourismusmarketings im letzten Jahrzehnt hervorgehoben, und es wird bezüglich des Standortmarketings angemahnt, die Suche nach alternativen Wirtschaftsstrukturen – weg von der Fixierung auf die Automobilindustrie – intensiver zu betreiben. Daneben betont ein Stuttgarter Stadt-Experte, dass bezüglich des Citizen Relationship Marketing „bisher zu wenig getan wurde, um eine Diskurskultur zu entwickeln" (Richard Reschl/Kommunalentwicklung Stuttgart). Allerdings „gibt es seitens der Stuttgarter Bevölkerung eine Beteiligungskultur, die im Begriff ist, sich herauszubilden" (ebd.).

6.4. Detaillierte Beschreibung der vier Stadtmarketingprozess-Typen

In der Analyse der historischen Entwicklung und im Vergleich der beiden Stadtregionen lässt sich eine zweite Typologie als Prozesstypologie entwerfen, die als weitere Grundlage für einen Theorieentwurf aktueller Stadtmarketingprozesse im europäischen Vergleich herangezogen werden soll.[124]

„Quer" zu den vier Typen von Akteuren sind folgende vier Stadtmarketing- bzw. Prozesstypen zu betrachten: *erstens:* Stadtmarketingtyp 1: „Stadtmarketing als Großereignis-Marketing"; *zweitens:* Stadtmarketingtyp 2: „Kommunal institutionalisiertes Stadtmarketing als begrenztes Areal der Stadtpolitik"; *drittens:* Stadtmarketingtyp 3: „Professionalisiertes Stadtmarketing als teilinstitutionalisiertes, teilvernetztes Schnittstellenmanagement zwischen den Stadträumen sowie zwischen Staat, Öffentlichkeit und der Privatwirtschaft" und schließlich *viertens:* Stadtmarketingtyp 4: „Leitbildorientiertes, vernetzendes Stadtmarketing als Kommunikationsprojekt zwischen Staat, Öffentlichkeit und Privatwirtschaft".

---

[124] Die folgende Prozesstypologie wurde bereits am Ende von Kapitel 3 skizzenhaft vorgestellt.

6.4.1. Stadtmarketingtyp 1: Stadtmarketing als Großereignis-Marketing

Im Mittelpunkt des „Stadtmarketingtyps 1" steht die in den meisten Fällen „Event-orientierte", kampagnenartige und somit die zeitlich stark fokussierte und auch thematisch eingeengte Werbung für eine Stadt als Veranstaltungsort eines Großereignisses.

Sowohl in Glasgow wie auch in Stuttgart wurden während der 1980er-Jahre die jeweiligen anvisierten Großereignisse – „Glasgow 1990/Europäische Kulturhauptstadt" und die „Internationale Gartenbauausstellung in Stuttgart/IGA 93" sowie die „Leichtathletik-WM 1993" – von den jeweiligen Stadtparlamenten, vom Glasgower „Leader of the Council" bzw. vom Stuttgarter Oberbürgermeister sowie jeweils von einer kleinen Gruppe der Elite in beiden Städten vorgeschlagen, angeworben und vorgeplant.

Dabei wurden die erwarteten Großveranstaltungen zu *den* zentralen, neuen gemeinsamen Politikfeldern hochstilisiert und die jeweilige erfolgreiche Anwerbung und Durchführung nicht nur zur quasi unentbehrlichen Grundlage zukünftiger Standortentwicklung erklärt, sondern auch zum zentralen Ziel einer „weit vorausschauenden allgemeinen Stadtpolitik" (Interview mit Pat Lally).

Die Planungen der beschriebenen „Mega-Events" in beiden Metropolen gingen bereits ab Mitte der 1980er-Jahre sowohl in Glasgow wie in Stuttgart mit spezifischen Erwartungen der lokalen Elite an die wirtschaftliche und städtebauliche Entwicklung der Stadt einher. Einerseits sollten die Großveranstaltungen vor allem im Hinblick auf den Arbeitsmarkt durch „multiplikative Beschäftigungs- und Einkommenswirkungen" (insbesondere im „Problemfall Glasgow" mit seiner – im Vergleich zu Edinburgh – chronisch hohen Erwerbslosenquote von ca 12 Prozent in Relation zu 8 Prozent in Edinburgh [Stand Juli 2003]) zur Entstehung von neuen Arbeitsplätzen im Dienstleistungsbereich führen.[125] Andererseits wollten die lokalen Eliten in beiden Untersuchungsräumen die innovativsten städtebaulichen Entwicklungen der 1970er und vor allem der 1980er vorstellen: Die Innenstadt Glasgows präsentierte sich bei der Eröffnung des „Kulturjahres/Glasgow – European Capital of Culture" im Januar 1990 mit einem bunten Ensemble städtebaulicher Innovationen, das unter anderem die sanierte „Merchant City", das zur Fußgängerzone umgebaute Areal an der „Buchanan Street" mit den McLellan Galleries und die „International Concert Hall" sowie nicht zuletzt die neuen Innenstadt-Einkaufszentren „St. Enoch" und „Princes Square" miteinschloss. In Stuttgart bestimmten vor allem das „Grüne U" und das umgebaute „Gottlieb Daimler Stadion", aber auch städtebauliche Detailverbesserungen mit großer Publikumswirkung, wie z.B. die neuen Freitreppen am Kleinen Schlossplatz, das Stadtbild des Jahres 1993.

Während in Glasgow im Rahmen der Großveranstaltung das „St. Mungo Museum of Religious Life and Art" und das „GOMA", das „Glasgow Museum of Modern Art", eröffnet wurden, entstand in Stuttgart in der Mitte der 1990er-Jahre unter anderem die „Musical-Hall" als potenzieller Besuchermagnet.[126] In beiden Metropolen entstanden mit den „Mega-Events" am Anfang der 1990er-Jahre zudem hohe Erwartungen an die zukünftige Entwicklung der Stadt, verbunden mit der Hoffnung auf eine kontinuierliche Steigerung der Besucherzahlen und damit auf eine verbesserte Bilanz im Tourismusgeschäft. Das ebenso damit erwartete erhöhte Steuereinkommen aus dem lokalen Tourismusgewerbe und dessen Branchenumfeld sollte die hohen öffentlichen Investitionen in die „Mega-Events" zumindest langfristig auch fiskalpolitisch lukrativ machen. Des Weiteren standen zusätzliche direkte Einnahmen durch Mieten sowie eventuelle Einnahmen für Übertragungsrechte, Gebühren usw. für den Kommunalhaushalt in Aussicht.

Selbst die Hoffnung auf die Lösung althergebrachter (verkehrs-) infrastruktureller Probleme spielten sowohl in Glasgow als auch in Stuttgart eine wichtige Rolle.

In Glasgow wurde ein Plan über den baldigen Ausbau der Stadtautobahn (M8) und somit eine „verbesserte Anbindung der Stadt an den regionalen Verkehr in Zentralschottland sowie eine Neuordnung des Innenstadtverkehrs ins Spiel gebracht" (Douglas Robertson/University of Stirling im Interview).

---

[125] Vgl. www.jiscmail.ac.uk/lists/unemployment-research (4.7.2003) und www.scotland.gov.uk/news (10.10.2002).

[126] Vgl. zu Glasgow: Gómez (1998a:100 und 199ff.) sowie zu Stuttgart: Maier (1996:68ff.).

In Stuttgart wurde erneut die Diskussion über eine „echte Kulturmeile" und somit eine Untertunnelung der stark befahrenen Konrad-Adenauer-Straße entfacht. Die stark frequentierte Straße wird allgemein als störende Schneise zwischen Landtag und Museen-Zeile erlebt. Ihre Untertunnelung wurde allerdings bis zur Gegenwart als „fiskalpolitisch nicht realisierbar" eingestuft. (Vgl. Interview mit Theo Rombach und vgl. Maier 1996:65.)

Kritik am Großereignis-Marketing

Kritisch wurde insbesondere von den Glasgower Akteuren zum Stadtmarketing bereits am Anfang der 1990er-Jahre angemerkt, dass die neu entstehenden Arbeitsplätze im Tourismusbereich zunächst nur prekäre, weil auf den Zeitraum der „Mega-Events" befristete Arbeitsverhältnisse bedeuteten. Ein weiterer Kritikpunkt war, dass, so vor allem die Glasgower Kritiker David Webster und Gerry Mooney, durch die Investitionen, die sich hauptsächlich auf den Dienstleistungssektor konzentrierten, eine „wenig nachhaltige Hyper-Tertiärisierung" des Arbeitsmarktes beschleunigt werde.[127] Ebenso wurde in Glasgow kritisch auf die Gewinnrisiken hingewiesen, die die angeblich „eindeutige positive Bilanz der Großveranstaltungen" (Pat Lally im Interview) in Frage stellten.

Auch die Immobilienprojekte in der Glasgower Innenstadt – wie z.B. die Sanierung zahlreicher Bauten entlang der Buchanan Street – wurden von den lokalen Kritikern im Zusammenhang mit den Großveranstaltungen als „übereilt", „überdimensioniert" oder „längst überfällig" charakterisiert (Mark Boyle/University of Strathclyde im Interview).

Trotz dieser stark konfligierenden Grundhaltungen sollte in beiden Städten entsprechend den Vorstellungen der jeweiligen politischen Strategen gerade die provozierte kontroverse Diskussion über die Realisierung der Großereignisse neue Kommunikationschancen und Konsensmöglichkeiten aufzeigen. Gleichzeitig existierte vor allem im „Fall Glasgow" der Anspruch, zahlreiche traditionell-politische „Cleavages" und Stadtplanungswiderstände durch den „Mega-Event" zu überbrücken oder zu ver-

---

[127] Vgl. Interview mit David Webster sowie Mooney/Danson (1997), Rowthorn (2000), Turok/Edge (1999) und Interview mit Gerry Mooney.

einnahmen. Hierzu wurde von Kritikern bzw. „Gegen-Eliten" der Glasgower Stadtpolitik angemerkt, dass die politischen Fragmentierungen in der überwiegenden Zahl der britischen Stadt-Agglomerationen aus historischen und sozialstrukturellen Gründen tief in der lokalpolitischen Tradition der Stadt bzw. Stadtregion verankert sind, und diese politischen „Cleavages bisher nicht durch eine Festivalisierung der Stadtpolitik vergessen gemacht werden können" (Interview mit Jean McFadden/Glasgow City Council).

Annähernd das Gegenteil der ursprünglichen Ziele der lokalen Eliten, die diese mit einer „Festivalisierung der Stadtpolitik" anvisierten, trat schließlich in Glasgow ein: Es kam nicht zu der in der Theorie prognostizierten Konsensbildung zwischen den fragmentierten Meinungsmehrheiten in der Stadt, vielmehr entstand, bedingt durch die Vorplanung des Großereignisses „Glasgow 1990", eine neue Kluft in der Stadt – nämlich zwischen Befürwortern und Gegnern des Mega-Events. Darüber hinaus „wurden in der Folge durch eine kritische Analyse des Events alte politische Gräben vertieft" (Irene Graham/Glasgow City Council).

Die allgemeine Unterstützung der Stuttgarter Großveranstaltungen „IGA 93" und der „Leichtathletik-WM 1993" durch die Bevölkerung spiegeln hier wichtige Unterschiede zwischen dem Glasgower und dem Stuttgarter Stadtmarketingprozess und ihrer jeweiligen politischen Einbettung wider. Beide Städte verfolgten allerdings von Anfang die gleiche Zielsetzung: Die jeweiligen Großereignisse sollten das Image der Stadt verbessern.

Entsprechend dem Fallbeispiel Glasgow sollte durch ein großereignisorientiertes Stadtmarketing der „Circulus vitiosus" der Stadt (wie bereits in Kapitel 4 dargestellt), bestehend aus „mangelnder Attraktivität des Standortes", „hoher Langzeitarbeitslosigkeit in der Stadt", „hohen Sozialkosten im Stadthaushalt", „mangelnden Ressourcen für den Ausbau der (Verkehrs-) Infrastruktur" und „abnehmenden Investoren- und Besucherzahlen", der erfahrungsgemäß sehr häufig mit einem „Imageproblem" verbunden ist, durch das geplante Großereignis durchbrochen werden.

Die Stuttgarter Elite hingegen stand im Vergleich zur Glasgower während der 1980er- und zu Beginn der 1990er-Jahre nicht vor der Herausforderung, einen andauernden, stark negativen Trend der Stadtentwicklung umkehren zu müssen. Im Stuttgarter Fall zielten die Anstrengungen der „vergleichenden" Imageverbesserung durch Großprojekte in erster Linie darauf ab, sich auf dem seit Ende der 1980er-Jahre kontinuierlich wachsenden Markt des Stadttourismus neu und verbessert zu positionieren (vgl. dazu auch: Meyer-Künzel 2001:11ff.). Den politischen Eliten in beiden Städten war allerdings gemeinsam, die Herausforderung erkannt zu haben, sich unter zunehmend verschärften Konkurrenzbedingungen im europäischen Raumkontext positionieren zu müssen.

Kritisch wird zur Glasgower „Smile-Better-Strategie" von zahlreichen Akteuren im Stadtmarketingkontext angemahnt, dass viele andere Standortfaktoren von größerer Bedeutung für die Stadtentwicklung sind als das Image der Stadt (David Webster, Gerry Mooney, Nick Bailey und Ivan Turok in den Interviews). Ebenso wird im historischen Rückblick angeprangert, dass in erster Linie „weltwirtschaftliche Produktionsverlagerungen" zur Abwärtsspirale und „zur ökonomischen Krise der Stadt" führten und nicht Glasgows „angeblicher Ruf als ‚Rough City' oder ‚No Hope City'" (Neil McGarvey/University of Strathclyde im Interview). Darüber hinaus wird kritisch argumentiert, dass durch eine Imageverbesserung allein noch wenig für die Umkehrung der negativen Entwicklungen in der Stadt gewonnen wurde. Wohl aber „kosteten die Großveranstaltungen der Stadt Glasgow wertvolle Ressourcen, die in einer Art Strohfeuer vergeudet würden und somit eine nachhaltigere kontinuierliche Sanierungspolitik erschwerten" (David Webster/Glasgow City Council im Interview).

Zusammenfassende Beschreibung von Stadtmarketingtyp 1:

Typisch für das Stadtmarketing als Großereignis-Marketing (Typ 1) ist zum einen, dass während dieser ersten Phase in Glasgow wie in Stuttgart die professionalisierende Ausdifferenzierung hin zu spezialisierten Stadtmarketing-Institutionen einsetzt. Zum anderen zeigt sich, zunächst in Glasgow und später auch in Stuttgart, dass die Kommunikation zwischen den sehr unterschiedlich konzipierten Organisationen der Standortförderung zur Bildung alternativer Entscheidungszentren außerhalb des Rathauses führt.

So kam es in beiden Untersuchungsräumen im Kontext der Großereignis-Planung während der späten 1980er-Jahre und frühen 1990er-Jahre vor allem zur verstärkten Kommunikation zwischen öffentlichem und privatem

Bereich, d.h. zu Aushandlungsprozessen und „Public-Private-Partnerships", über einen relativ langfristigen Zeitraum hinweg. Ein Beispiel hierfür stellt die engagierte Beteiligung privater Investoren und Sponsoren im Umfeld von „Glasgow 1990" selbst dar.

Des Weiteren weist aber auch die Sanierung des ehemaligen Stuttgarter Neckarstadions im Rahmen einer „Public-Private-Partnership", welches zur „Leichtathletik-WM 1993" in „Daimlerstadion" umbenannt wurde, auf eine „Event-verstärkte" Kommunikation zwischen öffentlichem und privatem Sektor hin.

6.4.2. Stadtmarketingtyp II: Kommunal institutionalisiertes Stadtmarketing als begrenztes Areal der Stadtpolitik

Im Anschluss an die jeweiligen Großveranstaltungen am Anfang der 1990er-Jahre kam es in beiden Untersuchungsräumen zur Spezialisierung verschiedener kommunaler Akteure im „Stadtmarketing-Metier" und zu Prozessen der funktionalen und strukturellen Differenzierung in der lokalen Bürokratie, die insbesondere in Stuttgart zu Umstrukturierungen innerhalb des Tourismusmarketings führten.

In der Nachfolgezeit der Großveranstaltungen von 1990 und 1993 wurde die jeweilige Stadtpolitik in beiden Untersuchungsräumen deutlicher von einem „Marketingfokus" geprägt.[128] Zwar wurden während der Großveranstaltungen und im Rahmen der an die Veranstaltungen angebundenen städtebaulichen Großprojekte (wie z.B. der bereits oben erwähnten Sanierung der Innenstadtbezirke Glasgows und der Gestaltung des „Grünen U" in Stuttgart) wichtige Erfahrungen, vor allem auch im Rahmen von „Private-Public-Partnerships" mit der lokalen Wirtschaft, im Stadtmarketingkontext gemacht. Zahlreiche und verschiedenartige Aushandlungsprozesse zwischen öffentlichem und privatem Bereich setzten in dieser Phase auch in den Ressorts „Standort- und Tourismusförderung" ein bzw. entwickelten sich mehr und mehr zur Routine. Stadtmarketing wurde jedoch beim „Prozesstypus 2" – trotz aller Professionalisierungs- und Ausdifferenzierungstendenzen – weiterhin überwiegend als „(Chef-)Sache des Rathauses" erachtet.

---

[128] Vgl. die Interviews mit Pat Lally, Walter Kübler und Klaus Lindemann.

Der Grund hierfür liegt auch im politischen Kalkül der Bürgermeister bzw. der politischen Eliten allgemein: Gerade weil die Großveranstaltungen der 1990er-Jahre in beiden Metropolen bei der Mehrheit der Bevölkerung als erfolgreich galten, blieb die Verwaltung des Standort- und Tourismusmarketings und alles, was damit verbunden wurde, abhängig von politisch zentralen Stellen in den Rathäusern. Die primären Bilanzen der Großveranstaltungen führten darüber hinaus zunächst nicht direkt in ein kooperatives Gesamt-Projekt „Stadt-Wirtschaft" oder in eine zunehmende Autonomie der Stadtmarketing-Beauftragten, weil sich im Anschluss an Großveranstaltungen – vor allem im Fallbeispiel Glasgow – herausstellte, dass die positiven „Spill-over-Effekte" zumindest als Modernisierungsimpulse für die Glasgower Wirtschaft allzusehr überschätzt wurden (vgl. dazu auch Schneider 1993:194ff.). Somit blieb selbst in der lokalen Wirtschaftselite „eine gewisse Skepsis gegenüber dem wirklichen Nutzen" von Großveranstaltungen (Gerry Mooney im Interview). Im Vorfeld hatte – so die Kritiker in Glasgow – der Enthusiasmus der politischen Elite „ein zu positives Bild einer Zukunft nach dem Fest" entworfen (Interview mit Nick Bailey).

Außerdem bewahrheitete sich in den meisten Fällen, das zeigten bereits Forschungsprojekte am Anfang der 1990er-Jahre, dass die Kosten von Großprojekten in den allermeisten Fällen, vorwiegend aus taktischen Gründen, zu Beginn der Planungen zu niedrig eingestuft werden (vgl. Schneider 1993). Zudem zeigt die Empirie ernüchternd, dass die stadtpolitisch negativen Folgewirkungen von Großveranstaltungen in der Regel unterschätzt werden. So wird beispielsweise das Ausmaß der Vernachlässigung zentraler stadtentwicklungspolitischer Themengebiete, die im Schatten von Großveranstaltungen bzw. Großprojekten in Vergessenheit gerieten, erst in der Folgezeit der „Mega-Events" deutlich.

Zeitliche und räumliche „Oaseneffekte" von Großveranstaltungen und damit die Konzentration auf Zeit und Raum der städtischen „hallmark-events", die zum „Austrocknen" angrenzender Themengebiete der Stadtentwicklung führen, wirken darüber hinaus häufig in einer Kombination von ökonomisch divergierenden und sozial stratifizierenden Wirkungen, die Großveranstaltungen zum Beispiel auch auf den Grundstücks- und Wohnungsmarkt haben, auf den Stadtraum auf vielfältige Weise ein (vgl. dazu insb. Schneider 1993).

Die Betonung des ursprünglichen Motives der lokalen Elite, für die Stadt als Gemeinwesen durch Großveranstaltungen im europaweiten Wettbewerb eine bessere Chance zu erringen, kann somit die zentralen Folgen für die Stadtgesellschaft kaum überspielen, die durch Mega-Events in vielen Fällen offen zutage treten: Event-GewinnerInnen und Event-VerliererInnen stehen sich häufig in der derselben Stadt aufgrund ihrer gegensätzlichen Interessen und ihrer Rolle im Wirtschaftsgefüge unversöhnlich gegenüber (vgl. Häußermann/Siebel 1993).

Zusammenfassend kann gesagt werden, dass sich aus mehreren Gründen, die eng mit dem Charakter und den realen oder potenziellen Folgewirkungen von Großveranstaltungen zusammenhängen, während der Phase von Prozesstyp 2 noch kaum ausdifferenzierte bzw. eigenständige und dauerhafte Partnerschaften zwischen Staat und Wirtschaft bzw. zwischen Staat, Öffentlichkeit und Wirtschaft entwickeln konnten. Zwischen öffentlichem Bereich und privater Wirtschaft wurde – wie bereits in den Jahren zuvor – hinsichtlich des Stadtmarketingprozesses in themenorientierten Arrangements und im Rahmen vereinzelter PPPs verhandelt. Insbesondere fehlt bei „Prozesstyp 2" noch eine Erfahrungs- und Vertrauensbasis, die erweiterte Routinen auf diesem Sektor erst ermöglicht.

6.4.3. Stadtmarketingtyp 3: Professionalisiertes Stadtmarketing als teilinstitutionalisiertes, teilvernetztes Schnittstellenmanagement zwischen den Stadträumen sowie zwischen Staat, Öffentlichkeit und der Privatwirtschaft

Bedingt durch die Erfahrungen in der Folgezeit von Großveranstaltungen entwickelte sich in den letzten Jahren in beiden Untersuchungsräumen der neue „Prozesstypus 3" eines „professionalisierten Stadtmarketings" heraus. Geprägt wird dieser Stadtmarketingtyp 3 von einer relativ weit entwickelten Ausdifferenzierung bzw. einer weit fortgeschrittenen Spezialisierung der Teilbereiche des Stadtmarketings. Bei Typ 3 kann zudem von einer gewissen „Askese" im Hinblick auf „hallmark-events" gesprochen werden (in Glasgow zwischen 1990 und 1999 – und seit 1999; in Stuttgart seit 1993). Nicht mehr Groß-Feste, die einen „Medien-Hype" bescheren, stehen im Mittelpunkt der Arbeit der Stadtmarketing-Agenturen und der lokalen

Verwaltungen, sondern zahlreiche und insbesondere für die städtebauliche Entwicklung wichtige Kleinprojekte mit einem Fokus auf Design und Ästhetik (vgl. dazu Rosemann 1993).

Des Weiteren prägen zunehmend polyzentrische Verhandlungsarrangements zwischen privatem und öffentlichem Sektor sowie zwischen Öffentlichkeit, Staat und Privatwirtschaft, und eine bezüglich der „Austauschbeziehungstiefe" fortgeschrittenere, aber auch zunehmend kritischer Selektion unterworfene Netzwerkbildung diesen Typus. Vor allem der Diskurs über „Stuttgart 21" stellt hierfür ein Beispiel dar (vgl. Kapitel 5).

Im Fall Glasgow konnte es seit der Verwaltungsreform von 1997 (und somit seit der Abschaffung der subregionalen Verwaltungsebene) nur noch außerhalb des Verhandlungssystems mit dem Status einer verfassten Gebietskörperschaft zu gemeinsamen Raummarketing-Projekten von Kernstadt und Region kommen. Dies wurde im Kontext von Mehrebenen-Arrangements – wie z.B. zwischen Scottish Enterprise Glasgow und dem Glasgow City Council – und im Tourismus kontinuierlich in Einzelprojekten und auch im Rahmen des „Glasgow and Clyde Valley Tourist Board" realisiert (vgl. Kapitel 4).

Insbesondere im Stuttgarter Beispiel kam es durch die Gründung der „Region Stuttgart" zu einer Institutionalisierung der Kooperation der Kernstadt-Eliten mit verschiedenen Organisationen der regionalen Ebene.

Auch in Glasgow wurde mit der Gründung der „Glasgow Alliance" eine Institution geschaffen, die sich auf die Kommunikation zwischen den verschiedenartigen Organisationen und Institutionen im Mehrebenen-Raumkontext konzentrieren soll. Offen bleibt jedoch, inwieweit die Glasgow Alliance als enorm kleine und mit relativ wenig Ressourcen ausgestattete Organisation ihrer moderierenden Aufgabe in Zukunft nachkommen kann, zumal ihre Verhandlungspartner – vor allem der City Council Glasgows – „sich bisher wenig für den neuen Moderator interessierten" (Iain Docherty im Interview).

6.4.4. Zwischenresümee und Entwicklungsperspektiven

Vor allem unter der fiskalpolitischen Perspektive der späten 1990er-Jahre, die die kommunalen Haushalte in enormer Ressourcennot erscheinen lässt, sowie unter dem Problemaspekt der Reformträgheit der Eliten in zahlreichen westeuropäischen Legislativen und Exekutiven, die sich mit der kommunalen Situation auseinander setzen (bzw. gerade diese Aufgabe zum Leidwesen der Städte vernachlässigen), wird in sehr verschiedenartigen und zum Teil parallel bzw. wenig koordiniert arbeitenden Netzwerken nach stadt- und regionalpolitischen Lösungen der Kommunalentwicklung gesucht. Diese sollen trotz der enormen lokalen Anforderungen im Europäisierungs- und Globalisierungskontext die öffentlichen Kassen nur wenig belasten und damit die jeweilige Stadt und Region im europäischen Standortwettbewerb als besonders attraktiv darstellen, und sie sollen die engagierte Identifikation der BürgerInnen mit „ihrer Heimatgemeinde" fördern. Schließlich soll aus Sicht der politischen Eliten diese lokale Quadratur des raumpolitischen Kreises auch noch so dargestellt werden, dass eine Verantwortungszuschreibung sowie natürlich auch eine responsive Wahrnehmung der gewählten politischen Eliten der jeweils verantwortlichen Entscheidungsebene möglich ist.

Als Entwicklungsperspektive würden sich in der vorgegebenen Situation in beiden Untersuchungsräumen neue Kommunikationsforen bzw. Aushandlungsarrangements eignen, die auf die stadtregional-polyzentrische Raumsituation und gleichzeitig auf die Konkurrenzzwänge und Kooperationschancen Rücksicht nähmen. Hierzu müssten Akteure aus den verschiedenen Zentren der Stadtregion in ein komplexes Verhandlungssystem bzw. in mehrere Parallelsysteme eingebunden werden (vgl. Czada 1998a).

In diesen Aushandlungsarrangements könnten regional orientierte, aber gleichzeitig auch der Kernstadt gegenüber verpflichtete Institutionen, wie z.B. der Wirtschaftsförderung und des Standortmanagements, in eine „Tit for Tat"-Kommunikation eingeführt werden (Czada 1998b:71f. und vgl. Axelrod 1987). Eine zentrale Aufgabe dieser Institutionen wäre es dann vor allem, die in dieser Kommunikation erlernten Modi an weitere Akteure im Stadtmarketingkontext weiterzugeben.

6.4.5. Stadtmarketingtyp 4: Leitbildorientiertes, vernetzendes Stadtmarketing als Kommunikationsprojekt zwischen Staat, Öffentlichkeit und Privatwirtschaft

Modellfall Mehrebenen-Kommunikation

Als ausgereifter Stadtmarketingtypus stellt Typus 4 als normativ zu verstehender „Idealfall" eine „leitbildorientierte Vernetzung" zwischen den Institutionen, Organisationen und Akteurstypen des Raummarketings und damit zwischen Staat, Öffentlichkeit und der Privatwirtschaft im Mehrebenen-Kontext dar.

Standortmarketing, Tourismusmarketing und entwicklungsplanerische Projekte werden – so das Modell – auf der Basis von „öffentlich-privaten Vertrauensnetzwerken" kooperativ angegangen. Eine große Verwaltungseffizienz und -effektivität wird nach den Vorgaben einer „Good Governance" ebenso angestrebt wie eine an Transparenz orientierte Öffentlichkeitsarbeit der Kommune. Schließlich stellt die Einbettung in den europäischen Mehrebenenkontext im normativ geprägten Modell des „Stadtmarketingtypus 4" ein zentrales Ziel lokaler Politik dar (vgl. Hellmer et al. 1998 und Hall/Pfeiffer 2000:215ff.).

Hierbei ist zu beachten, dass ein – in vielen Fällen in Europa – erfolgreicher „Weg A" zu einer erfolgreichen Mehrebenenvernetzung aus empirischer Perspektive über den regionalen Kontext führt. Ausnahmen wie das Fallbeispiel Glasgow bestätigen in diesem Fall eher die europäische Regel.[129]

Die erste Zielvorgabe für ein Stadtmarketing als „nachhaltiger Großstadtstrategie" sollte – schlägt man diesen „Weg A ein" – ein von der Kernstadt angeleitetes „urban-regionales Standort-, Tourismus- und Verwaltungs-Management" sein, das zunächst als standortorientiertes Kommunikationsprojekt zwischen Interessen der beiden Ebenen „Stadt" und „Region" zu vermitteln sucht. Als Resultat dieser Aushandlungsprozesse sollte eine

---

[129] Vgl. dazu Heinz (2000a). Zum regionalen Kontext vgl. Kanga (2002), Hoß/Schrick (2001), Greiner/Haubner (2000), Kohler-Koch/Knodt (1999), Greiner (1998), Heidenreich (1997), Schwengel (1996b und 1994).

Vernetzung zwischen den zentralen öffentlichen Standortförderungsakteuren der Verwaltungsebenen von Stadt und Region entstehen.

Hierbei bietet es sich in vielen Fällen an, die Kommunikation mittels einer regionalen Förderungspolitik für den Tourismus zu beginnen. Als potenzielle Wachstumsbranche bietet dieser Sektor für die miteinander verhandelnden Akteure von Stadt und Region zunächst zahlreiche Chancen, zentrale Kommunikationsstrukturen zuerst einzuüben, die dann gegebenenfalls in Folge unter verschärftem Konkurrenzdruck, wie er zum Beispiel bei der Ansiedlung oder lokalen Einbindung von Großbetrieben wahrnehmbar ist, auf die Probe gestellt werden müssen.

Eine herausragende Rolle beim Thema „nachhaltige Förderung der Kommunikation Stadt-Region" spielen auch die Erweiterungen der Netzwerkstrukturen. Eine dichte Vernetzung zwischen Staat, lokaler und regionaler Wirtschaft (zum Beispiel innerhalb von Public-Private-Partnerships) soll ein weiteres Ziel sein, das zudem die Möglichkeit bietet, erfolgreiche Governance-Strukturen zu bestätigen. Der Verbesserung der Kommunikation zwischen regionaler (Stadt-)Planung und Markt folgt, entsprechend diesem Modell, ein *integratives Stadtmarketing als Kommunikationsprojekt zwischen öffentlichem und privatem Bereich.*

Neben der Eigenschaft, dass Stadtmarketing idealtypisch als Kommunikationsprojekt zwischen Kernstadt und Stadtregion dienen soll, folgt aus der Perspektive eines raumorientierten Mehrebenenmodells auch, dass sich Stadtmarketing – entsprechend „Prozesstyp 4" – als erfolgreiches Kommunikationsprojekt zwischen Stadt und Region bzw. zwischen Metropole und Bundesland etabliert. Für die Fallbeispiele Glasgow und Stuttgart hieße das: Die lokalen Stadtmarketing-Eliten beider Großstädte präsentierten sich als relativ erfolgreiche Teilnehmer an Aushandlungsverfahren, die zwischen den „Raum-Interessen" Schottlands und Glasgows bzw. zwischen den Raummarketingzielen Baden-Württembergs und Stuttgarts zu vermitteln versuchen.

Aus der Mehrebenenperspektive schließen sich letztendlich weitere Kommunikationsprojekte an, die die jeweilige Metropole nicht nur im nationalen und europäischen Städtenetz sinnvoll positionieren, sondern auch – so der Modellfall – zwischen den jeweiligen spezifischen nationalen bzw. europäischen Entscheidungsträgern aus Wirtschaft, Politik und Kultur mitsamt den lokalen und regionalen Eliten der jeweiligen Stadträume einen Interessenaustausch fördern.

6.4.6. Glasgows „Weg B"

Nicht über konzentrisch sich ausweitende räumliche Kreise, sondern über institutionelle Verbindungen hat sich empirisch bisher auch ein zweiter Weg – hier: „Weg B des urbanen Managements" – dargestellt, wie dies auch das Fallbeispiel Glasgow als Teil dieses Forschungsprojektes zeigt. Die traditionelle Verbindung der Glasgower Handelselite mit London und in dieser Tradition neu entwickelte Beziehungen zur EU-Ebene über Edinburgh nach Brüssel zeigen alternative Raumstrategien auf, die nicht in erster Linie den Weg des geographisch konzentrischen „Raumerweiterns" gehen, sondern nationale und internationale Akteursnetzwerke auf alternative Weise aufbauen.

Beispiele für die Betonung internationaler und nationaler Allianzen im Vergleich zu regionalen bzw. schottischen Netzwerken stellen sowohl der Erhalt des Zuschlags für das Projekt „Europäische Kulturhauptstadt – Glasgow 1990" als auch der Zuschlag für das Projekt „Glasgow 1999 – UK City of Achitecture and Design" dar.

Wie sich diese relativ wenig verfasste und von Stadtraum und Region mehr oder weniger entkoppelte Vernetzung politischer, wirtschaftlicher und kultureller Akteure entwickeln wird und welche Erfolge dieses Alternativmodell zeitigen kann, bleibt insbesondere an den zukünftigen Entwicklungen des „Fallbeispiels Glasgow" zu beobachten.

6.5. Entwicklungsperspektiven für die Stadtmarketingprozesse in Glasgow und Stuttgart

6.5.1. Spezifische Perspektiven für Stadt und Region Glasgow

Entwicklungsperspektive I: Stärkung der moderierenden Akteure

Als eine wichtige Maßnahme im Stadtmarketingprozess würde im Fall Glasgow die finanziell oder rechtlich basierte Stärkung der Verhandlungsposition zentraler moderierender Agenturen wie vor allem der „Glasgow

Alliance" darstellen. Würden diese gestärkten Moderatoren schließlich von der Mehrheit der Akteure akzeptiert, bestünden verbesserte Chancen für eine effektivere Kommunikation zwischen allen wichtigen am Stadtmarketingprozess beteiligten Akteuren. Vor allem das schottische Parlament hätte hierbei die Aufgabe, Ressourcen von bisher „hyperzentral" positionierten Akteuren – wie zum Beispiel der Scottish Enterprise Glasgow und dem Glasgow City Council – umzuleiten zu den aktuell nur potenziellen Moderatoren eines integrativen Prozesses.

Entwicklungsperspektive II: Regionsbildung in Zentralschottland

Ein weiterer Ausblick auf das Stadtmarketing Glasgows stellt eine zukünftige enge wirtschaftliche, administrative und kulturelle Verflechtung der beiden zentralschottischen Agglomerationen Glasgow und Edinburgh in den Mittelpunkt. Entsprechend dem Muster einer polyzentrischen Stadtregion bzw. einer „Polycentric Urban Region" (PUR) könnten – so wurde bereits von Glasgower Stadtplanern vorgedacht – die beiden nur ca. 60 Kilometer voneinander entfernten Städte komplementäre Partner für die Akquisition von Investoren, Besuchern und Touristen werden. Bereits seit einigen Jahren wird Zentralschottland von externen Wirtschaftseliten als eine kohärente Raumentität betrachtet: Bailey und Turok vom Glasgower Department of Urban Studies schreiben hierzu:

> „Business linkages may provide stronger evidence for functional integration. These have yet to be properly studied, although it is clear that some companies treat the region as a single functional area, accessing labour or technical expertise from both major cities. The region does appear to be treated as a single destination by many industrial investors (2001:712)".

Für die Chancen der Stadtentwicklung Glasgows, die durch die wirtschaftlichen Verflechtungen und Verflechtungsmöglichkeiten zwischen den beiden Metropolen Zentralschottlands gegeben sind, könnten politische Netzwerkbildungen wertvolle Motivationen darstellen, selbst wenn – gemäß den Erfahrungen aus den Interviews – Versuche der Bildung einer gemeinsamen regionalen Identität in Zentralschottland erst in der ferneren Zukunft anzustellen sein werden. Des Weiteren bleibt schließlich für Glasgow die Bildung einer „Regionalstadt Glasgow" eine mögliche Option, die zahlreiche neue Kommunikationschancen im Stadt- und Regionalmarketingkontext eröffnen könnte. Da die politische Lage jedoch durch die Selbstbestimmungsansprüche der „Councils" im Glasgower Umland geprägt wird und auch das Parlament in Edinburgh derzeit keine grundlegenden Umstrukturierungen der lokalpolitischen Grenzziehungen erwägt, bleibt diese Option vorerst ein Entwurf.

6.5.2. Spezifische Entwicklungsperspektiven für Stadt und Region Stuttgart

Entwicklungsperspektive I: Einsetzung eines Kommunikationsforums „Stadtmarketing Landeshauptstadt"

Die Untersuchung der Stadtmarketingeliten der Stadt Stuttgart zeigte die erwartbare Entwicklung auf, dass die zunehmende funktionale Ausdifferenzierung der Stadtmarketingaufgaben zu verschiedenartig konzipierten Institutionen und komplexen Organisationsstrukturen führte. Ebenso entstanden im Stadtmarketingkontext neue kompetitive Milieus.

Dieses Mosaik von kooperierenden und konkurrierenden Akteuren könnte zukünftig vor allem durch eine verbesserte Koordination der Praxisfelder „Innenstadtmarketing", „Standortmanagement", „Tourismuswerbung" und „Citizen Relationship Marketing" zu einem effektiveren und transparenteren Stadtmarketing in der Landeshauptstadt führen.

Durch einen „runden Tisch Stadtmarketing" zum Beispiel, der als institutionalisiertes Kommunikationsforum eingesetzt werden könnte, könnten *idealiter* zukünftig die jeweiligen Mittel, Strategien und Ziele auf allen Feldern des Stadtmarketings hin zu einem vernetzten Stadtmarketingprozess in der Stadt Stuttgart miteinander verglichen und aufeinander abgestimmt werden. Hierbei wird jedoch insbesondere im Hinblick auf eine sinnvolle Moderation darauf zu achten sein, dass die in der Akteurstypologie innerhalb dieser Untersuchung ermittelten „individuellen" Motive und strategischen Ziele der jeweiligen Akteurstypen sowie ihre spezifischen Kommunikationschancen und Positionierungen aufmerksam berücksichtigt werden.

An diesem „Runden Tisch" kann es auch nicht darum gehen, die zweifellos vorhandenen Konkurrenzpositionen zwischen den jeweiligen Marketingakteuren und Interessengruppen, wie sie insbesondere auch in der Akteurstypologie innerhalb dieser Untersuchung dargestellt werden konnten, zu negieren. Die innerhalb dieses Forschungsprojektes ermittelten Eigenschaften der vier beschriebenen Akteurstypen im Blick, könnte ein solches „Kommunikationsforum Stadtmarketing" jedoch dazu dienen, die komplementären Facetten der einzelnen Bestrebungen der jeweiligen Akteure zu benennen und aus diesen Synergien zu entwickeln. Dies könnte trotz der vorhandenen Zielkonflikte innerhalb einer Vielzahl von Interessen, die im Stadtmarketingprozess Stuttgarts eine Rolle spielen, gelingen.

In einem zweiten Schritt könnte schließlich eine Diskussion angeregt werden, inwieweit die konfligierenden Positionen der verschiedenen, und in vielen Fällen miteinander konkurrierenden, Standortförderungs-, Innenstadt- und Tourismuswerbungsakteure innerhalb der gesamten Region Stuttgart in ein erweitertes Kommunikationsforum mit einzubeziehen sind. Zu untersuchen wäre hier, wie, ob und inwieweit insbesondere der Standort-, der Innenstadt- und der Tourismuswettbewerb zwischen den Raumentitäten in Kernstadt und Umland bereits durch die Struktur der Organisationen im regionalen Kontext der Region Stuttgart in produktivere Bahnen gelenkt wurden. Es bleibt somit vor allem themenspezifisch detailliert zu erforschen, wo kooperative Chancen im Austausch zwischen Kernstadt und Region noch nicht genutzt werden und wie dies gefördert werden kann.

Zu überprüfen bleibt des Weiteren, ob zukünftig ein kooperatives Regionalmarketing „als Leitprinzip" für die maßgeblichen Akteure der Landeshauptstadt Stuttgart erstrebenswert erscheint, und ob von der Kernstadt aus, als Entität mit den relativ größten Ressourcen, verstärkt Impulse ausgehen könnten, die es für alle Beteiligten aus Stadt und Region Stuttgart leichter machen, die Region Stuttgart als einheitlichen Kooperationsraum für ein integratives Raummarketing zu betrachten.

Entwicklungsperspektive II: Intensivierung der Kommunikation zwischen Planung und Marketing

Die Intensivierung der Verbindung und Kommunikation zwischen Stadtplanung und Innenstadt-, Standort- und Tourismusmarketing könnte vor allem im Rahmen des Großprojektes „Stuttgart 21" die bereits bestehenden Informationsflüsse verstärken. Als ein zentrales Resultat der Befragung der Stadtmarketingeliten in beiden Untersuchungsräumen stellte sich heraus, dass insbesondere die „Internen KritikerInnen" intensiver an der Realisierung der Stadtmarketingprozesse beteiligt werden wollen. Weitere Kommunikationsebenen wie z.B. zwischen den Experten der Stadtplanung und denen der Standort- und Tourismuswerbung sollten im „Fall Stuttgart" vertieft werden. Ein stärkerer Informationsfluss zwischen den Akteuren und vor allem ein größerer Einfluss der „Internen KritikerInnen" auf die „Realistischen PraktikerInnen", aber auch auf die „Strategischen PolitikerInnen", könnte eine wichtige Wissensbereicherung für die Stadtmarketingprozesse in Stuttgart (wie auch in Glasgow) bedeuten.

6.6. Resümee der Typologien

Die innerhalb dieses Kapitels vorgestellten, sich ergänzenden Typologien von Akteuren und Prozessen des Stadtmarketings in den beiden vorgestellten Untersuchungsräumen ermöglichen zum einen Rückschlüsse auf die Konstitution des jeweiligen Akteursmosaiks und zum anderen auf die empirischen Entwicklungen und Entwicklungsbedingungen der Stadtmarketingprozesse in Glasgow und Stuttgart.

6.6.1. Vom Strategischen Politiker zum Realistischen Praktiker

Der Vergleich der beiden Goßstadtregionen zeigt insbesondere im Rückblick auf die letzten beiden Jahrzehnte eine Parallele auf: Der Einfluss des Akteurstypus 2 „Strategischer Politiker" nimmt ab, die Gestaltungsmacht des Akteurstypus 3 „Realistischer Praktiker" nimmt zu.

Während in den Anfangsjahren des Stadtmarketingprozesses in Glasgow (1983–1987) vor allem der Akteurstypus 2 „Strategischer Politiker" und insbesondere die gewählte Stadtelite prestigeträchtige Großveranstaltungen koordinierte und den Gang der Dinge bestimmte, verschob sich diese Leitungs- und Moderationsposition spätestens vom Ende der 1980er-Jahre an hin zu „para-öffentlichen" Betrieben (wie z.B. zu den „Local Development Agencies"). Der Akteurstyp-3 „Realistischer Praktiker" wird in Glasgow auch im Rahmen der Reformentwicklungen hin zur britischen Variante eines „New Public Management" mehr und mehr zum gestaltbestimmenden Typus.

Der im Vergleich zu Glasgow annähernd um zehn Jahre später beginnende Stuttgarter Stadtmarketingprozess am Anfang der 1990er-Jahre wurde ebenso von Trägern des politischen Mandats begonnen (OB Rommel, Gemeinderat Stuttgart). Zentrale Weiterentwicklungen wurden hier in verkürzter „Übergangsfrist" und vergleichsweise unmittelbar im Anschluss an erste große Stadtmarketingerfolge (u.a. die „IGA 93") spätestens von 1993 an mehr und mehr von AkteurInnen des Typs 3 „Realistischer Praktiker" unternommen.

Aus organisationssoziologischer Perspektive kann die in diesem Kapitel beschriebene Entwicklung der Stadtmarketingarrangements im Verlauf der 1980er- und 1990er-Jahre wie folgt zusammengefasst und analysiert werden: Durch den kontinuierlichen Prozess einer funktionalen wie auch strukturellen Ausdifferenzierung des Teilsystems „Stadtmarketing" kam es im Verlauf der beiden letzten Jahrzehnte in beiden Untersuchungsregionen zur Bildung einer Gruppe von stark spezialisierten und hoch qualifizierten Funktionsträgern. Diese „Professionellen" leiten einerseits durch ihre, auch in Politik und Öffentlichkeit wahrnehmbaren, Erfolge und andererseits durch ihr Fachwissen die politische Steuerungskompetenz der gewählten Vertreter mehr und mehr in ihre jeweiligen Institutionen und Organisationen um.

Des Weiteren bietet die teilweise enorm effizienzsteigernde relative Abkopplung der „Professionellen" vom wahlorientierten politischen System Freiheitsgrade an, die den zur wiederholten politischen Legitimation verpflichteten politischen Eliten kaum bekannt sind. Dies spielt vor allem für den relativ schnellen Erfolg des Tourismusmarketings als Teil des Stuttgarter Stadtmarketingprozesses eine nicht unerhebliche Rolle. Dort zum Beispiel zeichnete sich in den letzten Jahren ab, dass die rasche Ausdifferenzierung des Tourismusmarketings im Rahmen der Stuttgart-Marketing

GmbH und die starke Stellung der „Realistischen PraktikerInnen" einen deutlichen Entwicklungsvorteil darstellt. Dies fällt vor allem im Vergleich zum Stadtmarketing in Glasgow auf, wo in vielen Stadtmarketing-Sektoren die politisch motivierten Konzepte und verfassungsrechtlich bedingten Probleme des „Glasgow City Council" weiterhin im funktionalen Mittelpunkt des Stadtmarketingprozesses stehen.

6.6.2. Von der Kommunikation zur Kompetenz

Vor allem die Analyse der in den Interviews dargestellten Kommunikationsbedingungen zwischen den vier verschiedenen Akteurstypen führt zu folgenden Schlüssen: Während die politisch gewählte Elite der Stadt und die „Stadtmarketing-Praktiker" aus der Verwaltung miteinander ein zwar häufig hindernisreiches, aber für den Stadtmarketingprozess als essenziell erkanntes enges Kommunikationsverhältnis zu realisieren versuchen und beide Gruppen sehr sensibel auf Informationen aus den Medien (insbesondere auf die Darstellung der eigenen Arbeit in den lokalen Tageszeitungen) reagieren, hat die aufmerksame Wahrnehmung der Expertise und der Fachinformationen aus der jeweiligen lokalen Verwaltung bei den gewählten Stadt-Politikern wie bei den jeweiligen Stadtmarketing-Praktikern einen relativ schweren Stand. Sowohl in Glasgow als auch in Stuttgart wurde wiederholt in den Interviews deutlich, dass die „Internen KritikerInnen" stärker auf das Stadtmarketing-Mosaik Einfluss nehmen würden, falls dies von Politik und Stadtmarketing-Praktikern gewünscht bzw. gefordert würde.

Aus den Interviews und analysierten Textbeiträgen lässt sich des Weiteren schließen, dass das Wissen der „Internen KritikerInnen" über den Stadtmarketingprozess gegenwärtig von Akteurstyp 2 (den „Strategischen PolitikerInnen") nur bedingt rezipiert wird.

Eine zentrale Neuerung für die Stadtmarketingprozesse in Glasgow wie in Stuttgart wäre somit ein breiterer Informationsfluss zwischen den „Internen Kritikern" und dem Zentrum der Entscheidungen im jeweiligen Stadtmarketing der beiden Untersuchungsräume. Dieser Informationsfluss könnte auch über Umwege, wie z.B. über die „Externen KritikerInnen", also über Wissenschaft und Medien, oder durch eine stärkere Vernetzung innerhalb der Verwaltung – und somit über eine verbesserte Kommunikation zwischen den „Realistischen Praktikern" und den „Internen KritikerInnen" – führen. Und schließlich bietet es sich natürlich auch an, den direkten Weg des Informationsflusses zwischen den „Internen KritikerInnen" und den Zentralen der stadtpolitischen Entscheidungen zu optimieren. Wertvolles Wissen und zahlreiche Erfahrungen könnten durch die Verbesserungen der Kommunikation zwischen diesen Akteuren für den jeweiligen Stadtmarketingprozess verfügbar gemacht werden.

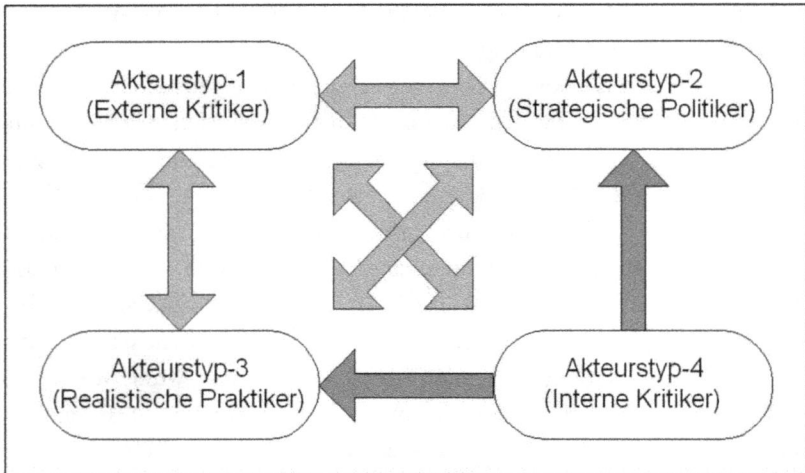

Abbildung: Kommunikation zwischen den Akteuren

6.6.3. Aushandlungsergebnisse und Moderationsbedingungen: Moderationsbedingung als Aushandlungsergebnis

Schließlich fällt beim Vergleich der Aushandlung zwischen den Stadtmarketingakteuren der verschiedenen Sektoren und Raumentitäten auf, dass in beiden Stadtregionen solche Organisationen eine moderierende Rolle spielen, die städtische, regionale und zum Teil auch nationale oder bundeslandspezifische Arrangements miteinander verbinden sollen. Das Ausmaß des gestalterischen Einflusses, den diese Moderatoren auf das Raummarketing haben (dies zeigen vor allem die Entwicklungen in Glasgow), ist derzeit schwer zu kategorisieren oder gar für die Zukunft zu prognostizieren. Die Einflussmöglichkeiten der Moderatoren selbst stellen nämlich wiederum ein Aushandlungsergebnis zwischen den verschiedenen jeweils relevanten Ebenen im europäischen Mehrebenensystem dar. Somit spielen in die Moderationsbedingungen, die den Rahmen der Aushandlungen zwischen den lokalen Akteuren formen, Faktoren hinein, die außerhalb der lokalen Politik ihren Ursprung nehmen.

Kapitel 7: Ergebnisse, Schlüsse und theoretische Anschlüsse

7.1. Ergebnisse

Der Vergleich der empirischen Rahmenbedingungen der Stadtmarketing-projekte und -prozesse in Glasgow und Stuttgart, der als ein erstes Ziel der vorliegenden Studie anvisiert wurde, führte zunächst zur Darstellung des Kontrastes der enorm verschiedenen historischen, sozialstrukturellen und raumpolitischen Voraussetzungen des Stadtmarketings in den beiden Untersuchungsräumen.

Die Entwicklung eines für den Stadtmarketingvergleich konzipierten methodischen Instrumentariums (das zweite Ziel dieser Untersuchung) hatte ein fünfgliedriges Erhebungsdesign zum Ergebnis: historische Kontextana-lysen, aktuelle Sozialstrukturanalysen, Textanalysen von Publikationen über das Stadtmarketing in Glasgow und in Stuttgart sowie Beobachtungen vor Ort, vor allem aber 50 Leitfadengespräche mit Experten der jeweiligen Stadtmarketingprozesse. Die Resultate der Anwendung dieses Instrumenta-riums ermöglichten die Begründung vier empirischer Akteurs- und Pro-zesstypen. Diese Doppeltypologie stellt das dritte Ziel und ein besonders wichtiges Ergebnis dieser Forschungsarbeit dar. Sie dient zum einen als wichtiges Hilfsmittel, um die Strukturen des Stadtmarketings in Glasgow und Stuttgart akteurs- und prozessorientiert zu kategorisieren. Zum anderen ermöglichte es die in dieser Untersuchung entwickelte Doppeltypologie, auf die spezifischen prozesstypischen Kommunikationsbedingungen zwischen den zentralen Akteuren des Stadtmarketings einzugehen. Die anfangs als schwer vergleichbar geltenden Unikate der Stadtmarketingprozesse Glas-gows und Stuttgarts ließen unter Zuhilfenahme der Doppeltypologie deutli-che Parallelen ihrer akteurs- und prozesstypischen Kommunikationsstruktu-ren erkennen. Vor allem die innerhalb dieser Forschungsarbeit ermittelte relative Isolation der „Internen ExpertInnen" im Vergleich zur engen Interaktion zwischen „Strategischen PolitikerInnen", „Realistischen PraktikerInnen" und „Externen KritikerInnen" stellt ein erstes Anwendungsergebnis der Doppeltypologie vor.

Im folgenden theorieorientierten Resümee soll schließlich unter anderem auf die Auswirkungen eingegangen werden, die die in der vorliegenden Untersuchung entwickelte empirisch begründete Doppeltypologie auf die Neudefinition des Stadtmarketings als „kommunikativer Strategie" haben kann. Diese Neudefinition stellte das vierte und letzte der zu Beginn dieser Untersuchung angegebenen Ziele dar.

7.2. Schlüsse

7.2.1. Zur analytischen Neudefinition: Stadtmarketing als kommunikative Strategie

Ein neuartiges Konglomerat aus stadtgeschichtlicher Gewordenheit, ökonomischer Bedingtheit, politischen Problemlagen sowie kultureller Erneuerung und Vielfalt stellt die Arbeitsvorgabe für eine verstärkt am Markt orientierte kommunikative Stadtpolitik und somit für Großstadt-Strategien dar, die in dieser Forschungsarbeit als „Stadtmarketing" bezeichnet wurden.

Die in Europa bereits seit den 1950er-Jahren kontinuierlich mit einem schneller werdenden Transformationsrhythmus konfrontierten Modelle urbaner und regionaler Raumentwicklung bzw. -verwaltung und -vermarktung werden unter den Bedingungen einer postfordistischen Ökonomie sowie durch eine Politik unter den Prämissen einer „Neuen Steuerung" bzw. einer „Modernisierung des Staates" (Frieder Naschold) spätestens seit dem Beginn der 1980er-Jahre neuen Realitäten, Umbrüchen und Ansprüchen ausgesetzt.

Des Weiteren werden durch den beschleunigten Prozess der Europäisierung seit dem Beginn der 1990er-Jahre sowie im Hinblick auf den gesamteuropäischen Integrationsprozess des ersten Jahrzehntes im neuen Jahrtausend neue Konkurrenzen und neue Integrationsanforderungen für die europäischen Großstadträume und für deren Umland deutlich. Und nicht zuletzt sei an die vielfältigen neuen kulturellen Impulse erinnert, die auf die europäischen Großstädte im Globalisierungskontext wirken.

Konkurrenz und Austausch zwischen verschiedenartig geprägten Kulturen und Erfahrungswelten, zwischen politischen Meinungen und ihren Anhängern sowie zwischen den Anbietern von Dienstleistungen und Gütern – vom alltäglichen „Einkauf um die Ecke" bis hin zum Angebot an Immobilien- und Grundstücken – werden durch Europäisierung und Globalisierung erweitert, teilweise potenziert und in jedem Fall stark verändert. Hierbei bedeuten Europäisierung und Globalisierung nicht nur die Genese transnationalisierter Märkte, sondern auch eine neue Ausgangssituation für die Wahrnehmung stadtregionaler Räume. Diese neue Ausgangssituation stellt zudem auch eine wichtige empirische Grundlage dafür dar, den Stadtmarketingbegriff aus soziologischer Perspektive zu definieren und dabei gleichzeitig die aktuellen Theorieentwürfe einer Soziologie der Raumwahrnehmung zu überprüfen.

Stadtmarketing bedeutet im beschriebenen Kontext zunächst: erstens, auf das sowohl in Politik und Verwaltung als auch in der Privatwirtschaft während der letzten zwei Jahrzehnte verstärkt gewachsene Interesse einzugehen, innerhalb von gemeinsamen Projekten die jeweils eigenen Ziele optimiert verfolgen zu können. Zwar stellen Kooperationen zwischen der Privatwirtschaft und dem öffentlichen Bereich nichts grundsätzlich Neues dar. Allerdings ist das starke Anwachsen des Trends der Kommunen – beispielsweise hin zu „Public-Private-Partnerships" als Prototyp dieser gemeinsamen Projekte – eine wichtige Neuerung. Die Ressourcenknappheit der Kommunen stellt hier ein zentrales Motiv für diesen Trend dar.

Zweitens bedeutet Stadtmarketing, auf den Bedarf an vernetzenden Impulsen einzugehen, den sowohl die einzelnen Akteursgruppen in der Stadt aus Politik und Verwaltung sowie auch engagierte Vertreter der Medien anmelden.

Drittens bedeutet Stadtmarketing, einen möglichst kontinuierlichen Prozess des Austausches zwischen der lokalen Bürgerschaft und den kommunalen Entscheidungseliten aus Politik, Verwaltung und Wirtschaft zu inszenieren.

Zum Beispiel wird durch städtische „Mega-Events" wie „Glasgow 1990" und durch städtebauliche Großprojekte wie „Stuttgart 21" die Umwelt der jeweiligen Stadtbewohner (zumindest für große Gruppen von ihnen) drastisch beeinflusst. Der wachsende Bedarf an Kommunikation zwischen der lokalen Öffentlichkeit und der lokalen Elite rührt auch von dieser verstärkten Tendenz zu marktorientierten Unternehmungen her. Stadtmarketing für den Markt erzeugt somit einen neuen Bedarf „an Stadtmarketing als interne(m) Kommunikationsprojekt".

7.2.2. Zur analytischen Definitionsproblematik: Begriffsbildung als Ergebnis des Forschens – Eine Präzisierung

Die Analyse des Vergleichs der teilweise sehr unterschiedlichen entwicklungsgeschichtlichen, sozialstrukturellen, politischen und organisationssoziologischen Bedingungen, die das Stadtmarketing in Glasgow und Stuttgart prägen, zeigt, dass sich – trotz aller Differenz – zentrale Vergleichspunkte im „Making of" der Stadtmarketingprozesse einander gegenüberstellen lassen und dass eine solche Gegenüberstellung zu wichtigen neuen Einsichten in die Konstitution und Konstruktion von Stadtmarketingprozessen führen kann.

Insbesondere im Entwurf der Doppeltypologie, die die Beschreibung und Einordnung der Akteure und Entwicklungsprozesse des jeweiligen Stadtmarketings zum Inhalt hat, werden Parallelen deutlich, die geradezu zur Entwicklung eines theoriebezogenen Modellentwurfes einladen.

Bereits zu Beginn dieser Forschungsarbeit wurde deutlich, dass eine sehr präzise Vorab-Definition des Begriffes „Stadtmarketing" den Forschungsschwerpunkt sehr stark bestimmen, wenn nicht gar verfälschen würde. Es hätte die Gefahr bestanden, dass hierdurch der Forschungsfokus des operationalen Forschungsbegriffes zu sehr begrenzt würde und somit offene Forschungsfragen, die eventuell einen zentralen Teil des Forschungsproblems darstellen, ausgeblendet würden. Somit fiel die Entscheidung, den verwendeten Stadtmarketingbegriff als nominalen Arbeitsbegriff in den einleitenden Kapiteln nur grob zu umreißen und eine analytisch orientierte Neu-Definition im Entwicklungskontext des Forschungsprozesses und der neu erforschten Sachverhalte kontinuierlich empiriegeleitet zu entfalten und zu präzisieren.

Schließlich sollte dann als ein zentrales Resultat dieses Forschungsprojektes die Entwicklung eines operationalen Stadtmarketingbegriffes stehen, der in der Lage sein sollte, gleichzeitig zum Erfassen empirischer Konstellationen und zum Beschreiben normativer Entwurfsmodelle sinnvoll verwendet werden zu können. Diese Vorgehensweise mag zwar ungewöhnlich sein, innerhalb der hier vorgelegten wissenschaftlichen Arbeit sprechen die genannten Gründe jedoch deutlich für einen solchen Modus.

Die Aufgabe, die sich damit stellt, ist es also, eine neue Begriffsdefinition für Stadtmarketing zu liefern, die Stadtmarketing als einen auf die strategische Arbeit maßgeblicher Akteure aufbauenden Prozess beschreibt.

Die zu erarbeitende, analytisch geprägte und operational als Diagnose- wie auch als Entwurfshilfe einsetzbare Neu-Definition soll einerseits für die wissenschaftliche Arbeit von SoziologInnen, PolitologInnen, RaumplanerInnen und anderen Mitgliedern der „Scientific Community" eindeutig und anwendbar sein, andererseits soll sich die neue Begriffserklärung für die Arbeit der in der Stadtmarketingpraxis Agierenden möglichst als nützliches „Werkzeug" erweisen.

Die Ausgangslage für den Entwurf dieser Neu-Definition ist – wie in Kapitel 2 bereits skizziert –, dass der nominale Begriff gegenwärtig im praxisorientierten wie im wissenschaftlichen Kontext äußerst heterogene und zum Teil auch widersprüchliche Beschreibungen erfährt. Wie bereits von Busso Grabow und Beate Hollbach-Grömig dargestellt und im zweiten Kapitel referiert, stecken in der Praxis zahlreiche verschiedene Variationen des Verständnisses von Stadtmarketing ein weites Feld möglicher Interpretationen ab.

Neben diesen empirisch orientierten Klassifikationen der in den letzten zwei Jahrzehnten praktizierten Stadtmarketingprojekte, die auch innerhalb dieser Forschungsarbeit auf die Entwicklung der Prozesstypologie in Kapitel 6 Einfluss nahmen, wurde innerhalb dieses Textes zusätzlich zur empirisch begründeten Doppeltypologie ebenso eine normativ ausgerichtete Analyse der Kommunikationschancen zwischen den maßgeblichen Akteuren innerhalb des Stadtmarketings angestellt, die in die Neudefinition einfließt. Innerhalb des normativ orientierten Modells, in dem Stadtmarketing als „kommunikative Strategie" beschrieben wird, soll unter Stadtmarketing als kommunikativer Strategie ein sektoral-vernetzender und raumintegrativer Prozess verstanden werden.

7.2.3. Stadtmarketing als Strategie zur sektoralen Vernetzung und zur räumlichen Integration

Inhaltlich ging es in der Entwicklung und Darstellung der Doppeltypologie zum Stadtmarketingprozess – ebenso wie in dem folgenden Modell-Entwurf des Stadtmarketings als kommunikativer Strategie – zum einen darum, auf die zentrale Funktion der *sektoralen Vernetzung* der Akteure im Stadtmarketingkontext in der erfassten Empirie sowie in entwicklungsperspektivischen Szenarien systematisch hinzuweisen. Zum anderen sollen mittels des erarbeiteten Wissens aus dieser Arbeit die empirisch zu beobachtenden Hindernisse und zukünftigen Möglichkeiten einer räumlichen Integration von Stadt, Umland und Region theoriegeleitet betrachtet und aufgrund der Analysen dieser Betrachtungen Zukunftsentwürfe für einen akteursbasierten Prozess räumlicher Integration gemacht werden können.

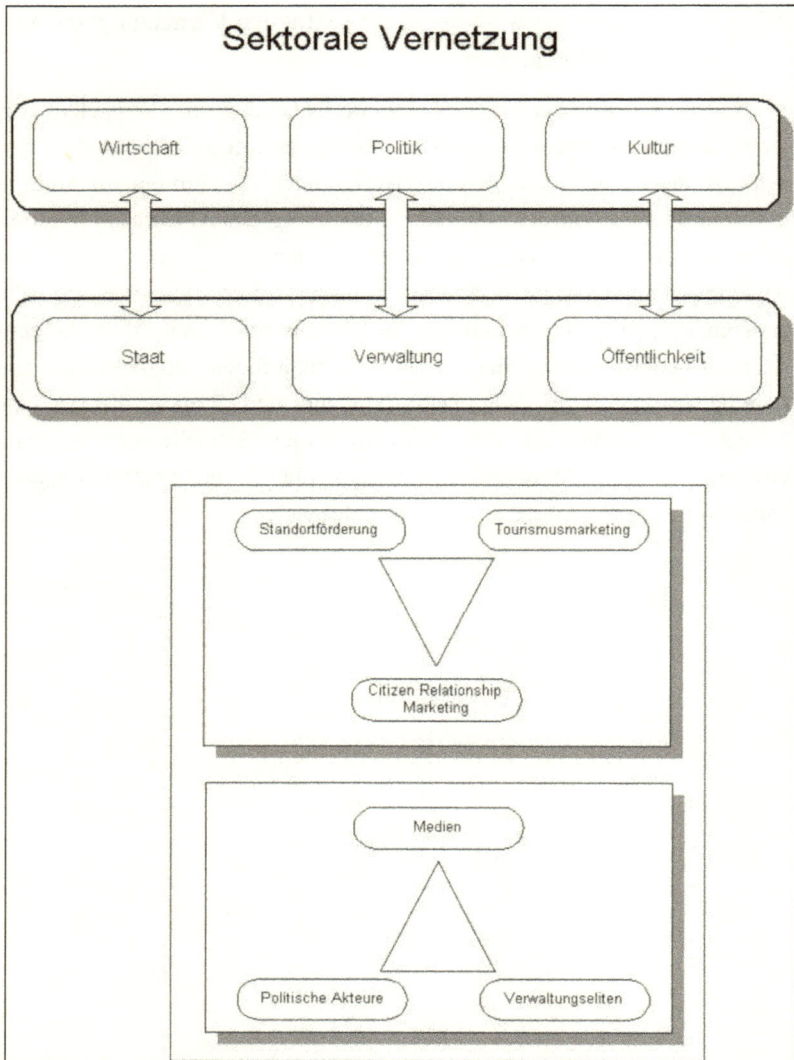

Abbildung: Sektorale Vernetzung

Grundsätzlich geht es beim Stadtmarketing damit um die sektorale Vernetzung zwischen: erstens Wirtschaft, Politik und Kultur, zweitens Staat, Verwaltung und Öffentlichkeit, drittens Standortförderung, Tourismusmarketing und Citizen Relationship Marketing sowie schließlich viertens um die Vernetzung der Akteure des stadtpolitischen Systems mit den Kritikern aus der Verwaltung und den lokalen Medien (siehe Abbildung oben).

Darüber hinaus geht es um die räumliche Integration der Stadtteile innerhalb des gesamtstädtischen Raumes, um die Integration von Stadt und Umland sowie um die Integration von Stadt und Region. Schließlich folgt in diesem Mehrebenensystem die Integration der Stadt in ihren nationalen Kontext sowie in das europäische Städtenetz und in den globalen Raum (siehe Abbildung unten).

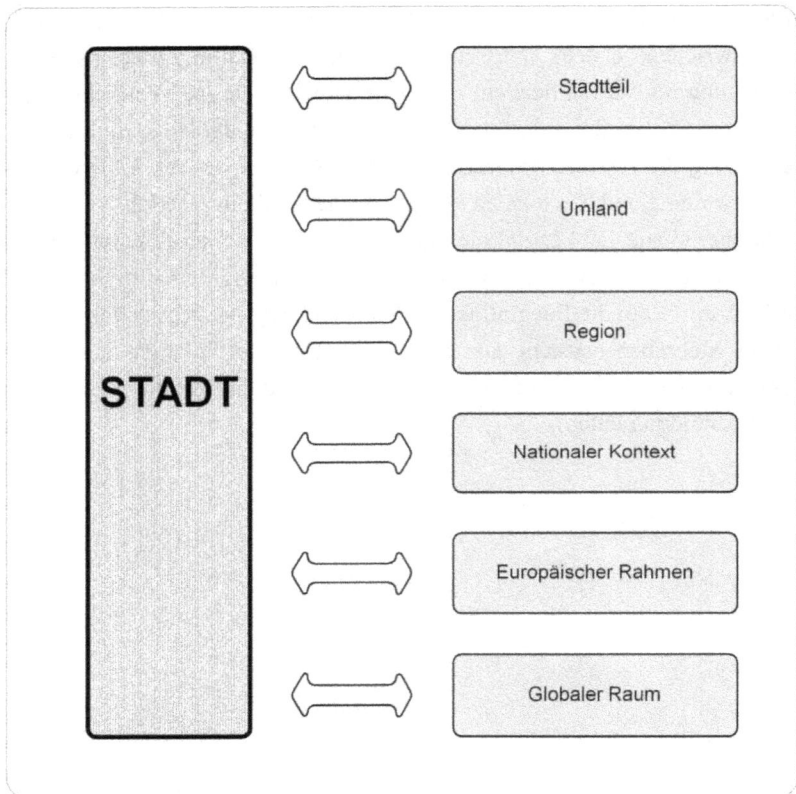

Abbildung: Räumliche Integration

Wie in der empirischen Forschungsarbeit und hier insbesondere in den Interviews deutlich wurde, offerieren beide Stadtmarketing-Systeme – das Glasgower ebenso wie auch das Stuttgarter – bezüglich ihrer sektoralen Vernetzungen (z.B. zwischen Standortförderung, Tourismusmarketing und Citizen Relationship Marketing) noch deutliche Verbesserungspotenziale.

So könnte zum Beispiel eine verstärkt segmentübergreifende Kommunikation zwischen den Kern-Akteuren des Stadtmarketings eine effektivere und effizientere Standortpolitik bewirken. Ein sektoral vernetztes Stadtmarketing böte darüber hinaus die Chance, problemfeldübergreifende Lösungsansätze zu entwickeln, die zum einen die Trias „Staat – Verwaltung – Öffentlichkeit" der Triade „Wirtschaft – Politik – Kultur" gegenüberstellen. Zum anderen ist die Trias „Standortförderung – Tourismusmarketing –

Citizen Relationship Marketing" mit der Trias „politische Akteure, Verwaltungseliten und Medien" zu konfrontieren. Diese vier Triaden bieten jeweils interne und externe sektorale Vernetzungschancen. Um diese Chancen nutzen zu können und gleichzeitig auch raumintegrierende Arbeit zu fördern, soll abschließend zumindest ansatzweise hinterfragt werden, inwieweit eine Diskussion über *Leitbilder* als gemeinsames Kommunikationsmotiv neue Vernetzungen und neue (Raum-)Integrationen katalysieren könnte. Eine derartige Leitbilddiskussion könnte den Diskurs zwischen den sehr heterogen agierenden Sektoren zumindest in Teilen kanonisieren.

7.2.4. Zur Möglichkeit eines leitbildfokussierten Stadtmarketings

Dabei sei insbesondere auf die Chancen hingewiesen, die eine gemeinsame Leitbildorientierung für den Stadtmarketingkontext mit sich bringen könnte. Notwendig für eine konstruktive gemeinsame Diskussion über eine Leitbildorientierung wäre allerdings eine engagierte Beteiligung aller relevanten Stadtmarketing-Akteure an der Erarbeitung dieses Leitbildentwurfes.

In den empirischen Kapiteln dieser wissenschaftlichen Arbeit musste der Begriff des „Leitbilds" insofern ausgeklammert bleiben, als bisher weder im Stadtmarketingkontext in Glasgow noch von den Stuttgarter Stadtmarketing-Akteuren ein Leitbild ausgearbeitet wurde, das als „fachliches Verständigungsmittel" dient (Sieverts 1998b:21). Zwar flossen bildhafte Kürzel wie „Glasgow's Miles Better" oder Slogans wie „Stuttgart: Großstadt zwischen Wald und Reben" in die Diskussion über die jeweiligen „Bilder" der Stadt in die jeweilige Image-Debatte mit ein, ein wirklich explizit gemachtes Leitbild aber, das kommunikativ wirkt und auf gemeinsame Strategien anspielt, existiert bisher weder in Glasgow noch in Stuttgart. Zur sektoralen Integration sowie zur räumlichen Vernetzung böte sich allerdings eine Diskussion über ein gemeinsames Leitbild an.

Insbesondere bietet eine Leitbilddiskussion die Chance einer leitbildorientierten Integration der verschiedenen Raumniveaus: Stadtmarketing als kommunikative Großstadtstrategie stellt u.a. einen Diskurs dar, der Beschreibungen und Verhandlungen, Projekte und Feste, Kritik und Krise entweder im oder in den jeweiligen Raumkontext einordnet oder den Mangel dieser Einordnung anmahnt.

Unter den gegebenen Bedingungen bieten im Rahmen eines europäischen Raumdiskurses die Raumentitäten Umland und Region nicht nur ein chancen- und nischenreiches Parkett, sondern sie stellen auch jeweils einen zentralen Diskursgegenstand für einen Leitbilddiskurs dar. Gleichzeitig könnte eine solche Diskussion zur Positionierung im europäischen Raum beitragen.

7.2.5. Hindernisse auf dem Weg zum Leitbild

Der Weg zu einem gemeinsamen Leitbild soll hier jedoch nicht als eine einfach zu realisierende Lösung suggeriert werden, er stellt sich durchaus als hindernisreich dar. So zum Beispiel ist die bereits geschilderte Geschichte der Beziehung zwischen Kernstadt und Umland bei genauerer Betrachtung sowohl politisch-institutionell als auch im strategischen Standortdiskurs einer dialektischen Entwicklung unterworfen. Die jeweiligen konkurrenzorientierten Positionierungen bestimmter (Teil-)Orte im (internationalen) Wettbewerbsdiskurs ebenso wie im relationalen stadtregionalen Raum stellen die eigentliche, zentrale Aufgabe der marktorientierten Großstadt-Strategen dar. Gemeinsame Leitbilder müssen in diesem Fall den Versuch erlauben, diese Konkurrenz integrativ mit aufzunehmen.

Zahlreiche wirtschaftliche, politische und kulturelle Funktionen, die zuvor als Aufgabe und Chance der Kernstädte galten, wurden in den letzten drei Jahrzehnten ins Umland transferiert. In umgekehrter „Fließrichtung der Aufmerksamkeit" wird in den letzten Jahren das Zentrum der Kernstädte durch seine ihm zugeschriebenen „Schaufenstereigenschaften" unter Mitwirkung der Stadt-Strategen wieder aufgewertet und damit zum Fokus eines internationalen Wettbewerbs. Auch diese Rivalität um Aufmerksamkeit würde eine schwierige Aufgabe für den integrativen Leitbilddiskurs sein (vgl. Ronneberger 2001:28f.).

7.2.6. Der Entwurf von Raum-Leitbildern im Stadtmarketingkontext

Ein erstes empirisches Beispiel für die Diskussion über ein zentralschottisches Raumleitbild stellt der in Kapitel 6 vorgestellte Entwurf einer „Polycentric Urban Region" von Nick Bailey und Ivan Turok aus dem Jahr 2001 dar. Offen bleiben in diesem Leitbildentwurf allerdings wichtige Fragen bezüglich der Kommunikationsmodi zwischen den zentralen EntscheiderInnen innerhalb des Raumgebildes.

Im Fall der Region Stuttgart sind zwar raumbezogene Leitbildentwürfe durch klare Regionsgrenzen in gewisser Weise bereits vorstrukturiert. Doch wird auch hier deutlich, dass bedingt durch die mangelnde räumliche Integration des Stadt- und Regionalmarketings und aufgrund der vorherrschenden Kommunikationsmodi zwischen den zentralen Akteuren aus Politik, Verwaltung, Medien und Öffentlichkeit noch kein leitbildorientierter Entwurf gefunden wurde. Regionalversammlung und Verband stellen zwar Kommunikationsplattformen dar; Leitbilder, die entscheidend das Raummarketing in der Region Stuttgart prägen könnten, bieten die aktuellen Kommunikationskonstellationen – trotz Versammlung und Verband Region Stuttgart – jedoch nicht an. Regelmäßig stattfindende „Leitbild- oder Leitzielkonferenzen" zwischen den am Raummarketing in Stadt und Region Stuttgart beteiligten Akteuren wären hier z.B. ein erster Schritt, die Kommunikation zu verbessern.

7.2.7. Stadtmarketing und europäischer Raum im Kontext kooperativ-kompetitiver Modernisierung

Die in dieser Forschungsarbeit einerseits empiriebezogen beschriebenen und andererseits modellhaft entworfenen kommunikativen Strategien europäischer Großstädte sind im Kontext der beiden beschriebenen Stadtmarketing-Fallbeispiele so zu verstehen, dass sie verschiedene Mittel zum Zweck der Raum-Positionierung durch lokale Politiken darstellen. Diese Politiken sind in ihrem zeitlichen Kontext ebenso wie im Rahmen ihrer spezifischen Akteure und Netzwerke zu betrachten. Genau dies aber stellt eine zentrale Aufgabe einer Stadtsoziologie im Globalisierungskontext dar.

Hierbei ist vor allem zu beachten, dass europäische Städte nicht mehr (wie noch im Mittelalter) von einer Mauer umgeben sind, die das Innen und das Außen der Stadt voneinander zu trennen vermag. Im Gegenteil: Die historischen Grenzen zwischen den althergebrachten Raumentitäten – wie zwischen der Innenstadt und den „angrenzenden Stadtteilen", zwischen den peripheren Stadtteilen und dem Umland sowie zwischen Umland und

„Region" – haben an Unterscheidungskraft deutlich eingebüßt. Der Stadtraum und sein Umland stellen damit mehr und mehr ein neues und ambivalentes Raumamalgam dar. In manchen Fällen sind diese Raumgrenzen nur verblasst, in anderen sogar ganz verschwunden.

In jedem Fall waren die verschiedenen „Raumsorten" noch nie zuvor in der europäischen Geschichte so wenig gegeneinander abgegrenzt und zugleich doch auch in einem derartigen Konkurrenzverhältnis befindlich. Diese Dialektik prägt auch den Stadtmarketingprozess und damit wiederum die Konkurrenz und Kooperation der jeweiligen lokalen Eliten.

Die Gründe für die Entstehung dieses „dialektischen Raumamalgams" finden sich in der okzidentalen Wirtschafts- und Technikentwicklung ebenso wie in demokratischer Politik, europäischer Sozialstruktur und im aktuellen Globalisierungskontext. Dieser langen gesellschaftlichen Raumentwicklung hin zu einem wettbewerbsgeprägten Siedlungsamalgam aus urbanen, suburbanen und regionalen Räumen folgt gegenwärtig und erst allmählich die Entstehung von Aushandlungssystemen, innerhalb derer die immer wieder neu entstehenden dialektischen Spannungen zwischen den verschiedenen Stadträumen und ihren Eliten bearbeitet werden.

Stadtmarketing als kommunikative Strategie sucht sowohl als empirischer Prozess als auch als normatives Modell nach öffentlich-privaten Aushandlungsergebnissen sowie nach Kooperationschancen zwischen Staat, Markt und Öffentlichkeit. Eine der zentralen Herausforderungen für das Stadtmarketing als kommunikativer Strategie europäischer Großstädte ist es hierbei, zwischen Marktorientierung und politisch legitimierten Organisationen einerseits und zwischen den jeweiligen Akteuren in Verwaltungsinstitutionen und der Stadtöffentlichkeit andererseits zu vermitteln. Stabilisiert wird das gesamte lokale Stadtmarketing-Ensemble – so das hier vorgestellte organisationssoziologische Modell – durch eine sich verankernde Politik der Vernetzung der verschiedenen Akteure. Nicht zu übersehen ist hierbei jedoch, dass es sich bei den Aushandlungsarrangements im Stadtmarketingkontext um Kommunikationsmodelle handelt, die von VertreterInnen gebildet werden, die jeweils äußerst verschiedene Interessenlagen widerspiegeln. Die Unterschiede resultieren hierbei vor allem in den ursprünglich traditionell stark voneinander abgegrenzten und nach wie vor von heterogenen Zielen und Eliten geprägten Konstruktionen und Rekonstruktionen ehemals typischer europäischer Raumentitäten wie Stadt und Umland.

Zusätzlich entstehen – wie insbesondere in der Akteurstypologie in Kapitel 6 deutlich wurde – weitere zentrale Unterschiede zwischen den Kern-Akteuren des Stadtmarketings aus Politik, Verwaltung, Wissenschaft und Presse. Eine durch ein integratives Stadtmarketing ermöglichte kooperative „Amalgambildung der Räume" bzw. die Vernetzung ihrer jeweiligen Eliten und InteressenverteterInnen in neuartigen Aushandlungssystemen könnte einen Weg zu einer Art „kooperativ-kompetitiver Modernisierung" der europäischen Raumentwicklung, -verwaltung und -vermarktung in und rund um den „alten" Stadtkern ermöglichen.

Typisch für diesen Prozess sind die ständige und räumlich ubiquitäre Neubildung von kooperativen Arrangements einerseits und die gleichzeitige Genese von Wettbewerbssituationen in der ökonomischen, politischen und kulturellen Arbeit andererseits. Dieser Text hatte daher auch zur Aufgabe, den Versuch zu unternehmen, dieses Raum-, Arbeits- und Entwicklungskontinuum theorieorientiert zu strukturieren.

7.3.   Theoretische Anschlüsse – Kommunikative Strategien als „kooperative Kunst des Räumelns"

Die Soziologie entwickelte in den letzten zwei Jahrzehnten, aufbauend auf die Arbeit der frühen Soziologen um die Jahrhundertwende und hier vor allem in Anlehnung an Georg Simmels „Prinzip der Wechselwirkungen" – eingebunden in den wissenschaftlichen Globalisierungsdiskurs der Gegenwart – wichtige beschreibende Begriffspaare und Termini zur Bearbeitung des „Raum-Problems". Vor allem erklärende Raummodelle, wie sie mittels der Begriffe „Spacing" und „Syntheseleistung" (Löw 2001) als Konstituenten einer neueren Raumsoziologie vorgestellt werden, veränderten zusammen mit zahlreichen weiteren Entwürfen in den letzten Jahren die soziologische Perspektive auf den Raum grundsätzlich. Ebenso scheute die Soziologie weder in der Geschichte noch scheut sie heute davor zurück, im Durkheim'schen Sinne methodisch-fundiert zu beurteilen. Helmuth Berking schreibt hierzu in seinem essayistischen Entwurf „spaceplacecity":

„Die Situation ist paradox. Während die verschiedenen Diskurse in einer Art experimentellen Wahnsinns eine „ortlose" Welt entwerfen, muss der interessierte Beobachter überraschend zur Kenntnis nehmen, dass nie zuvor so exzessiv über Ort und Raum, über „disembedding" und „reembedding" gestritten wurde wie heute. [...] **Die Produktion von Lokalität als jener Horizont der Vertrautheit und des Bekanntseins ist eine tagtäglich zu erbringende kulturelle Praxis,** an der sich die lokale Textur von Identitätsformationen und symbolischen Universen besonders anschaulich studieren lässt" (Berking 2002:50 u. 55; Hervorhebung J.G.G.).

Den zeitgenössischen soziologischen Ansätzen und Entwürfen einer Theorie des Raumes ist insbesondere eigen, dass die Auseinandersetzung des Individuums mit seiner Umwelt in einem kommunikativen Akt den Raum als „ausgehandeltes Artefakt" erst entstehen lässt und dass diese Produktion des Artefaktes „gemeinsam ausgehandelter Raum" wiederum die Grundlage für neue, anschließende ökonomische, politische und kulturelle Verhandlungssituationen darstellt. Auf dieser soziologisch-begrifflichen Wissensbasis baut auch – und zwar sowohl empirisch als auch normativ entworfen – Stadtmarketing als eine kommunikative Strategie auf.

Stadtmarketing als Strategie stellt somit in gewisser Weise eine spezifische „Kunst des Räumelns" dar: Mittels Stadtmarketing wird städtischer Raum diskursiv beschrieben, über städtischen Raum wird in zahlreichen verschiedenartigen Raum-Arrangements zwischen Staat, Öffentlichkeit und Privatwirtschaft verhandelt, und für den städtischen Raum wird im globalen und regionalen Kontext sowie darüber hinaus im europäischen und globalen Raum um InvestorInnen, TouristInnen, KundInnen, Subventionen und bürgerschaftliches Engagement geworben. Dies alles zeichnet gegenwärtig Stadtmarketing in besonderer Weise als kommunikative Strategie und als „Kunst des *kooperativen Räumelns*" aus.

Anhang

Interviewleitfaden „Stadtmarketing in Stuttgart"

1. Verstehen Sie Stuttgart als Mittelpunkt eines bestimmten Gebietes –
   bzw. als „Zentrum einer bestimmten Raumeinheit"?
   – Wenn ja: Wie würden Sie dieses Gebiet – oder diese Raumeinheit –
   bezeichnen?

2. Was verstehen Sie unter Stadtmarketing? Bzw.: Was bedeutet Stadtmarketing für Sie?

3. Sind Sie der Meinung, dass Stuttgart ein gutes Beispiel für Stadtmarketing darstellt?

4. Wessen Hauptaufgabe ist das Stadtmarketing von Stuttgart?
   – Wer trägt die Kosten für das Stadtmarketing Stuttgarts?
   – Wer initiiert das Stuttgarter Stadtmarketing?
   – Wer realisiert es?

5. Tragen **Sie** durch Ihre berufliche Tätigkeit zum Prozess des Stuttgarter Stadtmarketing bei? Wenn ja: wie?

6. Wie ist die Wirtschaft in den Stuttgarter Stadtmarketingprozess eingebunden?
   – Ragen einzelne Unternehmer heraus – im Prozess des Stuttgarter Stadtmarketings? Oder bestimmte Verbände?
   – Oder bestimmte Unternehmergruppen?

7. Wenn es solche Gruppenbildungen gibt/oder gab: Wie kommen (oder kamen) diese Gruppen zustande? Was sind die Motive und Ziele dieser Gruppenbildung?

8. Wer sind die **öffentlichen und politisch verantwortlichen** „Macher" und Träger des Stadtmarketings in Stuttgart? Kennen Sie **deren** Interessen, Motive und Ziele?
   – Ist zum Beispiel der Landtag von Baden-Württemberg im Stuttgarter Stadtmarketingprozess engagiert?

9. Arbeiten die Träger des Stuttgarter Stadtmarketings vor allem in einem baden-württembergischen oder schwäbischen Selbstverständnis? – Oder sind solche regionalistischen Ideen ausgeklammert und geht es „nur um die eigene Stadt" oder gar „den bestimmten Stadtteil"?

10. Wenn es um das Gefühl der Zugehörigkeit geht, auf welche Weise drückt sich dieses Gefühl aus, und in welcher Reihenfolge beschreibt/ beschreiben sich

a) die Bevölkerung Stuttgarts?

b) die Eliten der Stadt? Und:

c) die Stadtmarketing-Profis?

als 1.) Stuttgarter? 2.) Schwaben? 3.) Baden-Württemberger? Oder 4.) als Deutsche?

11. Wie lässt sich Stadtmarketing in Baden-Württemberg generell beschreiben?

12. Wenn Sie eine „kurze Geschichte des Stuttgarter Stadtmarketings" schreiben müssten: – Welche Episoden dieser Geschichte wären besonders erwähnenswert?

– Wann und wo würden Sie beginnen?

13. Wie bewerten Sie die Erfolge des Stuttgarter Stadtmarketings? Wo sehen Sie die großen Hindernisse des Marketings?

14. Sind alle Ihre Kollegen (bzw. alle Stadträte) Befürworter der gegenwärtigen Form des Stadtmarketings von Stuttgart?

– Und die Mehrheit der Unternehmer?

– Und die Kulturelite?

15. Wie schätzen Sie allgemein die Meinung der lokalen Elite über das Stadtmarketing von Stuttgart ein?

16. Wird Ihrer Meinung nach das Stuttgarter Stadtmarketing „von oben her" inszeniert? Oder gibt es bezüglich des Stuttgarter Stadtmarketings einen starken Rückhalt in der gesamten Bevölkerung?

17. Wie bewerten Sie das Engagement des „Durchschnitts-Stuttgarters" im Hinblick auf das Stuttgarter Stadtmarketing? Sehen Sie Schwierigkeiten darin?

18. Welche **Ideen** kommen Ihnen in den Sinn, und welche Vorschläge würden Sie machen, wenn Sie

a) das Stuttgarter Stadtmarketing mit einer **kurzen „Radikalkur"** verbessern wollten? Und:

b) Welche **„langfristige Therapie"** ist Ihrer Meinung nach (auch) anzustreben, um das Stuttgarter Stadtmarketing zum (besseren) Erfolg zu führen?

Interviewleitfaden „Urban Marketing in Glasgow"

1. Do you consider Glasgow the centre of a specific area or region? And: How would you call this area?

2. What does "Urban Marketing" mean to you?

3. Do you think that Glasgow is a good example for Urban Marketing?

4. Who pursues Urban Marketing in Glasgow? And who funds and initiates it?

5. As a professional, are you contributing to the process of Urban Marketing? How?

6. How is the economy involved in the marketing process? What about single economic entrepreneurs and associations? Do these individuals and associations work together? If so, how?

7. And do you know how these groups and associations come into being? Can you tell me something about the motives and goals behind the formation of these groups?

8. What about the political initiators of Urban Marketing? Do you know about their interests, motives and goals? Is – for example – the (new) Scottish Parliament involved in the policies of Glasgow's Urban Marketing? And if so: how?

9. Are these groups or single individuals motivated by the idea of Scottish nationalism? Or is the concept of a Scottish nation excluded and the focus lies on one's own city or city district?

10. When it comes to the feeling of belonging, in which way do the population, the élite or the marketing-people understand themselves: as Glaswegian, Scottish, or British?

11. How would you describe Urban Marketing in Scotland generally?

12. If you were to write a history of Urban Marketing in Glasgow, what would be relevant? Where would you start?

13. Is Urban Marketing in Glasgow successful? What crucial obstacles lie in Glasgow's road to success?

14. Do all your colleagues (e.g. all City Councillors) approve of the current form of Urban Marketing? What about the majority of entrepreneurs? And the cultural élite?

15. How do you judge the opinion of the local élite about the Urban Marketing process generally?

16. Is Glasgow's Urban Marketing prescribed by an élite? Or does it have a strong fundament within the population?

17. How do you assess the opinion and participation of the average Glaswegian? (Do you see problems with that?)

18. What are your suggestions if you wanted to improve the process of Urban Marketing with a short-term radical therapy? And what ideas do you have for a long-term strategy?

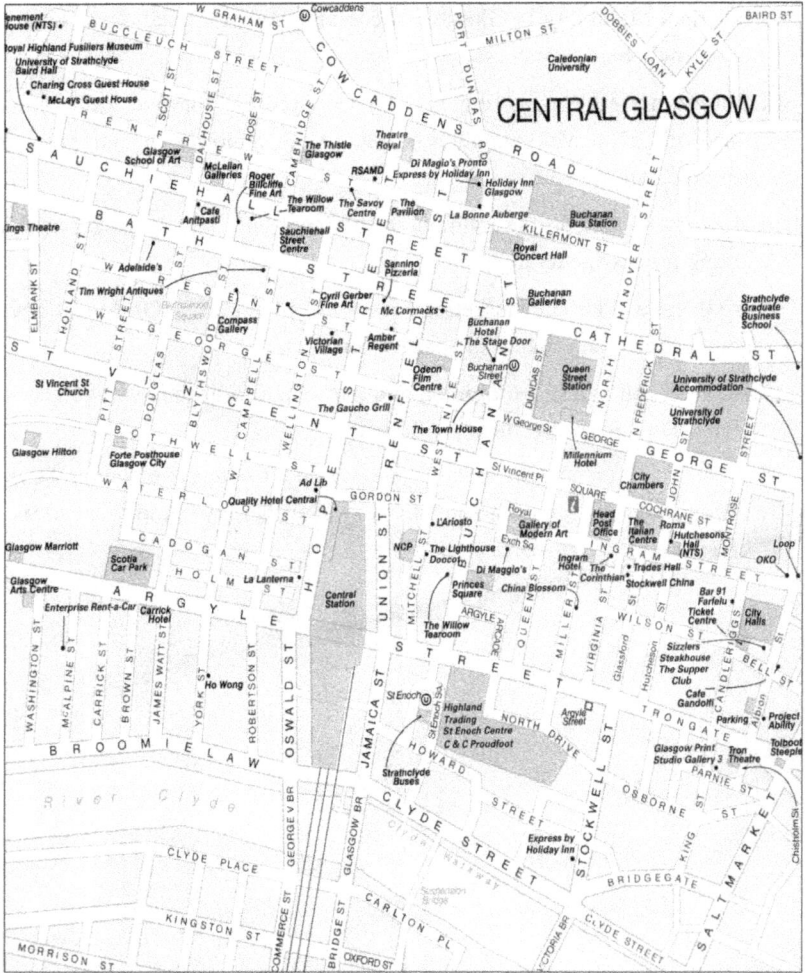

Abbildung: Innenstadt Glasgow nach Glasgow City Guide Map. Freundlich überlassen von Glasgow City Council / PR & Marketing

Liste der Interviewten

(aufgelistet sind lediglich die in der Auswertung verwendeten Interviews)

Untersuchungsraum Glasgow

Bailey, Nick; Glasgow; University of Glasgow/Department of Urban Studies; 16.8.2001.

Bell, Mairie; Glasgow; Scottish Enterprise Glasgow; 28.8.2001.

Booth, Peter; Glasgow; University of Strathclyde/Department of Environmental Planning; 11.9.2001.

Boyle, Mark; Glasgow; University of Strathclyde, Department of Geography; 11.9.2001.

Brown, John; Glasgow; Leiter der Abteilung Öffentlichkeitsarbeit des Glasgow City Council; 22.8.2001.

Cameron, Liz; Glasgow; Glasgow City Council/Vorsitzende des Kulturausschusses; 15.8.2001.

Coleman, James; Glasgow; Glasgow City Council/Vorsitzender des Wirtschaftsausschusses; 17.8.2003.

Docherty, Iain; Glasgow; University of Glasgow/Department of Urban Studies; 14.8.2001.

Friel, Eddie; Glasgow; Direktor der Industrie- und Handelskammer Glasgow (Chamber of Commerce Glasgow) und Geschäftsführer des Greater Glasgow & Clyde Valley Tourist Board; 29.8.2001.

Fyfe, Andrew; Glasgow; Geschäftsführer der Glasgow Alliance; 20.8.2001

Gibson, Kenneth; Edinburgh, Mitglied des schottischen Parlamentes (SNP); 27.8.2001.

Gordon, Charles; Glasgow; Glasgow City Council/Leader of the Council (Stadtratsvorsitzender); 17.8.2001.

Graham, Irene; Glasgow; Stadträtin im Glasgow City Council; 27.8.2001.

Gulliver, Stuart; Glasgow; University of Glasgow/Direktor des Department of Urban Studies und ehemaliger Geschäftsführer der Glasgow Development Agency/Scottish Enterprise Glasgow; 23.8.2001.

Inch, Steve; Glasgow; Leiter des Department of Regeneration Services (Stadtsanierung)/Glasgow City Council; 22.8. 2001 und 28.8.2001.

Kane, Kevin; Glasgow; Scottish Enterprise Glasgow/Abteilung Kultur (Wirtschaftsförderer); 30.8.2001.

Keating, Michael; Aberdeen, University of Aberdeen/Department of Political Science; 13.9.2001

Kelly, Michael; Glasgow; Glasgow City Council/‚Lord Provost‘ (ehem. Repräsentierender Bürgermeister der Stadt Glasgow) a.D.; 10.9.2001.

Lally, Pat; Glasgow; Glasgow City Council/‚Lord Provost‘ (ehem. Repräsentierender Bürgermeister der Stadt Glasgow) a.D.; 7.9.2001.

Leibovitz, Joe; Glasgow; University of Glasgow/Department of Urban Studies; 9.8.2001.

Mason, John; Glasgow; Stadtrat im Glasgow City Council; 6.9.2001.

McFadden, Jean; Glasgow; Stadträtin im Glasgow City Council; 5.9.2001.

McGarvey, Neil; Glasgow; University of Strathclyde/Department of Governmental Studies; 3.9.2001.

Mooney, Gerry; Glasgow; Open University; 10.9.2001.

Paddison, Ronan; Glasgow; University of Glasgow/Department Geography; 4.9.2001.

Purcell, Steven; Glasgow; Stadtrat im Glasgow City Council; 21.8.2001.

Ritchie, Gordon; Glasgow; Glasgow City Council/Städtischer Kulturbeauftragter und Co-Organisator von ‚Glasgow 1999'; 17.9.2001.

Robertson; Douglas; Stirling, University of Stirling, Department of Applied Social Science; 12.9.2001.

Turok, Ivan; Glasgow; University of Glasgow; Department of Urban Studies; 24.8.2001.

Webster, David; Glasgow; Glasgow City Council/„Chief Housing Officer" (Leiter der städtischen Wohnungsbau- und Sanierungsabteilung); 17.9.2001.

Weitere Informationsgespräche wurden geführt mit:

Iain Docherty; Glasgow; University of Glasgow/Department of Urban Studies; 31.8.2001 und 18.9.2001.

Malcolm Green; Glasgow; Stadtrat im Glasgow City Council; 28.8.2001.

Gordon Ritchie; Glasgow; Glasgow City Council/Städtischer Kulturbeauftragter und Co-Organisator von „Glasgow 1999"; 12.9.2001.

Untersuchungsraum Stuttgart

Eicken, Joachim; Stuttgart; Statistisches Amt der Landeshauptstadt Stuttgart; 5.3.2002.

Fach, Gert; Stuttgart; Journalist/Stuttgarter Nachrichten; 4.2.2002.

Feindor, Daniela; Stuttgart; Mitglied des Gemeinderats der Landeshauptstadt Stuttgart; 28.1.2002.

Grau, Axel; Esslingen, Geschäftsführer der Esslinger Stadtmarketing- und Tourismus GmbH; 11.3.2002.

Hechtel, Heidemarie; Stuttgart; Journalistin; Stuttgarter Nachrichten; 4.2.2002.

Hofmeister, Rainer; Stuttgart; Leiter des Pro Stuttgart Verkehrsvereins e.V.; 11.2.2002.

Hollay, Edeltraud; Stuttgart; Mitglied des Gemeinderats der Landeshauptstadt Stuttgart; 28.1.2002.

Krueger, Andrea; Stuttgart; Bezirksvorsteherin (Stuttgart-Mitte);12.3.2002.

Kübler, Walter; Stuttgart; Industrie- und Handelskammer der Region Stuttgart; 22.1.2002.

Lein, Jürgen; Stuttgart; Leiter der CIMA-Stadtmarketing GmbH/Büro Stuttgart; 19.2.2002.

Lindemann, Klaus; Stuttgart; Geschäftsführer der Stuttgart-Marketing GmbH und der Regio Stuttgart Marketing- und Tourismus GmbH; 10.12. 2001.

Oßwald, Hildegund; Stuttgart; Journalistin/Stuttgarter Zeitung; 4.2.2002.

Pfeifer, Hans H.; Stuttgart; Geschäftsführer, City-Initiative Stuttgart e.V.; 15.1. 2002.

Pfeiffer, Joachim; Stuttgart; Leiter der Stabsabteilung für Wirtschafts- und Arbeitsförderung der Landeshauptstadt Stuttgart; 18.2.2002.

Reschl, Richard; Stuttgart; Kommunalentwicklung Baden-Württemberg; 14.1.2002.

Rogg, Walter; Stuttgart; Geschäftsführer der Wirtschaftsförderung Region Stuttgart GmbH; 28.1.2002.

Rombach, Theo; Esslingen; Leiter der Dr. Rombach und Jakobi Kommunikationsberatung; 15.1.2002.

Steinmann, Frank; Stuttgart; (Senior-)Geschäftsführer der Steinmann GmbH und Mitglied der City-Initiative Stuttgart e.V.; 22.1.2002.

Weiler, Joachim; Stuttgart; Stadtplanungsamt der Landeshauptstadt Stuttgart; 19.3.2002.

Wetterich, Susanne; Stuttgart; Leiterin des Presse- und Informationsamtes der Landeshauptstadt Stuttgart; 11.12.2001.

Willner, Regina; Stuttgart; Leiterin der Öffentlichkeitsarbeit/ Stabsabteilung Kommunikation der Landeshauptstadt Stuttgart; 19.3.2002 und 13.5.2003.

Weitere Informationsgespräche wurden geführt mit:

Michael Frick; Stuttgart und Freiburg; Freier Architekt; 16.1.2002; 25.7.2002 und 26.9.2002.

Kai Haschberger; Stuttgart; „Neu-Stuttgarter" in Stuttgart-West; 10.12.2001; 21.1.2002.

Taj Kanga; Freiburg und Stuttgart; Wirtschaftsförderer/Wirtschaftsförderung Region Stuttgart (Mit Letzterem führte ich im Zeitraum zwischen August 2002 und September 2003 mehrere Fachgespräche.)

Verzeichnis der Abkürzungen

AG mobilist	Arbeitsgemeinschaft Mobilität im Ballungsraum Stuttgart
BMBF	Bundesministerium für Bildung und Forschung
CCT	Compulsory Competitive Tendering
CDAs	Comprehensive Development Areas
CIS	City-Initiative Stuttgart
CRM	Citizen Relationship Marketing
C-VRP	Clyde-Valley Regional Plan
DRS	Development and Regeneration Services
EST	Esslinger Stadtmarketing und Tourismus GmbH
EXIST	Existenzgründungen aus Hochschulen (Programm des BMBF)
GA	Glasgow Alliance
GCC	Glasgow City Council
GDA	Glasgow Development Agency
GDC	Glasgow District Council
GEAR	Glasgow Eastern Area Renewal
GGCVTB&CB	Greater Glasgow and Clyde Valley Tourist Board & Convention Bureau
GRDs	Gemeinderatsdrucksache
GWZ	Gesellschaft für internationale wirtschaftliche Zusammenarbeit Baden-Württemberg mbH
IOC	International Olympic Committee
LBBW	Landesbank Baden-Württemberg
LECs	Local Enterprise Companies
LEG	Landesentwicklungsgesellschaft Baden-Württemberg
LHS	Landeshauptstadt Stuttgart
MSP	Member of the Scottish Parliament
NOK	Nationales Olympisches Komitee
NPM	New Public Management
NSM	Neues Steuerungsmodell
PUSH!	Partnernetz für Unternehmungsgründungen aus Stuttgarter Hochschulen
REBAG	Regionale Beschäftigungsagentur
SAC	Scottish Arts Council
SDA	Scottish Development Agency
SECC	Scottish Exhibition and Conference Centre
SEG	Scottish Enterprise Glasgow
SEN	Scottish Enterprise Network
SKS	Standortkommunikationssystem
SM	Stuttgart-Marketing GmbH
SMK	Stuttgarter Messe- und Kongressgesellschaft GmbH

SNP	Scottish National Party
SRC	Strathclyde Regional Council
StN	Stuttgarter Nachrichten
StZ	Stuttgarter Zeitung
UDC	Urban Development Corporation
URU	Urban Renewal Unit
VMS	Eigenbetrieb Versorgungsmärkte und Marktveranstaltungen der Stadt Stuttgart
WCSP	West Central Scotland Plan
WRS	Wirtschaftsförderung Region Stuttgart GmbH

Literaturverzeichnis

Abu-Lughod, Janet (1968): The City is Dead – Long Live the City: Some Thoughts on Urbanity. In: Fleis Fava, Sylvia (1968): Urbanism in World Perspective. New York.

Adler, P.A.; Adler P. (1998) Observational Techniques. In: Denzin, N; Lincoln, Y. S. (1998) (Hg.): Collecting and Interpreting Qualitative Materials. London, S. 79–110.

Adorno, Theodor W. (1978): Soziologie und empirische Forschung. In: Adorno, Theodor W.: Soziologische Schriften I, Frankfurt/Main, S. 196–216.

Adrian, Hanns (1998): Wer gestaltet die Stadt? In: Sauberzweig, Dieter; Laitenberger, Walter (1998) (Hg.): Stadt der Zukunft – Zukunft der Stadt. Baden-Baden, S. 251–266.

Afheldt, Horst (1997): Wohlstand für niemand? 2. Aufl., Hamburg (zuerst erschienen 1994).

Ahrens-Salzsieder, Dirk (1991): City-Marketing bzw. Stadtmarketing. In: Städte- und Gemeinderat, 45. Jg., H. 7, S. 205–210.

Ahrens-Salzsieder, Dirk (1994): Regional- sowie Stadtmarketing und ihr Einfluss auf die jeweilige Infrastrukturpolitik. Dargestellt vor dem Hintergrund der Diskussion um die Regionalisierung der Strukturpolitik in Nordrhein-Westfalen. In: Dokumente und Informationen zur Schweizerischen Orts-, Regional- und Landesplanung, Nr. 116, Januar 1994, S. 32–37.

Akademie für Raumforschung und Landesplanung (1999) (Hg.): Die Region ist die Stadt. Hannover.

Albers, Gerd (2000). Die kompakte Stadt – Im Wandel der Leitbilder. In: Wentz, Martin (2000) (Hg.): Die kompakte Stadt. Frankfurt/Main, S. 23–28.

Alemann, Heine von (1984): Die Phasen einer sozialwissenschaftlichen Untersuchung. In: Alemann, Heine von (1984): Der Forschungsprozess. Eine Einführung in die Praxis der empirischen Sozialforschung, 2. Aufl., Stuttgart, S. 57–147.

Alisch, Monika (2001) (Hg.): Sozial – Gesund – Nachhaltig. Vom Leitbild zu verträglichen Entscheidungen in der Stadt des 21. Jahrhunderts. Opladen.

Alisch, Monika (2001): Zur Gestaltung offener Prozesse am Beispiel sozialer Stadtentwicklung. In: Alisch, Monika (2001) (Hg.): Sozial – Gesund – Nachhaltig. Vom Leitbild zu verträglichen Entscheidungen in der Stadt des 21. Jahrhunderts. Opladen, S. 175–200.

Alisch, Monika (2001): Zwischen Leitbild und Handeln – Alte Forderungen nach einer neuen politischen Kultur. In: Alisch, Monika (2001) (Hg.): Sozial – Gesund – Nachhaltig. Vom Leitbild zu verträglichen Entscheidungen in der Stadt des 21. Jahrhunderts. Opladen, S. 9–26.

Allen, John (2000): On Georg Simmel. Proximity, distance, and movement. In: Crang, Mike; Thrift, Nigel (2000) (Hg.): Thinking Space. London, S. 54–70.

Anderson, Benedict (1993): Die Erfindung der Nation. 2. Aufl., Frankfurt/Main.

Andranovich, Greg et al. (2001): Olympic Cities. Lessons learned from mega-event politics. In: Journal of Urban Affairs. 23. Jahrgang, Heft 2 S. 113–131.

Aring, Jürgen (1999): Suburbia – Posturbia – Zwischenstadt. Die jüngere Wohnsiedlungsentwicklung im Umland der großen Städte Westdeutschlands und Folgerungen für die Regionale Planung und Steuerung. Hannover.

Articus, Stephan (2003): Leitbild ist Instrument gegen Städtefeindlichkeit. In: Der Städtetag, Nr. 6, S. 21–23.

Arzberger, Klaus (1980): Bürger und Eliten in der Kommunalpolitik. Stuttgart. [Schriften des Deutschen Instituts für Urbanistik, Band 67].

Ashworth, Gregory J.; Goodall, Brian (1990) (Hg.): Marketing tourism places. London.

Ashworth, Gregory J.; Voogd, Henk (1988): Marketing the city. In: Town Planning Review, 59. Jg., H. 1, S. 65–80.

Ashworth, Gregory J.; Voogd, Henk (1990): Can places be sold for tourism? In: Ashworth, Gregory J.; Goodall, Brian (1990) (Hg.): Marketing tourism places. London, S. 1–16.

Asper, Adrian (1997): Globalisierung von Wirtschaft, Gesellschaft, Politik und die Auswirkungen auf den Tourismus: Unter besonderer Berücksichtigung des Schweizer Tourismus. Bern.

Atteslander. Peter (1995): Methoden der empirischen Sozialforschung. Berlin.

Axelrod, Robert (1987): Die Evolution der Kooperation. München.

Aydalot, Philippe (1986): Milieux innovateurs en Europe [siehe:] www.unine.ch/irer/gremi (14.1.2002).

Aydalot, Philippe; Keeble, D. (1988) (Hg.): High Technology Industry and Innovative Environments: The European Experience. London.

Bachmann, Götz (2002): Teilnehmende Beobachtung. In: Kühl, Stefan; Strodtholz, Petra (2002) (Hg.): Methoden der Organisationsforschung. Ein Handbuch, Hamburg, S. 323–361.

Backhaus, Norman (1999): Zugänge zur Globalisierung. Konzepte, Prozesse, Visionen. Zürich. [Schriftenreihe Anthropogeographie, Band 17].

Bade, F. J. (1983): Large Corporations and Regional Development. In: Regional Studies, 17. Jg.

Bahrdt, Hans-Paul (1998): Soziologen und Städtebauer (zuerst erschienen 1961). In: Herlyn, Ulfert (1998) (Hg.): Hans Paul Bahrdt. Die moderne Großstadt. Soziologische Überlegungen zum Städtebau. Opladen, S. 51–80.

Bailey, Nick; Turok, Ivan (2001): Central Scotland as a Polycentric Urban Region: Useful Planning Concept or Chimera? In: Urban Studies, 38. Jg., H. 4, S. 697–715.

Bailey, Nick; Turok, Ivan; Docherty, Iain (1999): Edinburgh and Glasgow. Contrasts in competitiveness and cohesion. Glasgow.

Beck, Ulrich; Giddens, Anthony; Lash, Scott (1996): Reflexive Modernisierung. Frankfurt.

Becker, Bernd (2002a): Politik in Großbritannien: Einführung in das politische System und Bilanz der ersten Regierungsjahre Tony Blairs. Paderborn.

Becker, Heidede; Jessen, Johann; Sander, Robert (1998) (Hg.): Ohne Leitbild? – Städtebau in Deutschland und Europa. Stuttgart.

Becker, Joachim (2002): Akkumulation, Regulation, Territorium: Zur kritischen Rekonstruktion der französischen Regulationstheorie. Marburg.

Becker, Jochen (2001) (Hg.): Bigness? Size does matter. Image/Politik. Städtisches Handeln. Kritik der unternehmerischen Stadt. Berlin.

Behnke, Cornelia; Meuser, Michael (1999): Geschlechterforschung und qualitative Methoden. Opladen.

Behrens, Fritz; Heinze, Rolf G.; Hilbert, Josef; Stöbe, Sybille; Walsken, Ernst M. (1995) (Hg.): Den Staat neu denken. Reformperspektiven für die Landesverwaltungen. Berlin, [Modernisierung des öffentlichen Sektors, Sonderband 3].

Bell, Daniel (1979): Die nachindustrielle Gesellschaft. Hamburg (zuerst erschienen 1973).

Bellers, Jürgen (2000a): Bildungs- und Kultureinrichtungen in der Kommune. In: ders. et al. (Hg.) (2000): Einführung in die Kommunalpolitik. München, S. 131–136.

Bellers, Jürgen (2000b): Kommunale und regionale Wirtschaftsförderung. In: ders. et al. (Hg.) (2000): Einführung in die Kommunalpolitik. München, S. 255–271.

Bellers, Jürgen; Frey, Rainer; Rosenthal, Claudius (2000) (Hg.): Einführung in die Kommunalpolitik. München. [Lehr- und Handbücher der Politikwissenschaft].

Benevolo, Leonardo (1999): Die Stadt in der europäischen Geschichte. München (zuerst erschienen 1993).

Bennett, Michael; Fairley, John; McAteer, Mark (2002): Devolution in Scotland. The impact on local government. Layerthorpe [zusammenfassend siehe auch: www.jrf.uk (4.7.2002)].

Benz, Arthur; Fürst, Dietrich; Kilper, Heiderose; Rehfeld, Dieter (1999): Regionalisierung. Theorie – Praxis – Perspektiven. Opladen.

Berking, Helmuth (1998): „Global Flows and Local Cultures". Über die Rekonfiguration sozialer Räume. In: Berliner Journal für Soziologie, Nr. 3, S. 381–392 (Band 8).

Berking, Helmuth (1999): Stadt und Land. Ein Denk-Bild verschwimmt. In: Ästhetik & Kommunikation, H. 106: Land vermessen. Denkmalschutz für das Land? 30. Jg., S. 15–19.

Berking, Helmuth (2002): Spaceplacecity. In: Bittner, Regine (2002a) (Hg.): Die Stadt als Event. Frankfurt/Main, S. 49–56.

Bertram, H.; Schamp, Eike W. (1989): Räumliche Wirkungen neuer Produktionskonzepte in der Automobilindustrie. In: Geographische Rundschau 41, H. 5.

Bertram, Michael (1997): Marketing für Städte – Schlüssel zur dauerhaften Entwicklung. In: Pfaff-Schley, Herbert (1997) (Hg.): Stadtmarketing und kommunales Audit. Chance für eine ganzheitliche Stadtentwicklung. Berlin, S. 15–24.

Beyer, Rolf; Kuron, Irene (1995) (Hg.): Stadt- und Regionalmarketing – Irrweg oder Stein der Weisen? Bonn. [Material zur Angewandten Geographie, Band 29].

Bianchini, Franco (1991): Erzwingt Kultur Modernisierung? Kunst und Kultur im Prozeß der Erneuerung britischer Städte in den 80er Jahren. In: Kulturpolitische Gesellschaft/Evangelische Akademie Loccum (1991) (Hg.): Lebensstil und Gesellschaft – Gesellschaft der Lebensstile. Neue kulturpolitische Herausforderungen. Hagen/Loccum, S. 133–140.

Bianchini, Franco; Booth, Peter; Boyle, Robin (1993) (Hg.): Urban Regeneration and Cultural Policy. See Glasgow – See Culture. Manchester.

Biermann, Martin (2001): Rolle der Stadt in Europa. In: Deutscher Städtetag (2001) (Hg.): Zukunft der Stadt? –Stadt der Zukunft. Stuttgart, S. 130–131.

Birk, Florian (2002): Stadtmarketing und New Public Management: Perspektiven einer strategischen Stadtsteuerung als Public Private Partnership. In: Bundesvereinigung City- und Stadtmarketing Deutschland e.V. (2002) (Hg.): Stadtmarketing: Stand und Perspektiven eines kooperativen Stadtmanagements. Aachen, S. 21–33.

Bittner, Regina (2002a) (Hg.): Die Stadt als Event. Frankfurt/Main.

Bittner, Regina (2002b): Die Stadt als Event. In: Bittner, Regine (2002a) (Hg.): Die Stadt als Event. Frankfurt/Main, S. 15–24.

Blasius, Jörg; Dangschat, Jens S. (1990) (Hg.): Gentrification. Die Aufwertung innenstadtnaher Wohnviertel. Frankfurt/Main.

Blau, Peter M. (1955): The Dynamics of Bureaucracy. Chicago.

Bleier, Suzanne (1999): Identitätsmarketing in künstlichen Gebilden: Die Fälle Nordrhein-Westfalen und Sachsen-Anhalt. In: Reese-Schäfer, Walter (1999) (Hg.): Identität und Interesse. Der Diskurs der Identitätsforschung. Opladen, S. 205–230.

Blotevogel, Hans, H. (2000): Gibt es in Deutschland Metropolen? – Die Entwicklung des deutschen Städtesystems und das Raumordnungskonzept der „Europäischen Metropolregionen". In: Matejovski, Dirk (2000) (Hg.): Metropolen: Laboratorien der Moderne. Frankfurt/Main, S. 139–167.

Bogdanor, Vernon (2001): Devolution in the United Kingdom. 2. Aufl. Oxford.

Bogumil, Jörg (2001): Modernisierung lokaler Politik. Kommunale Entscheidungsprozesse im Spannungsfeld zwischen Parteienwettbewerb, Verhandlungszwängen und Ökonomisierung. Baden-Baden.

Bogumil, Jörg; Kißler, Leo (1995): Vom Untertan zum Kunden? Möglichkeiten und Grenzen von Kundenorientierung in der Kommunalverwaltung. Berlin.

Bogumil, Jörg; Kißler, Leo (1997) (Hg.): Verwaltungsmodernisierung und lokale Demokratie: Risiken und Chancen eines Neuen Steuerungsmodells für die lokale Demokratie. Baden-Baden.

Böhme, Rolf (1999): Der Region gehört die Zukunft. In: Badische Zeitung, 27.9.1999, S. 6.

Böhme, Rolf (2001): Stadt-Umland-Region. In: Deutscher Städtetag (2001) (Hg.): Zukunft der Stadt? – Stadt der Zukunft. Stuttgart, S. 121–129.

Bohnsack, Ralf (2001): Typenbildung, Generalisierung und komparative Analyse: Grundprinzipien der dokumentarischen Methode. In: ders.; Nentwig-Gesemann, Iris; Nohl, Arnd-Michael (2001) (Hg.): Die dokumentarische Methode und ihre Forschungspraxis. Grundlagen qualitativer Sozialforschung. Opladen, S. 225–252.

Bohnsack, Ralf; Nentwig-Gesemann, Iris; Nohl, Arnd-Michael (2001) (Hg.): Die dokumentarische Methode und ihre Forschungspraxis. Grundlagen qualitativer Sozialforschung. Opladen.

Bollnow, Otto Friedrich (1997): Mensch und Raum, 8. Aufl., Stuttgart (zuerst erschienen 1963).

Booth, Peter (1996) (Hg.): The Role of Events in Glasgow's Urban Regeneration. Glasgow. [Strathclyde Papers on Planning, Nr. 30].

Borchert, Johan G. (1994): Urban Marketing: A review. In: Braun, Gerhard (1994) (Hg.): Managing and marketing of urban development and urban life. Proceedings of the IGU-Commmission on „Urban Development and urban life", Berlin, August 15th to 20th, 1994. Berlin, S. 415–427.

Borst, Otto (1986): Stuttgart: Die Geschichte der Stadt. 3. Aufl., Stuttgart (zuerst erschienen 1973).

Borst, Renate; Krätke, Stefan; Mayer, Margit; Roth, Roland; Schmoll, Fritz (1990) (Hg.): Das neue Gesicht der Städte. Theoretische Ansätze und empirische Befunde aus der internationalen Debatte. Basel [Stadtforschung aktuell, Band 29].

Boyle, Marc (1993): Changing partners: the experience of urban economic policy in West Central Scotland, 1980–1990. In: Urban Studies, 30. Jg., S. 309–324.

Boyle, Marc; Hughes, G. (1991): The politics of representation of the "real": discourses from the Left on Glasgow's role as European City of Culture. In: Area, Nr. 23/1991, S. 217–228.

Boyle, Mark (1993): Leisure, place and identity: Glasgow's role as European City of Culture 1990. Edinburgh.

Boyle, Mark (1997): Civic boosterism in the politics of local economic development – "institutional positions" and "strategic orientations" in the consumption of hallmark events. In: Environment and Planning A, 29. Jg., S. 1975–1997.

Boyle, Mark (1999): Growth machine and Propaganda Projects: A Review of Readings of the Role of Civic Boosterism in the Politics of Local Economic Development. In: Jonas, Andrew E.G.; Wilson, David (1999): The urban growth machine. Critical perspectives, two decades later. New York, S. 55–70.

Boyle, Mark et al. (1999): From critic to practitioner: an interview with Deyan Sudjic. In: Environment and Planning A, 31. Jg., S. 951–958.

Boyle, Mark; Fyfe, N.; McNeill, D. (1999): From critic to practitioner: an interview with Deyan Sudjic. In: Environment and Planning A, 31. Jg., S. 951–958.

Bradtke, Markus (1993): Stadterneuerung in Glasgow. Der Beitrag von Kultur, Kunst und Tourismus zur Bewältigung des Strukturwandels [Diplomarbeit – Fachbereich Raumplanung Universität Dortmund].

Brake, Klaus (1996): Städtevernetzung. Aspekte einer aktuellen Konzeption regionaler Kooperation und Raumentwicklung. In: Geographische Zeitschrift, Nr. 1, S. 16–25.

Brandner, Monika (2000): Stadtmarketing – Eine Synthese geographischer und betriebswirtschaftlicher Positionen in Theorie und kommunaler Praxis. Erlangen.

Braun, Andreas, Madracevic, Josip (1999): Stuttgart. Neue Ansichten. New Views. Vues Inédites. Stuttgart.

Braun, Gerhard (1994) (Hg.): Managing and marketing of urban development and urban life. Proceedings of the IGU-Commmission on "Urban Development and urban life", Berlin, August 15th to 20th, 1994. Berlin. [Abhandlungen – Anthropogeographie. Institut für geographische Wissenschaften Freie Universität Berlin, Band 52].

Braun, Ralph (2001): Unbebaute Gewerbeflächen in der Region Stuttgart – Ansatz einer Typenbildung nach dominanten Standortfaktoren. Ein Beitrag zur Vermarktung des Standortangebots. Stuttgart.

Breig, Christine (1994): Die Entwicklung Stuttgarts – Von der Stadtgründung bis zum Ende des 19. Jahrhunderts. In: Brunold, Andreas; Sterra, Bernhard (1994) (Hg.): Stuttgart. Von der Residenz zur modernen Großstadt. Tübingen, S. 9–32.

Breuer, Gerda (1998) (Hg.): Neue Stadträume: Zwischen Musealisierung, Medialisierung und Gestaltlosigkeit. Basel.

Brunet, Roger (1990): La carte, mode d'emploi. (Reclus). Paris.

Brunet, Roger et al. (1989): Les villes européennes. (Reclus): La Documentation française. Paris.

Brunn, Gerhard (1996) (Hg.): Region und Regionsbildung in Europa: Konzeption der Forschung und empirische Befunde. Baden-Baden.

Brunn, Gerhard (1999): Regionalismus in Europa. In: Nitschke, Peter (1999a) (Hg.): Die Europäische Union der Regionen. Subpolity und Politiken der dritten Ebene. Opladen, S. 19–38.

Brunold, Andreas (1994): Stuttgart – Zum Verhältnis von Stadtgestalt und Verkehr. In: Brunold, Andreas; Sterra, Bernhard (1994) (Hg.): Stuttgart. Von der Residenz zur modernen Großstadt. Tübingen, S. 120–144.

Brunold, Andreas (1997) (Hg.): Stuttgart: Stadt im Wandel. Vom 19. ins 21. Jahrhundert. Tübingen.

Brunold, Andreas/Sterra Bernhard (1994): Stuttgart. Von der Residenz zur modernen Großstadt. Tübingen.

Bundesministerium für Raumordnung, Bauwesen und Städtebau (1998) (Hg.): Die Zukunft der Stadtregionen. Dokumentation eines Kongresses in Hannover am 22. und 23. Oktober 1997. Bonn.

Bundesvereinigung City- und Stadtmarketing Deutschland e.V. (2002) (Hg.): Stadtmarketing: Stand und Perspektiven eines kooperativen Stadtmanagements. Aachen [bcsd-Schriftenreihe, Band 1].

Bureau of Applied Social Research/Columbia University (1957): Das qualitative Interview. In: König, René (1957) (Hg.): Das Interview: Formen, Technik, Auswertung. Köln, S. 143–160.

Claessens, Dieter (1983): Einleitung. In: Field, G. Lowell; Higley, John (1983): Eliten und Liberalismus: Ein neues Modell zur geschichtlichen Entwicklung der Abhängigkeit von Eliten und Nicht-Eliten: Zusammenhänge, Möglichkeiten, Verpflichtungen. Opladen, S. 7–11.

Colenutt, Bob (1999): New deal or no deal for people-based regeneration? In: Imrie, Rob; Huw, Thomas (1999) (Hg.): British Urban Policy. An Evaluation of the Urban Development Corporations. 2nd edition. London, S. 233–245.

Crang, Mike; Thrift, Nigel (2000) (Hg.): Thinking space. London.

Crozier, Michel; Friedberg, Erhard (1977): L'acteur et le système. Les contraintes de l'action collective. Paris.

Czada, Roland (1997) Vertretung und Verhandlung. Aspekte politischer Konfliktregelung in Mehrebenensystemen. In: Benz, Arthur; Seibel Wolfgang (1997) (Hg.): Theorieentwicklung in der Politikwissenschaft – eine Zwischenbilanz. Baden-Baden, S. 237–260.

Czada, Roland (1998a): Kooperation als Entdeckungsverfahren. [Vortrag/Manuskript – Tagung: „Kooperative Politikverfahren"/Universität Witten/Herdecke. 8.–10. Oktober 1998. Vorläufige Entwurfsfassung].

Czada, Roland (1998b): Verhandeln und Inter-Organisationslernen in demokratischen Mehrebenenstrukturen. In: Hilpert, Ulrich; Holtmann, Everhard (1998) (Hg.): Regieren und intergouvernementale Beziehungen. Opladen, S. 67–85.

Czada, Roland (2000): Dimensionen der Verhandlungsdemokratie – Konkordanz, Korporatismus, Politikverflechtung. In: Polis, H. Nr. 39, S. 47–65.

Czada, Roland; Schmidt, Manfred G. (1993) (Hg.): Verhandlungsdemokratie, Interessenvermittlung, Regierbarkeit. Opladen.

Dabinett, Gordon (2000): Informelle versus formelle Kooperation zwischen Städten in Großbritannien und Nordirland. In: Heinz, Werner (2000a) (Hg.): Stadt und Region: Kooperation oder Koordination. Stuttgart, S. 359–422.

Dahlheimer, Achim (2002): Stadtmarketing im Dilemma: zwischen Leitbildern, Leerstandsmanagement und „Event-Tam-Tam". In: Bundesvereinigung City- und Stadtmarketing Deutschland e.V. (2002) (Hg.): Stadtmarketing: Stand und Perspektiven eines kooperativen Stadtmanagements. Aachen, S. 15–19.

Dangschat, Jens S. (1996): Lokale Probleme globaler Herausforderung in deutschen Städten. In: Schäfers, Bernhard; Wewer, Göttrik (1996a) (Hg.): Die Stadt in Deutschland. Soziale, politische und kulturelle Lebenswelt. Opladen, S. 31–60.

Dangschat, Jens S. (2001): Wie nachhaltig ist die Nachhaltigkeitsdebatte? In: Alisch, Monika (2001) (Hg.): Sozial – Gesund – Nachhaltig. Vom Leitbild zu verträglichen Entscheidungen in der Stadt des 21. Jahrhunderts. Opladen, S. 71–94.

Dematteis, Giuseppe (1994): Urban identity, city image and urban marketing. In: Braun, Gerhard (1994) (Hg.): Managing and marketing of urban development and urban life. Proceedings of the IGU-Commission on "Urban Development and urban life", Berlin, August 15th to 20th, 1994. Berlin, S. 429–439.

Dettmer, Harald et al. (1999): Tourismus-Marketing Management. München.

Dettmer, Harald et al (2000): Tourismustypen. Oldenburg.

Deutsch, Karl W. (1962): Nationalism and Social Communication. New York.

Deutscher Städtetag (2001) (Hg.): Zukunft der Stadt? – Stadt der Zukunft. Stuttgart [Neue Schriften des Deutschen Städtetags, H. 81].

Dieckmann, Jochen (1994) (Hg.): Kommunale Wirtschaftsförderung: Handbuch für Standortsicherung und -entwicklung in Stadt, Gemeinde und Kreis. Köln.

Dieterich, Beate; Dieterich, Hartmut (1995): Stadterneuerung in Glasgow – der partnerschaftliche Ansatz als Beispiel und Ermutigung für die neuen Länder? In: Dokumente und Informationen zur Schweizerischen Orts-, Regional- und Landesplanung, Nr. 121, Januar 1995, S. 37–44.

Döring, Daiva (1999): Regionalismus in der Europäischen Union. Berlin.

Duncan, James; Ley, David (1997) (Hg.): Place, Culture; Representation. London.

Eichert, C. (1994): Rechtliche Zulässigkeit und Grenzen kommunaler Wirtschaftsförderung. In: Dieckmann, J.; König, E. M. (1994) (Hg.): Kommunale Wirtschaftsförderung. Handbuch für Standortsicherung und -entwicklung in Stadt, Gemeinde, Kreis. Köln, S. 57–69.

Eickmeyer, Horst; Bissinger, Stephan (2002): Kommunales Management. Organisation, Finanzen und Steuerung. Stuttgart.

Erickson, Bill; Roberts, Marion (1997): Marketing Local Identity; The Importance of the Physical. In: Crowhurst Lennard, Suzanne H. et al. (1997) (Hg.): Making Cities Livable. Carmel, S. 165–169.

Ermentraut, Petra; Lemper, Alfons; Sell, Axel; Wohlmuth, Karl (1998) (Hg.): Standortmarketing als Element einer ganzheitlichen Stadtmarketing-Konzeption. Eine Bewertung des Wirtschaftsstandortes Bremen durch ansässige Unternehmen. Bremen.

Esser, Hartmut (1988): Sozialökologische Stadtforschung und Mehr-Ebenen-Analyse. In: Kölner Zeitschrift für Soziologie und Sozialpsychologie, Sonderheft 29. S. 35–55.

Esser, Josef (2002): Polyzentrische Stadtpolitik – Chancen für mehr Demokratie und soziale Gerechtigkeit? In: Löw, Martina (2002) (Hg.): Differenzierungen des Städtischen. Opladen, S. 247–264.

Evangelische Akademie Loccum (1991) (Hg.): Lebensstil und Gesellschaft – Gesellschaft der Lebensstile. Neue kulturpolitische Herausforderungen. Hagen/Loccum, S. 133–140.

Fach, Wolfgang (1995): Fordismus – Postfordismus und Politik. In: Nohlen, Dieter; Schultze, Rainer-Olaf (1995) (Hg.): Lexikon der Politik. Band I: Politische Theorien. München, S. 110–114.

Fainstain, Susan S.; Gladstone, David (1999): Evaluating Urban Tourism. In: Judd, Dennis R.; Fainstain, Susan S. (1999) (Hg.): The Tourist City. New Haven, S. 21–34.

Fainstain, Susan S.; Judd Dennis R. (1999): Global Forces, Local Strategies, and Urban Tourism. In: Judd, Dennis R.; Fainstain, Susan S. (1999) (Hg.): The Tourist City. New Haven, S. 1–17.

Fassbinder, Helga (1993) (Hg.): Strategien der Stadtentwicklung in europäischen Metropolen. Hamburg.

Fassbinder, Helga (1993): Zum Begriff der strategischen Planung. Fassbinder, Helga (1995): Strategien der Stadtentwicklung in europäischen Metropolen. Hamburg, S. 9–16.

Fehn, Monika; Vossen, Klaus (1999): Stadtmarketing. Trends und Konzepte. Stuttgart.

Field, G. Lowell; Higley, John (1983): Eliten und Liberalismus: Ein neues Modell zur geschichtlichen Entwicklung der Abhängigkeit von Eliten und Nicht-Eliten: Zusammenhänge, Möglichkeiten, Verpflichtungen. Opladen.

Fishman, Robert (1994): Die neue Stadt des 20. Jahrhunderts: Raum, Zeit und Sprawl. The New City of the 20th Century: Space, Time and Sprawl. In: Meurer, Bernd (1994) (Hg.): Die Zukunft des Raums. The Future of Space. Frankfurt, S. 91–105.

Flagge, Ingeborg; Pesch, Franz (2001) (Hg.): Stadt und Kultur. Wuppertal.

Flick, Uwe (2002): Qualitative Sozialforschung. Eine Einführung, 6. Aufl., Hamburg (zuerst erschienen 1995).

Fourastié, Jean (1954): Die große Hoffnung des zwanzigsten Jahrhunderts. 2. Aufl. Köln (zuerst erschienen 1949).

Frank, Susanne; Roth, Silke (2000): Die Säulen der Stadt. Festivalisierung, Partizipation und lokale Identität am Beispiel des Events „Weimar 99". In: Gebhardt, Winfried; Hitzler, Ronald; Pfadenhauer, Michaela (2000) (Hg.): Events. Soziologie des Außergewöhnlichen. Opladen, S. 203–221.

Frankfurter Rundschau: Olympia 2012. Beilage vom 9.4.2003, S. 7.

Friedman, Raymond A.; McDaniel, Darren C. (1998): In the Eye of the Beholder: Ethnography in the Study of Work. In: Whitfield, Keith; Strauss, George (1998) (Hg.): Researching the World of the Work. New York, S. 113–126.

Friedrichs, Jürgen (1981): Stadtanalyse. Soziale und räumliche Organisation der Gesellschaft, 3. Aufl., Opladen (zuerst erschienen 1977).

Friedrichs, Jürgen (1990): Methoden empirischer Sozialforschung, 14. Aufl., Opladen (zuerst erschienen 1973).

Friedrichs, Jürgen (1995): Stadtsoziologie. Opladen.

Friedrichs, Jürgen (1998): Soziale Netzwerke und die Kreativität einer Stadt. In: Göschel, Albrecht; Kirchberg, Volker (1998) (Hg.): Kultur in der Stadt. Stadtsoziologische Analysen zur Kultur. Opladen, S. 145–163.

Friedrichs, Jürgen; Kecskes, Robert (1996) (Hg.): Gentrification: Theorie und Forschungsergebnisse. Opladen.

Froschauer, Ulrike (2002): Artefaktanalyse. In: Kühl, Stefan; Strodtholz, Petra (2002) (Hg.): Methoden der Organisationsforschung. Hamburg, S. 361–395.

Fuchs, Gotthard; Moltmann, Bernhard; Prigge, Walter (1991) (Hg.): Mythos Metropole. Frankfurt/Main.

Funke, Ursula (1997): Vom Stadtmarketing zur Stadtkonzeption, 2. Aufl., Stuttgart [Neue Schriften des Deutschen Städtetages, H. 68].

Gaebe, Wolf (1997a) (Hg.): Struktur und Dynamik in der Region Stuttgart. Stuttgart.

Gaebe, Wolf (1997b): Stärken und Schwächen der Region Stuttgart im interregionalen Vergleich. In: Gaebe, Wolf (1997a) (Hg.): Struktur und Dynamik in der Region Stuttgart. Stuttgart, S. 9–31.

Garhammer, Manfred (2000): Die Bedeutung des Raums für die regionale, nationale und globale Vergesellschaftung – zur Aktualität von Simmels Soziologie des Raums. In: Bahadir, Sefik Alp (2000) (Hg.): Kultur und Region in Zeiten der Globalisierung. Wohin treiben die Regionalkulturen? Neustadt a.d. Aisch, S. 15–39.

Gatzweiler, Hans-Peter (2000): Die Städte dehnen sich weiter räumlich und funktional aus. In: Der Städtetag, Nr. 1/2000, S. 13–17.

Gebhardt, Hans; Heinritz, Günter; Wiessner, Reinhard (1998) (Hg.): Europa im Globalisierungsprozeß von Wirtschaft und Gesellschaft. Stuttgart.

Gebhardt, Winfried; Hitzler, Ronald; Pfadenhauer, Michaela (2000) (Hg.): Events. Soziologie des Außergewöhnlichen. Opladen.

Gellner, Ernest (1995): Nationalismus und Moderne. Hamburg.

Gerhardt, Uta (1984): Typenkonstruktion bei Patientenkarrieren. In: Kohli, Martin; Robert, Günter (1984) (Hg.): Biographie und soziale Wirklichkeit. Stuttgart, S. 53–77.

Gerhardt, Uta (1986): Verstehende Strukturanalyse. Die Konstruktion von Idealtypen bei der Auswertung qualitativer Forschungsmaterialien. In: Soeffner, Hans-Georg (1986) (Hg.): Sozialstruktur und soziale Typik. Frankfurt/Main, S. 31–83.

Gerhardt, Uta (1991a): Typenbildung. In: Flick, Uwe et al. (1991) (Hg.): Handbuch qualitative Sozialforschung. Grundlagen, Konzepte, Methoden und Anwendungen. München, S. 435–439.

Gerhardt, Uta (1991b): Gesellschaft und Gesundheit. Begründung der Medizinsoziologie. Frankfurt/Main.

Gibb, Andrew (1983): Glasgow. The making of a city. London.

Giddens, Anthoy (1988): Die Konstitution der Gesellschaft. Grundzüge einer Theorie der Strukturierung. Frankfurt.

Giddens, Anthony (1995): Konsequenzen der Moderne. Frankfurt/Main.

Glaser, Barney; Strauss, Anselm (1967): The Discovery of Grounded Theory. Strategies for Qualitative Research. New York.

Glaser, Barney; Strauss, Anselm L. (1993): Die Entdeckung gegenstandsbezogener Theorie. Eine Grundstrategie qualitativer Sozialforschung. In: Hopf, Christel; Weingarten, Elmar (1993) (Hg.): Qualitative Sozialforschung. Stuttgart, S. 91–111.

Gold, Raymond L. (1958): Roles in Sociological Field Observations. In: Social Forces, Nr. 36, S. 217–223.

Gómez, María V. (1998a): Glasgow and Bilbao: A comparison of urban regeneration strategies. Stirling [PhD University of Stirling].

Gómez, María V.(1998b): Reflective Images: The Case of Urban Regeneration in Glasgow and Bilbao. In: International Journal of Urban and Regional Research (1998), 22. Jg., H. 1, S. 106–121.

Gottdiener, Mark (1988): The Social Production of Urban Space. Austin.

Gottdiener, Mark (1994): The New Urban Sociology. New York.

Grabow, Busso (1994): Weiche Standortfaktoren. In: Dieckmann, Jochen; König, Eva Maria (1994) (Hg.): Kommunale Wirtschaftsförderung. Handbuch für Standortsicherung und -Entwicklung in Stadt, Gemeinde und Kreis. Stuttgart, S. 147–163.

Grabow, Busso; Henckel, Dietrich; Hollbach-Grömig, Beate et al. (1995): Weiche Standortfaktoren. Stuttgart, (Schriften des Deutschen Instituts für Urbanistik).

Grabow, Busso; Hollbach-Grömig, Beate (1998): Stadtmarketing – eine kritische Zwischenbilanz. Berlin, (DIfU-Beiträge zur Stadtforschung, 25).

Greiner, Johann-Georg (1998): Zwischen Region und Nation. In: Zeitschrift für Kanada-Sudien, Nr. 1, 1998, 18. Jg., Band 33, S. 129-143.

Greiner, Johann-Georg; Haubner, Dominik (2000): Grenzüberschreitende Regionalisierungsprozesse in Nordamerika und Europa. In: Gehrke, Hans-Joachim; Fludernik, Monika (2000) (Hg.): Grenzgänger zwischen Kulturen. Würzburg, S. 305-325.

Grüßer, Birgit (1991): Kultursponsoring. Die gegenseitigen Abhängigkeiten von Kultur, Wirtschaft und Politiik. Tübingen.

Guggenberger, Bernd (1998): Die Zukunft der Stadt ist ihr Verschwinden. In: Sauberzweig, Dieter; Laitenberger, Walter (1998) (Hg.): Stadt der Zukunft – Zukunft der Stadt. Baden-Baden, S. 53–69.

Habermas, Jürgen (1971): Erkenntnis und Interesse. Frankfurt/Main.

Hall, Michael C.; Page Stephen J. (2002): The Geography of Tourism and Recreation: Environment, Place and Space, 2. Aufl., London (zuerst erschienen 1999).

Hall, Peter (1991/[1990]) Gibt es sie noch – die Stadt? In: Schabert, Tilo (1991/[1990]) (Hg.): Die Welt der Stadt. München, S. 17–41.

Hall, Peter; Pfeiffer, Ulrich (2000): Urban 21. Der Expertenbericht zur Zukunft der Städte. Stuttgart.

Hall, Richard H. (1963): The Concept of Bureaucracy. In: American Journal of Sociology. 69. Jg. S. 32–40.

Harvey, David (1989): The Urban Experience. Oxford.

Hassenpflug, Dieter (2000): Citytainment oder die Zukunft des öffentlichen Raums. In: Matejovski, Dirk (2000) (Hg.): Metropolen: Laboratorien der Moderne. Frankfurt/Main, S. 308–320.

Häußermann, Hartmut; Ipsen, Detlev; Krämer-Badoni, Thomas; Läpple, Dieter; Rodenstein, Marianne; Siebel, Walter (1991): Stadt und Raum. Soziologische Analysen. Pfaffenweiler.

Häußermann, Hartmut; Siebel, Walter (1987): Neue Urbanität. Frankfurt/Main.

Häußermann, Hartmut; Siebel, Walter (1991): Polarisierung der Städte und Politisierung der Kultur. Einige Vermutungen zur Zukunft der Stadtpolitik. In: Heinelt, Hubert; Wollmann, Hellmut (1991) (Hg.): Brennpunkt Stadt: Stadtpolitik und lokale Politikforschung in den 80er und 90er Jahren. Basel, S. 353–370.

Häußermann, Hartmut; Siebel, Walter (1993) (Hg.): Festivalisierung der Stadtpolitik. Stadtentwicklung durch große Projekte. Opladen.

Häußermann, Hartmut; Siebel, Walter (1993): Die Politik der Festivalisierung und die Festivalisierung der Politik. In: Häußermann, Hartmut; Siebel, Walter (1993) (Hg.): Festivalisierung der Stadtpolitik. Stadtentwicklung durch große Projekte. Opladen, S. 7–31.

Häußermann, Hartmut; Siebel, Walter (1995): Dienstleistungsgesellschaften. Frankfurt/Main.

Hechter, Michael (1975): Internal Colonialism: The Celtic Fringe in British National Development. 1536–1966. London.

Heidegger, Martin (1927): Sein und Zeit. Halle a.d. Saale.

Heidenreich, Martin (1997): Wirtschaftsregionen im weltweiten Innovationswettbewerb. In: Kölner Zeitschrift für Soziologie und Sozialpsychologie, H. 3, S. 500–527.

Heimerl, Gerd (1998): „Stuttgart 21" – das Bahnkonzept. In: Städtebau-Institut Universität Stuttgart (1998) (Hg.): Forum Stuttgart. Zur Diskussion gestellt: Stuttgart 21 und die Zukunft der Stadt. Dokumentation einer Veranstaltungsreihe im „Treffpunkt" Rotebühlplatz. Stuttgart, S. 67–71.

Heimerl, Gerhard (1997): Eisenbahnentwicklung und öffentlicher Personenverkehr in Stuttgart. In: Brunold, Andreas (1997) (Hg.): Stuttgart: Stadt im Wandel. Tübingen, S. 123–141.

Heinelt, Hubert; Wollmann, Hellmut (1991) (Hg.): Stadtpolitik und lokale Politikforschung in den 80er und 90er Jahren. Basel.

Heinz, Werner (2000a) (Hg.): Stadt und Region – Kooperation oder Koordination? Ein internationaler Vergleich. Stuttgart [Schriften des Instituts für Urbanistik, Band 93].

Heinz, Werner (2000b): Interkommunale Kooperation in Stadtregionen: das Beispiel der Bundesrepublik Deutschland. In: Heinz, Werner (2000a) (Hg.): Stadt und Region – Kooperation oder Koordination? Ein internationaler Vergleich. Stuttgart [Schriften des Instituts für Urbanistik, Band 93], S. 169–274.

Heinz, Werner (2000c): Stadtentwicklungsplanung. In: Häußermann, Hartmut (2000) (Hg.): Großstadt: Soziologische Stichworte. Opladen, S. 235–246.

Helbrecht, Ilse (1994a): „Stadtmarketing". Konturen einer kommunikativen Stadtentwicklungspolitik. Basel [Stadtforschung aktuell, Band 44].

Helbrecht, Ilse (1994b): Conflict, consent, cooperation: comprehensive planning in Germany beyond market and state. In: Braun, Gerhard (1994) (Hg.): Managing and marketing of urban development and urban life. Proceedings of the IGU-Commmission on "Urban Development and urban life", Berlin, August 15th to 20th, 1994. Berlin, S. 521–530.

Helbrecht, Ilse (1996): Die Wiederkehr der Innenstädte. Zur Rolle von Kultur, Kapital und Konsum in der Gentrification. In: Geographische Zeitschrift, Nr. 1, S. 1–15.

Hellmer, Friedhelm; Friese, Christian; Kollros, Heike; Krumbein, Wolfgang (1999): Mythos Netzwerke. Regionale Innovationsprozesse zwischen Kontinuität und Wandel. Berlin.

Helms, Gesa (2001): Glasgow – The friendly city. The safe city. An agency-orientated enquiry into the practices of place-marketing, safety and social inclusion. Potsdam.

Herlyn, Ulfert (1998) (Hg.): Hans-Paul Bahrdt: Die moderne Großstadt: Soziologische Überlegungen zum Städtebau. Opladen, S. 51–55.

Hettlage, Robert et al. (1997) (Hg.): Kollektive Identität in Krisen. Ethnizität in Religion, Nation, Europa. Opladen.

Hey, Christian; Schleicher-Tappeser, Ruggero (1998): Nachhaltigkeit trotz Globalisierung. Handlungsspielräume auf regionaler, nationaler und europäischer Ebene. Berlin (herausgegeben von der Enquete-Kommission „Schutz des Menschen und der Umwelt" des 13. Deutschen Bundestages).

Hill, Hermann (1998): Politik und Gesetzgebung im Neuen Steuerungsmodell. Speyer. [Speyerer Arbeitshefte, Band 114].

Hilpert, Ulrich; Holtmann, Everhard (1998) (Hg.): Regieren und intergouvernementale Beziehungen. Opladen.

Hitzler, Ronald (1994): Wissen und Wesen der Experten. Ein Annäherungsversuch – zur Einleitung. In: Hitzler, Ronald; Honer, Anne; Maeder, Christian (1994) (Hg.): Expertenwissen. Die institutionalisierte Kompetenz zur Konstruktion von Wirklichkeit. Opladen, S. 13–30.

Hoffmann-Lange, Ursula (1992): Eliten, Macht und Konflikt in der Bundesrepublik. Opladen.

Hoffmann-Riem, Christa (1980): Die Sozialforschung einer interpretativen Soziologie – Der Datengewinn. In: Kölner Zeitschrift für Soziologie und Sozialpsychologie, 32. Jg., S. 339–372.

Hohn, Stefanie (2002): Das Internet als Instrument der kooperativen Stadtentwicklung: Wie viel Aktivierungspotential hat das Internet für Beteiligungsprozesse im Rahmen eines integrierten Stadtmanagements? In: Bundesvereinigung City- und Stadtmarketing Deutschland e.V. (2002) (Hg.): Stadtmarketing – Stand und Perspektiven eines kooperativen Stadtmanagements. Aachen, S. 89–98.

Holcomb, Briavel (1999): Marketing Cities for Tourism. In: Judd, Dennis R.; Fainstain, Susan S. (1999) (Hg.): The Tourist City. New Haven, S. 54–70.

Hommel, Manfred (1983): Die Bedeutung der Industrial Estates als Entwicklungs- und Planungsinstrument für industrielle Problemgebiete: das Beispiel Schottland. Paderborn.

Hopf, Christel; Weingarten, Elmar (1993): Qualitative Sozialforschung, 3. Aufl., Stuttgart (zuerst erschienen 1979).

Hoß, Dietrich; Schrick, Gerhard (2001) (Hg.): Die Region. Experimentierfeld gesellschaftlicher Innovation. Münster.

Hübner, Emil; Münch, Ursula (1998): Das politische System Großbritanniens. Eine Einführung. München.

Humpert, Klaus (1997): Stadtvisionen Stuttgarts. In: Brunold, Andreas (Hg.) (1997): Stuttgart: Stadt im Wandel. Tübingen, S. 160–178.

Institut für Landes- und Stadtentwicklungsforschung des Landes Nordrhein-Westfalen (1990) (Hg.): Tertiärisierung und Stadtstruktur. Zur Notwendigkeit der Neuorientierung städtischen Handelns. Dortmund. [ILS Schriften, Band 44].

Ipsen, Detlev (1987): Raumbilder. Zum Verhältnis des ökonomischen und kulturellen Raumes. In: Prigge, Walter (1987) (Hg.): Die Materialität des Städtischen. Basel, S. 139–152.

Ipsen, Detlev (1987): Räumliche Vergesellschaftung. In: Prokla 68, S. 113–130.

Ipsen, Detlev (1991): Stadt und Land – Metamorphosen einer Beziehung. Häußermann, Hartmut; Ipsen, Detlev; Krämer-Badoni, Thomas; Läpple, Dieter; Rodenstein, Marianne; Siebel, Walter (1991): Stadt und Raum. Soziologische Analysen. Pfaffenweiler, S. 157–207.

Ipsen, Detlev (1998): Moderne Stadt – was nun? In: Becker, Heidede; Jessen, Johann; Sander, Robert (1998) (Hg.): Ohne Leitbild? – Städtebau in Deutschland und Europa. Stuttgart, S. 41–54.

Ipsen, Detlev (2000): Stadt- und Regionalsoziologie: Von der Stadt- und Regionalsoziologie zu einer Soziologie des Raumes. In: Soziologische Revue, Sonderheft 5, S. 279–291.

Ipsen, Detlev (2002): Die Kultur der Orte. Ein Beitrag zur sozialen Strukturierung des städtischen Raumes. In: Löw, Martina (2002) (Hg.): Differenzierungen des Städtischen. Opladen, S. 233–245.

Ipsen, Detlev; Kühn, Manfred (1994): Grenzenlose Stadt und begrenztes Bewusstsein: Regionale Identität. In: Wentz, Martin (1994) (Hg.): Region. Frankfurt/Main.

Jäger, Siegfried (1991): Text- und Diskursanalyse. Eine Anleitung zur Analyse politischer Texte. Dortmund.

Jäger, Siegfried (1993): Kritische Diskursanalyse. Eine Einführung. Duisburg.

Jessop, Bob (2000): (Un)logik der Globalisierung. Der Staat und die Reartikulation des ökonomischen Raums. In: Das Argument, 42. Jg., H. 3, S. 341–354.

Judd, Dennis R. (1999): Constructing the Tourist Bubble. In: Judd, Dennis R.; Fainstain, Susan S. (1999) (Hg): The Tourist City. New Haven, S. 35–53.

Junker, Rolf (2002): Stadtmarketing und Stadtplanung – Kooperation statt Konkurrenz?! In: Bundesvereinigung City- und Stadtmarketing Deutschland e.V. (2002) (Hg.): Stadtmarketing: Stand und Perspektiven eines kooperativen Stadtmanagements. Aachen, S. 57–63.

Kahlenborn, Volker; Dierkes, Meinolf et al. (1995) (Hg.): Berlin – Zukunft aus eigener Kraft – Ein Leitbild für den Wirtschaftsstandort. Berlin.

Kaiser, Klaus; von Schaewen, Manfred (1973): Stuttgart und die Region Mittlerer Neckar. Stuttgart.

Kanga, Taj (2002): Neuer Regionalismus am Südlichen Oberrhein. Raum, Zugehörigkeit und sozial-ökonomischer Wandel. Marburg.

Kantor, Paul (2000): Can Regionalism save Poor Cities? Politics, Institutions and Interests in Glasgow. In: Urban Affairs Review, 35. Jg., Nr. 6/Juli, S. 794–820.

Kearns, Ade; Paddison, Ronan (2000): New Challenges for Urban Governance. In: Urban Studies, 37. Jg., Nr. 5/6, S. 845–850.

Kearns, Gerry; Philo, Chris (1993) (Hg.): Selling Places. The City as cultural capital, past and present. Oxford.

Keating, Michael (1988): The city that refused to die. Glasgow: the politics of urban regeneration. Aberdeen.

Keating, Michael (1996): Nations against the State. The New Politics of Nationalism in Quebec, Catalonia and Scotland. London.

Keating, Michael; Boyle, Robert (1986): Remaking Urban Scotland. Strategies for Local Economic Development. Edinburgh.

Kelle, Udo (1998): Empirisch begründete Theoriebildung. Zur Logik und Methodologie interpretativer Sozialforschung, 2. Aufl., Weinheim (zuerst erschienen 1994).

Kelle, Udo; Kluge, Susann (1999): Vom Einzelfall zum Typus. Fallvergleich und Fallkontrastierung in der qualitativen Sozialforschung. Opladen.

Keller, R.; Hirseland, A.; Schneider, W.; Viehöver, A. (2001) (Hg.): Handbuch sozial-wissenschaftliche Diskursanalyse: Theorien und Methoden (Band 1). Opladen.

Kieser, Alfed; Kubiczek, Herbert (1992): Organisation. Berlin.

Kieser, Alfred (1995): Organisationstheorien, 2. Aufl., Stuttgart.

Kieser, Alfred, Segler, Tilman (1981): Quasi-mechanistische situative Ansätze. In: Kieser, Alfred (1981) (Hg.): Organisationstheoretische Ansätze. München, S. 173–184.

Kißler, Leo (1997): „Kundenorientierung" der Kommunalverwaltung – eine dritte Säule der lokalen Demokratie? In: Bogumil, Jörg; Kißler, Leo (1997) (Hg.): Verwaltungs-modernisierung und lokale Demokratie: Risiken und Chancen eines Neuen Steue-rungsmodells für die lokale Demokratie. Baden-Baden, S. 95–112.

Klee, Alexander; Meissner, Sabine; Wiedmann, Klaus-Peter (2000): Stadtmarketing: State of the Art und Gestaltungsperspektiven. Hannover. [Schriftenreihe Marketing Management].

Klein, Armin (1993): Neues Interesse an der Kultur. Die Ausgaben der Gemeinden von 1981–1991. In: Der Städtetag, 46. Jg., H. 1, S. 4–10.

Kleining, Gerhard (1982): Umriß zu einer Methodologie qualitativer Sozialforschung. Kölner Zeitschrift für Soziologie und Sozialpsychologie, 34. Jg., S. 224–253.

Kluge, Susann (1999): Empirische begründete Typenbildung. Zur Konstruktion von Typen und Typologien in de qualitativen Sozialforschung. Opladen.

Knodt, Michèle (1996): Regionale Politikstile in einem „Europa der Regionen". In: Kohler-Koch, Beate (1996) (Hg.): WeltTrends Nr. 11; Regionen in Westeuropa. Akteure in regionalen Netzwerken. Münster, S. 83–105.

Köhler, Gabriele (1996): Neue Urbanität: Stadtplanung, Architektur und Ästhetik für die kommerzialisierte Stadt? In: Schäfers, Bernhard; Wewer, Göttrik (1996a) (Hg.): Die Stadt in Deutschland. Soziale, politische und kulturelle Lebenswelt. Opladen, S. 233–249.

Kohler-Koch, Beate (1998b): Leitbilder und Realität der Europäisierung der Regionen. In: Kohler-Koch, Beate et al. (1998): Interaktive Politik in Europa. Regionen im Netzwerk der Integration. Opladen, S. 229–253.

Kohler-Koch, Beate et al. (1998a): Interaktive Politik in Europa. Regionen im Netzwerk der Integration. Opladen.

Kohler-Koch, Beate; Knodt, Michèle (1999): Regionales Regieren in der EU: Befunde eines empirisch vergleichenden Projekts. In: Nitschke, Peter (1999a) (Hg.): Die Europäische Union der Regionen. Subpolity und Politiken der dritten Ebene. Opladen, S. 167–193.

Konau, Elisabeth (1977): Raum und soziales Handeln. Studien zu einer vernachlässigten Dimension soziologischer Theoriebildung. Stuttgart.

König, René (1956): Beobachtung und Experiment in der Sozialforschung. Praktische Sozialforschung II. Köln.

König, René (1957): Das Interview. Formen – Technik – Auswertung. Praktische Sozialforschung I, 2. Aufl., Köln.

Köster, Werner (2002): Die Rede über den „Raum": Zur semantischen Karriere eines deutschen Konzepts. Heidelberg.

Kotler, Philip; Asplund, Christer; Rein, Irving; Haider, Donald, H. (1999): Marketing Places Europe. How to attract investments, industries, residents and visitors to cities, communities, regions and nations in Europe. Edinburgh.

Kotler, Philip; Levy, S. J. (1969): Broadening the Concept of Marketing. In: Journal of Marketing, 33. Jg. S. 10–15.

Krämer, Raimund (1998) (Hg.): Regionen in der Europäischen Union. Beiträge zur Debatte. Berlin.

Krämer, Raimund (1998): Regionen als internationale Akteure – Eine Vorverständigung. In: Krämer, Raimund (1998) (Hg.): Regionen in der Europäischen Union. Beiträge zur Debatte. Berlin, S. 11–25.

Krätke, Stefan (1990): Städte im Umbruch. Städtische Hierarchien und Raumgefüge im Prozeß gesellschaftlicher Restrukturierung. In: Borst, Renate; Krätke, Stefan; Mayer, Margit; Roth, Roland; Schmoll, Fritz (1990) (Hg.): Das neue Gesicht der Städte. Theoretische Ansätze und empirische Befunde aus der internationalen Debatte. Basel, S. 7–38 [Stadtforschung aktuell, Band 29].

Krätke, Stefan (1991): Strukturwandel der Städte. Städtesystem und Grundstücksmarkt in der „post-fordistischen" Ära. Frankfurt/Main.

Krätke, Stefan (1995): Globalisierung und Regionalisierung. In: Geographische Zeitschrift, 83. Jg., S. 207–221.

Krätke, Stefan (1995): Stadt – Raum – Ökonomie: Einführung in aktuelle Problemfelder der Stadtökonomie und Wirtschaftsgeographie. Basel.

Krätke, Stefan (1997): Globalisierung und Stadtentwicklung in Europa. In: Geographische Zeitschrift, 85. Jg., Nr. 2–3, S. 143–158.

Krätke, Stefan (1998): Internationales Städtesystem im Zeitalter der Globalisierung. In: Wollmann, Hellmut; Roth, Roland (Hg.): Kommunalpolitik. Politisches Handeln in den Gemeinden. Opladen, S. 378–394.

Krätke, Stefan; Heeg, Susanne; Stein, Rolf (1997): Regionen im Umbruch. Probleme der Regionalentwicklung an den Grenzen zwischen „Ost" und „West". Frankfurt/Main.

Kreibich, Rolf (2000): Kommunen im Spannungsfeld von Globalisierung und Nachhaltigkeit. In: Sibum, Doris; Kreibich, Rolf; Burgdorff, Frauke (2000) (Hg.): Machtlos – Macht nix? Kommunen unter Druck. Baden-Baden, S. 15–35.

Kuban, Monika (2000): Not macht erfinderisch – Durch Kooperation Geld beschaffen und effektiv einsetzen. In: Sibum, Doris; Kreibich, Rolf; Burgdorff, Frauke (2000) (Hg.): Machtlos – Macht nix? Kommunen unter Druck. Baden-Baden, S. 95–102.

Kuckartz, Udo (1988): Computer und Verbale Daten. Chancen zur Innovation sozialwissenschaftlicher Forschungstechniken. Frankfurt/Main.

Kuckartz, Udo (1999): Computergestützte Analyse qualitativer Daten. Eine Einführung in Methoden und Arbeitstechniken. Opladen.

Kühl, Stefan; Strodtholz, Petra (2002) (Hg.): Methoden der Organisationsforschung. Ein Handbuch. Hamburg.

Kühn, Christine (1997): Public Relations als kommunikatives Handlungskonzept im Stadtmarketing. Eine Analyse der Funktion und Aufgabe kommunaler PR am Beispiel kultureller Aufgaben. Konstanz.

Kuhn, Gerd (2002): Stuttgart. Freiberg/Mönchfeld. In: Holl, Christian (2002) (Hg.): Ein politisches Programm in der Diskussion. München, S. 90–96.

Kulinat, Klaus (1997): Die Attraktivität von Stadt und Region Stuttgart für ausgewählte Nutzergruppen. In: Gaebe, Wolf (1997a) (Hg.): Struktur und Dynamik in der Region Stuttgart. Stuttgart, S. 98–114.

Kulinat, Klaus (1997): Landesplanung in Baden-Württemberg. In: Landeszentrale für politische Bildung Baden-Württemberg (1997) (Hg.): Baden-Württemberg. Eine politische Landeskunde, 4. Aufl., Stuttgart, S. 172–213.

Kulturpolitische Gesellschaft/Evangelische Akademie Loccum (1991) (Hg.): Lebensstil und Gesellschaft – Gesellschaft der Lebensstile. Neue kulturpolitische Herausforderungen. Hagen/Loccum.

Kunzmann, Klaus R. (1993): Geodesign: Chance oder Gefahr? In: Informationen zur Raumentwicklung, H. 7, S. 389–396.

Kunzmann, Klaus R.; Wegener, Michael (1991): The Pattern of Urbanisation in Western Europe 1960–1990. Dortmund. [Berichte aus dem Institut für Raumplanung, Band 28].

Kuron, Irene (1997): Stadtmarketing Chance zur ganzheitlichen Stadtentwicklung. In: Pfaff-Schley, Herbert (1997) Hg.): Stadtmarketing und kommunales Audit. Chance für eine ganzheitliche Stadtentwicklung. Berlin, S. 1–13.

Kurp, Matthias (1994): Lokale Medien und kommunale Eliten. Partizipatorische Potentiale des Lokaljournalismus bei Printmedien und Hörfunk. Opladen [Studien zur Kommunikationswissenschaft, Band 2].

Landeszentrale für politische Bildung Baden-Württemberg (1997) (Hg.): Baden-Württemberg. Eine politische Landeskunde, 4. Aufl., Stuttgart (zuerst erschienen 1975).

Landeszentrale für politische Bildung Baden-Württemberg (1998) (Hg.): Über den Kirchturmshorizont hinaus: überlokale Zusammenarbeit. Stuttgart. [Der Bürger im Staat, 48. Jg., H. 4].

Läpple, Dieter (1987): Zur Diskussion über „Lange Wellen“, „Raumzyklen“ und gesellschaftliche Restrukturierung. In: Prigge, Walter (1987) (Hg.): Die Materialität des Städtischen: Stadtentwicklung und Urbanität im gesellschaftlichen Umbruch. Basel, S. 59–76.

Läpple, Dieter (1991): Essay über den Raum. Für ein gesellschaftswissenschaftliches Raumkonzept. In: Häußermann, Hartmut; Ipsen, Detlev; Krämer-Badoni, Thomas; Läpple, Dieter; Rodenstein, Marianne; Siebel, Walter (1991): Stadt und Raum. Soziologische Analysen. Pfaffenweiler, S. 157–207.

Läpple, Dieter (1991): Gesellschaftszentriertes Raumkonzept: Zur Überwindung von physikalisch-mathematischen Raumauffassungen in der Gesellschaftsanalyse. In: Wentz, Martin (1991) (Hg.): Stadt-Räume. Frankfurt, S. 35–46.

Läpple, Dieter (1993): Thesen zu einem Konzept gesellschaftlicher Räume. In: Mayer, Jörg F. (1993) (Hg.): Die aufgeräumte Welt – Raumbilder und Raumkonzepte im Zeitalter globaler Marktwirtschaft. Rehburg/Loccum, S. 29–52.

Läpple, Dieter (2000): Ökonomie der Stadt. In: Häußermann, Hartmut (2000) (Hg.): Großstadt: Soziologische Stichworte. Opladen, S. 194–208.

Laurier, Eric (1993): "Tackintosh": Glasgow's supplementary gloss. In: Kearns, Gerry; Philo, Chris (1993) (Hg.): Selling Places. The City as cultural capital, past and present. Oxford, S. 267–290.

Le Galès, Patrick, Lequesne, Christian (1998) (Hg.): Les paradoxes des régions en Europe. Paris.

Le Galès, Patrick; Lequesne, Christian (1998) (Hg.): Regions in Europe. London.

Leborgne, Danièle: Lipietz, Alain (1990): Neue Technologien, neue Regulationsweisen: Einige räumliche Implikationen. In: Borst, Renate; Krätke, Stefan; Mayer, Margit; Roth, Roland; Schmoll, Fritz (1990) (Hg.): Das neue Gesicht der Städte. Theoretische Ansätze und empirische Befunde aus der internationalen Debatte. Basel, S. 109–129.

Leborgne, Danièle; Lipietz, Alain (1994): Nach dem Fordismus. Falsche Vorstellungen und offene Fragen. In: Noller, Peter; Prigge, Walter; Ronnebereger, Klaus (Hg.) (1994): Stadt-Welt. Über die Globalisierung städtischer Milieus. Frankfurt, S. 94–111.

Leclerc, Roger; Draffan Donald (1984): The Glasgow Eastern Area Renewal Project. In: Town Planning Review, 55. Jahrgang; Heft 3, S. 335ff.

Lefèvre, Christian (2000): Intraregionale Zusammenarbeit zwischen Kernstädten und ihrem Umland in Frankreich. In: Heinz, Werner (2000a) (Hg.): Stadt und Region – Kooperation oder Koordination? Ein internationaler Vergleich. Stuttgart [Schriften des Instituts für Urbanistik, Band 93], S. 277–357.

Leggewie, Claus (1994): Space – not time? Raumkämpfe und Souveränität. Skizzen zu einer „Geopolitik" multikultureller Gesellschaften. In: Transit: Europäische Revue, Band 7, S. 27–42.

Liebold, Renate; Trinczek, Rainer (2002): Experteninterview. In: Kühl, Stefan; Strodtholz Petra (2002) (Hg.): Methoden der Organisationsforschung. Ein Handbuch. Hamburg, S. 33–71.

Lindner, Rolf (1994) (Hg.): Die Wiederkehr des Regionalen. Über neue Formen kultureller Identität. Frankfurt/Main.

Link, Jürgen (1983): Elementare Literatur und generative Diskursanalyse. München.

Link, Jürgen; Link-Heer, Ursula (1990): Diskurs/Interdiskurs und Literaturanalyse. In: Zeitschrift für Literaturwissenschaft und Linguistik, Nr. 77, S. 88–99.

Lipietz, Alain (1986): New Tendencies in the International Division of Labour. Regimes of Accumulation and Modes of Regulation. In: Scott, A. J.; Storper, Michael (1986) (Hg.): Production, Work, Territory. The Geographical Anatomy of Industrial Capitalism. Boston, S. 16–40.

Lipietz, Alain (1991): Zur Zukunft der städtischen Ökologie. Ein regulationstheoretischer Beitrag. In: Wentz, Martin (Hg.) (1991): Stadt-Räume. Frankfurt, S. 129–136.

List, Stefan (2000): Szenariogestütztes Stadtmarketing. In: Zerres, Michael; Zerres, Ingrid (2000) (Hg.): Kooperatives Stadtmarketing. Stuttgart, S. 131–148.

Loderer, Klaus J. (1994): Neue Gedanken im Städtebau – Die Entwicklung seit den Siebziger Jahren. In: Brunold, Andreas; Sterra, Bernhard (1994) (Hg.): Stuttgart. Von der Residenz zur modernen Großstadt. Tübingen, S. 145–160.

Löw, Martina (2001): Raumsoziologie. Frankfurt/Main.

Löw, Martina (2002) (Hg.): Differenzierungen des Städtischen. Opladen.

Lüdtke, Hartmut; Stratmann, Bernhard (1996): Nullsummenspiel auf Quasimärkten. Stadtmarketing als theoretische und methodologische Herausforderung für die Sozialforschung. In: Soziale Welt, 47. Jg., H. 3, S. 297–314.

Lugan, Andrea (1996): Marketing der kommunalen Wirtschaftsförderung. Wiesbaden.

Luhmann, Niklas (1976): Funktion und Folgen formaler Organisation. Berlin (zuerst erschienen 1964).

Luhmann, Niklas (1994): Soziale Systeme. Grundriß einer allgemeinen Theorie, 4. Aufl., Frankfurt/Main (zuerst erschienen 1984).

Luhmann, Niklas (1998): Die Gesellschaft der Gesellschaft. Frankfurt.

Mackensen, Rainer (1974): Städte in der Statistik. In: Pehnt, Wolfgang (1974) (Hg.): Die Stadt in der Bundesrepublik Deutschland. Stuttgart, S. 129–165.

Mäding, Heinrich (1999): Perspektiven für ein Europa der Regionen. In: Akademie für Raumforschung und Landesplanung – Hannover (1999) (Hg.): Die Region ist die Stadt: Gemeinsame Jahrestagung 1998. Hannover. S. 10–22.

Mäding, Heinrich (1999): Perspektiven für ein Europa der Regionen. In: Akademie für Raumforschung und Landesplanung (1999) (Hg.): Die Region ist die Stadt. Hannover, S. 10–21.

Maier, Frank (1996): Aufgaben und Ziele moderner Stadtmarketingkonzepte für die Vermarktung kultureller Einrichtungen und Veranstaltungen am Beispiel der Landeshauptstadt Stuttgart [Diplomarbeit – Institut für Geographie Universität Stuttgart].

Maier, Jörg; Weber, Andreas (2002): Vom Stadtmarketing zur City-Gemeinschaft oder zum „neuen" Stadtentwicklungskonzept? In: Bundesvereinigung City- und Stadtmarketing Deutschland e.V. (2002) (Hg.): Stadtmarketing: Stand und Perspektiven eines kooperativen Stadtmanagements. Aachen, S. 9–13.

Mall, Markus T. (2001): Was Sie schon immer über Stuttgart wissen wollten. Eine Gebrauchsanleitung. Tübingen.

March, James G. (1990): Entscheidung und Organisation: Kritische und konstruktive Beiträge, Entwicklungen und Perspektiven. Wiesbaden.

Markelin, Antero (1997): Das neue Gesicht Stuttgarts – Der Wiederaufbau. In: Brunold, Andreas (1997) (Hg.): Stuttgart, Stadt im Wandel. Vom 19. ins 21. Jahrhundert. Tübingen, S. 105–111.

Matejovski, Dirk (2000) (Hg.): Metropolen: Laboratorien der Moderne. Frankfurt/Main.

Matthiesen, Ulf (1998) (Hg.): Die Räume der Milieus: Neue Tendenzen in der sozial- und raumwissenschaftlichen Milieuforschung in der Stadt- und Raumplanung. Berlin.

Matthiesen, Ulf (1998): Vorwort. In: Matthiesen, Ulf (1998) (Hg.): Die Räume der Milieus: Neue Tendenzen in der sozial- und raumwissenschaftlichen Milieuforschung in der Stadt- und Raumplanung. Berlin, S. 9–14.

Maurer, Jakob (1998): Hat die europäische Stadt eine Chance? In: Städtebau-Institut Universität Stuttgart (1998) (Hg.): Forum Stuttgart. Zur Diskussion gestellt: Stuttgart 21 und die Zukunft der Stadt. Dokumentation einer Veranstaltungsreihe im „Treffpunkt" Rotebühlplatz. Stuttgart, S. 25–29.

Maver, Irene (2000): Glasgow. Edinburgh University Press.

May, John; Newman, Karin (1999): Marketing: A new organising principle for local government? In: Local Government Studies, 25. Jg., H. 3, S. 16–33.

Mayer, Margit (1990): Lokale Politik in der unternehmerischen Stadt. In: Borst, Renate et al. (1990) (Hg.): Das neue Gesicht der Städte. Theoretische Ansätze und empirische Befunde aus der internationalen Debatte. Basel, S. 190–208.

Mayer, Margit (1991): „Postfordismus" und „lokaler Staat". In: Heinelt, Hubert; Wollmann, Hellmut (1991) (Hg.): Stadtpolitik und lokale Politikforschung in den 80er und 90er Jahren. Basel, S. 31–51.

Mayer, Wolfgang (1997): Stuttgarter Nachkriegsarchitektur aus der Perspektive der Denkmalpflege. In: Brunold, Andreas (1997) (Hg.): Stuttgart, Stadt im Wandel. Vom 19. ins 21. Jahrhundert. Tübingen, S. 112–122.

Mayntz, Renate (1981) (Hg.): Kommunale Wirtschaftsförderung. Ein Vergleich Bundesrepublik Deutschland – Großbritannien. Stuttgart.

Mayntz, Renate (1985): Soziologie der öffentlichen Verwaltung, 3. Aufl., Heidelberg (zuerst erschienen 1978).

Mayring, Philipp (2002): Einführung in die qualitative Sozialforschung, 5. Aufl., Weinheim (zuerst erschienen 1990).

McCrone, Gavin (1991): Urban Renewal: The Scottish Experience. In: Urban Studies, 28. Jg., S. 919ff.

McPherson, Andrew; Rabb, Charles (1988): Governing Education. A Sociology of Policy Since 1945. Edinburgh.

Mensing, Mario; Rahn, Thomas (2000): Einführung in das Stadtmarketing. In: Zerres, Michael; Zerres, Ingrid (2000) (Hg.): Kooperatives Stadtmarketing. Konzepte, Strategien und Instrumente zur Erhöhung der Attraktivität einer Stadt. Stuttgart, S. 21–36.

Mertz-Bogen, Conny; Bogen, Uwe (2000): Was los war in Stuttgart 1950–2000. Erfurt.

Meurer, Bernd (1994) (Hg.): Die Zukunft des Raums. The Future of Space. Frankfurt/Main.

Meuser, M.; Nagel, U. (1991) Experteninterviews – vielfach erprobt, wenig bedacht. In: Garz, D.; Kraimer, K. (1991) (Hg.): Qualitativ-empirische Sozialforschung. Konzepte – Methoden – Analysen. Opladen, S. 441–471.

Meyer, Jörg F. (1993) (Hg.): Die aufgeräumte Welt – Raumbilder und Raumkonzepte im Zeitalter globaler Marktwirtschaft. Rehburg/Loccum [Loccumer Protokolle, Band 74, 1992].

Meyer, Jörn-Axel (1999): Regionalmarketing. Grundlagen, Konzepte, Anwendung. München.

Meyer-Künzel, Monika (2001): Der planbare Nutzen: Stadtentwicklung durch Weltausstellung und Olympische Spiele. Hamburg.

Midwinter, Arthur (1995): Local government in Scotland. Reform or decline? London.

Mitchell, William J. (1996): City of Bits. Leben in der Stadt des 21. Jahrhunderts. Basel.

Möltgen, Katrin (2001): Politik im Neuen Steuerungsmodell. Eine qualitative Analyse zur Rolle des ehrenamtlichen Managements im Rahmen kommunaler Verwaltungsmodernisierung. Hamburg [Politica – Schriftenreihe zur politischen Wissenschaft, Band 47].

Mönninger, Michael (1999a) (Hg.): Stadtgesellschaft. Frankfurt/Main.

Mönninger, Michael (1999b): Einleitung: Tendenzen der Stadtentwicklung im Spiegel aktueller Theorien. In: Mönninger, Michael (1999a) (Hg.): Stadtgesellschaft. Frankfurt/Main, S. 7–28.

Mooney, Gerry; Danson, Mike (1997): Beyond „Culture City". Glasgow as a "dual city". In: Jewson, Nick; MacGregor, Susanne (1997) (Hg.): Transforming Cities. Contested Governance and New Spatial Divisions of Labour. London, S. 73–86.

Mossberger, Karen; Stoker, Gerry (2000): The Evolution of Urban Regime Theory. The Challenge of Conceptualization. In: Urban Affairs Review, 36. Jg., H. 6, S. 810–835.

Müller, Traute (1993): Strategien der Stadtentwicklung in europäischen Metropolen. In: Fassbinder, Helga (1995): Strategien der Stadtentwicklung in europäischen Metropolen. Hamburg, S. 1–8.

Munro, William Bennett (1997): The government of European cities. London (zuerst erschienen 1923).

Myerscough, John (1991): The Economic Importance of the Arts in Glasgow. Glasgow.

Naschold, Frieder (1993): Modernisierung des Staates. Zur Ordnungs- und Innovationspolitik des öffentlichen Sektors. Berlin.

Naschold, Frieder (1995): „Der Blick über den Tellerrand" – Internationale Erfahrungen bei der Modernisierung des öffentlichen Sektors und ihre Bedeutung für die Bundesrepublik Deutschland. In: Behrens, Fritz; Heinze, Rolf G.; Hilbert, Josef; Stöbe, Sybille; Walsken, Ernst M. (1995) (Hg.): Den Staat neu denken. Reformperspektiven für die Landesverwaltungen. Berlin, S. 81–92.

Naschold, Frieder; Bogumil, Jörg (1998): Modernisierung des Staates. New Public Management und Verwaltungsreform. Opladen. [Grundwissen Politik, Band 22].

Naschold, Frieder; Oppen, Maria; Wegener, Alexander (1998): Kommunale Spitzeninnovationen. Konzepte, Umsetzung, Wirkungen in internationaler Perspektive. Berlin. [Modernisierung des öffentlichen Sektors, Band 12].

Nassehi, Armin (2002): Dichte Räume. Städte als Synchronisations- und Inklusionsmaschinen. In: Löw, Martina (2002) (Hg.): Differenzierungen des Städtischen. Opladen, S. 211–232.

Naßmacher, Hiltrud; Naßmacher, Karl-Heinz (1999): Kommunalpolitik in Deutschland. Opladen.

Neill, William J. V. (1995): Lipstick on the gorilla? Conflict management, urban development and image making in Belfast. In: Neill, William J. V.; Fitzsimons, Diana S.; Murtagh, Brendan (1995): Reimaging the Pariah City. Urban development in Belfast & Detroit. Belfast, S. 50–76.

Neill, William J. V.; Fitzsimons, Diana S.; Murtagh, Brendan (1995): Reimaging the Pariah City. Urban development in Belfast & Detroit. Belfast.

Neill, William J. V. (2001): Marketing the Urban Experience: Reflections on the Place of Fear in the Promotional Strategies of Belfast, Detroit and Berlin. In: Urban Studies, 38. Jg., Nr. 5–6, S. 815–828.

Nester, Otto (1976): Regionalplanung im Mittleren Neckarraum. Ein Beispiel aus der Zeit vor dem Zweiten Weltkrieg und deren Entwicklung nach 1945. In: Hie gut Württemberg – Menschen, Geschichte und Landschaften in unserer Heimat. Beilage der Ludwigsburger Kreiszeitung Nr. 7/8 vom 18.9.1976 und Nr. 9/10 vom 30.10.1976.

Nestler, Sabine (2000): Stadtmarketing mit Schwerpunkt Tourismus am Beispiel Ludwigsburgs. In: Zerres, Michael; Zerres; Ingrid (Hg.) (2000): Kooperatives Stadtmarketing. Stuttgart; S. 203–215.

Nitschke, Peter (1999a) (Hg.): Die Europäische Union der Regionen. Subpolity und Politiken der dritten Ebene. Opladen.

Nitschke, Peter (1999b): Die Politik der neuen Unübersichtlichkeit. In: Nitschke, Peter (1999) (Hg.): Die Europäische Union der Regionen. Subpolity und Politiken der dritten Ebene. Opladen, S. 9–18.

Nohl, Arnd-Michael (2001): Komparative Analyse: Forschungspraxis und Methodologie dokumentarischer Interpretation. In: Bohnsack, Ralf; Nentwig-Gesemann, Iris; Nohl, Arnd-Michael (2001) (Hg.): Die dokumentarische Methode und ihre Forschungspraxis. Grundlagen qualitativer Sozialforschung. Opladen, S. 253–273.

Noller, Peter (1996): Globalisierung und Restrukturierung des städtischen Raumes. In: Gewerkschaftliche Monatshefte, H. 8, S. 481–488.

Noller, Peter (1999): Globalisierung, Stadträume und Lebensstile. Kulturelle und lokale Repräsentationen des globalen Raums. Opladen.

Noller, Peter (2000): Globalisierung, Raum und Gesellschaft: Elemente einer modernen Soziologie des Raumes. In: Berliner Journal für Soziologie, H. 1, S. 21–48.

O'Connor, James (1974): Die Finanzkrise des Staates. Frankfurt/Main.

Offenbach, Jürgen (2003): Verlierer Stuttgart. In: Stuttgarter Nachrichten (=StN), 14.4.2003.

Paasi, Anssi (1995): Constructed Territories, Boundaries and Regional Identities. In: Forsberg, Tuomas (1995) (Hg.): Contested Territory: Border Disputes at the Edge of the Former Soviet Empire. Alderslot, S. 42–61.

Pacione, Michael (1995): Glasgow. The Socio-spatial Development of the City. Glasgow.

Pacione, Michael (2001): Urban Geography. A global perspective. London.

Paddison, Ronan (1993): City Marketing, Image Reconstruction and Urban Regeneration. In: Urban Studies, 30. Jg., S. 339–350.

Peirce, Charles S. (1974/1979): Collected papers. Herausgegeben von Charles Hartshore, Paul Weiss und Arthur Burks. Cambridge/Massachusetts.

Peirce, Charles S. (1991): Schriften zum Pragmatismus und Pragmatizismus. Herausgegeben von Karl-Otto Apel. Frankfurt/Main.

Pesch, Franz (2000): Think Big – Das Großprojekt Stuttgart 21 und die Beteiligung der Bürger. In: Bott, Helmut; Hubig, Christoph; Pesch, Franz; Schröder, Gerhart (2000) (Hg.): Stadt und Kommunikation im digitalen Zeitalter. Frankfurt, S. 299–310.

Pesch, Franz (2001): Urbanität im Wandel. Stadt und Stadtkultur zwischen Auflösung und Neuerfindung. In: Flagge, Ingeborg; Pesch, Franz (2001) (Hg.): Stadt und Kultur. Wuppertal, S. 8–17.

Petzold, Wolfgang (2000): Die Städtepolitik der Europäischen Union. In: Der Städtetag. Nr. 1, S. 25–29.

Pfaff-Schley, Herbert (1997) (Hg.): Stadtmarketing und kommunales Audit. Chance für eine ganzheitliche Stadtentwicklung. Berlin.

Pfizer, Theodor; Wehling, Hans-Georg (2000) (Hg.): Kommunalpolitik in Baden-Württemberg, 3. Aufl., Stuttgart (zuerst erschienen 1985). [Schriften zur politischen Landeskunde Baden-Württembergs, Band 11].

Philo, Chris; Kearns, Gerry (1993): Culture, History, Capital: A critical Introduction to the selling of places. In: Kearns, Gerry; Philo, Chris (1993) (Hg.): Selling Places. The City as cultural capital, past and present. Oxford, S. 1–32.

Pieper, Markus (1994): Das interregionale Standortwahlverhalten der Industrie in Deutschland. Konsequenzen für das kommunale Standortmarketing. Hannover.

Pimlott, Ben; McGregor, Susan (1990): Tackling the inner Cities. Oxford.

Piore, Michael J.; Sabel, Charles F. (1989): Das Ende der Massenproduktion. Studie über die Requalifizierung der Arbeit und die Rückkehr der Ökonomie in die Gesellschaft. Frankfurt/Main (zuerst erschienen 1984).

Popper, Karl R. (1995): Ausgangspunkte: Meine intellektuelle Entwicklung. 3. Aufl., Hamburg (zuerst erschienen 1974).

Potter, Jonathan (2001): Diskursive Psychologie und Diskursanalyse. In: Keller, R.; Hirseland, A.; Schneider, W.; Viehöver, A. (2001) (Hg.): Handbuch sozialwissen-schaftliche Diskursanalyse: Theorien und Methoden, S. 313–335.

Prigge, Walter (1998): Zwischen Bewahren und Zerstören, Lokalität und Globalität: Städtische Intellektuelle gestern und heute. In: Breuer, Gerda (1998) (Hg.): Neue Stadträume: Zwischen Musealisierung, Medialisierung und Gestaltlosigkeit. Basel, S. 25–32.

Rammstedt, Otthein (Hg.) (1968): Georg Simmel. Soziologie. Untersuchungen über die Formen der Vergesellschaftung. Frankfurt.

Reese-Schäfer, Walter (1999) (Hg.): Identität und Interesse. Der Diskurs der Identitäts-forschung. Opladen.

Rehfeld, Dieter (1999): Produktionscluster: Konzeption, Analysen und Strategien für eine Neuorientierung der regionalen Strukturpolitik. München.

Reinermann, Heinrich (2000): Neues Politik- und Verwaltungsmanagement: Leitbild und theoretische Grundlagen. Speyer [Speyrer Arbeitshefte, Band 130].

Reulecke, Jürgen (1978): Die deutsche Stadt im Industriezeitalter. Beiträge zur modernen Stadtgeschichte. Wuppertal.

Reulecke, Jürgen (1985): Geschichte der Urbanisierung in Deutschland. Frankfurt.

Richter, Dirk (1996): Nation als Form. Opladen.

Rieger, Elmar; Leibfried, Stephan (2001): Grundlagen der Globalisierung. Perspektiven des Wohlfahrtsstaates. Frankfurt/Main.

Riescher, Gisela (1988): Gemeinde als Heimat. Die politisch-anthropologische Dimension lokaler Politik. München.

Roberts, Peter; Sykes, Hugh (2000) (Hg.): Urban Regeneration. A Handbook. London.

Robertson, Roland (1992): Globalisation. Social Theory and Global Culture. London.

Robins, Kevin (1995): Collective Emotion and Urban Culture. In: Healey, Patsy et al. (1995) (Hg.): Managing Cities: The new urban context. Chichester, S. 45–61.

Robins, Kevin (1998): Kollektivgefühl und städtische Kultur. In: Breuer, Gerda (1998) (Hg.): Neue Stadträume: Zwischen Musealisierung, Medialisierung und Gestaltlosigkeit. Basel, S. 163–186.

Roemheld, Lutz et al. (1987): Der Begriff „Region" im Spannungsfeld zwischen Regionalwissenschaft und Regionalpolitik. Versuch der Problematisierung eines ambivalenten Begriffs. In: Duwe, Kurt (1987) (Hg.): Regionalismus in Europa. Frankfurt/Main, S. 72–86.

Rogerson, Robert; Boyle, Mark (1998): Glasgow's reluctant mavericks and inward investment strategy: local dependence and its applications. In: Scottish Geographical Magazine, 114. Jg., H. 2, S. 109–119.

Rommel, Manfred (1977): Stellungnahme der Stadt Stuttgart zum Gutachten der Stadt-Umland-Kommission. Stuttgart.

Ronneberger, Klaus (2001): Konsumfestungen und Raumpatrouillen. Der Ausbau der Städte zu Erlebnislandschaften. In: Becker, Jochen (2001) (Hg.): Bigness? Size does matter. Image/Politik. Städtisches Handeln. Kritik der unternehmerischen Stadt. Berlin, S. 28–41.

Rosemann, Jürgen (1993): Die Potenz der Form – Neue Ansätze zur städtebaulichen Planung in Europa. In: Fassbinder, Helga (1993) (Hg.): Strategien der Stadtentwicklung in europäischen Metropolen. Hamburg, S. 17–25.

Rosenthal, Claudius (2000): Schützenfest und 1. Mai: Eine Grabrede auf die kommunale Kulturpolitik. In: Bellers, Jürgen; Frey, Rainer; Rosenthal, Claudius (2000) (Hg.): Einführung in die Kommunalpolitik. München, S. 167–175.

Roth, Norbert (1998) (Hg.): Position und Situation der Bürgermeister in Baden-Württemberg. Stuttgart.

Rowthorn, Robert (2000): The Political Economy of Full Employment in Modern Britain. In: Oxford Bulletin of Economics and Statistics, Mai 2000.

Sabel, Charles F. (1997): „Bootstrapping"-Reform oder: Revolutionärer Reformismus und die Erneuerung von Firmen, Gewerkschaften und Wohlfahrtsstaat im regionalen Kontext. In: Bullmann, Udo; Heinze, Rolf G. (1997): Regionale Modernisierungspolitik. Opladen, S. 15–52.

Sauberzweig, Dieter; Laitenberger, Walter (1998) (Hg.): Stadt der Zukunft – Zukunft der Stadt. Baden-Baden.

Sauer, Paul (1991): Kleine Geschichte Stuttgarts. Stuttgart.

Sauer, Paul (1997): Das Werden der Großstadt Stuttgart. In: Brunold, Andreas (1997) (Hg.): Stuttgart, Stadt im Wandel. Vom 19. ins 21. Jahrhundert. Tübingen, S. 20–34.

Schabert, Thilo (1991) (Hg.): Die Welt der Stadt. München.

Schäfers, Bernhard (1996): Die Stadt in Deutschland. Etappen ihrer Kultur- und Sozialgeschichte. In: Schäfers, Bernhard; Wewer, Göttrik (1996a) (Hg.): Die Stadt in Deutschland. Soziale, politische und kulturelle Lebenswelt. Opladen [Gegenwartskunde, Sonderheft 9], S. 19–29.

Schäfers, Bernhard; Köhler, Gabriele (1998): Leitbilder der Stadtentwicklung. Pfaffenweiler [Beiträge zur gesellschaftswissenschaftlichen Forschung, Band 7].

Schäfers, Bernhard; Wewer, Göttrik (1996a) (Hg.): Die Stadt in Deutschland. Soziale, politische und kulturelle Lebenswelt. Opladen [Gegenwartskunde, Sonderheft 9].

Schäfers, Bernhard; Wewer, Göttrik (1996b): Stadt im Wandel: kulturell, ökonomisch, sozial, politisch. In: Schäfers, Bernhard; Wewer, Göttrik (1996a) (Hg.): Die Stadt in Deutschland. Soziale, politische und kulturelle Lebenswelt. Opladen [Gegenwartskunde, Sonderheft 9], S. 9–16.

Schamp, Eike W. (1983): Grundsätze der zeitgenössischen Wirtschaftsgeographie. In: Geographische Rundschau, Nr. 35, S. 74–80.

Scharpf, Fritz W. (1994): Optionen des Föderalismus in Deutschland und Europa. Frankfurt/Main.

Scharpf, Fritz W. (1996): Politische Optionen im vollendeten Binnenmarkt. In: Jachtenfuchs, Markus; Kohler-Koch, Beate (1996) (Hg.): Europäische Integration. Opladen, S. 109–140.

Scharpf, Fritz W. (1999): Regieren in Europa. Effektiv und demokratisch? Frankfurt/Main.

Schätzl, Ludwig (1992): Wirtschaftsgeografie. 1. Theorie, 4. Aufl., Paderborn.

Schimank, Uwe (1996): Theorien gesellschaftlicher Differenzierung. Opladen.

Schimanke, Dieter (1983): Die Verwaltung von Verdichtungsräumen in der Bundesrepublik Deutschland. In: Die Öffentliche Verwaltung: Zeitschrift für öffentliches Recht und Verwaltungswissenschaft. S. 709ff.

Schmals, Klaus M. (1983): (Hg.): Stadt und Gesellschaft. Ein Arbeits- und Grundlagenwerk. München.

Schmals, Klaus M. (2000): Die zivile Stadt/Soziologie der kompakten Stadt. In: Wentz, Martin (2000) (Hg.): Die kompakte Stadt. Frankfurt/Main, S. 30–46.

Schmidt, Götz (1999): Alles Metropole? Eine Erwiderung auf Helmuth Berking. In: Ästhetik & Kommunikation, H. 106: Land vermessen. Denkmalschutz für das Land? 30. Jg., S. 20–25.

Schmitz, Stefan (2001): Revolutionen der Erreichbarkeit. Gesellschaft, Raum und Verkehr im Wandel. Opladen [Stadtforschung aktuell, Band 83].

Schmückhaus, Ulrich (1998): Kooperative Leitbildentwicklung im Rahmen des Stadtmarketing. In: Becker, Heidede; Jessen, Johann; Sander, Robert (1998) (Hg.): Ohne Leitbild? – Städtebau in Deutschland und Europa. Stuttgart, S. 143–150.

Schneider, Ulrike (1993): Stadtmarketing und Großveranstaltungen. Berlin [Beiträge zur angewandten Wirtschaftsforschung, Band 26].

Schnell, Klaus-Dieter; Walser, Manfred (1995): Räumliche Leitbilder – Hilfestellung zur Kommunikation und Kooperation. In: Raumplanung, H. 70, S. 267–272.

Schnell, Rainer; Hill, Paul; Esser, Elke (1999): Methoden der empirischen Sozialforschung, 6. Aufl., München.

Schöber, Peter (2000): Wirtschaft, Stadt und Staat. Köln.

Schuhbauer, Jörg (1996): Wirtschaftsbezogene regionale Identität. Mannheim [Mannheimer Geographische Arbeiten, Band 42].

Schuhkraft, Harald (1999): Wie Stuttgart wurde, was es ist. Ein kleiner Gang durch die Stadtgeschichte. Tübingen.

Schulze, Gerhard (1992): Die Erlebnisgesellschaft. Frankfurt/Main.

Schulze, Gerhard (1999): Die Kulissen des Glücks. Frankfurt/Main.

Schulze-Marmeling, Dietrich (1996a) (Hg.): Nordirland – Geschichte, Landschaft, Kultur & Touren. Göttingen.

Schulze-Marmeling, Dietrich (1996b): Fußball in einer gespaltenen Gesellschaft. In: Schulze-Marmeling, Dietrich (1996a) (Hg.): Nordirland – Geschichte, Landschaft, Kultur & Touren. Göttingen, S. 175–224.

Schuster, Wolfgang; Murawski, Klaus-Peter (2002) (Hg.): Die regierbare Stadt. Stuttgart.

Schütz, Alfred (1971): Gesammelte Aufsätze. Bd. 1: Das Problem der sozialen Wirklichkeit. Den Haag.

Schütz, Alfred; Luckmann, Thomas (1979): Strukturen der Lebenswelt. 2 Bände. Frankfurt/Main.

Schwencke, Olaf; Schwengel, Hermann; Sievers, Norbert (1993) (Hg.): Kulturelle Modernisierung in Europa. Regionale Identitäten und soziokulturelle Konzepte. Hagen.

Schwengel, Hermann (1990): Neue Urbanität und die Politik der Lebensstile. In: Kulturpolitische Gesellschaft/Kulturpädagogische Kooperative Köln (1990) (Hg.): Kulturlandschaft Stadt: Neue Urbanität und kulturelle Bildung. Hagen, S. 29–46.

Schwengel, Hermann (1993): Kulturpolitische Perspektiven im neuen Europa. In: Schwencke, Olaf; Schwengel, Hermann; Sievers, Norbert (1993) (Hg.): Kulturelle Modernisierung in Europa. Regionale Identitäten und soziokulturelle Konzepte. Hagen, S. 85–93.

Schwengel, Hermann (1994): Raum, Regime und Eliten. An den Grenzen reflexiver Modernisierung. In: Ästhetik und Kommunikation, Band 85/86, 23. Jg., S. 136–143.

Schwengel, Hermann (1996a) (Hg.): Kontinuitäten und Diskontinuitäten der Politischen Soziologie. 1. Arbeitstagung der Sektion ‚Politische Soziologie' in der Deutschen Gesellschaft für Soziologie [Freiburger Arbeitspapiere zum Prozeß der Globalisierung (Band 1)]. Freiburg.

Schwengel, Hermann (1996b): Europäischer Regionalismus und die Globalisierung der Welt. In: Schwengel, Hermann; Schirmer, Dominique (1996a) (Hg.): Globalisierung und europäische Kultur. Freiburg, S. 122–132.

Schwengel, Hermann (1999): Globalisierung mit europäischem Gesicht. Der Kampf um die politische Form der Zukunft. Berlin.

Schwengel, Hermann (2000): Europäische Identität als Machtbildung. In: Eßbach, Wolfgang (2000) (Hg.): Welche Modernität? Intellektuellendiskurse zwischen Deutschland und Frankreich im Spannungsfeld nationaler und europäischer Identitätsbilder. Berlin, S. 67–79.

Schwengel, Hermann; Schirmer, Dominique (1996) (Hg.): Globalisierung und europäische Kultur. First Rhine – Oder – Congress in the University of Freiburg (Germany) [Freiburger Arbeitspapiere zum Prozeß der Globalisierung (Band 2)]. Freiburg.

Schwiderowski, Peter (1989): Entscheidungsprozesse und Öffentlichkeit auf der kommunalen Ebene. Erweiterte Bürgerbeteiligung durch die Nutzung neuer lokaler Massenmedien? München.

Scibbe, Peter (2000): Städtenetzwerke – ein neues Organisationskonzept in Raumordnung und Kommunalpolitik. Würzburg. [Würzburger Geographische Manuskripte, H. 49].

Segler, Tilman (1981): Situative Organisationstheorie – Zur Fortentwicklung von Konzeption und Methode. In: Kieser, Alfred (1981) (Hg.): Organisationstheoretische Ansätze. München, S. 227–272.

Seiß, Reinhard (2002): Weimar. Standortmarketing um den Preis sozialer Konflikte? In: Holl, Christian (2002) (Hg.): Ein politisches Programm in der Diskussion. München, S. 82–89.

Short, J. (1996): The Urban Order: An Introduction to Cities, Culture and Power. Oxford.

Sibum, Doris; Kreibich, Rolf; Burgdorff, Frauke (2000) (Hg.): Machtlos – Macht nix? Kommunen unter Druck. Baden-Baden.

Siebel, Walter (1991): Stadt und Raum. Soziologische Analysen. Pfaffenweiler, S. 117–156.

Siebel, Walter (1999): Urbs – Suburbia – Zwischenstadt. In: Akademie für Raumforschung und Landesplanung Hannover. (1999) (Hg.): Die Region ist die Stadt. Hannover, S. 93–95.

Sieverts, Thomas (1996): Von der alten Stadt zur Stadtregion. In: Wentz, Martin (1996) (Hg.): Stadt-Entwicklung. Frankfurt/Main, S. 63–75.

Sieverts, Thomas (1997): Zwischenstadt. Zwischen Ort und Welt, Raum und Zeit, Stadt und Land. Braunschweig.

Sieverts, Thomas (1998b): Was leisten städtebauliche Leitbilder? In: Becker, Heidede; Jessen, Johann; Sander, Robert (1998) (Hg.): Ohne Leitbild? – Städtebau in Deutschland und Europa. Stuttgart, S. 21–40.

Sieverts, Thomas (2000a): Die „Zwischenstadt" als Feld metropolitaner Kultur – eine neue Aufgabe. In: Keller, Ursula (2000) (Hg.): Perspektiven metropolitaner Kultur. Frankfurt/Main, S. 193–224.

Sieverts, Thomas (2000b): Mythos der alten Stadt. In: Wentz, Martin (2000) (Hg.): Die kompakte Stadt. Frankfurt, S. 170–176.

Silverman, David (1997): Introducing Qualitative Research. In: ders. (1997) (Hg.): Theory, Method and Practice. London, S. 1–7.

Simmel, Georg (1966): Die Großstädte und das Geistesleben. In: Mills, Wright C. (1966): Klassik der Soziologie. Eine polemische Auslese. Frankfurt/Main (zuerst erschienen 1903), S. 381–393.

Simmel, Georg (1968a): Soziologie. Untersuchungen über die Formen der Vergesellschaftung. In: Simmel, Georg: Gesamtausgabe, Band 11. Herausgegeben von Otthein Rammstedt. Frankfurt/Main (zuerst erschienen 1908).

Simmel, Georg (1968b): Der Raum und die räumlichen Ordnungen der Gesellschaft. Kapitel IX aus: Soziologie. Untersuchungen über die Formen der Vergesellschaftung. In: Simmel, Georg: Gesamtausgabe, Band 11. Herausgegeben von Otthein Rammstedt. Frankfurt/Main (zuerst erschienen 1908), S. 687–790.

Simmel, Georg (1983): Soziologie des Raumes. In: Dahme, Heinz-Jürgen; Rammstedt, Otthein (1983) (Hg.): Schriften zur Soziologie. Frankfurt/Main (zuerst erschienen 1903), S. 221–242.

Simon, Herbert A. (1976): Administrative Behavior. A Study of Decision-Making Processes in Administrative Organizations. New York.

Sinz, Manfred (1991): Entwicklungsstand und Entwicklungsdynamik von Regionen im europäischen Binnenmarkt. In: Blotevogel, Hans H. (1991) (Hg.): Europäische Regionen im Wandel. Dortmund, S. 29–48.

Sinz, Manfred (1992): Europäische Integration und Raumentwicklung in Deutschland. In: Geographische Rundschau, H.12/44. Jg., S. 686–690.

Sinz, Manfred (1993): Raumordnung in Europa. Zwischen Geodesign und Politikformulierung. In: RaumPlanung, H. 60/März, S. 19–27.

Smith, Anthony (1988): The Myth of the „Modern Nation" and the Myths of Nations. In: Ethnic and Racial Studies. 11. Jg., Nr. 1.

Smith, Neil (1993): Gentrification in New York. In: Häußermann, Hartmut, Siebel, Walter (1993) (Hg.): New York. Strukturen einer Metropole, S. 182–204.

Soja, Edward W. (1989): Postmodern Geographies. The Reassertion of Space in Critical Social Theory, London.

Spiegel, Erika (1998): Die Stadt, der Städter und die städtische Gesellschaft – was hält sie zusammen? In: Sauberzweig, Dieter; Laitenberger, Walter (1998) (Hg.): Stadt der Zukunft – Zukunft der Stadt. Baden-Baden, S. 201–218.

Staeck, Nicola (1997): Politikprozesse im Mehrebenensystem der europäischen Union. Eine Policy-Netzwerkanalyse der europäischen Strukturfondspolitik. Opladen.

Stamp, Gavin (1999): Alexander Thomson: The Unknown Genious. Glasgow.

Steinacher, Bernd (1996): Verband Region Stuttgart – eine Zwischenbilanz. In: Dörr, Heinz (1996) (Hg.): Interkommunale Kooperation in Stadtregionen: Standortmarketing im europäischen Wettbewerb. Wien, S. 49–70.

Steinacher, Bernd; Geiser, Claudia (1997): Interkommunales Handeln in der Region Stuttgart. In: Der Städtetag (1997), Heft 4, S. 254–257.

Steinacher, Bernd (1998): Der Verband Region Stuttgart. Konstruktion, Arbeitsweise, Konfliktfelder. Plädoyer für eine Kompetenzerweiterung. In: Landeszentrale für politische Bildung Baden-Württemberg (1998) (Hg.): Der Bürger im Staat (Titel der Ausgabe: Über den Kirchturmshorizont hinaus: überlokale Zusammenarbeit), 48. Jg., H. 4, S. 202–205.

Steinacher, Bernd (2000): Kooperation im Verband Region Stuttgart – Bilanz nach vier Jahren. In: Jähnke, Petra; Gawron, Thomas (2000) (Hg.): Regionale Kooperation – Notwendigkeit und Herausforderung. Berlin, S. 89–101.

Sterra, Bernhard (1994): Die Stadt der Nachkriegszeit zwischen Rekonstruktion und Neudefinition. In: Brunold, Andreas; Sterra, Bernhard (1994) (Hg.): Stuttgart. Von der Residenz zur modernen Großstadt. Tübingen, S. 82–119.

Stoker, Gerry (1997): Local government in Britain after Thatcher, in: Lane, J. E. (1997) (Hg.): Public Sector Reform: Rationale, Trends and Problems. London.

Stoker, Gerry; Young, S. (1993): Cities in the 1990s. Local Choice for a balanced Strategy. Harlow.

Stoll, Erich (1997): Prinzipien der Regionalplanung im Stuttgarter Raum. In: Brunold, Andreas (1997) (Hg.): Stuttgart: Stadt im Wandel. Tübingen, S. 152–159.

Stratmann, Bernhard (1999): Stadtentwicklung in globalen Zeiten. Lokale Strategien, städtische Lebensqualität und Globalisierung. Basel [Stadtforschung aktuell, Band 75].

Strauss, Anselm L. (1994): Grundlagen qualitativer Sozialforschung. Datenanalyse und Theoriebildung in der empirischen soziologischen Forschung. München.

Strauss, Anselm; Corbin. Juliet (1990): Basics of qualitative Research. Grounded Theory Procedures and Techniques. Newbury Park.

Strodtholz, Petra; Kühl, Stefan (2002): Qualitative Methoden der Organisationsforschung – ein Überblick. In: Kühl, Stefan; Strodtholz, Petra (2002) (Hg.): Methoden der Organisationsforschung. Ein Handbuch. Hamburg, S. 11–29.

Strubelt, Wendelin; Kuhn, Jochen (1999): Regionale Entwicklungsstrategien für Industriestandorte im Wandel: In: Akademie für Raumforschung und Landesplanung Hannover. (1999) (Hg.): Die Region ist die Stadt. Hannover, S. 133–136.

Sturm, Gabriele (2000): Wege zum Raum. Methodologische Annäherungen an ein Basiskonzept raumbezogener Wissenschaften. Opladen.

Taylor, Peter J. (1985): Political Geography. World-economy, nation-state and locality. London.

Taylor, Peter J. (1993) (Hg.): Political Geography of the twentieth century: A global analysis. London.

Taylor, Peter J. (2000): World Cities and Territorial States: the rise and fall of their mutuality. In: Knox, Paul (2000) (Hg.): World Cities in a World-System. Cambridge.

Thalgott, Christiane (1998): Nachhaltige Stadtentwicklung – ökologisch-ökonomische Gestaltung. In: Sauberzweig, Dieter; Laitenberger, Walter (1998) (Hg.): Stadt der Zukunft – Zukunft der Stadt. Baden-Baden, S. 219–227.

Tharun, Elke; Bördlein, Ruth (2000): Die kompakte Stadt: Ein Fitnessprogramm für den internationalen Wettbewerb? In: Wentz, Martin (2000) (Hg.): Die kompakte Stadt. Frankfurt, S. 57–66.

Töpfer, Armin (1990): Marketing im öffentlichen Sektor. In: Die Verwaltung, H. 3, S. 409–442.

Töpfer, Armin (1993b): Stadtmarketing: Eine neue Herausforderung an Kommunen. In: Töpfer, Armin (1993a) (Hg.): Stadtmarketing – Herausforderung und Chance für Kommunen. Baden-Baden, S. 13–22.

Töpfer, Armin; Müller R. (1988): Marketing im kommunalen Bereich – Sinn oder Unsinn? In: Der Städtetag. H. 11, 1988, S, 741–746.

Touraine, Alain (1972): Die postindustrielle Gesellschaft. 1. Aufl. Frankfurt/Main.

Turok, Ivan; Edge Nicola (1999): The Jobs Gap in Britain's Cities: Employment Loss and Labour Market Consequences. Bristol.

Udy, Stanley H. (1965): The Comparative Analysis of Organizations. In: March, James G. (1965) (Hg.): Handbook of Organizations. Chicago, S. 678–709.

Urry, John (1990): The Tourist Gaze – Leisure and Travel in Contemporary Societies. London.

van der Meer, Leo (1998): Die europäische Dimension in der Stadtentwicklung. In: Städtebau-Institut Universität Stuttgart (1998) (Hg.): Forum Stuttgart. Zur Diskussion gestellt: Stuttgart 21 und die Zukunft der Stadt. Dokumentation einer Veranstaltungsreihe im „Treffpunkt" Rotebühlplatz. Stuttgart, S. 23–25.

Vestri, Paolo; Fitzpatrick, Stephen (2000): Scotland's Councillors. In: Scottish Affairs, 33. Jg., S. 62–81.

Voesgen, Hermann (1991): Glasgow. Lebensstil und kulturelle Wiedergeburt? In: Kulturpolitische Gesellschaft/Evangelische Akademie Loccum (1991) (Hg.): Lebensstil und Gesellschaft – Gesellschaft der Lebensstile. Neue kulturpolitische Herausforderungen. Hagen/Loccum, S. 107–132.

Vogt, Axel (2001): Handbuch, Monitoring-System und Sozial Audit. Qualitätsmanagement in der sozialen Stadtentwicklung. In: Alisch, Monika (2001) (Hg.): Sozial – Gesund – Nachhaltig. Vom Leitbild zu verträglichen Entscheidungen in der Stadt des 21. Jahrhunderts. Opladen, S. 249–271.

Walter, Melanie (2002): Politische Entscheidungen in der Großstadt – ein Spiegelbild der Bürgerwünsche? In: Schuster, Wolfgang; Murawski, Klaus-Peter (2002) (Hg.): Die regierbare Stadt. Stuttgart, S. 170–198.

Wannop, Urlan (1984): The Evolution and Roles of the Scottish Development Agency. In: Town Planning Review, Nr. 55/3, S. 313ff.

Ward, Kevin G. (2000): Front Rentiers to Rantiers: „Active Entrepreneurs", „Structural Speculators" and the Politics of Marketing the City. In: Urban Studies, 37. Jg., H. 7, S. 1093–1107.

Weber, Alfred (1922): Über den Standort der Industrien. Teil 1: Reine Theorien des Standorts. Tübingen (zuerst erschienen 1909).

Weber, Max (1973): Über einige Kategorien der verstehenden Soziologie. In: Winckelmann, Johannes (1973) (Hg.): Max Weber: Soziologie – Universalgeschichtliche Analysen – Politik. Stuttgart, S. 97–150.

Webster, David (2001): The Geographical Concentration of Labour Market Disadvantage. Oxford Review of Economic Policy. 16. Jahrgang, Heft 1, S. 34–51.

Wehling, Hans-Georg (1998): Unterschiedliche Kommunalverfassungen in den Ländern. In: Informationen zur politischen Bildung: Kommunalpolitik. Überarbeitete Neuauflage, S. 15–32.

Wehling, Hans-Georg (2000): Der Bürgermeister: Rechtsstellung, Sozialprofil, Funktionen. In: Pfizer, Theodor; Wehling, Hans-Georg (2000) (Hg.): Kommunalpolitik in Baden-Württemberg, 3. Aufl., Stuttgart, S. 172–186.

Weichhart, Peter (1990): Raumbezogene Identität. Bausteine zu einer Theorie räumlichsozialer Kognition und Identifikation. Stuttgart [Erdkundliches Wissen, H. 102].

Weichhart, Peter (1993): Vom „Räumeln" in der Geographie und anderen Disziplinen. Eine These zum Raumaspekt sozialer Phänomene. In: Mayer, Jörg F. (1993) (Hg.): Die aufgeräumte Welt. Raumbilder und Raumkonzepte im Zeitalter globaler Marktwirtschaft. Rehburg-Loccum, S. 225–241 [Loccumer Protokolle 74/92].

Weichhart, Peter (1996): Die Region – Chimäre, Artefakt oder Strukturprinzip sozialer Systeme? In: Brunn, Gerhard (1996) (Hg.): Region und Regionsbildung in Europa: Konzeption der Forschung und empirische Befunde. Baden-Baden, S. 25 – 68.

Wentz, Martin (1991) (Hg.): Stadt-Räume, Frankfurt/Main [Die Zukunft des Städtischen, Band 2].

Wentz, Martin (2000): Die kompakte Stadt. In: Wentz, Martin (2000) (Hg.): Die kompakte Stadt. Frankfurt, S. 8–15.

Werthmöller, Ewald (1995): Räumliche Identität als Aufgabenfeld des Städte- und Regionenmarketing. Ein Beitrag zur Fundierung des Placemarketing. Frankfurt [Schriften zu Marketing und Management, Band 24].

Wewer, Göttrik (1996): Mit dem neuen Steuerungsmodell aus der kommunalen Finanzkrise? In: Schäfers, Bernhard; Wewer. Göttrik (1996a) (Hg.): Die Stadt in Deutschland. Soziale, politische und kulturelle Lebenswelt. Opladen, S. 203–232.

Wiechula, Angela (1999): Stadtmarketing im Kontext eines Public Management. Kundenorientierung in der kommunalen Leistungserbringung, dargestellt am Beispiel der Stadt Potsdam. Stuttgart.

Wilson, David; Game, Chris (1998): Local government in the United Kingdom, 2. Aufl., London (zuerst erschienen 1994).

Wilson, Thomas (1973): Theorien der Interaktion und Modell soziologischer Erklärung. In: Arbeitsgruppe Bielefelder Soziologen (1973) (Hg.): Alltagswissen, Interaktion und gesellschaftliche Wirklichkeit. S. 54–79.

Wind, Martin (2003): Von der Ahnung zum Wissen: Beratung in der Verwaltungsreform kleiner und mittelgroßer Kommunen. In: Sozialwissenschaften und Berufspraxis, 26. Jg., H. 1, S. 55–66.

Wolf, Stefan (1997): „Hauptstadtregion Stuttgart" – alte und neue Wege im Kommunal-recht. Historische Entwicklung der Stadt-Umland-Problematik in der Region Stuttgart und kritische Betrachtungen zum „Gesetz über die Stärkung der Zusammenarbeit in der Region Stuttgart". Berlin [Tübinger Schriften zum Staats- und Verwaltungsrecht, Band 37].

Wollmann, Hellmut; Roth, Roland (1998) (Hg.): Kommunalpolitik. Politisches Handeln in den Gemeinden, 2. Aufl., Opladen (zuerst erschienen 1993).

Zerres, Ingrid (2000) (Hg.): Kooperatives Stadtmarketing. Konzepte, Strategien und Instrumente zur Erhöhung der Attraktivität einer Stadt. Stuttgart, S. 61–76.

Zerres, Michael; Zerres, Ingrid (2000) (Hg.): Kooperatives Stadtmarketing. Konzepte, Strategien und Instrumente zur Erhöhung der Attraktivität einer Stadt. Stuttgart.

Zerweck, Daniel (1997): Stadtmarketing – Planung, Konzept, Konkretisierung, Realisie-rung. In: Pfaff-Schley, Herbert (1997) Hg.): Stadtmarketing und kommunales Audit. Chance für eine ganzheitliche Stadtentwicklung. Berlin, S. 37–54.

Zimmer, Annette 1997: Kulturpolitik auf dem Prüfstand. Fakten und Trends aus den Niederlanden, den USA und Polen. In: Wagner, Bernd, Zimmer, Annette (Hg.) Krise des Wohlfahrtsstaates – Zukunft der Kulturpolitik. Bonn, S. 25–34.

Quellen

Zitierte Internetseiten

www.beyondglasgow19999.co.uk (20.2.2003)

www.exist.de (19.8.2002)

www.gla.ac.uk/departments/urbanstudies/discusspaper.html (11.10.02)

www.glasgow.gov.uk (14.8.2003)

www.hmso.gov.uk/legislation/scotland/acts2003 (9.4.2003) – [Local Government in Scotland Act 2003]

www.jiscmail.ac.uk/lists/unemployment-research (4.7.2003)

www.jrf.uk (4.7.2002) [The impact of devolution on local government in Scotland]

www.messe-stuttgart.de (18.6.2003 und 14.6.2003)

www.region-stuttgart.org/vrs/main (12.4.2003)

www.scotland.gov.uk/news (10.10.2002)

www.staedtetag.de/10/presseecke (29.1.2002)

www.staedtetag.de/php/print (29.1.2003) [„Finanzkrise der Staedte wird 2003 noch dramatischer: ‚Hiobsbotschaften müssen endlich zu Soforthilfe führen'"].

www.stuttgart-baut.de (15.5.2003)

www.stuttgart.de (12.8.2003)

www.turmforum.stuttgart21.de (14.8.2003)

www.unine.ch/irer/gremi (14.1.2002)

www.world-tourism.org (14.8.2003)

Print-Quellen

Amtsblatt Stuttgart: Der Verhandlungsmarathon. Erörterung zum Abschnitt Talquerung Stuttgart 21 abgeschlossen – Nacharbeit im Fildertunnel. In: Amtsblatt Stuttgart, 17.4.2003, S. 3.

Amtsblatt Stuttgart: Leben in Stuttgart – ein Meinungsbild. In: Amtsblatt Stuttgart, 30.8.2001 [Sonderdruck].

Amtsblatt Stuttgart: Motor für die Wirtschaft. In: Amtsblatt Stuttgart, 27.2.2003, S. 3.

Amtsblatt Stuttgart: Stadtregion 2030: Resümee und Ausblick. Dynamik – Integration – Ausgleich, unter diesem Motto steht die öffentliche Abschlussveranstaltung. In: Amtsblatt Stuttgart, 24.4.2003.

Amtsblatt Stuttgart: Was macht die Stadt mit dem Geld der Bürger 2001? In: Amtsblatt Stuttgart, 2.8.2001 [Sonderdruck].

Borgmann, Thomas (1993): Rommels Ideen. In: Stuttgarter Zeitung (=StZ), 20.1.1993, S. 20.

Borgmann, Thomas (2001): Wider das Provinzimage. Die Regionalpolitik wagt sich an ein unendliches Thema. In: StZ, 4.12.2001.

Borgmann, Thomas (2002a): Bagger und Poteste am Schlossplatz. In: StZ, 12.3.2002, S. 19.

Borgmann, Thomas (2002b): Stuttgart und seine Zukunft. Eine Großstadt ohne Glanz. In: StZ, 4.1.2002, S. 1.

Borgmann, Thomas (2003a): In der Niederlage rückt die Region enger zusammen. In: Stuttgarter Zeitung, 15.4.2003. S. 17.

Borgmann, Thomas (2003b): Machtkampf – Landkreise gegen Region. In: StZ, 26.3.2003. S. 21.

Borgmann, Thomas (2003c): Rote Laterne bei Olympia – Stuttgart, was nun? In: StZ, 14.4.2003, S. 1.

Capital (2003): Perspektive Deutschland.-2003; Heft 2, S. 22ff.

City of Glasgow District Council (1992) (Hg.): The 1990 Story. Glasgow Cultural Capital of Europe. Glasgow.

City of Glasgow District Council (1993) (Hg.): Glasgow Planning Handbook. Glasgow.

City of Glasgow District Council (2000) (Hg.): City Plan/Part One. Glasgow.

City of Glasgow District Council (2001) (Hg.): Economic Monitor. Renewing Glasgow's Prosperity. Glasgow.

Deutsche Bahn AG und Landeshauptstadt Stuttgart (1998) (Hg.): Ankunft Zukunft: Stuttgart 21. Stuttgart.

Deutsche Bahn AG und Landeshauptstadt Stuttgart (1998): Katalog des Turmforums Stuttgart 21. Stuttgart.

Docherty, Iain (2001): Time to draw the line. In: The Herald/Glasgow, 31.8.2001.

Fach, Gert (2002): Abschied vom kleinen Schlossplatz. Der große Umbruch in der City hat begonnen. In: Stuttgarter Nachrichten (=StN), 12.3.2002, S. 17.

Gemeinderatsdrucksache der Landeshauptstadt Stuttgart (1998): City Management/Beschlussvorlage, Nr. 563/1998 (mit Anlage).

Gemeinderatsdrucksache der Landeshauptstadt Stuttgart (1999): Standortmarketing. Positionierung Stuttgarts als Wirtschaftsstandort gemeinsam mit der Wirtschaftsförderung Region Stuttgart GmbH (WRS). Nr. 330/1999 (mit Anlage 1/GRDs/330/1999).

Gemeinderatsdrucksache der Landeshauptstadt Stuttgart (2000): Standortmarketing. Positionierung Stuttgarts als Wirtschaftsstandort gemeinsam mit der Wirtschaftsförderung Region Stuttgart GmbH (WRS). Nr. 437/2000.

Glasgow Alliance (2001) (Hg.): Delivering a Strategy for Glasgow 2001–2005. Glasgow.

Glasgow City Council (2000) (Hg.): The Future for Education. Project 2002. Modernising Glasgow's Secondary Schools. Glasgow.

Glasgow City Council (2001) (Hg.): DRS-Service Plan Summary 2001-4.

Glasgow City Council (2001) (Hg.): City insider. For everyone working in Glasgow City Council. H. 8. Glasgow.

Glasgow City Council (2001) (Hg.): Glasgow – The Magazine for the people of Glasgow. H. 7. Glasgow.

Glasgow City Council (2001) (Hg.): Glasgow City Council's Bulletin for Business. H. 6. Glasgow.

Glasgow City Council (2001) (Hg.): Glasgow's Budget Proposals 2001/2002. Glasgow.

Glasgow City Council (2002) (Hg.): Annual Report & Accounts 2001/2.

Glasgow City Council (2002) (Hg.): Annual Report & Summary 2001/2

Glasgow City Council (2003) (Hg.): Facts & Figures. Glasgow.

Glasgow Daily News (2002):The "New" SECC 22.4. 2002.

Glasgow Development Agency (1992) (Hg.): Merchant City Regeneration. Glasgow.

Glasgow District Council (1992) (Hg.): Glasgow – Cultural Capital of Europe 1990.

Glasgow Museums (2001) (Hg.): The Burrell Collection, 9. Aufl., Glasgow (zuerst erschienen 1983).

Greater Glasgow and Clyde Valley Tourist Board (2001) (Hg.): Annual Report 2001/2.

Greater Glasgow Tourist Board and Convention Bureau (1991) (Hg.): Key Statistics. Glasgow.

HarperCollins Publishers (2000) (Hg.): Factfile Scotland. Glasgow.

Hahn (1997): „Vorwort". In: Landeshauptstadt Stuttgart/Stadtplanungsamt (1997) (Hg.): Stuttgart 21. Offene Bürgerbeteiligung. Band 1: Ergebnisse. Stuttgart, S. 1.

Hechtel, Heidemarie (2003): Tourismus-Bilanz 2002: Stuttgart steht glänzend da. In: StN, 13.2.2003, S. 21.

Ikrat, Alexander (2003): Virtuelle Gewerbebörse der Region floriert. In: StN, 28.1.2003, S. 26.

Industrie- und Handelskammer Region Stuttgart (1998) (Hg.): Die Region Stuttgart im Standortwettbewerb. Ein Vergleich von Regionen in Deutschland und Europa. Stuttgart.

Industrie- und Handelskammer Region Stuttgart (2002) (Hg.): Statistik 2001. Die Wirtschaft Baden-Württembergs und der Region Stuttgart. Stuttgart.

Industrie- und Handelskammer Region Stuttgart und Verband Region Stuttgart (1998) (Hg.): Die Region Stuttgart im Standortwettbewerb. Ein Vergleich von Regionen in Deutschland und Europa. Stuttgart.

Industrie- und Handelskammer Stuttgart (Hg.) (2001): Statistik 2000. Die Wirtschaft Baden-Württembergs und der Region Stuttgart. Stuttgart.

Isenberg, Michael (2003): „Wir haben auf verlorenem Posten gekämpft." In: StN, 14.4.2003, S. 3.

Jacobs, Inge (2003): Von der Renaissancepracht bis zum „Betonbrutalismus". In: StZ, 28.4.2003, S. 22.

Klenk, Christian (2002): Die SPD will Baustellen zum Event machen. In: StZ, 25.5.2002, S. 19.

Kommunalentwicklung/LEG Baden-Württemberg GmbH (2002) (Hg.): Experten-Delphi- 2 im Rahmen des Projektes „Stadt 2030". Stuttgart.

Krause, Frank (2003): Das war eine Bewerbung für den Kirchentag. In: StN, 15.4.2003, S. 5.

Kreh, Oliver (2002): Die Wirtschaftsregion Stuttgart. Strukturen und Potenziale. In: Industrie- und Handelskammer Region Stuttgart (2002) (Hg.): Die Wirtschaftsregion Stuttgart. Strukturen und Potenziale. Stuttgart.

Landeshauptstadt Stuttgart (1993) (Hg.): Gedanken zur Kulturpolitik für und in Stuttgart: Perspektiven in ungemütlichen Zeiten. Stuttgart.

Landeshauptstadt Stuttgart (1996) (Hg.): Stuttgart auf dem Weg zur interkulturellen Stadt. Konzeptionelle Ansätze und Fördermaßnahmen.

Landeshauptstadt Stuttgart (2002) (Hg.): Zielsicher investieren. Stuttgart.

Landeshauptstadt Stuttgart/Bürgermeisteramt Stabsabteilung Wirtschafts- und Arbeitsförderung (1998) (Hg.): Stuttgart – Raum für Visionen. Stuttgart.

Landeshauptstadt Stuttgart/Bürgermeisteramt Stabsabteilung Wirtschafts- und Arbeitsförderung in Zusammenarbeit mit dem Presse- und Informationsamt (2002) (Hg.): Stuttgart – Standort Zukunft. Stuttgart.

Landeshauptstadt Stuttgart/Presse- und Informationsamt (1997) (Hg.): Antrittsrede des Oberbürgermeisters Dr. Wolfgang Schuster. Stuttgart.

Landeshauptstadt Stuttgart/Presse- und Informationsamt (2001) (Hg.): Gemeinsam Stuttgart gestalten. Zwischenbilanz von Oberbürgermeister Dr. Wolfgang Schuster vor dem Gemeinderat in der Sitzung vom 18. Januar 2001.

Landeshauptstadt Stuttgart/Presse- und Informationsamt/Stadtplanungsamt (o.J.) (Hg.): Stuttgart verwirklicht Visionen.

Landeshauptstadt Stuttgart/Presse und Informationsamt/Stadtmessungsamt (o.J) (Hg.): Öffentlichkeitsarbeit, Grafik, Fotografie, Druck.

Landeshauptstadt Stuttgart/Stadtplanungsamt (1997) (Hg.): Stuttgart 21. Offene Bürgerbeteiligung. Band 1: Ergebnisse. Stuttgart.

Landeshauptstadt Stuttgart/Stadtplanungsamt (1999) (Hg.): Wohnen in der Großstadt. Großstadttypische Wohnverhältnisse und Maßnahmen zur Verbesserung der Wohnsituation in den inneren Stadtbezirken. Stuttgart. [Beiträge zur Stadtentwicklung, H. 33].

Landeshauptstadt Stuttgart/Stadtplanungsamt und Kommunalentwicklung (1997) (Hg.): Offene Bürgerbeteiligung zum Rahmenplan/Entwurf. Band 1: Ergebnisse.

Landeshauptstadt Stuttgart/Statistisches Amt (2001) (Hg.): Statistisches Jahrbuch 2001. 55. Jahrgang, Stuttgart.

Landeshauptstadt Stuttgart/Statistisches Amt (2002) (Hg.): Bürgerumfragen 1995/2001.

Landeshauptstadt Stuttgart/Statistisches Amt (o.J.) (Hg.) Landeshauptstadt Stuttgart Bürgerumfrage 2001.

Landeshauptstadt Stuttgart/Statistisches Amt (o.J.) (Hg.) Landeshauptstadt Stuttgart Bürgerumfrage 1995.

Landeshauptstadt Stuttgart/Technisches Referat (Hg.) (2003): Stuttgart baut die neue Galerie. 2., vollst. überarb. Aufl. Stuttgart.

Landeshauptstadt Stuttgart/Verband Region Stuttgart (2002) (Hg.): Modell StadtRegion Stuttgart 2030. Werkstattbericht 28. Juni 2002. Vorstellung der Zwischenergebnisse. Stuttgart.

MacCalman, John (2001): Glasgow in five-year plan to attract world-class culture. In: The Herald, 10.8.2001, S. 13.

Marks, Richard (1985): Führer durch die Burrell Collection. Glasgow.

McKinsey/Stern/T-Online/ZDF-Umfrage „Perspektive Deutschland 2002. In: StZ, 27.3.2002, S. 1.

McKinsey/Stern/T-Online/ZDF-Umfrage „Perspektive Deutschland 2003. In: StZ und StN, 24.4.2003, S. 1.

McLeish, Henry (2001): Pushing city limits to demolish the old urban myths. In: Sunday Herald, Beilage „7 days", 26.8.2001, S. 6.

Merian Stuttgart, Heft 1/1992. Hamburg (Hoffmann und Campe Verlag).

Nauke, Jörg (2003): Es ist doch überhaupt nichts passiert. In: StZ, 11.4.2003, S. 19.

Nopper; Frank (2003): „Wir brauchen mehr Kompetenz für die Kommunen"/Gespräch mit Martin Tschepe und Michael Ohnewald. In: StZ, 27.3.2002, S. 25.

Offenbach, Jürgen (2003): Verlierer Stuttgart. In: StN, 14.4.2003, S. 2.

Ohnewald, Michael (2003): Europäische Union würdigt die Region. In: StZ, 23.3.2003, S. 29.

Ohnewald, Michael (2002): Haas-Tiraden gegen die Stuttgarter Regionalpolitik/Reportage auf der Basis eines Gespräches mit Landrat Dr. Rainer Haas. In: StZ, 15.3.2002, S. 29.

Ohnewald, Michael (2003): Region droht unter die Räder zu kommen. Stuttgart und die Landkreise streiten über neue S-Bahnen. In: StZ, 26.3.2003, S. 21.

Ohnewald, Michael im Gespräch mit Landrat Dr. Rainer Haas, In: StZ, 15.3.2002, S. 29.

Oßwald, Hildegund (2003): Baustellen sollen Lust auf Stuttgart machen. In: StZ, 09.1.2003, S. 21.

Pesch, Franz (1998): Stuttgart 21 und die Region. In: Städtebau-Institut Universität Stuttgart (1998) (Hg.): Forum Stuttgart. Zur Diskussion gestellt: Stuttgart 21 und die Zukunft der Stadt. Dokumentation einer Veranstaltungsreihe im „Treffpunkt" Rotebühlplatz. Stuttgart, S. 53.

Pesch, Franz (1998): Zusammenfassung der Ergebnisse. In: Städtebau-Institut Universität Stuttgart (1998) (Hg.): Forum Stuttgart. Zur Diskussion gestellt: Stuttgart 21 und die Zukunft der Stadt. Dokumentation einer Veranstaltungsreihe im „Treffpunkt" Rotebühlplatz. Stuttgart, S. 9–19 und S. 21.

Rilling, Margret (2000): Krautfrau und Nobelkarossen. Wie Stuttgart im Ausland für sich wirbt. In: StZ, 27. 10 2000, S. III.

Rommel, Manfred (2002): Ich habe einen Traum. In: Die Zeit, 14.2.2002, S. 60.

Rothfuss, Frank (2002): Ein Olympia der kurzen Wege. In: StZ, 27.2.2002, S. 19.

Scheller, Jens Peter (2001): Kooperations- und Organisationsformen für Stadtregionen – Modelle und ihre Umsetzungschancen. Vortrag auf dem 53. Deutschen Geographentag in Leipzig vom 3.10.2001 (Manuskript).

Schöll, Torsten (2003): Was von Olympia übrig bleibt, ist ein „neues Miteinander". In: StN, 15.4.2003, S. 5.

Schuster, Wolfgang (1997): Antrittsrede. In: Landeshauptstadt Stuttgart/Presse- und Informationsamt (1997) (Hg.): Antrittsrede des Oberbürgermeisters Dr. Wolfgang Schuster am 16.1.1997/Gemeinsam Stuttgart gestalten.

Schwarz, Konstantin (2003): Die Galerie nimmt Formen an. In: StN, 13.2.2003, S. 19.

Scottish Development Agency (1988) (Hg.): Glasgow Garden Festival 88 – The Festival: A Celebration of Opportunity. Glasgow.

Scottish Enterprise Glasgow (2000) (Hg.): Upbeat Glasgow 2. Positive messages and indicators for Glasgow. Glasgow.

Scottish Enterprise Glasgow (2001) (Hg.): Annual Report & Accounts 1999/2000. Glasgow.

Scottish Enterprise Glasgow (2002): Annual Report 2001/2.

Scottish Enterprise Glasgow (o.J.) (Hg.): Investing in Glasgow's Future. 2020 Vision. Metropolitan Glasgow. Glasgow.

Scottish Enterprise Glasgow (o.J.) (Hg.): Operating Plan Summary 2000/2001. Glasgow.

Scottish Enterprise Glasgow and Glasgow City Council (2001) (Hg.): Glasgow Economic Monitor. Spring 2001. Glasgow.

Scottish Enterprise Network (2001) (Hg.): Tracking the bigger picture. A Snapshot of the Scottish Economy. Glasgow.

Sheridan, Thommy (2001): Rede im Glasgow City Council vom 9.9.2001 (Redeprotokolle der Glasgow City Council 09/2001).

Sieverts, Thomas (1998a): Drei kritische Anmerkungen. In: Städtebau-Institut Universität Stuttgart (1998) (Hg.): Forum Stuttgart. Zur Diskussion gestellt: Stuttgart 21 und die Zukunft der Stadt. Dokumentation einer Veranstaltungsreihe im „Treffpunkt" Rotebühlplatz. Stuttgart, S. 55–57.

Sogl, Reinhard (2003): Prämiertes Publikum. In: Frankfurter Rundschau vom 9.4.2003/ Beilage zur deutschen Olympiabewerbung. S. 7.

Städtebau-Institut Universität Stuttgart (1998) (Hg.): Forum Stuttgart. Zur Diskussion gestellt: Stuttgart 21 und die Zukunft der Stadt. Dokumentation einer Veranstaltungsreihe im „Treffpunkt" Rotebühlplatz. Stuttgart.

Stadtkämmerei der Landeshauptstadt Stuttgart (2001) (Hg.): Beteiligungsbericht der Landeshauptstadt Stuttgart. Ausgearbeitet auf der Grundlage Jahresabschlüsse des Jahres 2000. Stuttgart.

Stadtkämmerei der Landeshauptstadt Stuttgart (2002) (Hg.): Beteiligungsbericht der Landeshauptstadt Stuttgart. Ausgearbeitet auf der Grundlage der Prüfungs- und Geschäftsberichte 2001. Stuttgart.

Stadt-Umland Kommission Stuttgart (1976) (Hg.): Bericht zur Stadt-Umland Frage im Raum Stuttgart. Stuttgart.

Statistisches Landesamt und IHK Region Stuttgart (1995): Deutsche Großstadtregionen im Vergleich. In: Verband Region Stuttgart; Industrie- und Handelskammer Stuttgart (1998) (Hg.): Die Region Stuttgart im Standortwettbewerb. Ein Vergleich von Regionen in Deutschland und Europa. Stuttgart, S. 26–89.

Steinacher, Bernd (1998): Praktische Erfahrungen eines Regionaldirektors. In: Städtebau-Institut Universität Stuttgart (1998) (Hg.): Forum Stuttgart. Zur Diskussion gestellt: Stuttgart 21 und die Zukunft der Stadt. Dokumentation einer Veranstaltungsreihe im „Treffpunkt" Rotebühlplatz. Stuttgart, S. 60–61.

Stihl, Hans Peter (1999): Attraktive Einkaufsstadt. In: StZ, 30.9.2003.

Strathclyde Regional Council (1991) (Hg.): Strathclyde Stucture Plan. Corrected Edition 1991.

Stuttgarter Zeitung (Meldung ohne Autorenangabe): Presseamt wird zur Stabsstelle. In: Stuttgarter Zeitung vom 10.5.2003, S. 26.

The Charles Rennie Mackintosh Society (1992) (Hg.): Charles Rennie Mackintosh: Buildings, Tours and Exhibitions. Glasgow.

Turok, Ivan; Bailey, Nick (o.J./erhalten im August 2001): Does Central Scotland Need a Spatial Strategy? (Manuskript der Autoren.) Siehe auch die Website: www.gla.ac.uk/departments/urbanstudies/discusspaper.html.

Verband Region Stuttgart: Sitzungsvorlage 71/2001 „Beteiligung an der Bewerbung um die Ausrichtung der Olympischen Spiele 2012".

VGL – zit. in StN, 19.2.2003; S. 17.

Weber, Fritz; Pluta, Karin (2002) In: Industrie- und Handelskammer Region Stuttgart (2002) (Hg.): Statistik 2001. Die Wirtschaft Baden-Württembergs und der Region Stuttgart.

Weber, Fritz (2003) In: Industrie- und Handelskammer Region Stuttgart (2003) (Hg.): Statistik 2003. Die Wirtschaft Baden-Württembergs und der Region Stuttgart.

Wick, Roland (1998): Die StadtRegion als Netzwerk. In: Städtebau-Institut Universität Stuttgart (1998) (Hg.): Forum Stuttgart. Zur Diskussion gestellt: Stuttgart 21 und die Zukunft der Stadt. Dokumentation einer Veranstaltungsreihe im „Treffpunkt" Rotebühlplatz. Stuttgart, S. 57–61.

Wirtschaftsförderung Region Stuttgart GmbH (2001) (Hg.): Gremien und Bilanz 2001. Stuttgart.

Wirtschaftsförderung Region Stuttgart GmbH (2001) (Hg.): Projekte, Initiativen, Services. Stuttgart.

World Tourism Organization (1995) (Hg.): The Year 1995. Statistics and Developments.

www.ingramcontent.com/pod-product-compliance
Lightning Source LLC
Chambersburg PA
CBHW020911210326
41598CB00018B/1835